Wolfgang Bittner

Der Gewahrsamsbegriff

Wolfgang Bittner

Der Gewahrsamsbegriff

und seine Bedeutung für die Systematik der Vermögensdelikte

Südwestdeutscher Verlag für Hochschulschriften

Impressum/Imprint (nur für Deutschland/ only for Germany)
Bibliografische Information der Deutschen Nationalbibliothek: Die Deutsche Nationalbibliothek
verzeichnet diese Publikation in der Deutschen Nationalbibliografie; detaillierte bibliografische
Daten sind im Internet über http://dnb.d-nb.de abrufbar.

Verlag: Südwestdeutscher Verlag für Hochschulschriften Aktiengesellschaft & Co. KG
Dudweiler Landstr. 99, 66123 Saarbrücken, Deutschland
Telefon +49 681 37 20 271-1, Telefax +49 681 37 20 271-0, Email: info@svh-verlag.de
Zugl.: Göttingen, Georg-August-Universität, Dissertation, 1972

Herstellung in Deutschland:
Schaltungsdienst Lange o.H.G., Berlin
Books on Demand GmbH, Norderstedt
Reha GmbH, Saarbrücken
Amazon Distribution GmbH, Leipzig
ISBN: 978-3-8381-0051-7

Imprint (only for USA, GB)
Bibliographic information published by the Deutsche Nationalbibliothek: The Deutsche
Nationalbibliothek lists this publication in the Deutsche Nationalbibliografie; detailed
bibliographic data are available in the Internet at http://dnb.d-nb.de.

Publisher:
Südwestdeutscher Verlag für Hochschulschriften Aktiengesellschaft & Co. KG
Dudweiler Landstr. 99, 66123 Saarbrücken, Germany
Phone +49 681 37 20 271-1, Fax +49 681 37 20 271-0, Email: info@svh-verlag.de

Printed in the U.S.A.
Printed in the U.K. by (see last page)
ISBN: 978-3-8381-0051-7

INHALTSVERZEICHNIS

4. Kapitel

Ist der Gewahrsam ein willensgetragenes Herrschafts-(Gewalt-)Verhältnis?

5. Kapitel

Neuformulierung und systematische Erfassung des Gewahrsamsbegriffs

6. Kapitel

Einzelne Gewahrsamsprobleme

7. Kapitel

Spezielle Probleme der Unterschlagung

EINLEITUNG

§ 1 Anlass der Untersuchung

Die Existenz einer Vielzahl älterer rechtswissenschaftlicher Arbeiten über den Gewahrsamsbegriff[1] beweist überzeugender als alle Worte, welche außerordentlich große Bedeutung diesem Begriff noch vor einigen Jahrzehnten in der Strafrechtswissenschaft beigemessen wurde. Umso verwunderlicher ist es, dass die Gewahrsamsproblematik in letzter Zeit kaum noch Beachtung findet. So setzen sich zum Beispiel Maiwald[2] und Otto[3] in ihren jüngst erschienenen Habilitationsschriften, die beide Themen des Vermögensstrafrechts und besonders auch die sog. Zueignungsdelikte (Diebstahl und Unterschlagung) behandeln, über Probleme des Gewahrsams kurzerhand hinweg. Ebenso wenig hält es Paulus[4] in seiner 1968 erschienenen Monographie über den Zueignungsbegriff für nötig, auf die Gewahrsamsproblematik näher einzugehen. Zwar sind sich alle drei Autoren darüber im Klaren, dass eine Lösung beispielsweise der Zueignungsfragen unter Außerachtlassung der Gewahrsamsfragen nicht möglich ist[5]. Sie nehmen auch dort, wo es unumgänglich ist, zu den Gewahrsamsverhältnissen Stellung. Eine eigentliche – insbesondere systematische – Bedeutung des Gewahrsams für das Vermögensstrafrecht ist jedoch keiner der Arbeiten zu entnehmen.

Da unser geltendes Strafgesetzbuch aus dem Jahre 1871 stammt, und sich hinsichtlich der Vermögensdelikte und ihrer Struktur bis heute nichts Wesentliches geändert hat[6], ist ein einleuchtender Grund, weswegen dem Gewahrsam plötzlich keine Bedeutung mehr zukommen sollte, nicht recht ersichtlich. Denn selbst wenn alle diesen Begriff betreffenden Zweifelsfragen inzwischen geklärt wären – eine sehr schnell zu widerlegende Hypothese –, bliebe das plötzliche Desinteresse immer noch unerfindlich.

Allein schon unter diesem Gesichtspunkt verdient der Gewahrsamsbegriff einige Aufmerksamkeit. Sollte sich dazu noch nachweisen lassen, dass der Gewahrsam einen zentralen Punkt innerhalb des Vermögensstrafrechts darstellt – was im Weiteren u.a. zu unternehmen beabsichtigt ist – so ließe sich damit der mögliche Vorwurf entkräften, willkürlich einen Begriff des Besonderen Teils des Strafrechts zum Thema dieser Arbeit gemacht zu haben. –

Die letzte umfassende und bis heute in der Literatur und Rechtsprechung als grundlegend anerkannte Untersuchung des strafrechtlichen Gewahrsamsbegriffs, die wir Adolf Soltmann zu verdanken haben, liegt mittlerweile fast vier Jahrzehnte zurück. Wie verschiedene andere Autoren vor ihm – zum Beispiel Micelli und Siebert – ging auch Soltmann von dem Gewahrsam als einem willensgetragenen Herrschaftsverhältnis aus[7]. Insbesondere wandte er sich gegen einen rein physisch verstandenen

---

[1] Soltmann, Der Gewahrsamsbegriff in § 242 StGB (1934); Zuckermann, Die Entwicklung des Gewahrsamsbegriffs im Strafrecht und seine Abgrenzung vom zivilistischen Besitzbegriff (1931); Siebert, Der strafrechtliche Besitzbegriff, besonders in der Rechtsprechung des Reichsgerichts (1928); Redslob, Der zivilistische Besitz und der strafrechtliche Gewahrsam (1910); Micelli, Der Begriff des Gewahrsams im Strafrechte (1906); Goldschmidt, Aus der Lehre vom Diebstahl (1900); Römpler, Der Begriff des Gewahrsams in Civil- und Strafrecht (1894); Rotering, Über den Gewahrsam im Sinne des § 242 des Strafgesetzbuchs (1883) usw.
[2] Der Zueignungsbegriff im System der Eigentumsdelikte, 1970.
[3] Die Struktur des strafrechtlichen Vermögensschutzes, 1970.
[4] Der strafrechtliche Begriff der Sachzueignung, 1968.
[5] Vgl. Maiwald, S. 144, 171; Otto, S. 129; Paulus, S. 33, 40 f.
[6] Durch das 1. Gesetz zur Reform des Strafrechts vom 25.6.1969 wurde lediglich die unbefriedigende Kasuistik des § 243 a.F. zugunsten eines in Regelbeispiele gefassten Tatbestandes aufgehoben; in einem neuen § 244 erfolgte eine abschließende Regelung für gewisse Fälle des schweren Diebstahls (bewaffneter oder Banden-Diebstahl); der § 245 a (Besitz von Diebeswerkzeug) entfiel; die Rückfallbestimmungen (§§ 244, 245, 261, 265) wurden aufgehoben und durch eine Reglung im Ersten Teil des StGB (§ 17) ersetzt.
[7] Soltmann S. 19 f.

Gewaltbegriff als Grundlage des Gewahrsams, also gegen einen Gewaltbegriff, der von der körperlichen Beherrschung von Sachen ausgeht.

Ein solcher Gewaltbegriff lag der Gewahrsamsdefinition des Preußischen Allgemeinen Landrechts zugrunde[8] und war häufig noch in der Rechtsprechung des Reichsgerichts vorzufinden[9]. Soltmann vertrat die Meinung, dass für den Gewahrsam nicht das physische Verhältnis ausschlaggebend sei, sondern vielmehr die Verkehrsauffassung[10]. Insofern bemühte er sich – im Anschluss an mehrere im älteren Schrifttum vertretene Auffassungen[11] – zu einem sozialen Gewaltbegriff zu gelangen[12]. Letztlich blieb aber für Soltmann das entscheidende Kriterium des Gewahrsams der Gewahrsamswille[13].

Betrachtet man nun die neuere Literatur und Rechtsprechung, so ist festzustellen, dass fast einheitlich diese von Soltmann, Siebert, Micelli u.a. mit geringen Einschränkungen oder Erweiterungen vertretene Willenstheorie zugrunde gelegt wird. Die Argumente dafür sind jedoch, ebenso wie die Argumente dagegen, hauptsächlich in der älteren Literatur und Rechtsprechung zu finden.

Während noch im 19. Jahrhundert ein großer Teil der Literatur eine objektive Theorie vertrat, sich also gegen den Gewahrsamswillen aussprach, bekannte sich die Literatur seit Beginn des 20. Jahrhunderts mehr und mehr zu einer subjektiven Theorie. Die 1879 einsetzende Rechtsprechung des Reichsgerichts, die sich zu Anfang auf die Gewahrsamsdefinition des Preußischen Allgemeinen Landrechts stützte und damit ein tatsächliches Herrschaftsverhältnis für den Gewahrsam genügen ließ, blieb insgesamt gesehen schwankend. Erst der Bundesgerichtshof und die gesamte neuere Lehre bekannten sich – unter Berufung auf die ältere Literatur und Rechtsprechung – uneingeschränkt zu einer „sozial" interpretierten Willenstheorie.

Da sich Zweifel an einem subjektiv orientierten Gewahrsam in mancherlei Hinsicht, hauptsächlich aber beim Gewahrsam kraft generellen Herrschaftswillens, anmelden lassen, erscheint eine Untersuchung angebracht, ob die h.M. wirklich so fest untermauert ist, wie es zurzeit den Anschein hat. Ferner fragt es sich, ob das soziale Moment des Gewahrsams, auf das Welzel schon vor geraumer Zeit im Zusammenhang mit den Problemen des Diebstahls im Selbstbedienungsladen in besonderer Weise aufmerksam gemacht hat[14], ausreichende Beachtung findet.

Die in der neueren Literatur und Rechtsprechung vertretenen Meinungen lassen den Eindruck entstehen, dass hier vielfach noch ein in seinem Wesen physischer und nicht sozial geprägter Gewahrsamsbegriff zugrunde gelegt wird[15]. Auch die Widersprüche, in die sich die h.M. begibt, wenn sie in letzter Konsequenz zum Beispiel zu einem Gewahrsam aufgrund des generellen Herrschaftswillens entgegen einem konkreten Herrschaftswillen kommen muss[16], lassen darauf schließen, dass der zurzeit vertretene Gewahrsamsbegriff einer Revision bedarf.

Dieser Eindruck kann durch die Lektüre obergerichtlicher und selbst höchstrichterlicher Entscheidungen der letzten Jahre nur verstärkt werden. Symptomatisch für die große Unsicherheit, die in

---

[8] PrALR I, 7 § 1.
[9] RGSt 1,289; 3,201; 5,42; 5,218; 37,198; 47,327; 54,343; 55,220. Vgl. auch die Übersicht über die Rechtsprechung des Reichsgerichts bei Siebert S. 18 ff.
[10] Soltmann S. 15.
[11] Vgl. Rosenfeld ZStW 37,165. Weiter Endemann S. 129 f; Enneccerus-Kipp-Wolff S. 17 hinsichtlich des Gewaltbegriffs beim bürgerlich-rechtlichen Besitz.
[12] Soltmann S. 10, 14, 15, 18.
[13] Siehe Soltmann S. 20 ff.
[14] Welzel GA 1960,257; 1961,350; NJW 1961,328.
[15] Vgl. Kritik bei Welzel GA 1960,266.
[16] Diese Problematik wird angesprochen bei Bittner MDR 1970,291.

Gewahrsamsfragen herrscht, sind die extremen Meinungswechsel und -schwankungen in der Rechtsprechung des Bundesgerichtshofs[17] und die in Urteilen eines höchsten Gerichts kurios anmutenden Ausdrücke „unzweifelhaft" und „zweifellos", mit denen Begründungen in Gewahrsamsfragen eingeleitet werden[18].

§ 2 Aufgabenstellung und methodologische Grundkonzeption

Mit der vorliegenden Arbeit soll eine Untersuchung der angesprochenen Probleme vorgenommen und dem Gewahrsamsbegriff eine neue Grundlage geschaffen werden. Dabei ist mangels einer Legaldefinition von einem Gewahrsamsbegriff auszugehen, wie er sich bei teleologischer Betrachtung aus den strafgesetzlichen Bestimmungen ergibt.

Die teleologische Auslegung geht von dem Zweckgedanken im Recht aus[19]. „Rechtliche Ordnungsprinzipien und Bedeutungsinhalte sind danach nicht aus der Wirklichkeit herauszulesen, sondern werden durch die vom Zweckgedanken beherrschte Begriffsbildung erst in sie hineingetragen"[20]; wobei allerdings zu berücksichtigen ist, dass diese hier wiedergegebene, dem Neukantianismus entsprungene Auffassung – wie Roxin treffend bemerkt – in ihrer „rigorosen Reinheit" zu einseitig ist[21]. Denn: „Die Materien rechtlicher Regelung empfangen ihren Sinngehalt nicht vom Gesetzgeber, Richter oder Forscher. Er ist vielmehr durch ontologische, ethische und im weitesten Sinne soziale Gesetzlichkeiten und Entwicklungsstrukturen vorgegeben. Darin liegt das Recht einer seins- und sinnerfassenden Methode und das Unrecht des reinen Zweckdenkens. Aber es hängt vom Ermessen des Gesetzgebers und von seinen Wertvorstellungen ab, welche der zahlreichen vorgegebenen Differenzierungen er zur Grundlage seiner Regelung machen will. Darin liegt das Recht des teleologischen Verfahrens und das Unrecht einer Betrachtungsweise, die den Gesetzgeber an bestimmte Vorgegebenheiten binden will"[22].

Somit ist davon auszugehen, dass vorgegebene Bedeutungsgehalte und sinngestaltende Wertsetzungen einander derart durchdringen, dass eine ständige Wechselwirkung zwischen ihnen stattfindet und „das Ergebnis sich nicht als ein erstarrtes Gefüge, sondern als die Resultante eines immer weiterlaufenden Prozesses gegenseitiger Beeinflussung darstellt"[23]. Vorgegebene Bedeutungsgehalte dürfen bei der Gesetzesauslegung aber nur insoweit berücksichtigt werden, als sie der Handlungsrationalität des Gesetzgebers tatsächlich entsprechen können. Denn die äußerste Grenze jeglicher Auslegung muss in dem Grundsatz „nullum crimen, nulla poena sine lege" liegen. Andererseits m ü s s e n bis

---

[17] Vgl. BGHSt 4,199 im Gegensatz zu BGHSt 16,271; 17,206 oder BGH JR 1963,466 im Gegensatz zu BGH b. Dallinger MDR 1967,896.

[18] So BGH 16,273; 22,182; vgl. weiter BGH NJW 1968, 662; OLG Hamm NJW 1969,620.

[19] Vgl. Larenz, Methodenlehre, S. 311 ff; Roxin, Täterschaft und Tatherrschaft, S. 8 ff; Würtenberger, S. 16 f; Radbruch S. 115 f, 218 ff; Schwinge S. 8 ff; Schaffstein, Zur Problematik der teleolog. Begriffsbildung, S. 4, 13 ff (Kritik der bei Schwinge zu findenden Überbetonung des Rechtsgutsgedankens); v. Liszt ZStW 3,1 ff, anknüpfend an v. Jhering, Der Zweck im Recht, 1883/84; vgl. auch BGHSt 6,397.

[20] Roxin a.a.O. S. 8, entsprechend Lask S. 308, 316.
A.A. z.B. Welzel, Naturalismus und Wertphilosophie S. 74 f (in Anlehnung an Nicolai Hartmann): „Das Sein hat von Ursprung an Ordnung und Gestalt in sich und bekommt diese nicht erst von irrealen Formen geborgt; und ebenso steht das Gemeinschaftsdasein des Menschen in ursprünglichen Ordnungen und Bindungen, die nicht erst durch umformende theoretische Begriffsbildungspunkte an ein ungestaltetes Dasein herangetragen werden. So finden die Begriffbildungen des Gesetzes, des Richters und des Wissenschaftlers eine gestaltete, sinnerfüllte reale Welt bereits vor. Ihre Begriffe sind keine methodologischen Umformungen eines amorphen Materials; sondern Deskriptionen eines gestalteten ontischen Seins."

[21] Roxin a.a.O. S. 20.

[22] Roxin a.a.O.

[23] Roxin a.a.O. S. 25.

zu dieser Grenze ontologische Vorgegebenheiten aber auch berücksichtigt werden, soll die Auslegung doch den Sinngehalt der Materie einer rechtlichen Regelung erfassen.

Eine in dieser Weise verstandene „normativ-teleologische Auslegung"[24] muss sich daher in erster Linie am Gesetzeswortlaut als maximaler Grenze in Verbindung mit höherrangigem Recht, insbesondere Verfassungsrecht, orientieren. Dabei ist zu berücksichtigen, dass sich die rechtliche Regelung sozialer Lebensverhältnisse in einem Spannungsfeld vollzieht, in dem die verschiedenen Tendenzen wirken, die in der Rechtsidee, in der Ziel- und Zwecksetzung des Rechts, enthalten sind. „Es handelt sich um das Spannungsverhältnis zwischen Rechtssicherheit, Gerechtigkeit und Zweckmäßigkeit"[25].

Nur unter Berücksichtigung dieser Gesichtspunkte dürfte es gelingen, den letztlich normativen Begriff des Gewahrsams zu bestimmen. Zu diesem Zweck wird es erforderlich sein, zuerst den Standort des Gewahrsams innerhalb des Vermögensstrafrechts zu erfassen, wobei auf das Verhältnis des Gewahrsams zu den sog. Zueignungsdelikten und wiederum deren Stellung innerhalb des gesamten Vermögensstrafrechts einzugehen sein wird.

Notwendigerweise tritt an dieser Stelle neben das strafrechtliche Ziel der Untersuchung ein Bedürfnis zu einer kriminalpolitischen Orientierung. Denn will man sich den Vorwurf ersparen, unfruchtbare positivistische Begriffsjurisprudenz betrieben zu haben, so lässt sich der Begriff des strafrechtlichen Gewahrsams nicht ohne einen kritischen Blick auf einzelne, u. U. überholungsbedürftige Tatbestände des Vermögensstrafrechts und die sich hier ergebenden Wechselbeziehungen bestimmen. An dieser Stelle aber wird spätestens deutlich, dass eine teleologische Begriffsauslegung im vorliegenden Fall nicht ausreicht, kann sie doch letzten Endes nicht über die Norm hinausgehen, geschweige denn sie gänzlich in Frage stellen.

Zwar ist Coing zu folgen, der ausführt: „Die moderne Rechtswissenschaft … benutzt die altehrwürdige grammatisch-logische Auslegung ebenso wie die soziologische und axiologische Methode, von denen diese auf den Gerechtigkeitsgehalt einer Regelung, jene auf ihre gesellschaftlichen Bedingungen reflektiert. Sie arbeitet ebenso mit den Ergebnissen historischer Untersuchungen über die Entstehung der positiven Normen, die sie zu behandeln hat, wie mit der Hilfe, die ein zusammenfassendes System gewähren kann. Sie verwendet schließlich die Ergebnisse zweier Hilfsdisziplinen, … der Rechtsgeschichte und der Rechtsvergleichung"[26]. Wir kommen aber nicht umhin festzustellen, dass eine teleologische Auslegung in dem Moment nicht mehr genügen kann, in dem eine Betrachtung der Begriffe und Strukturzusammenhänge unter kriminalpolitischen Gesichtspunkten zu fordern ist. Denn dort, wo sich die Entfaltung kriminalpolitischer Prinzipien von den Maßstäben des Gesetzgebers löst, dient dies nicht der lex lata, sondern vielmehr der lex ferenda und verlässt somit den Boden der Gesetzesauslegung[27]. Diese Erkenntnis ist den notwendig anzustellenden kriminalpolitischen Erwägungen vorauszuschicken, um im weiteren Missverständnissen vorzubeugen.

Da der Gewahrsam vor allem im Zusammenhang mit der Unterscheidung von Diebstahl und Unterschlagung und den in diesem Verhältnis auftretenden Wechselwirkungen zu sehen ist, wird an dieser Stelle einer der Schwerpunkte der Untersuchung liegen müssen. Vordringlich wird die Frage zu beantworten sein, ob eine solche Unterscheidung und die im Verhältnis zur Unterschlagung schwerere Bestrafung des Diebstahls überhaupt noch angebracht ist. Ein Blick auf die Diebstahlsregelung des Strafgesetzbuchs der Deutschen Demokratischen Republik vom 12.1.1968 weist auf, dass dort die

---

[24] Vgl. Roxin a.a.O. S. 9, 19 ff.
[25] Henkel S. 16.
[26] Coing S. 348.
[27] Vgl. Roxin, Kriminalpolitik und Strafrechtssystem, S. 32.

Tatbestände der §§ 242 und 246 des Deutschen StGB von 1871 zu einem Tatbestand verschmolzen wurden[28].

Die kriminalpolitische Frage nach dem Sinn und Zweck der Unterscheidung von Diebstahl und Unterschlagung und damit zugleich nach der Existenzberechtigung eines Gewahrsamsbegriffs, wie ihn das Strafrecht der Bundesrepublik enthält, ist also höchst aktuell. Sie zu beantworten, muss ein Primäranliegen sein. Denn müsste man zu dem Schluss kommen, dass die Unterscheidung von Diebstahl und Unterschlagung unsinnig oder überholt sei, so wäre es verfehlt, den Gewahrsamsbegriff unter Beibehaltung abzulehnender Strukturen darzustellen und weiterzuentwickeln. Vielmehr gälte es dann, Vorstellungen hinsichtlich einer Neugestaltung der Zueignungsdelikte zu erarbeiten. „Denn kriminalpolitische Einsichten in kriminalpolitische Forderungen und diese in rechtliche Regeln der lex lata oder ferenda zu verwandeln – das ist ein Prozess, dessen einzelne Stadien für die Herstellung des sozial Richtigen gleichermaßen notwendig und wichtig sind"[29]. Anhaltspunkte für eine Neugestaltung der Zueignungsdelikte könnten sich u.a. im ausländischen Strafrecht ergeben.

Es wird bei diesem Ausgangspunkt allerdings nicht genügen, allein auf die Unterscheidung von Diebstahl und Unterschlagung und deren Abgrenzung einzugehen. Vielmehr wird es erforderlich sein, ebenso die Tatbestandsproblematik des § 246, die deliktische Zueignung, den Vermögensbegriff sowie die Abgrenzung von Diebstahl, Betrug, Raub und Erpressung zu behandeln und darüber hinaus allgemeine Kriterien der Vermögensdelikte herauszuarbeiten. Denn erst dann wird es möglich sein, aus der Introversion der Begriffsjurisprudenz herauszugelangen und sich einen Überblick über den Gewahrsamsbegriff, die Zueignungsdelikte, die Vermögensdelikte überhaupt und ihre Interdependenzen zu verschaffen. Aber erst wenn die anstehenden kriminalpolitischen Fragen beantwortet sind, wird eine Lösung der strafrechtlichen Fragen sinnvoll sein.

Als erstes sollen nun anhand von Schrifttum und Rechtsprechung die in jüngerer Zeit vertretenen Meinungen zum Gewahrsamsbegriff vorgestellt werden. Nach und nach sollen dann die Probleme des Gewahrsams angesprochen und seine Bedeutung für die Systematik der Vermögensdelikte angedeutet werden. Weiter wird zu klären sein, ob evtl. das bürgerliche Recht zur Auslegung des Gewahrsamsbegriffs beitragen kann. Im Rahmen dieser Aufgabenstellung erweist es sich als zweckmäßig, zunächst unkritisch der in Wissenschaft und Praxis überwiegend geübten Methode der Begriffshandhabung zu folgen. Auf diese Weise dürfte sich am ehesten eine übersichtliche Darstellung des Meinungsstandes und eine Heranführung an die Gewahrsamsproblematik erreichen lassen.

Freilich darf von vornherein nicht übersehen werden, dass sich gerade in Gewahrsamsfragen die allgemeine Tendenz registrieren lässt, von einer sich auf den „gesunden Menschenverstand" oder auf eine „natürliche Lebensauffassung" berufenden „Wesensschau" her zu operieren. Damit wird mehr oder weniger bewusst ein unbestimmter Gewahrsams-Begriff zugrunde gelegt und die Frage, wer im Einzelfall Gewahrsam hat, letztlich aufgrund einer „Gesamtschau aller Umstände des konkreten Einzelfalles" entschieden. Dass wir es hier mit einer äußerst problematischen Rechtsfindungsmethode zu tun haben[30], wird an späterer Stelle noch nachzuweisen sein. Im Weiteren sollen erst einmal die Grundlagen zur Erfassung des Gewahrsamsbegriffs erarbeitet werden.

---

[28] Einen dahingehenden Vorschlag enthielt übrigens bereits eine Denkschrift des Preußischen Justizministers „Nationalsozialistisches Strafrecht" von 1933 (Kerrl'sche Denkschrift S. 105).
[29] Roxin a.a.O. S. 40.
[30] Vgl. Roxin, Täterschaft und Tatherrschaft S. 108 ff, 625 ff.

1. Kapitel

Grundlagen zur Erfassung des Gewahrsamsbegriffs

§ 3   Der bestehende Gewahrsamsbegriff

I. Begriffsklärung

Unter Gewahrsam ist nach nahezu einhelliger Meinung in der neueren Literatur[31] und Rechtsprechung[32] der Bundesrepublik ein tatsächliches Herrschaftsverhältnis zu verstehen, das von einem Herrschaftswillen getragen ist. – Dieser Begriff scheint seit Jahrzehnten gesichert. Vielfach beruft man sich auf die ältere Literatur oder auf die Rechtsprechung des Reichsgerichts. Und in der Tat ist bei zahlreichen älteren Autoren[33] und verschiedentlich auch in der Rechtsprechung des Reichsgerichts[34] der heute fast ausnahmslos verwendete Gewahrsamsbegriff vorzufinden.

Auch im ausländischen Strafrecht – soweit es zwischen Diebstahl und Unterschlagung unterscheidet – findet sich die vorstehende Definition des Gewahrsams. So ist zum Beispiel nach schweizerischem Recht der Gewahrsam als die tatsächliche, mit Herrschaftswillen ausgeübte Herrschaft über eine Sache aufzufassen[35]. Das österreichische Recht versteht den Gewahrsam als die Möglichkeit, über eine Sache tatsächlich zu verfügen, verbunden mit dem Willen, diese Möglichkeit aufrechtzuerhalten[36].

Überwiegend wird als ein Wertungsmaßstab für die beiden Elemente des Gewahrsams – tatsächliches Herrschaftsverhältnis und Herrschaftswille – oder für eines dieser Elemente ein soziales Moment hinzugezogen. Hierunter sind Kriterien des Gewahrsams zu verstehen, die sich an den Gegebenheiten des sozialen Lebens orientieren. Wenn Welzel meint, man könne beim Gewahrsam statt von einem „sozialen" ebenso gut von einem „soziologischen" Verhältnis sprechen[37], so ist ihm beizupflichten. Denn der Begriff des Sozialen soll sich in der hier zugrunde gelegten Bedeutung weder auf Fürsorge noch auf Wohltätigkeit oder Nächstenliebe beziehen. Vielmehr sind unter sozialen Kriterien solche gemeint, die in der Gesellschaft allgemeine Gültigkeit haben, indem sie einem gedeihlichen menschlichen Zusammenleben förderlich sind.

---

[31] Schönke-Schröder § 242 Rdnr. 14; Schwarz-Dreher § 242 Anm. 1 D; Jagusch LK 1958 § 242 Vorbem. C II 2; Heimann-Trosien LK 1970 § 242 Rdnr. 6; Petters-Preisendanz § 242 Anm. V 1; Pfeiffer-Maul-Schulte § 242 Anm. 4; Lackner-Maassen § 242 Anm. 3 a; Kohlrausch-Lange § 242 Anm. II 1; Maurach BT S. 201; Mezger-Blei BT S. 134; Welzel Lb. S. 347 f; Otto ZStW 79,60 f; Wimmer NJW 1948,242; NJW 1962,612; Hellmuth Mayer JZ 1962,619; Gribbohm JuS 1964,234; Eser JuS 1964,478; Grünwald JuS 1965,311; Schmitt JZ 1968,307; Paulus S. 40 f, 180; Maiwald S. 208, 251; ursprünglich auch Bittner MDR 1970,291 f. Eine abweichende, allerdings recht widersprüchliche Meinung vertritt Figlestahler. Danach ist der Gewahrsam die „Friedenssphäre", die „hic et nunc durch die Mitwelt geachtet wird". Der Gewahrsamsbegriff – so meint F. – lasse sich „nicht für alle Zeit definieren", sondern er müsse „immer erst im Einzelfall herausgearbeitet" werden, und zwar nach ganz bestimmten „Richtlinien", die F. letztlich jedoch schuldig bleibt. Dem so gearteten Gewahrsam, bei dem es auf einen Herrschaftswillen nicht ankommen soll, schreibt F. dennoch Rechtsgutsqualität zu. Vgl. Figlestahler S. 89 f, 109, 111, 131.

[32] BGHSt 8, 274 f; BGH NJW 1953,1272; BGH GA 1962,78; 1966,244; BGH LM Nr. 9 u. Nr. 11 zu § 242 StGB; OLG Köln VRS 14,299; BayObLG NJW 1961,978 = JR 1961,188; OLG Hamm JMBl NRW 1965,10; NJW 1969,620; vgl. auch OGHSt 1,258; 2,371.

[33] Binding BT I S. 286 f; v. Liszt-Schmidt S. 613; v. Olshausen § 242 Anm. 16; Frank § 242 Anm. IV; Hälschner S. 431; Rotering GS 35,368; Meyer-Allfeld S. 435;Harburger S. 202; Micelli S. 50; Rosenfeld ZStW 37,160 ff; Soltmann S. 19 f.

[34] RGSt 12,355; 27,225; 60,271; RG LZ 1918,929.

[35] Germann S. 233; Härdy Art. 137 Anm. 2; Pfenninger S. 290.

[36] Kaniak § 171 Anm. 53; Nowakowski S. 490; östOGH ÖJZ 1965,215.

[37] Welzel GA1960,264.

Schröder vertritt die Auffassung, dass der Maßstab für das Herrschaftsverhältnis und den Herrschaftswillen die Auffassung des täglichen Lebens sein müsse[38]. Jagusch geht davon aus, dass tatsächliche Sachherrschaft wirkliches Innehaben sei, das nach der Verkehrsauffassung die Möglichkeit der ausschließlichen Verfügungsgewalt über die Sache gebe[39]. Dreher will das tatsächliche Herrschaftsverhältnis nach den Erfahrungen des täglichen Lebens beurteilt wissen[40]. Nach Maurach wird das Herrschaftsverhältnis des Menschen über eine Sache nach den Anschauungen des betreffenden Lebenskreises geformt.[41].

Nach Lacker-Maassen, Kohlrausch-Lange und Frank ist Gewahrsam ein tatsächliches Herrschaftsverhältnis, bei dem der Herrschaftswille „nach den Anschauungen des täglichen Lebens ungehindert"[42], in „verkehrsmäßiger Weise"[43] oder „in einer der Gewohnheit des täglichen Lebens entsprechenden Weise unmittelbar"[44] betätigt werden kann. Der Bundesgerichtshof unterstellt wiederum das tatsächliche Herrschaftsverhältnis der sozialen Komponente, nämlich den „Anschauungen des täglichen Lebens", der „Verkehrsauffassung" oder der „natürlichen Auffassung des täglichen Lebens"[45].

Obgleich man sich also nicht darüber einig ist, ob nur das tatsächliche Herrschaftsverhältnis einem sozialen Aspekt unterworfen werden soll oder nur der Herrschaftswille oder aber Herrschaftsverhältnis und Herrschaftswille, stimmen nahezu alle Meinungen darin überein, dass jenes soziale Moment nicht als eine selbständige dritte Komponente des Gewahrsams zu gelten hat.

Lediglich Welzel ist der Ansicht, dass dem sozialen Moment eine gesonderte Bedeutung zukomme[46]. Für Welzel besteht daher der Gewahrsamsbegriff aus drei Komponenten:

a) Dem physisch-realen Moment, das die Tatsächlichkeit der Herrschaft zum Inhalt hat;

b) dem normativ-sozialen Moment, wodurch die tatsächliche Herrschaft den Regeln des sozialen Lebens unterworfen wird;

c) dem seelischen Moment, worunter der Gewahrsamswille zu fassen ist.

Damit hebt sich Welzel in seiner Gewahrsamsdefinition von der h.M. nicht nur terminologisch ab[47]. Zwar dominiert auch bei ihm die tatsächliche Herrschaft, die dann den Regeln des sozialen Lebens unterstehen soll: „Gewahrsam ist die tatsächliche Sachherrschaft über eine Sache nach den Regeln des sozialen Lebens"[48], oder noch deutlicher: „Die soziale Komponente an der physischen Sachherrschaft ist der unerlässliche Bestandteil des Gewahrsamsbegriffes"[49]. Welzel sieht auch den Herrschaftswillen (er nennt ihn Gewahrsamswillen) als unbedingtes Kriterium des Gewahrsams an; denn ohne einen – zumindest generellen – Herrschaftswillen gibt es keinen Gewahrsam für Welzel[50]. Er misst jedoch dem sozialen Moment eine ganz besondere Bedeutung zu.

Die tatsächlich Sachherrschaft und der Gewahrsamswille sind für Welzel zwar Voraussetzungen des Gewahrsams; sie sind aber nicht entscheidend. „Vielmehr sind für die Gewahrsamsverhältnisse ‚die

---

[38] Schönke-Schröder a.a.O.

[39] Jagusch a.a.O.

[40] Schwarz-Dreher a.a.O.

[41] Maurach a.a.O.

[42] Lackner-Maassen a.a.O.

[43] Kohlrausch-Lange a.a.O.

[44] Frank a.a.O.

[45] BGHSt 16,271; BGH NJW 1968,662; BGH GA 1969,25; BGHSt 22,183.

[46] Welzel Lb. S. 347 f.

[47] A.A. Maurach BT S. 201.

[48] Welzel Lb. a.a.O.

[49] Welzel GA 1960,265.

[50] Welzel Lb. a.a.O.

Gewohnheiten und Gepflogenheiten des täglichen Lebens', also die soziale Komponente, entscheidend"[51]. So spricht Welzel, von der altdeutschen „Gewere" ausgehend, auch von dem Gewahrsam als Friedenssphäre[52], als einem von der Gemeinschaft respektierten räumlichen Bereich oder als einem den Einzelnen umgebenden Herrschaftskreis[53].

Welzel fasst den Gewahrsam als ein soziales Verhältnis auf, das er – entsprechend seiner philosophischen Grundhaltung – auf außerrechtliche soziale Strukturen zurückführt. In Anlehnung an Nicolai Hartmann und damit an eine materiale Wertethik geht er davon aus, dass das soziale Leben „kein amorphes Gebilde" sei, sondern Strukturierung und Ordnung durch Sitte, Herkommen, Gewohnheit, Konvention, in sich trage, die das Recht vielfältig in sich einbeziehe und mit Schutz umgebe[54].

Ähnlich wie Welzel definiert auch Otto den Gewahrsam als die „tatsächliche Sachherrschaft eines Menschen über eine Sache nach den Regeln des sozialen Lebens". Er stellt jedoch den Gewahrsamswillen als wesentliches Element neben das physisch-reale und das normativ-soziale Moment[55]. Otto hebt sich insofern also nur per definitionem von der h.M. ab.

Eine sich eng an Welzel anlehnende Meinung vertritt Nöldeke, der den Gewahrsam auf das „räumlich-körperlich eng umgrenzte soziale Achtungsverhältnis der altdeutschen Gewere" zurückführt[56] und im Übrigen zwischen Erwerb, Fortbestand und Verlust des Gewahrsams unterscheidet[57]. Nach Nöldeke wird Gewahrsam erworben, „wenn die Sache in einen die Person nach den sozialen Anschauungen umgebenden Herrschaftskreis eintritt und das so geschaffene Erscheinungsbild räumlicher Zugehörigkeit das Vorliegen eines entsprechenden Herrschaftswillens vermuten lässt[58]. Aufgrund der „konservativen Wirkung des sozialen Achtungsverhältnisses" – so führt Nöldeke weiter aus – gehe der einmal begründete Gewahrsam dann bei einem „erkennbar vorübergehenden Wegfall der Merkmale des Begründungstatbestandes" noch nicht verloren[59].

Auch nach den übrigen in der Literatur und Rechtsprechung vertretenen Auffassungen kann der Gewahrsam gemäß der „natürlichen Auffassung des täglichen Lebens" trotz einer erheblichen Lockerung der tatsächlichen Herrschaftsgewalt bestehen bleiben. So behält zum Beispiel der Wohnungsinhaber auch bei Abwesenheit den Gewahrsam an seinen in der Wohnung befindlichen Sachen[60]. Frei umherlaufende Haustiere, die den animus revertendi haben, bleiben im Gewahrsam des Eigentümers[61]. Der Autofahrer behält nach einem Unfall den Gewahrsam an dem im Straßengraben zurückgelassenen Auto[62]. Stillschweigende Voraussetzung ist allerdings immer der Herrschaftswille.

Nun fällt an der Rechtsprechung des Bundesgerichtshofes in Gewahrsamsfragen auf, dass auf das Erfordernis eines Gewahrsamswillens oftmals gar nicht eingegangen wird[63]. In BGHSt 4,211 wird sogar ausgeführt, dass ein Bewusstsein der Sachherrschaft zu ihrer Erhaltung nicht erforderlich sei: „Der einmal begründete Gewahrsam bleibt als ein tatsächliches Verhältnis, das dem Inhaber die

---

[51] Welzel GA a.a.O.
[52] Welzel GA 1960,264. Dieser Begriff findet sich wieder bei Figlestahler, siehe Fnt. 31.
[53] Welzel GA 1960,264 f; NJW 1961,329.
[54] Vgl. Welzel GA 1960,264 f; Naturalismus und Wertphilosophie, S. 74 f.
[55] Otto ZStW 79,60 f.
[56] Nöldeke S. 19 ff, 132.
[57] Nöldeke S. 37 ff, entsprechend Soltmann S. 20 ff.
[58] Nöldeke S. 132. In der Willensfrage bezieht sich Nöldeke, S. 46, auf Siebert S. 60.
[59] Nöldeke S. 133.
[60] Schönke-Schröder § 242 Rdnr. 16; Welzel Lb. S. 347; RGSt 30,89; BGHSt 16,273.
[61] Schönke-Schröder a.a.O.; Welzel a.a.O.; RGSt 48,384; 50,184; RG GA 48,319; BGH b. Dallinger MDR 1954,398.
[62] Schönke-Schröder a.a.O.; Welzel a.a.O.; OLG Köln VRS 14,299.
[63] Vgl. BGHSt 16,271; 17,205; 22,180; BGH NJW 1968,662; BGH GA 1969,25.

Sachherrschaft ermöglicht, solange bestehen, bis dessen tatsächliche Einwirkungsmöglichkeit verloren geht. Da das Bewusstsein der Sachherrschaft zu ihrer Aufrechterhaltung nicht erforderlich ist (RGSt 50,48; 56,207) und eine vorübergehende Verhinderung in der Ausübung die tatsächliche Gewalt nicht beseitigt, wird der Gewahrsam durch eine zeitweilige Bewusstlosigkeit des Inhabers nicht beeinträchtigt." Hier geht es jedoch lediglich um die Notwendigkeit eines ständig wachen Bewusstseins und damit eines jederzeit zielgerichteten Willens bezüglich einzelner Gegenstände, die dem Gewahrsam nach h.M. schließlich auch aufgrund eines (unterstellten) generellen Herrschaftswillens unterliegen können[64].

Ausdrücklich verlangt der BGH schließlich einen Herrschaftswillen in seiner sehr wichtigen Entscheidung BGH GA 1962,78. In dem dieser Entscheidung zugrunde liegenden Fall war ein vor einer Gaststätte abgestelltes Moped zunächst verliehen worden. Nachdem der Entleiher das Fahrzeug dann zurückgebracht und vereinbarungsgemäß wieder vor der Gaststätte abgestellt hatte, wurde es von dort später entwendet (und zwar von demjenigen, der es vorher entliehen hatte).

Der BGH führt dazu aus, der Verleiher (B.) habe vorübergehend den Gewahrsam an seinem Moped verloren, nämlich solange es verliehen war. Er habe jedoch erneut Gewahrsam an dem Moped erlangt, als der Entleiher (Angeklagter) es zurückbrachte und an dem Platz abstellte, an dem es sich vorher befunden hatte: „Hierdurch wurde nicht nur das tatsächliche Herrschaftsverhältnis wiederhergestellt, es wurde auch durch den Herrschaftswillen des B. getragen. Da von vornherein das Moped dem Angeklagten nur für kurze Zeit und ersichtlich unter der Voraussetzung übergeben worden war, es an den B. bekannten Platz zurückzubringen, ging dessen Wille von vornherein dahin, es in dem Zeitpunkt wieder zu beherrschen, in dem es an diesen Ort zurückkehrte. Dieser einmal begründete Wille war weder durch die inzwischen mit seinem Einverständnis vorgenommene kurze Besorgungsfahrt noch dadurch unterbrochen, dass B. inzwischen infolge Übermüdung und Trunkenheit eingeschlafen war. Hierdurch wurde die Fortdauer des einmal begründeten Willens nicht aufgehoben. Ein ständig ‚wacher' Herrschaftswille ist für die Erlangung und Erhaltung des Gewahrsams nicht erforderlich."

Noch in einer früheren Entscheidung hat der BGH ausdrücklich einen Gewahrsamswillen gefordert und dazu den Gewahrsamsbegriff definiert. Es heißt dort: „Gewahrsam ist ein tatsächliches vom entsprechenden Willen getragenes Herrschaftsverhältnis über eine Sache. Wesentlich ist die Sachherrschaft, der unter Ausschluss fremder Einwirkungsmöglichkeiten kein Hindernis entgegenstehen darf ..."[65]

Zusammenfassend lässt sich somit sagen, dass unter Gewahrsam nach der zurzeit h.M. ein tatsächliches Herrschaftsverhältnis verstanden wird, das von einem Herrschaftswillen getragen ist, und dass der Gewahrsam nach den Regeln des sozialen Lebens zu beurteilen ist.

II. Gewahrsam kraft generellen Herrschaftswillens

Mit der vorstehenden Definition des Gewahrsams lässt sich zwar noch erklären, dass der Bauer, der über Nacht seinen Pflug auf einem entfernten Felde stehen lässt, daran Gewahrsam behält; (weil trotz der räumlichen Entfernung ein nach sozialen Gesichtspunkten zu bemessendes und von einem zielgerichteten Herrschaftswillen getragenes tatsächliches Herrschaftsverhältnis aufrechterhalten bleibt)[66]. Nicht so ohne weiteres lässt sich aber die Frage klären, ob zum Beispiel der Wohnungsin-

---

[64] Vgl. Schönke-Schröder § 242 Rdnr. 21; Schwarz-Dreher § 242 Anm. 1 D b; Heimann-Trosien LK 1970 § 242 Rdnr. 6.
[65] BGHSt 8,274 f.
[66] Siehe BGHSt 16,273; Welzel GA 1960,265 f.

haber an einem im Sesselpolster verlorenen Brillantring eines Gastes Gewahrsam erlangt, wenn er von dem Vorhandensein des unbemerkt dorthin gelangten Ringes überhaupt keine Kenntnis hat. Es ist dies die überaus komplizierte Frage, ob der Gewahrsam von einer Kenntnis des Gewahrsamsinhabers abhängig ist. Literatur und Rechtsprechung behandeln dieses Problem unter dem Aspekt des „Gewahrsams kraft generellen Herrschaftswillens". Auf diesen Begriff ist im Folgenden näher einzugehen.

In dem geschilderten Ring-Fall ist ein tatsächliches Herrschaftsverhältnis dadurch gegeben, dass der Wohnungsinhaber die tatsächliche Gewalt über alle in seinem Machtbereich befindlichen Gegenstände unter Ausschluss anderer ausüben kann – dies nach den Anschauungen des täglichen Lebens auch dann, wenn er beispielsweise verreist. Dagegen kann ein Herrschaftswille bezüglich des Ringes gar nicht vorhanden sein, solange dem Gastgeber die Existenz des Ringes in seiner Wohnung verborgen geblieben ist. Abstrakt gesehen mag dies ein unlösbares philosophisches oder psychologisches Problem sein[67]; konkret gesehen, also hier auf eine bestimmte Sache bezogen, ist jedoch (Herrschafts-)Wille ohne Wissen nicht denkbar.

Hier helfen sich Literatur und Rechtsprechung dadurch, dass sie von einem generellen Herrschaftswillen (Gewahrsamswillen) ausgehen. Danach erlangt man zum Beispiel Gewahrsam an allen Briefen, die in den eigenen Briefkasten geworfen werden, an den Fischen, die sich in ausgelegten Netzen oder Reusen fangen, an Münzen, die in einen Automaten eingeworfen werden oder auch an Gegenständen, die sich ohne ein konkretes Wissen um die entsprechende Sache in der eigenen Wohnung befinden oder dort abgegeben werden[68].

Das OLG Hamm äußerte sich dazu wie folgt: „... der Herrschaftswille braucht sich nicht auf die konkrete Sache zu beziehen. Er kann als ‚genereller Gewahrsamswille' allgemein bekundet sein oder sich ... aus den Umständen ergeben"[69]. Nach dem dieser Entscheidung zugrunde liegenden Sachverhalt hatte eine Kundin in einem Warenhaus ihre Geldbörse liegen gelassen. Diese war dann unter den Augen der Kassiererin von einer anderen Kundin an sich genommen worden. Das OLG ging davon aus, dass der Geschäftsinhaber Gewahrsam an der Geldbörse erlangt hatte und kam daher zu einer Verurteilung wegen Diebstahls[70].

Vielfach wird in der Literatur auch formuliert, dass ein konkretes Wissen für den Gewahrsam dann nicht erforderlich sei, wenn sich ein Gegenstand in einem generell beherrschten Raum befindet[71]. Hierzu führt Schönke-Schröder aus: „Während grundsätzlich der Gewahrsam voraussetzt, dass der Inhaber den Aufenthaltsort der Sache kennt, da ihm sonst die Einwirkungsmöglichkeit fehlt, ist dieses Wissen bei Sachen, die sich im generellen Herrschaftsbereich befinden, überflüssig"[72]. Danach wird also von einem generell beherrschten Raum, zum Beispiel einer Wohnung, sogleich auf den Gewahrsam des Rauminhabers an den innerhalb seines Herrschaftsbereichs befindlichen Gegenständen geschlossen.

---

[67] Die Frage nach der Priorität von Statik oder Dynamik (Wissen oder Wollen; Geist oder Idee). Kann man wollen, wenn man nicht weiß? Kann man wissen, wenn man nicht will?

[68] Vgl Schönke-Schröder § 242 Rdnr. 21; Jagusch LK 1958 § 242 Vorbem. C II 2; Schwarz-Dreher § 242 Anm. 1 D b; Maurach BT S. 202; Mezger-Blei BT S. 134 f; Welzel Lb. S. 348; Petters-Preisendanz § 242 Anm. V 1 c; Lackner-Maassen § 242 Anm. 3 a cc; Kohlrausch-Lange § 242 Anm. V 1; Frank § 242 Anm. IV; RGSt 3,204; 29,226; 50,48; 54,346; 56,207; BGHSt 4,211.

[69] OLG Hamm NJW 1969,620.

[70] A.A. Bittner MDR 1970,291 ff, der Unterschlagung annimmt; weil der Geschäftsinhaber nicht Gewahrsam haben kann, wenn die ihn vertretende Kassiererin keinen Gewahrsam ausüben will.

[71] Schönke-Schröder § 242 Rdnr. 18; Jagusch a.a.O.; Frank a.a.O.; RG GA 65,371; BGH GA 1969,25; östOGH ÖJZ 1965,315.

[72] Schönke-Schröder a.a.O.

Aufgrund des generellen Herrschaftswillens in Verbindung mit der tatsächlichen Herrschaftsmöglichkeit wird von der h.M. auch an den in Diensträumen oder öffentlichen Gebäuden (Wartesälen, Bahnsteigen, Eisenbahnabteilen pp.) verlorenen oder vergessenen Sachen ein Gewahrsam der betreffenden Behörde oder deren Beamten angenommen[73]. Gleichfalls sollen Geschäftsinhaber oder Gastwirte an den in ihren Räumlichkeiten zurückgebliebenen Sachen Gewahrsam erlangen[74], Schlafende oder Bewusstlose ihren Gewahrsam behalten[75].

Nach der bereits zitierten Entscheidung BHG GA 1962,78 erhält sogar der Besitzer eines Kraftfahrzeugs (Mopeds), das er an einen Dritten verliehen hat, den Gewahrsam an dem Fahrzeug zurück, wenn der Dritte dieses vereinbarungsgemäß nach Beendigung seiner Fahrt vor der Wohnung des Besitzer abstellt; auch wenn dieser hiervon keine Kenntnis hat. Hier handelt es sich, wie auch in der Entscheidung des OLG Hamm NJW 1969,620, offensichtlich um einen Gewahrsamserwerb (der BGH ging von einem vorübergehenden Gewahrsamsverlust des Entleihers aus) und nicht lediglich um Gewahrsamserhaltung, wie zum Beispiel in BGHSt 4,211.

Ebenfalls um Gewahrsamserwerb geht es in der Entscheidung BGH NJW 1968,662[76]. Danach befinden sich sogar Waren, die morgens vor Geschäftseröffnung für einen Ladeninhaber mit dessen Einverständnis vor der noch verschlossenen Ladentür abgestellt werden, im Gewahrsam des Ladeninhabers. Dass er im Zeitpunkt des Abstellens der Ware noch nicht in der Lage ist eine Wegnahme zu verhindern, steht – so BGH – seinem Gewahrsam nicht entgegen. Es wird weiter die Meinung vertreten, dieser Fall sei nicht anders zu beurteilen, als die „Wegnahme eines auf dem Felde zurückgelassenen Pfluges oder das Wegführen des sich auf der Weide befindenden Viehs, die nach einheitlicher Auffassung von Rechtsprechung und Schrifttum als Diebstahl zu werten sind"[77].

Dabei ist aber übersehen worden, dass bei dem Pflug auf dem Feld und dem Vieh auf der Weide ein konkreter, auf Gewahrsamserhaltung gerichteter Herrschaftswille und ein tatsächliches (nach sozialen Gesichtspunkten zu bemessendes) Herrschaftsverhältnis vorhanden sind. Der Pflug oder das Vieh befinden sich für jedermann erkennbar auf einem Grundstück des Bauern. Dieser kennt seinen Pflug und sein Vieh. Er hat einen konkreten (zielgerichteten) Herrschaftswillen. Bei den morgens vor der Ladentür abgestellten Waren kann dagegen nur von einem generellen, auf Gewahrsamserwerb gerichteten, Herrschaftswillen ausgegangen werden. Der Ladeninhaber kennt die einzelnen Waren noch gar nicht. Er kann nur vermuten, dass sie entsprechend dem erteilten Auftrag vor seiner Tür abgestellt werden. Und ein tatsächliches Herrschaftsverhältnis dürfte bei auf der Straße befindlichen Sachen zumindest zweifelhaft sein[78].

Aus den angeführten Entscheidungen und Literaturmeinungen ist ersichtlich, dass die h.M. nicht nur bei der Gewahrsamserhaltung Gewahrsam kraft generellen Herrschaftswillens zulässt, sondern auch bei einem Gewahrsamserwerb; wobei besondere, der Gewahrsamserlangung dienende Vorkehrungen, nicht gefordert werden. Nach h.M. läge somit ein genereller Herrschaftswille auch bezüglich des in der Wohnung zurückgebliebenen Ringes eines Besuchers vor, so dass sich der Ring im Gewahrsam des Wohnungsinhabers befände. Die weitere Konsequenz wäre, dass der Ring dem Wohnungsinhaber gestohlen werden könnte, dass er als Gewahrsamsinhaber – wahrscheinlich – nicht

---

[73] RGSt 48,385; 50,183; 53,196; 54,232; RG JW 1930,3222; BGH MDR 1952,658; 1954,398; BGH GA 1969,25.

[74] RG GA 65,371; BGH GA 1969,25; OLG Hamm NJW 1969,620.

[75] RGSt 67,186; BGHSt 4,211; 20,33.

[76] Gleichfalls abgedruckt in JZ 1968,307, mit kritischer Anmerkung von Schmitt.

[77] BGH a.a.O.

[78] Vgl. Schmitt JZ 1968,307 f.

Finder werden und somit auch keinen Finderlohn beanspruchen könnte (letzteres ist eine bürgerlich-rechtliche Frage, die noch zu überprüfen sein wird).

Eine andere Auffassung vertritt Soltmann, der zwischen einem Gewahrsamserwerbs-Willen und einem Gewahrsamserhaltungs-Willen unterscheidet. Diese Unterscheidung führt dazu, dass Soltmann bei dem Gewahrsam kraft generellen Herrschaftswillens von der h.M. abweichende Ergebnisse erzielt. Soltmann meint, es sei verfehlt, eine Wohnung als einen großen Briefkasten für all das anzusehen, was hineinkommt. Denn das Haus diene zwar der Aufrechterhaltung von Gewahrsam, indem man die Sachen anderen unzugänglich mache, nicht aber der Gewahrsamsbegründung. Auch der generelle Wille nütze hier nichts.[79]

Der Gewahrsamsbegründung können nach Soltmann nur solche Behältnisse dienen, die dazu von vornherein bestimmt sind; und es kann dann auch nur an den Sachen Gewahrsam kraft generellen Herrschaftswillens begründet werden, für die ein Behältnis vorgesehen ist (Automat für Geld, Briefkasten für Briefschaften). Hiervon geht Soltmann selbst dann aus, wenn der Wille eines Behältnisinhabers weiter gehen sollte, etwa dahin, an allen in den Briefkasten eingeworfenen Sachen Gewahrsam zu erlangen. „Zur Gewahrsamsbegründung ist eben eine Kundgabe des Erwerbswillens erforderlich. Wie der spezielle Gewahrsamswille, so muss auch der generelle Wille offenkundig gemacht werden. Durch die Aufstellung eines Briefkastens gibt man aber nur kund, Briefschaften in Empfang nehmen zu wollen. Weiterhin aber nur die Briefschaften, die wirklich für mich bestimmt sind. Ich erlange nicht Gewahrsam an versehentlich in den Briefkasten geworfenen Briefschaften"[80].

Hiernach bestünde kein Gewahrsam des Wohnungsinhabers an dem von einem Gast in der Wohnung zurückgelassenen Ring: „Wir dokumentieren durch die Beherrschung unserer Räume noch keineswegs, dass wir auch Gewahrsam erwerben wollen an Sachen, die andere dort verlieren oder vergessen"[81]. Zwar gelingt es Soltmann mit seiner „Willens-Kundgebungstheorie", einer unkontrollierten Ausweitung des generellen Gewahrsams zu steuern. Es kann niemand ohne sein Wissen bzw. ohne bestimmte Vorkehrungen getroffen zu haben, Gewahrsam erwerben. Im Grunde ist aber hinsichtlich der in den Briefkasten eingeworfenen Briefe ebenso wenig ein konkreter (zielgerichteter) Herrschaftswille möglich, wie hinsichtlich der in Wohnräumen vergessenen Sachen anderer.

Der generelle Herrschaftswille stellt sich also in jedem Fall als eine Fiktion dar, mit deren Hilfe ein Gewahrsamsverhältnis immer dann konstruiert wird, wenn es am konkreten Wissen und Wollen fehlt, eine enge Sachbeziehung aber vorhanden ist. Man kann wohl sagen, dass diese Fiktion in der Hauptsache dazu dient, die Schwächen der Willenstheorie auszugleichen. Denn konsequenterweise müsste nach der Willenstheorie ein Gewahrsam in all den Fällen abgelehnt werden, in denen eine Sachbeziehung – und mag sie sich noch so eng gestalten – ohne Wissen einer Person vorhanden ist. Dass dies zum Beispiel bei Sachen, die sich innerhalb einer Wohnung befinden, zu unhaltbaren Ergebnissen führen könnte, dürfte auf der Hand liegen. Freilich werden – wie bei näherer Betrachtung noch festzustellen sein wird – mit dieser Konstruktion des generellen Gewahrsams zugleich die Widersprüche der Willenstheorie auf die Spitze getrieben.

§ 4 Die Bedeutung des Gewahrsams im Strafrecht
I. Vorbemerkung

In verschiedenen Tatbeständen des Deutschen Strafgesetzbuches von 1871 spielt der Gewahrsamsbegriff unmittelbar oder mittelbar (über die Termini wegnehmen oder entwenden) eine Rolle; in ers-

---

[79] Soltmann S. 26.
[80] Soltmann S. 26 f, unter fälschlicher Berufung auf Enneccerus-Kipp-Wolff S. 30; ebenso Micelli S. 49 ff.
[81] Soltmann S. 27.

ter Linie beim Diebstahl und bei der Unterschlagung. Wenn man in diesem Zusammenhang bedenkt, dass nach der Verbrechensstatistik des Statistischen Bundesamtes Wiesbaden von 1968 und 1969 die Verurteilungen wegen Diebstahls und Unterschlagung in der Bundesrepublik an zweiter Stelle nach denen wegen Verkehrsdelikten stehen[82], so lässt sich die außerordentlich große Bedeutung des Gewahrsamsbegriffs für das Strafrecht ermessen.

Er ist sowohl zur Tatbestandsermittlung als auch zur Abgrenzung von Diebstahl und Unterschlagung und für die Frage der Diebstahlsvollendung heranzuziehen; des Weiteren im Hinblick auf die Abgrenzung von Diebstahl und Betrug, Raub und Erpressung. Besonders problematisch ist das Verhältnis von Gewahrsamserlangung und Zueignung und die Frage der Auslegung des § 246 StGB.

Im Folgenden soll festgestellt werden, in welchen Tatbeständen des Strafgesetzbuchs der Gewahrsamsbegriff mit welchem Bedeutungsinhalt verwendet wird, und wo die Gewahrsamsprobleme liegen. Auch auf die Abgrenzungsfunktion des Gewahrsams und den Meinungsstand dazu wird näher einzugehen sein.

II. Unterschlagung

1. Der Tatbestand

Das Strafgesetzbuch verwendet das Wort „Gewahrsam" zentral im § 246, hier aber im Zusammenhang mit dem Wort „Besitz". In § 246 StGB heißt es: „Wer eine fremde bewegliche Sache, die er in Besitz oder Gewahrsam hat, sich rechtswidrig zueignet, wird wegen Unterschlagung … bestraft."

Nach dieser Formulierung liegt es nahe, Besitz und Gewahrsam des § 246 als zwei unterschiedliche Begriffe anzusehen, denen – jedem für sich – eine Bedeutung im Strafrecht zukommen müsste. Aber schon das Reichsgericht vertrat zu dieser Frage die Meinung, dass aus der Fassung des Gesetzes nicht die Notwendigkeit abzuleiten sei, Besitz und Gewahrsam des § 246 StGB als wesentlich verschiedene Verhältnisse zu einer Sache anzusehen. Vielmehr sei die Formulierung lediglich aus dem Mangel fester Begriffsbestimmungen zu erklären, der den Gesetzgeber veranlasst habe, zur Vermeidung von Unsicherheiten beide Begriffe zu verwenden[83].

Man muss sich vor Augen halten, dass ein bürgerlich-rechtlicher Besitzbegriff, wie wir ihn heute kennen, bei Erlass des Strafgesetzbuches noch nicht existierte. Das BGB trat erst 1900 in Kraft, und vorher verwendeten verschiedene Autoren anstelle von „Gewahrsam" den Ausdruck „Besitz"[84], um deutlich zu machen, dass sie von dem im PrALR zugrunde gelegten Gewahrsamsbegriff Abstand nahmen[85]. Auch im § 215 des PrStGB von 1851 wurde der Ausdruck „Gewahrsam" wegen der „Unklarheit der landrechtlichen Lehre vom Besitz" vermieden[86].

Daher ist der Auffassung des Reichsgerichts zu folgen. Denn im Grunde bestand für den damaligen Gesetzgeber neben einer Begriffsunsicherheit keine Veranlassung, über den Begriff eines strafrechtlichen Gewahrsams hinaus noch den des Besitzes im Unterschlagungstatbestand zu verwenden. Die h.M. geht deshalb so weit, die Ausdrücke Besitz und Gewahrsam i.S.d. § 246 StGB als synonym

---

[82] Siehe Verbrechensstatistik des Statistischen Bundesamtes Wiesbaden, Jahrgang 1968 S. 18 und Jahrgang 1969 S. 18. Vgl. auch die bei Zuckermann S. 1 f (entsprechend den Statistischen Jahrbüchern des Deutschen Reiches) aufgeführte Statistik für die Jahre 1882 bis 1928, wonach zeitweilig (1919 bis 1923) fast die Hälfte aller überhaupt Straffälligen wegen Diebstahls und Unterschlagung bestraft worden sind.
[83] RGSt 37,198; vgl. auch RGSt 5,43.
[84] Z.B. Binding BT I S. 286; vgl. auch Harburger S. 198; v. Hippel S. 239.
[85] So Binding a.a.O.
[86] Vgl. Goltdammer S. 459.

anzusehen[87]. Für das in § 246 StGB als „Besitz oder Gewahrsam" zugrunde gelegte Gewaltverhältnis hat sich der Begriff des Gewahrsams als eines rein strafrechtlichen Tatbestandsmerkmals ausge-
prägt. Dagegen wird der Ausdruck „Besitz" nach heute einhelliger Meinung allein im bürgerlich-
rechtlichen Sinne verwendet. Nach dem Wortlaut des § 246 muss der Täter die Sache, die er sich
zueignet, in seinem Gewahrsam haben. Diese Formulierung des Unterschlagungstatbestandes stellt
seit langem einen erheblichen Streitpunkt in der Literatur und Rechtsprechung dar, zu dem ausgie-
bigst Stellung genommen worden ist. Drei Meinungen lassen sich unterscheiden.

2. Die Meinungen zur Auslegung des Tatbestands
    a) Die „strenge" Auslegung
Die engste Meinung (sog. strenge Auslegung) verlangt unter Hinweis auf den Gesetzeswortlaut, dass
der Täter den Alleingewahrsam (im Falle der Mittäterschaft den Mitgewahrsam) an der Sache schon
hat, bevor er sie sich zueignet.
Danach muss also die Gewahrsamserlangung dem Zueignungsakt zeitlich vorausgehen[88]. Das führt
zu der bedeutsamen Konsequenz, dass Mittäter einer Unterschlagung nur sein kann, wer selbst die
Täterqualifikation hat, also schon vorher Mitgewahrsam an der Sache gehabt hat[89], und dass zum
Beispiel beim Fund der Tatbestand der Unterschlagung nicht schon mit dem Ergreifen der Sache mit
Zueignungswillen gegeben ist, sondern erst mit einem nachfolgenden weiteren Aneignungsakt (Ab-
leugnen des Besitzes, Verzehr, Verkauf usw.)[90].
Gerade gegen dieses letzte Ergebnis hat sich aber mit guten Argumenten Schünemann – selbst ein
Vertreter der strengen Auslegung – gewandt[91]. Er hält es für eine Umgehung des in den §§ 246, 350,
351 zum Ausdruck kommenden Restriktionswillens des Gesetzgebers, wenn man den Täter noch
wegen späterer Verwertungshandlungen nach diesen verschiedenen Vorschriften bestrafen wolle.
Für das Strafrecht stelle das eigentlich relevante und schwerwiegende Unrecht nicht die Benutzung
oder Verwertung, sondern die „Zueignung" der Sache dar, d.h. die vom Täter vorgenommene faktische Vermögensverschiebung, durch die der Täter die fremde Sache seinem eigenen Vermögen einverleibt. So verstanden, sei die Zueignung ein dynamischer, einmaliger Vorgang, der nicht nur das
Recht des Eigentümers irgendwie verletzte, sondern es ihm faktisch nehme und in den Machtbereich
des Täters überführe. Alles, was dann später im Gefolge dieser Tat noch geschehe (Benutzung,
Verbrauch, Verkauf der Sache), stelle nur noch die natürliche Konsequenz der eigentlich gravieren-
den Tat dar und sei daher für das Strafrecht nicht mehr relevant. Wenn die h.M. den § 246 deswegen
auch auf die Verwertungshandlungen anwenden wolle, weil das „fortwirkende Eigentum weiterhin
Respekt verlange", so unterliege sie einem Trugschluss; denn zu diesem Zweck reichten die §§ 812,
823 I BGB vollauf aus.
Die sich aus dieser Auffassung ergebende Konsequenz, dass beispielsweise die Zueignung einer
Fundsache unmittelbar bei Gewahrsamserlangung straflos bleibt, nimmt Schünemann nicht nur in

---

[87] Schönke-Schröder § 246 Rdnr. 8; Schwarz-Dreher § 246 Anm. 1 B; Maurach BT S. 239 f; Welzel Lb. S.
345; Jagusch LK 1958 § 246 Anm. 3; Binding BT I S. 286; Harburger S. 198; Redslob ZStW 30,212; BGB
LM Nr. 3 zu § 246 StGB; BGHSt 4,77.
[88] RGSt 10,237; 17,59; 19,38; 42,420; 53,302; 61,37; 68,90; 72,326; 76,131; BGHSt 2,317; OGHSt 1,359;
Hellmuth Mayer JW 1934,486; Frank § 246 Anm. II 3; v. Liszt-Schmidt S. 639; Kohlrausch-Lange § 242
Anm. II; Bockelmann MDR 1953,3 ff; Schünemann JuS 1968,115; Maiwald S. 217.
[89] Vgl. RGSt 72,326.
[90] Vg. dazu Bockelmann MDR 1953,8; JZ 1960,624; RG DR 1940,792. Zu den Konkurrenzfragen siehe
Schröder JR 1960,308.
[91] Schünemann JuS 1968,114 ff; vgl. auch Baumann AT S. 647.

Kauf, sondern hält sie darüber hinaus sogar für gerechtfertigt. Er meint, der Fassung des Gesetzes liege der „gesunde Gedanke" zugrunde: Es solle nicht alles bestraft werden, was rechtswidrig ist, sondern nur die besonders schwerwiegenden Rechtsgutsverletzungen durch Beschreibung typischer Tathandlungen und typischer Tatsituationen herausgegriffen werden. Hierzu gehöre aber nicht die Zueignung einer Fundsache bei der Gewahrsamserlangung, wie sich auch aus einer historischen Betrachtung ergebe. Die enge Fassung des § 246 sei somit vom Gesetzgeber bewusst gewählt worden und nicht etwa bloß eine „sprachlich missglückte Abgrenzung zu § 242". Wirkliche oder vermeintliche Strafbarkeitslücken seien also vom Gesetzgeber gewollt. Jede Korrektur des § 246 sei hingegen wegen der Gesetzesunterworfenheit (Art. 20 III GG) ein Verstoß gegen den Art. 103 II GG i.V.m. § 2 StGB („nullum crimen sine lege"). – Es wird sich bei der Behandlung der Fundunterschlagung und der „Unterschlagung als Nachtat" zeigen, inwieweit den Ausführungen Schünemanns zu folgen ist.

b) Die „berichtigenden" Auslegungen

Nach einer zweiten Meinung – man könnte sie die *enge berichtigende Auslegung* nennen – ist zwar der Alleingewahrsam des Täters als Tatbestandsmerkmal des § 246 bei der Zueignung erforderlich; Gewahrsamserlangung und Zueignung können aber in einem Akt zusammenfallen[92]. Danach wäre eine vollendete Fundunterschlagung bereits in dem Augenblick gegeben, in dem der Täter eine Sache mit Zueignungswillen an sich nimmt. Mittäter einer Unterschlagung kann nach dieser Auslegung nur sein, wer schon vorher Mitgewahrsam an der Sache hat oder diesen zumindest im Zeitpunkt des Zueignungsaktes erlangt. Wer selbst keinen Mitgewahrsam hat oder im Augenblick der Zueignung spätestens erlangt, kann nur Beihilfe zur Unterschlagung leisten[93].

Sowohl nach der engen berichtigenden Auslegung als auch nach der strengen Auslegung bleibt bei der Zueignung fremder beweglicher Sachen eine Strafbarkeitslücke, wenn sich der Täter die Sache rechtswidrig zueignet, ohne dabei fremden Gewahrsam zu brechen oder ohne dabei eigenen Gewahrsam zu erlangen. Hat zum Beispiel der A dem B ein dem E gehörendes Buch geliehen, und verkauft er dieses schließlich als angeblicher Eigentümer brevi manu an den B, so kann A nicht wegen einer Unterschlagung bestraft werden.

Die hier zu Tage tretenden Mängel der genannten Meinungen werden ausgeräumt durch eine dritte, weitergehende Auslegung des § 246, die von Binding[94] entwickelt wurde. Sie fasst die in § 246 enthaltene Formulierung „in Gewahrsam hat" nicht als ein Tatbestandsmerkmal auf, sondern als ein Abgrenzungskriterium zum Diebstahl. Nach dieser *weiten berichtigenden Auslegung* ist die Unterschlagung als eine umfassende das Eigentum schützende Bestimmung anzusehen und der Diebstahl als ein spezielles Zueignungsdelikt[95]. Hieraus ergibt sich, dass zwischen beiden Delikten straffreie Lücken nicht bestehen können und dass unabhängig von der Innehabung des Gewahrsams eine Unterschlagung immer dann vorliegt, wenn ein Diebstahl mangels Wegnahme nicht gegeben ist. Der Tatbestand der Unterschlagung kann nach dieser Meinung somit auch dann noch erfüllt sein, wenn der Gewahrsamserwerb der Zueignung nachfolgt oder wenn der Täter überhaupt keinen Gewahrsam

---

[92] RGSt 67,77; RG JW 1934,486; BGHSt 4,77; OLG Bremen MDR 1948,260; Schwarz-Dreher § 246 Anm. 1 B a; im Ergebnis auch Post S. 61 ff, der den Satzteil „die er in Besitz oder Gewahrsam hat", als ein bloßes Substrat der Zueignung auffasst.
[93] Vgl. BGHSt 2,317 m.w.N.
[94] Binding BT I S. 275 ff.
[95] Binding BT I a.a.O.; Schönke-Schröder § 246 Rdnr. 1; Maurach BT S. 236; Mezger-Blei BT S. 129, 139; Welzel Lb. S. 345; JZ 1952,617; Baumann NJW 1961,1142 f; Busch SJZ 1950,359; RGSt 49,198; RG Recht 1927 Nr. 752; RG DRZ 1927,238; BGH LM Nr. 3 zu § 246 StGB; BGHSt 13,43.

gehabt hat[96]. Mittäter einer Unterschlagung kann folgerichtig auch sein, wer keinen Gewahrsam an der Sache hat oder erlangt[97].

Das Reichsgericht führt zu dieser Meinung aus: „Indes nimmt die Rechtsprechung an, dass es darauf, wann der Täter den Besitz erlangt und ob er ihn rechtmäßig erlangt hat, nicht ankomme, dass es vielmehr nur entscheidend sei, dass die Besitzerlangung nicht durch Entziehung des Gegenstandes aus dem Gewahrsam eines anderen erfolgt sei"[98].

Maurach[99] meint ebenfalls, die berichtigende Auslegung schließe die Lücken des Gesetzes durch „Negativfassung" des § 246. „Unterschlagung ist eine solche Zueignung fremden Eigentums, die ohne Bruch fremden Gewahrsams erfolgt … Damit sind die nach dem Diebstahl hin offenen Grenzen geschlossen." Und bei Mezger-Blei heißt es: „Jede Zueignung, die ohne Gewahrsamsbruch (Wegnahme) erfolgt, ist Unterschlagung; diese ist also rein negativ durch das Fehlen der Wegnahme vom Diebstahl unterschieden. Dadurch schließ sich der Kreis beider Straftaten"[100].

Baumann meint, die „verfließende Weite des Unterschlagungstatbestandes" sei zwar störend, aber erforderlich. Denn solange man zu Recht glaube, auf die „Lückenschließungsfunktion" des § 246 nicht verzichten zu können und solange man zu Recht nicht wolle, dass das bedeutendste Vermögensrecht nur punktuell (vor ganz bestimmten Angriffsarten) geschützt werde, benötige man einen Tatbestand wie § 246 mit einer außerordentlich weit gefassten Täterhandlung. Gerade um gleich strafwürdige Fälle nicht straflos lassen zu müssen, könne man auf § 246 in der weit ausgelegten Form nicht verzichten[101].

Einer solchen „berichtigenden Auslegung" des § 246, und zwar sowohl in der engen als auch in der weiten Form, sind – wie den Einwänden Schünemanns bereits zu entnehmen war – schwerwiegende Argumente entgegenzuhalten. Der BGH stellte seine frühere Meinung wie folgt dar: „Es mag sein, dass einer erschöpfenden Regelung der rechtswidrigen Zueignung einer fremden beweglichen Sache, soweit sie nicht aus einem wesentlich anderen Gesichtspunkt als dem des Diebstahls oder der Unterschlagung bestraft wird, eine derartige Fassung" (gemeint ist die berichtigende Auslegung des § 246) „entsprochen und dass sie den Begriff der Unterschlagung zum Diebstahl besser abgegrenzt hätte. In dem Wortlaut des Gesetzes hat diese Forderung jedoch keinen Ausdruck gefunden. Es spricht klar und bestimmt aus, dass der Tatbestand der Unterschlagung als unentbehrliches Merkmal den Besitz oder den Gewahrsam des Täters fordert. Auch die Gesetzesmotive (Verh. des Reichstags zum Norddeutschen Bund 1870 zu § 246) lassen nicht erkennen, dass der Gesetzgeber aussprechen wollte, die Unterschlagung solle jede nicht durch den Diebstahlstatbestand erfasste Zueignung einer fremden Sache treffen (RGSt 19,38). Es ist vielmehr aus ihnen zu ersehen, dass er eine Fundunterschlagung erst annehmen wollte, wenn nach Erlangung des Gewahrsams die Absicht der Aneignung hervortrat. Daraus kann geschlossen werden, dass der Gesetzgeber bewusst den Tatbestand der Unterschlagung begrenzt hat. Der Richter ist aber nicht befugt, entgegen dem klaren und bestimmten, dem Willen des Gesetzgebers jedenfalls nicht widersprechenden Wortlaut den gesetzlichen Tatbestand ‚zu berichtigen', noch dazu zuungunsten des Beschuldigten …"[102].

Gegen die hier ausgeführte Ansicht des BGH, der sich sowohl Bockelmann als auch Schünemann angeschlossen haben (allerdings mit unterschiedlichen Folgerungen hinsichtlich der Unterschlagung

---

[96] Vg. Welzel LB. S. 345; Schönke-Schröder § 246 Rdnr. 1.
[97] Vgl. Schönke-Schröder § 246 Rdnr. 21.
[98] Vgl. RGSt 49,198.
[99] Maurach a.a.O.
[100] Mezger-Blei BT S. 129.
[101] Baumann NJW 1961,1142 f.
[102] BGHSt 2,319.

nach einer erstmaligen Zueignung)[103], wandte sich als Vertreter der berichtigenden Auslegung Welzel[104]. Nach seiner Meinung ist die Unterschlagung das allgemeinere, der Diebstahl das engere Zueignungsdelikt. Der in § 246 enthaltene Zusatz „die er in Gewahrsam hat" sei aus Gründen der Systematik und der Gesetzesmotive kein Tatbestandsmerkmal, sondern eine Abgrenzungsformel. Diese sei dadurch notwendig geworden, dass man den engeren Zueignungsfall vor dem allgemeineren geregelt habe. Eine solche Abgrenzungsformel scheide aber aus dem Herrschaftsbereich des Grundsatzes „nulla poena sine lege" aus und unterstehe den gewöhnlichen juristischen Auslegungsregeln[105]. Dem hält Schünemann wiederum entgegen: Aus Art. 103 II GG und § 2 StGB ergebe sich, dass im Strafrecht nicht nur alle Auslegung vom Wortsinn auszugehen habe und durch den möglichen Wortsinn begrenzt sei (sonst lege man nicht aus, sondern lege etwas unter[106]), sondern auch die sonst zulässige Analogie in malam partem mindestens im Besonderen Teil des StGB strikt verboten sei. Die berichtigende Auslegung wäre daher nur dann vertretbar und keine verbotene Analogie, wenn der Wortlaut des § 246 in dieser Hinsicht mehrdeutig wäre. Das könne aber nicht zugegeben werden[107]. Der BGH hat sich der Ansicht Welzels u.a. und damit der h.M. in der Literatur schließlich unter Aufgabe der in BGHSt 2,317 geäußerten Auffassung angeschlossen: „Wegen Unterschlagung ist auch strafbar, wer sich eine fremde Sache zueignet, die in niemandes Gewahrsam steht. Die Rev. verweist auf die ältere Rspr. des RG, wonach die Zueignung nur dann als Unterschlagung bestraft wurde, wenn sie der Erlangung des Gewahrsams nachfolgt. Das RG hat diese seine Rspr. aber seit der Entscheidung RG JW 34,486 verlassen. Seitdem ist die Auffassung, dass auch die Zueignung bei Erlangung des Gewahrsams als Unterschlagung strafbar sei, auch im Schrifttum herrschend geworden (Leipz. Komm. 7. Aufl. 1951, § 246 Anm. II 2 d; Schönke, 4. Aufl. 1949, § 246 Anm. III 3; Welzel, Das deutsche Strafrecht, 1947, S. 163). Auch die neuere Rspr. ist dem gefolgt (OLG Bremen, MDR 48,260). Der Senat schließt sich dieser Auffassung an. Unterschlagung ist Zueignung fremder Sachen ohne Gewahrsamsbruch. Die abweichende ältere Meinung beruht auf allzu enger Auslegung des § 246 StGB, der das, was sinnvollerweise nur gemeint sein kann, nicht völlig klar zum Ausdruck bringt. Es ist keinerlei sachlicher Grund dafür zu erkennen, warum zwischen den Tatbeständen des Diebstahls und der Unterschlagung eine Lücke klaffen sollte, innerhalb derer die Aneignung fremder Sachen straffrei wäre"[108]. Mit den letzten drei Sätzen stellt sich der BGH also eindeutig auf den Boden der weiten berichtigenden Auslegung, nachdem er in den ersten Sätzen noch die enge berichtigende Auslegung anspricht.

c) Zusammenfassung

Zusammenfassend lässt sich sagen, dass gegen die berichtigenden Auslegungen des § 246 mit guten Gründen der Vorwurf erhoben wird, sie verstießen gegen Art. 103 II GG, § 2 StGB. Dagegen ist deutlich geworden, dass die strenge Auslegung dem Bedürfnis nach einer Lückenlosigkeit des Eigentumsschutzes nicht gerecht werden kann. Die zur Auslegung des § 246 StGB vertretenen Auffassungen sind also sämtlich unbefriedigend.

Letztlich geht es bei allen drei Auffassungen um die Frage, welche Bedeutung dem Gewahrsam in § 246 StGB zukommt, wie das Verhältnis von Gewahrsamserlangung und Zueignung und weiter jenes

---

[103] Bockelmann a.a.O.; Schünemann a.a.O.
[104] Welzel JZ 1952,617 f.
[105] Welzel JZ 1952,618.
[106] Schünemann JuS 1968,115; unter Berufung auf Larenz, Methodenlehre der Rechtswissenschaft, 1960, S. 258 u.a.
[107] Schünemann JuS 1968,115 f.
[108] BGH LM Nr. 3 zu § 246.

von Unterschlagung und Diebstahl zu beurteilen ist. Es fragt sich aber, ob sich die hier auftretenden anscheinend unüberwindbaren Schwierigkeiten und Widersprüche nicht von selbst auflösen, wenn der Begriff des Gewahrsams unter besonderer Berücksichtigung der Unterscheidung von Diebstahl und Unterschlagung und im Verhältnis zur Zueignung geklärt worden ist. Dies wird sich zeigen.

III. Diebstahl

Beim Diebstahlstatbestand ist als erstes festzustellen, dass der Ausdruck Gewahrsam darin überhaupt nicht vorkommt. § 242 geht vielmehr von einer Wegnahmehandlung aus. Im Gegensatz zur Unterschlagung, bei der der Täter sich eine Sache zueignet, die er – wenigstens vom Wortlaut des § 246 her – bereits in Gewahrsam hat, setzt der Diebstahl die Verletzung fremden Gewahrsams mittels Wegnahme voraus. Hier liegt die wesentliche Bedeutung des Gewahrsamsbegriffs für den Diebstahlstatbestand.

Nach der heute allgemein vertretenen sog. Apprehensionstheorie[109] bedeutet Wegnahme i.S.d. § 242 StGB den Bruch fremden und die Begründung neuen Gewahrsams[110]. Der neu zu begründende Gewahrsam braucht nach h.M. nicht unbedingt eigener zu sein, da es sich denken lässt, dass ein anderer den Gewahrsam vermittelt[111]. Ein Fortschaffen der gestohlenen Sache vom Tatort (sog. Ablationstheorie) ist nach h.M. zur Vollendung der Wegnahme nicht erforderlich. Andererseits genügt es nicht, wenn der Täter die Sache lediglich berührt (sog. Kontraktionstheorie); weil wegnehmen mehr bedeutet, als berühren, allerdings weniger als wegschaffen.

Vollendet ist der Diebstahl nach h.M. mit der Begründung neuen Gewahrsams in Zueignungsabsicht[112]. Somit liegt die Grenze zwischen einem versuchten und einem vollendeten Diebstahl bei der Begründung neuen Gewahrsams, wodurch der Gewahrsamsbegriff wiederum für die Vollendung des Diebstahls Relevanz erlangt. Auf die in diesem Zusammenhang auftretenden Probleme wird später noch einzugehen sein.

Während die Zueignung bei der Unterschlagung ein objektives Tatbestandsmerkmal darstellt, erscheint sie innerhalb des Diebstahlstatbestandes nur in Verbindung mit dem subjektiven Element der Absicht. Von einem großen Teil der Literatur und Rechtsprechung wird der Diebstahl daher für ein unvollkommen zweiaktiges Delikt (Delikt mit überschießender Innentendenz, kupiertes Erfolgsdelikt) gehalten, bei dem die Zueignung nicht notwendig mit der Wegnahme stattfindet, sondern auch noch nach Vollendung der Wegnahme möglich ist[113]. Nach dieser Meinung können somit formelle Vollendung (durch Wegnahme) und materielle Beendigung des Diebstahls (durch Zueignung) diver-

---

[109] apprehendere = ergreifen, anfassen, festnehmen, in Besitz nehmen.

[110] Vgl. Schönke-Schröder § 242 Rdnr. 27; Schwarz-Dreher § 242 Anm. 2 A; Welzel Lb. S. 347; Maurach BT S. 206 f; Mezger-Blei BT S. 134; RGSt 70,9; BGHSt 16,272.

[111] Schönke-Schröder § 242 Rdnr. 31; Schwarz-Dreher § 242 Anm. 2; RGSt 47,147; 48,58; 57,166; 70,213; BGH b. Dallinger MDR 1954,398.

[112] Schönke-Schröder § 242 Rdnr. 68; Jagusch LK 1958 § 242 Anm. VI 1 i.V.m. Vorbem. D V 2; Welzel Lb. S. 350; Eser JuS 1964,482; OLG Hamm NJW 1964,1429; H.J. Hirsch JZ 1963,150; Otto, Struktur des Vermögensschutzes, S. 128.

[113] Maurach BT S. 204; Mezger-Blei BT S. 136; Jescheck S. 180; Schwarz-Dreher § 246 Anm. 2 A; Kohlrausch-Lange § 242 Anm. III 2 b; Lackner-Maassen § 242 Anm. 5 a; Schaffstein GA 1964,105 f; Bockelmann ZStW 65,576 u. JZ 1960,622; Stratenwerth SchwZStr.R 79,240; Gallas ZStW 67,36; Engisch, Rittler-Festschrift, S. 178; Schmidhäuser S. 201; Schneider MDR 1956,338; Paulus S. 85 ff; Androulakis JuS 1968,414; Frank § 242 Anm. VIII; v. Liszt-Schmidt S. 611; v. Hippel S. 235; Harburger S. 209; v. Olshausen, 12. Aufl., § 242 Anm. 24 b; Holtzendorff-Merkel S. 648,698; Sauer BT S. 33; Rotering GS 36,520 ff; John ZStW 1,256; Baumgarten Recht 1910 S. 407; Walter Meyer S. 12; Mezger GS 89,261; Grünhut S. 17; Eb. Schmidt S. 127; Erik Wolf S. 396; RGSt 8,371; 35,64; 53,181; BGHSt 3,194; 5,379; 17,90; 20,196.

26

gieren, was beispielsweise zur Folge hat, dass bis zur Deliktsbeendigung eine Teilnahme noch möglich ist[114].

Dagegen sieht ein anderer Teil der Literatur und Rechtsprechung den Diebstahl als ein einaktiges Delikt an, bei dem die Zueignung mit der Wegnahme in Zueignungsabsicht zusammenfällt[115]. Vom Standpunkt dieser Meinung aus ist der Diebstahl mit der formellen Vollendung zugleich materiell beendet. Eines weiteren Zueignungsaktes nach der Wegnahme bedarf es nicht mehr. Denn wenn man die Auffassung vertritt, dass Zueignung eine Betätigung des Zueignungswillens in objektiv erkennbarer Weise verlangt[116], so muss konsequenterweise schon in der Wegnahme in Zueignungsabsicht diese Betätigung gesehen werden; ganz gleich, ob die Substanz- oder die Sachwerttheorie vertreten wird. „Wie in § 246 die Zueignung durch eine äußere Handlung betätigt werden muss, so erfolgt in § 242 die äußere Betätigung der Zueignung gerade durch die Wegnahme"[117].

Eine dritte Meinung wird von Lampe vertreten, der in der Entziehung einer fremden Sache durch den Dieb ein objektives, in der Aneignung jedoch ein subjektives Tatbestandsmerkmal des Diebstahls sieht[118].

Auch auf diese Problematik, zu der ein umfangreiches Schrifttum existiert, wird noch näher einzugehen sein. Es zeigt sich aber schon hier mit aller Deutlichkeit, dass eine Lösung der in der Strafrechtswissenschaft heiß umstrittenen Zueignungsproblematik unter Außerachtlassung der Gewahrsamsproblematik nicht möglich ist[119]

IV. Weitere Tatbestände

Für verschiedene weitere Tatbestände des Strafgesetzbuchs ist der Gewahrsamsbegriff in irgendeiner Form von Bedeutung: Zunächst einmal für den Tatbestand des § 350 (Amtsunterschlagung), in den der Ausdruck „Gewahrsam" unmittelbar aufgenommen ist. Auf die umfangreichen Probleme, die im Zusammenhang mit der Amtsunterschlagung auftreten[120], und die sich vor allem daraus ergeben, dass der Bruch von Mitgewahrsam nach wohl einhelliger Meinung in der Literatur und Rechtsprechung als Diebstahl zu werten ist, wird noch einzugehen sein, nachdem der Begriff des Gewahrsams im Rahmen dieser Arbeit abschließend behandelt worden ist.

Ferner ist der Gewahrsamsbegriff für alle diejenigen Tatbestände von Bedeutung, die ein Wegnehmen oder Entwenden fordern und im Verhältnis zum Diebstahl leges speciales darstellen. Als erstes ist hier der Tatbestand des § 249 zu nennen, da sich der Raub als ein aus Diebstahl und Nötigung zusammengesetztes Delikt darstellt. Somit treffen für den Raub und die ihn enthaltenen Tatbestände der §§ 250, 251StGB hinsichtlich des Gewahrsams dieselben Grundsätze zu, die für den Diebstahl gelten.

---

[114] Zu Vollendung/Beendigung vgl. BGHSt 4,132; 6,248; 20,194; kritisch dazu Isenbeck NJW 1965,2326 ff.

[115] Welzel Lb. S. 346 f, 350 und JZ 1952,618; Schönke-Schröder § 242 Rdnr. 68; Baumann NJW 1961,1142; H.J. Hirsch JZ 1963,149; Paulus S. 197; Otto, Struktur des Vermögensschutzes, S. 128; Jagusch LK 1958 § 242 Anm. I, III 2; Post S. 3 f; Binding BT I S. 285 u. Normen S. 1056 Fnt. 50; Hälschner S. 304; Hugo Meyer S. 550; Finger GS 78,407; Honig S. 100; Gleispach S. 20 f; Höpfner S. 18 ff; Maschke S. 207; Ullmann S. 64 f; Villnow S. 16 f; v. Kujawa GA 51,9.

[116] Welzel Lb. S. 350; Schönke-Schröder § 246 Rdnr. 11; Frank § 246 Anm. III; Jagusch LK 1958 § 242 Vorbem. D IV 2; H.J. Hirsch JZ 1963,149 f; Eser JuS 1964,478; Lampe GA 1966,237; Otto, Struktur des Vermögensschutzes, S. 127; RGSt 24,148; 55,145; 63,378; 65,147; 67,74; OLG Braunschweig NJW 1950,158; OLG Hamm JMBl NRW 1952,14; OLG Köln VRS 23,285.

[117] Welzel Lb. S. 347.

[118] Lampe GA 1966, S. 236 ff; ebenso Lüderssen, GA 1968,276 Anm. 117.

[119] So verbal auch Maiwald S. 144,171; Otto, Struktur des Vermögensschutzes S. 129; Paulus S. 33,40 f.

[120] Vgl. BGHSt 14,38 ff; Schünemann JuS 1968,114 ff.

Es gilt dies weiter für die §§ 370 Abs. 1 Ziff. 5 (Mundraub), 248 a (Notentwendung), 370 Abs. 1 Ziff. 2 (Wegnahme von Bodenbestandteilen), 370 Abs. 1 Ziff. 6 (Futterwegnahme). In allen diesen Fällen setzt die Wegnahme oder Entwendung ebenso wie beim Diebstahl den Bruch fremden und die Begründung neuen Gewahrsams voraus[121]. Dagegen ist für den § 248 b (unbefugter Gebrauch von Fahrzeugen) keine Wegnahme aus fremdem Gewahrsam, sondern lediglich eine Ingebrauchnahme des Fahrzeugs gegen den Willen des Berechtigten erforderlich[122].

Dass den Begriffen „wegnehmen" und „Gewahrsam" auch ein anderer als der in § 242 zugrunde gelegte Bedeutungsinhalt zukommen kann, scheint der Tatbestand des § 168 zu beweisen. Es heißt darin: „Wer unbefugt aus dem Gewahrsam des Berechtigten eine Leiche ... wegnimmt ..." Nach h.M. bedeutet die Wegnahme i.S.d. § 168 die Entziehung aus dem Gewahrsam des Berechtigten, wobei es auf die Begründung eines neuen Gewahrsams nicht ankommt. Der Gewahrsam des § 168 ist nach h.M. auch weiter als der in § 242 zu verstehen, nämlich als „Obhut" desjenigen, der für die Bestattung zu sorgen oder sonst die Obhut hat bzw. Eigentümer der Grabstätte ist[123].

Auch der in § 289 (Pfandkehr) enthaltene Begriff der Wegnahme kann nach h.M. nicht i.S.d. § 242 verstanden werden[124]. Vielmehr soll eine Wegnahme nach § 289 schon dann vorliegen, wenn die Sache dem tatsächlichen Machtbereich eines anderen so entzogen wird, dass diesem die Ausübung seiner Sicherungs- oder Nutzungsrechte genommen wird. Nach h.M. ist die Tathandlung des § 289 also – weiter als in § 242 – das Wegschaffen aus dem tatsächlichen Machtbereich, jedoch nicht notwendig aus dem Gewahrsam des Berechtigten. Von einer Mindermeinung wird dagegen die Auffassung vertreten, dass die Wegnahme nach § 289 einen Gewahrsamsbruch erfordere, da nur so die gegenüber den §§ 288, 137 StGB erhöhte Strafe erklärt werden könne[125].

Mittelbar von Bedeutung ist der Gewahrsamsbegriff noch für die §§ 125 a Ziff. 4 (Plünderung beim schweren Landfriedensbruch), 133 Abs. 1 (Verwahrungsbruch) und 259 Abs. 1 (Hehlerei). Eine Plünderung i.S.d. § 125 a Ziff. 4 ist die unter Ausnutzung der Störung der öffentlichen Ordnung und des dadurch verursachten Schreckens in der Absicht rechtswidriger Zueignung erfolgte Wegnahme oder Abnötigung von Sachen[126]. Die h.M. bezieht somit in ihre Definition der Plünderung die Diebeshandlung nach § 242, also den Bruch fremden und die Begründung neuen Gewahrsams, ein. – Durch § 133 wird nach h.M. der amtliche Gewahrsam geschützt[127], wobei davon auszugehen ist, dass dieser nur soweit und solange gegeben ist, wie der Gewahrsam i.S.d. §§ 242, 246 vorliegt[128]. – Den Tatbestand der Hehlerei nach § 259 kann nach h.M. auch erfüllen, wer als Hehler Sachen mittels Gewahrsamserlangung eines anderen an sich bringt[129], so dass der Gewahrsamsbegriff i.S.d. §§ 242, 246 nach dieser Auffassung auch im Rahmen des § 259 beim Ansichbringen zur Anwendung kommen kann.

---

[121] Ebenso bei den gem. § 2 II EGStGB landesrechtlich geregelten Feld- und Forstdiebstählen.

[122] Vgl. Schönke-Schröder § 248 b Rdnr. 5; Welzel Lb. S. 359; OLG Neustadt MDR 1961,708.

[123] Maurach BT S. 395; Schönke-Schröder § 168 Rdnr. 4; Schwarz-Dreher § 168 Anm. 2 B; Frank § 168 Anm. I; Welzel Lb. S. 451; RGSt 28,140.

[124] Schwarz-Dreher § 289 Anm. 1 A; Maurach BT S. 276; Welzel Lb. S. 367; Jagusch § 289 Anm. 3; Binding BT I S. 318.

[125] Schönke-Schröder § 289 Rdnr. 8; Frank § 289 Anm. III; Kohlrausch-Lange § 289 Anm. III.

[126] RGSt 52,35; RG HRR 1932 Nr. 394; RG GA 68,272; OGHSt 2,212; BGHSt 4,238; Schönke-Schröder § 125 Rdnr. 17; Schwarz-Dreher § 125 a Anm.1.

[127] Schönke-Schröder § 133 Rdnr. 1; Schwarz-Dreher § 133 Anm. 2; RGSt 10,387; 22,204; 55,19; 56,399; 63,33; BGHSt 3,290; 9,65; 18,312; BGH b. Dallinger MDR 1952,658.

[128] Vgl. BGH a.a.O.

[129] Schönke-Schröder § 259 Rdnr. 23; Schwarz-Dreher § 259 Anm. 3 B b; RGSt 59,205; BGHSt 7,274.

V. Die Abgrenzungsfunktion

Besondere Bedeutung – gerade in systematischer Hinsicht – kommt dem Gewahrsamsbegriff hinsichtlich seiner Abgrenzungsfunkton zu. Für die Abgrenzung von Diebstahl und Unterschlagung hat sich dies bereits anlässlich der Auslegung des § 246 erwiesen. Insofern kann auf die Ausführungen zur strengen Auslegung und zu den berichtigenden Auslegungen des Unterschlagungstatbestands Bezug genommen werden. Denn ob in den Grenzfällen ein Diebstahl oder eine Unterschlagung oder gegebenenfalls eine Gewahrsamslücke vorliegt, hängt davon ab, wie der Passus „in Gewahrsam hat" des § 246 ausgelegt wird und wie in diesem Zusammenhang das Verhältnis von Diebstahl und Unterschlagung beurteilt wird.

Auch die Frage nach der für die Abgrenzung von Diebstahl und Betrug maßgeblichen Art des Gewahrsamsverlustes (Wegnahme oder Vermögensverfügung) kann – wie der Literatur und Rechtsprechung bewusst ist – nicht ohne eine Analyse der vorhergehenden Gewahrsamslage beantwortet werden[130].

Nachdem der Wissenschaft und Praxis zu diesem Abgrenzungsproblem lange Zeit hindurch die grundlegende Abhandlung Schröders[131] aus dem Jahre 1941 als Anhalt dienen konnte, sind vor einigen Jahren anlässlich zweier höchstrichterlicher Entscheidungen[132] die Geister wieder in Bewegung geraten. Der derzeitige Stand der Diskussion lässt sich am besten anhand der von Schünemann in seinem Aufsatz in GA 1969,46 f skizzierten vier Fälle darlegen. Sie sollen daher hier in etwa übernommen werden:

1. Ein Ladenangestellter verkauft und übergibt eine Ware an den ihm die Sache ablistenden Gauner.

2. Der Wächter einer Sammelgarage überlässt das bei ihm abgestellte Auto einem ehemaligen Freund der Eigentümerin, der das Auto früher mit Erlaubnis mehrfach abgeholt hatte, diese Befugnis mittlerweile jedoch – ohne Wissen des Wächters – verloren hat[133].

3. Der Täter, der sich ein fremdes Auto zueignen will, sucht die Zimmerwirtin der Eigentümerin auf und spiegelt ihr vor, im Auftrag ihrer Untermieterin deren Autoschlüssel abholen zu sollen; die Wirtin holt daraufhin die Schlüssel aus dem Zimmer der Untermieterin und händigt sie ihm aus[134].

4. Wie 3., jedoch mit dem Unterschied, dass die Mieterin der Wirtin am Morgen aufgetragen hätte, die Schlüssel einem im Laufe des Tages vorbeikommenden Bekannten zu übergeben, woraufhin die Wirtin den Täter für den avisierten Bekannten hält und ihren Auftrag auszuführen meint, als sie ihm die Schlüssel gibt.

Ob in diesen Fällen Betrug oder Diebstahl in mittelbarer Täterschaft (durch Benutzung eines unvorsätzlich handelnden Werkzeugs) vorliegt, ist heute außerordentlich kontrovers. Während Schröder[135] und ursprünglich auch Gribbohm[136] mindestens in den Fällen 2 und 4 sowohl Betrug als auch – damit ideell konkurrierend – Diebstahl annehmen, liegt nach Ansicht des BGH[137] in den Fällen 1, 2

---

[130] Vgl. Schünemann GA 1969,48; Welzel Lb. S. 370 f; Dreher JR 1966,29 f; OLG Stuttgart JR 1966,29 = JZ 1966,319 f.

[131] Über die Abgrenzung des Diebstahls von Betrug und Erpressung, ZStW 60,33 ff.

[132] BGHSt 18,221 ff; OLG Stuttgart JR 1966,29 = JZ 1966,319 f.

[133] Vgl. BGH a.a.O.

[134] Vgl. OLG Stuttgart a.a.O.

[135] Zusammenfassend ZStW 60,80.

[136] JuS 64,233 ff.

[137] BGHSt 18,221 ff.

und 4, nach Ansicht von Otto[138], Dreher[139] und neuerdings auch von Gribbohm[140] in allen Fällen nur Betrug vor. Für den Fall 3 sehen das OLG Stuttgart[141] und Lackner[142] allein den Tatbestand des Diebstahls als erfüllt an, während Maurach[143] auch im Fall 2 nur § 242 anwenden möchte"[144]. Schünemann, der bei seiner Lösung ein zivilrechtliches Bezugssystem zugrunde legt, kommt daraufhin in den Fällen 1, 2 und 4 zu einer gültigen Gewahrsamsverfügung und somit zu einem Betrug, wohingegen im Fall 3 ein Gewahrsamsbruch und damit ein Diebstahl in mittelbarer Täterschaft gegeben sein soll[145].

Wenn man die Deliktsabgrenzung mit Hilfe einer Analyse der Gewahrsamsverhältnisse nun weiterführt, so kommt man zum *Raub* (§§ 249, 250) bei einer Wegnahme mittels Gewalt gegen eine Person oder Drohung mit gegenwärtiger Gefahr für Leib und Leben. Dagegen stellt die *Erpressung* (§§ 253, 255) – so die h.M. in der Literatur – eine durch Nötigung veranlasste Vermögensverfügung dar[146].

Die Konsequenz dieser Literaturmeinung ist, dass für den Erpressungstatbestand nur die Gewalt in Form der vis compulsiva in Betracht kommen kann. Denn da die Erpressung ein willentliches – wenngleich erzwungenes – Verhalten voraussetzt, kann es bei einer Ausschaltung des Genötigten durch vis absoluta zu keiner Vermögensverfügung mehr kommen.

Die Rechtsprechung und ein Teil der Literatur verlangen allerdings für die §§ 253, 255 keine Vermögensverfügung des Opfers. Nach dieser Meinung ist es ausreichend, wenn der Täter das Opfer durch die Nötigung ausschaltet und dann selbst die vermögensschädigende Handlung vornimmt[147]. Somit läge eine Erpressung auch dann vor, wenn der Täter seinem Opfer mittels Gewalt oder Drohung eine Sache wegnimmt und dadurch dem Opfer oder einem Dritten einen Schaden zufügt und dabei lediglich in der Absicht handelt, sich oder einem anderen einen rechtswidrigen Vermögensvorteil zu verschaffen. Hiernach stellte sich der Raub als eine lex specialis der Erpressung dar[148].

Die Konsequenzen dieser unterschiedlichen Meinungen lassen sich recht gut am Beispiel eines vom BGH[149] entschiedenen Falles nachweisen. Danach hatte der Täter einen Taxifahrer durch Schüsse aus einer Gaspistole zum Verlassen des Fahrzeugs genötigt. Anschließend war der Täter mit dem Kraftfahrzeug lediglich in der Gegend umhergefahren, weil ihm das Autofahren Spaß machte. Er hatte nach seiner Einlassung von vornherein vorgehabt, den Wagen wieder zurückzugeben. Dieser war vom Täter auch bei der Polizei abgeliefert worden.

Nach h.M. in der Literatur kann in diesem Fall keine Erpressung vorliegen, weil der Taxifahrer sein Fahrzeug nicht willentlich an den Täter übergeben hat. Es fehlt somit an einer Vermögensverfügung, wohingegen eine Wegnahme gegeben ist. Allerdings scheidet auch Raub aus, denn der Täter handel-

---

[138] ZStW 79,76-85.
[139] JR 1966,29 f.
[140] NJW 1967,1897 unter Berufung auf eine Diss. Wedekinds, Hamburg 1967.
[141] JR 1966,29 = JZ 1966,319 f.
[142] JZ 1966,320 f.
[143] BT S. 205 f; unklar S. 314.
[144] Schünemann GA 1969,47.
[145] Schünemann a.a.O. S. 55.
[146] Maurach BT S. 294; Welzel Lb. S. 381; Schönke-Schröder § 253 Rdnr. 8; Schwarz-Dreher § 253 Anm. 2; Kohlrausch-Lange § 253 Anm. IV; Dreher GA 1969,59; Otto ZStW 79,85; Schröder ZStW 60,95; SJZ 1950,101; RG JW 1934,437.
[147] RGSt 25,436; BGHSt 14,390; OLG Hamburg HESt 2,318; Mezger-Blei BT S. 209; Jagusch in LK 1958 § 253 Anm. 3 a; Lackner-Maassen § 253 Anm. 2; Wimmer NJW 1948,244.
[148] In BGHSt 14,390 heißt es: „§ 249 StGB ist insofern das besondere Strafgesetz gegenüber dem allgemeineren des § 255 StGB und geht daher diesem vor."
[149] BGHSt 14,387 ff.

te nicht mit Zueignungsabsicht, sondern nur mit dem Willen, das Auto vorübergehend zu gebrauchen. Im Ergebnis käme somit eine Nötigung (§ 240) in Idealkonkurrenz mit gefährlicher Körperverletzung (§ 223 a) und Gebrauchsanmaßung (§ 248 b) in Betracht. Demgegenüber kam der BGH zu einer Verurteilung wegen schwerer räuberischer Erpressung (§ 255 i.V.m. § 250 Ziff. 1 und 3) in Idealkonkurrenz mit einem räuberischen Angriff auf einen Kraftfahrer (§ 316 a), unter Zurücktreten einer ebenfalls vorliegenden Gebrauchsanmaßung (§ 248 b). Die vom BGH vertretene Meinung führt also dazu, dass über § 255 die für den Raub vorgesehene Strafe auch bei einem durch Nötigung erzwungenen furtum usus[150] oder einer Pfandkehr[151] verhängt werden muss. Nach Schönke-Schröder[152] verkennt diese Ansicht, dass dadurch die Privilegierung dessen, der Sachen ohne Zueignungsabsicht wegnimmt, auf dem Weg über § 255, der auf die §§ 249 ff verweist, unterlaufen wird, „gleich einem Räuber" also auch derjenige bestraft wird, der eine Sache nur gebrauchen wollte oder seine eigene Sache dem Pfandgläubiger wegnimmt.

Welcher Ansicht hier der Vorzug gebührt, wird – ebenso wie bei der Abgrenzung von Diebstahl und Betrug – nach einer systematischen Erfassung der Vermögensdelikte noch festzustellen sein. Wenn sich dazu eine befriedigende Lösung hinsichtlich der Fragen des Mitgewahrsams finden lässt, dürften die angeführten Beispiele ohne große Schwierigkeiten und verwirrende Gedankenakrobatik zu lösen sein. Denn es ist anzunehmen, dass sich nach einer Klärung der Grundfragen des Vermögensstrafrechts die dogmatischen Anliegen vieler Autoren als Scheinprobleme erweisen. Im Übrigen wird immer deutlicher, dass die Lösung einzelner Probleme nur von einer Gesamtbetrachtung der Vermögensdelikte her möglich ist. Insofern ist gegen die geistreichen Ausführungen von Gribbohm, Lenckner, Schünemann u.a. in der Hauptsache nur einzuwenden, dass sie nicht umfassend genug sind und daher zu letztlich willkürlichen Lösungen kommen. Unter diesem Aspekt hat Dreher durchaus Recht, wenn er schreibt: „Die Grenzen zwischen den einzelnen Tatbeständen abzustecken, wird zum dogmatischen Glasperlenspiel"[153].

VI. Schlussfolgerungen

Es hat sich gezeigt, dass der Gewahrsamsbegriff für eine ganze Reihe von strafrechtlichen Tatbeständen von Bedeutung ist. Insbesondere aber ist klar geworden, dass bestimmte in der Strafrechtswissenschaft außerordentlich kontroverse Themen auf das Engste mit Fragen des Gewahrsams zusammenhängen, so zum Beispiel: Die Auslegung des Unterschlagungstatbestands, die Zueignungsproblematik, die Diebstahlsvollendung und -beendigung, die Probleme der Fundunterschlagung, der Amtsunterschlagung, der sog. mitbestraften Nachtat, die Abgrenzungsproblematik hinsichtlich Diebstahl und Unterschlagung, Diebstahl und Betrug, Raub und Erpressung. Das ist ein breites Spektrum, und die darin erscheinenden Probleme sind ausnahmslos von Gewicht. Insofern kann schon hier die zentrale Bedeutung des Gewahrsamsbegriffs für das Strafrecht als erwiesen angesehen werden. Denn für jedes der aufgeführten Probleme spielen Gewahrsamsfragen eine ausschlaggebende Rolle.

Auch hat sich – sozusagen beiläufig – gezeigt, dass eine gewisse Homogenität des Vermögensstrafrechts besteht, lässt sich doch der Gewahrsamsbegriff vor allem im Zusammenhang mit der Unterscheidung von Diebstahl und Unterschlagung klären, und spielt doch hier wiederum die gesamt Abgrenzungsproblematik des Vermögensstrafrechts hinein. Aus diesem Grund muss jeder Versuch einer Lösung der Probleme der Aneignungsdelikte oder sogar des gesamten Vermögensstrafrechts, der

---

[150] Siehe BGH a.a.O.
[151] Siehe RGSt 25,436.
[152] Schönke-Schröder § 253 Rdnr. 8 a.
[153] Dreher JR 1966,29.

die Gewahrsamsproblematik außer Acht lässt, notwendigerweise scheitern. Dies wird sich an den Arbeiten Ottos und Maiwalds nachweisen lassen.

Zwar soll nicht behauptet werden, dass der Anfang des Fadens, dem es in Hinblick auf eine monistische Betrachtung des Vermögensstrafrechts zu folgen gilt, unbedingt der Gewahrsamsbegriff sein muss. Immerhin stellt sich der Gewahrsam aber als ein Phänomen dar, welches in weite Bereiche des Vermögensstrafrechts hineinreicht und hier u.a. das System betreffende Funktionen wahrnimmt. Dies in einer Arbeit außer Acht zu lassen, die Probleme des Vermögensstrafrechts behandelt und sich womöglich mit der Deliktsabgrenzung beschäftigt, wäre daher ein bedenkliches Unterlassen; wie es andererseits unmöglich wäre, den Gewahrsamsbegriff ohne Bezug zum System der Vermögensdelikte und zum Zueignungsbegriff abzuhandeln.

Im Folgenden soll daher die systematisch Bedeutung des Gewahrsams bei der Unterscheidung von Diebstahl und Unterschlagung und bei der Abgrenzung der Vermögensdelikte nachgewiesen werden. Zu diesem Zweck erweist es sich als erforderlich, die Vermögensdelikte in ihrer Gesamtheit zu erfassen. Freilich kann das im Rahmen dieser Arbeit nur insoweit geschehen, als es einer normativ-teleologischen Begriffsauslegung dienlich ist. Aus kriminalpolitischer Sicht wird dabei die Vorüberlegung anzustellen sein, ob die Unterscheidung von Diebstahl und Unterschlagung überhaupt noch sinnvoll ist, wobei sich zugleich die Frage nach der Existenzberechtigung des überkommenen Gewahrsamsbegriffs stellt. Bei der Beantwortung dieser Frage werden geschichtliche und rechtsvergleichende Betrachtungen von Nutzen sein. – Zunächst aber ist noch zu klären, inwieweit eine Beziehung des Gewahrsams zum bürgerlichen Recht besteht, und ob evtl. bürgerlich-rechtliche Bestimmungen zur Auslegung des Gewahrsamsbegriffs heranzuziehen sind.

§ 5   Beziehungspunkte des Gewahrsamsbegriffs zum bürgerlichen Recht

Im Bürgerlichen Gesetzbuch ist der Begriff des Gewahrsams nicht vorzufinden. Ein Teil der Literatur und Rechtsprechung vertritt jedoch die Meinung, der bürgerlich-rechtliche Besitz – zumindest der unmittelbare – und der Gewahrsam i.S.d. §§ 242, 246 StGB entsprächen einander[154]. So führt Schünemann beispielsweise aus: „Im Strafrecht tritt zwar bei Diebstahl und Sachbetrug der Gewahrsam an die Stelle des Besitzes. Der Unterschied zwischen unmittelbarem Besitz und Gewahrsam liegt aber allein darin, dass in den §§ 242, 263 die gewissermaßen unechten, ‚künstlichen' Fälle des unmittelbaren Besitzes der §§ 855, 857 BGB (die aus spezifisch zivilrechtlichen Gründen einen besonderen Interessenschutz statuieren) aus spezifisch strafrechtlichen Gründen (es muss eine jeweils einheitliche Tattypik gewahrt bleiben) durch den Gewahrsamsbegriff nicht erfasst werden. Gewahrsam und unmittelbarer Besitz im Sinne des § 854 BGB stimmen dagegen überein, denn in beiden Fällen ist die tatsächliche, im sozialen Leben anerkannte Sachherrschaft angesprochen"[155].

Ob dem wirklich so ist, wird sich erst nach einer Auslegung des Gewahrsamsbegriffs klären lassen, die bei Schünemann zu vermissen ist. Eines kann aber schon an dieser Stelle festgestellt werden: Dass die Auslegung des Gewahrsams als eines rein strafrechtlichen Begriffs auch der Methode des Strafrechts – und nur dieser – unterliegt.

Demgegenüber behauptet Schünemann[156], das bürgerliche Vermögensrecht sei die „vorstrafrechtliche Wertordnung", auf die sich das Strafrecht, „wenn auch teilweise unter Modifizierung oder Substituierung der Wertakzente, mannigfach" beziehe. Das Besitzrecht des BGB stelle das „vorstraf-

---

[154] Vgl. Redslob ZStW 30,213; Goldschmidt GA 47,353; v. Hippel S. 238; Nöldeke S. 132; Schünemann GA 1969,50 f.
[155] Schünemann a.a.O. S. 50.
[156] Schünemann a.a.O. S. 51, 53.

rechtliche Ordnungsgefüge" dar, auf dem die §§ 242/263 ruhten und an das sie anknüpften. So sei der Gewahrsamsbruch ein Unterfall des Abhandenkommens; die bürgerlich-rechtliche Besitzordnung stelle „das der strafrechtlich relevanten Gewahrsamsordnung zugrunde liegende, nur in einigen besonderen Fällen für das Strafrecht modifizierte Substrat dar"[157].

Diese Ansicht kann nicht unwidersprochen bleiben, zumal Schünemann, der eine scharfe Feder gegen andere Autoren von Rang führt, diesen vorwirft, ihre Methode sei „unreflektiert", ja man könne fast von einem Methodensynkretismus sprechen[158]. Und sie ist auch nicht unwidersprochen geblieben. Dreher hat in seiner Erwiderung auf den Aufsatz Schünemanns bereits dargelegt, dass das Strafrecht seine eigene Methode hat[159]. Dem ist wenig hinzuzufügen. „Spätestens seit Bruns ‚die Befreiung des Strafrechts vom zivilistischen Denken' schrieb, ist deutlich geworden, dass das bürgerliche Recht zwar für das Strafrecht seine Bedeutung hat, dass aber das für die Zwecke des Zivilrechts entwickelte Begriffssystem keineswegs als vorstrafrechtliche Ordnung in das Strafrecht übernommen werden kann, sondern dass auch im Bereich der Vermögensdelikte spezifisch strafrechtliche Begriffe entwickelt werden müssen, um der besonderen Problematik dieses Rechtsbereichs gerecht werden zu können"[160].

Richtiger wäre vielleicht zu sagen, dass es weniger um eine Entwicklung der strafrechtlichen Begriffe geht – dies fällt in den Bereich der Kriminalpolitik – als vielmehr um ihre Auslegung. Bei der Auslegung eines Begriffs des Vermögensstrafrecht kann aber nicht das bürgerliche Vermögensrecht als vorstrafrechtliche Wertordnung herangezogen werden. Wenn Schünemann dies anstrebt[161], so ist ihm der Vorwurf des Methodensynkretismus zurückzugeben.

Die Auslegung des Gewahrsamsbegriffs hat also unabhängig von bürgerlich-rechtlichen Begriffen zu erfolgen. Allerdings kann sich eine Beziehung des Gewahrsams zum bürgerlichen Recht dort auftun, wo der Gewahrsam in seiner sozialen Gegebenheit mit dem bürgerlichen Recht eine am Gedanken der Friedensordnung orientierte Verbindung eingeht[162]. Denn die positiven Normen des Zivilrechts über den Besitz können über den Umweg der Lebensanschauung und überhaupt als Kulturnormen[163] ihren Einfluss auf das Strafrecht ausüben. „Dies vor allem, soweit sie die unklare Lebensanschauung klären und erläutern, soweit sie darüber hinausgehen aber als Wegweiser für die Rechtsanwendung"[164].

Diese Ansicht vertrat bereits das Reichsgericht: „Wenngleich der Begriff des Gewahrsams nicht ein Recht, sondern einen tatsächlichen Zustand bezeichnet, so kann das zugrunde liegende Rechtsverhältnis dann, wenn es sich wie hier um einen abgeleiteten Gewahrsam handelt, als Mittel der Erkenntnis für die Beurteilung des dadurch geschaffenen tatsächlichen Zustandes in Betracht kommen"[165]. Und an anderer Stelle heißt es: „Die zu Zwecken der Durchführung der Privatrechtsord-

---

[157] Schünemann a.a.O.; ähnlich v. Hippel Lb. S. 237 f.
[158] Schünemann a.a.O. S. 49.
[159] So z.B. auch Maurach BT S. 197 oder Baur S. 49.
[160] Dreher GA 1969,57 f; entsprechend Bruns S. 202 ff.
[161] Auf den Seiten 50 ff betreibt er offensichtlich Begriffsauslegung: „Desungeachtet wäre es logisch zulässig, für das Strafrecht den Begriff des Gewahrsamsbruchs abweichend auszulegen ..." (S. 51); „die Konstruktion eines gestuften Mitgewahrsams muss daher generell als unbrauchbar abgelehnt werden" (S. 52); „Diese ‚Vertretung im Gewahrsam' ist nun – und damit wird der neue Ansatz von einer bloßen Chiffre zur praktikablen, inhaltserfüllten Methode – keine erst noch zu konkretisierende strafrechtliche Rechtsfigur, sondern lässt sich zwanglos aus dem bürgerlichen Recht ableiten und begrenzen" (S. 53) usw.
[162] Vgl. auch Hellmuth Mayer JZ 1962,618.
[163] Darauf wird noch eingegangen werden; siehe Kapitel 4, § 13 III 2: Die soziale Zuordnung.
[164] Soltmann S. 76; vgl. auch Lobe S. 25.
[165] RGSt 45,249.

nung vom BGB über den Erwerb und Verlust von Besitz, mittelbaren und unmittelbaren, Eigenbesitz und Bes.-dienerschaft aufgestellten Rechtsgrundsätze sind hierbei nicht schon in ihrer Eigenschaft als Rechtsvorschriften bindend, sondern können nur insoweit Beachtung finden, als sie zugleich der Auffassung des Lebens entsprechende regelmäßige Erscheinungsformen für den natürlichen Zustand der Dinge, also Erfahrungssätze aussprechen"[166].

Wenn also Roxin beispielsweise den zivilrechtlichen Begriff der Wertsummenschuld[167] für die Auslegung des Zueignungsbegriffs (hinsichtlich der Zueignung von Geld) heranzieht[168], betreibt er durchaus legitime strafrechtliche Begriffsauslegung. Denn er verschafft sich auf diese Weise Klarheit darüber, welcher spezifische Charakter dem Geld im sozialen Leben zukommt, um daraus dann zu schließen, dass ohne die Verschaffung eines Vermögenswertes (unbeschadet der Fremdheit der Sache) keine Zueignung vorliege[169]. Diese Form der Auslegung ist nicht nur legitim, sondern auch geboten. Wenn Schünemann dagegen strafrechtliche Begriffe direkt aus dem bürgerlichen Recht herleiten will[170], muss dies als ein missglückter Versuch strafrechtlicher Begriffsauslegung angesehen werden.

Zusammenfassend lässt sich also sagen, dass eine Auslegung des Gewahrsamsbegriffs unabhängig vom bürgerlichen Recht nach der dem Strafrecht angemessenen Methode zu erfolgen hat. Ausgehend von der Unabhängigkeit des bürgerlichen Rechts und des Strafrechts voneinander, die sich schon aus den unterschiedlichen Aufgaben und Zielen ergibt, kommt weder dem strafrechtlichen Gewahrsamsbegriff im bürgerlichen Recht, noch dem bürgerlichen Recht für die Auslegung des strafrechtlichen Gewahrsamsbegriffs eine Bedeutung zu (wenigstens soweit nicht die Methode selbst einen Bezug zum bürgerlichen Recht herstellt). Denn es handelt sich u.a. um einen rechtstechnischen Begriff mit einer Schlüsselfunktion im System der Vermögensdelikte. Allerdings kann der Gewahrsam in seiner sozialen Faktizität in Abhängigkeit zum bürgerlichen Recht stehen[171]. Letzteres wird sich noch bei den Fragen des Mitgewahrsams und bei der Behandlung der sozialen Seite des Gewahrsams zeigen[172].

---

[166] RGSt 50,183.
[167] Vgl. dazu Larenz, Schuldrecht, AT S. 133.
[168] Roxin, H.-Mayer-Festschrift, S. 469 ff.
[169] Roxin a.a.O. S. 469, 471, 484.
[170] Siehe Schünemann a.a.O.
[171] Es scheint so, als habe auch Schünemann auf diesen Gedanken hinauswollt.
[172] Siehe Kapitel 4, § 13 III 2 sowie Kapitel 5, § 14 III ff.

2. Kapitel

Historische und rechtsvergleichende Betrachtung

§ 6   Die historische Entwicklung des Gewahrsamsbegriffs

Der Begriff des Gewahrsams lässt sich – dies ergibt schon ein etymologischer Vergleich – von der altdeutschen „Gewere" her verstehen; wie wir überhaupt die historischen Ausgangspunkte des Diebstahls (als eines Eigentumsdelikts bei welchem die Gewere verletzt wird) und der Unterschlagung hauptsächlich im deutschen Recht zu suchen haben. Hier tritt das Diebstahlsdelikt schon früh in ausgebildeter Individualität hervor[173]. Wie beim Raub, der einen gleichfalls historischen Deliktstypus darstellt, so lag auch beim Diebstahl die deliktische Handlung in dem Zugriff auf fremde Fahrnis, wobei die Art und Weise dieses Zugriffs den Tattypus prägte. Im Gegensatz zum „öffentlichen" Raub, war aber der Diebstahl in alter Zeit durch Heimlichkeit gekennzeichnet[174]. Von dem ihm nahestehenden „dieblichen Behalten", der Unterschlagung, hob sich der ursprünglichere Diebstahl durch den hinzukommenden Einbruch in die fremde Gewere ab.

Das Wort „Gewere" finden wir des Öfteren noch im Sachsenspiegel, und zwar in unterschiedlichem Zusammenhang und in offenbar unterschiedlicher Bedeutung[175]. Soweit sich die „Gewere" aber auf diebliches Nehmen oder Behalten bezog, setzte sie, ebenso wie heute der strafrechtliche Gewahrsam und der bürgerlich-rechtliche Besitz, ein „habendes" Verhältnis von Personen zu Sachen voraus. „Alle drei Begriffe bringen den Rechtsgedanken zum Ausdruck, dass schon die tatsächliche Friedenslage ein schutzwürdiger Zustand ist, so dass Selbsthilfe zur Änderung dieses faktischen ‚Status quo' – mag er entstanden sein, wie er wolle – grundsätzlich unzulässig ist"[176]. Zu berücksichtigen ist allerdings, dass die Gewere der ältere Begriff ist, aus dem heraus sich im Verlauf einer umfassenderen Ausgestaltung der Rechtsordnung erst die Begriffe des Gewahrsams und des Besitzes entwickelt haben. Ursprünglich setzte diese „habende Gewere"[177] ein physisches Herrschaftsverhältnis voraus[178].

Der Umfang, in welchem beim Eingriff in die fremde Gewere nach germanischem und wiederum mittelalterlichem Recht die Todesstrafe zur Anwendung kam, macht in drastischer Weise deutlich, für wie verwerflich dieser Eingriff gehalten wurde. Hier scheint auch die Erklärung dafür zu liegen, dass sich der Diebstahl als aktiver dieblicher Eingriff im ausgehenden Mittelalter gegen die ihm sonst so nahestehenden Fälle der Fundunterschlagung und überhaupt des dieblichen Behaltens völlig abschloss[179]. Im Übrigen liegt die Vermutung nahe, dass die Fälle des unrechtmäßigen Behaltens von Sachen in noch älterer Zeit gar nicht pönalisiert waren, sondern lediglich einen Anspruch auf materiellen Ersatz nach sich zogen.

Ganz andere Grundsätze haben im römischen Rechtskreis geherrscht. Auch das römische Recht begriff zur Zeit des Prinzipats das furtum manifestum, bei welchem der Täter auf frischer Tat ergriffen wurde, als ein Kapitalverbrechen. Im Gegensatz dazu begründete das furtum nec manifestum, bei dem der Täter erst später festgestellt wurde, nur eine auf Ersatz und Privatbuße gerichtete Privatkla-

---

[173] Holtzendorff-Merkel S. 624; Brunner S. 637 ff.
[174] Holtzendorff-Merkel a.a.O.; Brunner S. 638, 647.
[175] Sachsenspiegel (Landrecht) I 9 § 5; 15 § 1; 20 § 6; 20 § 7; 47 §§ 1, 2; 52 § 3; II 15 §§ 1, 2; 18 § 2; 36 §§ 3, 8; 42 § 1; III 21 § 2; 32 § 6; 88 § 5; 91 § 1 usw.
[176] Welzel GA 1960,264.
[177] Vgl. Schütze S. 427.
[178] H. Ch. Hirsch S. 315: Diese körperliche Herrschaft bringt der Sachsenspiegel vielfach dadurch zum Ausdruck, dass er sagt, dass jemand eine Sache „under ime", unter sich hat.
[179] Holtzendorff-Merkel S. 625; Brunner S. 637 ff, 650 f.

ge[180]. Man kann aber das in seiner Bedeutung wesentlich umfassendere furtum des römischen Rechts nicht dem Diebstahl des deutschen Rechts gleichstellen. Dem furtum unterfielen nicht nur die Diebstahlsfälle, sondern auch die Verletzung des Besitzrechts eines anderen durch den Eigentümer sowie Gebrauchsanmaßung[181], des Weiteren gewisse Betrugs-, Unterschlagungs- und Raubfälle. Es bleibt letztlich festzustellen, dass sowohl der offene Diebstahl des römischen Rechts (im Gegensatz zum heimlichen Diebstahl), als auch der Eingriff in die fremde Gewere im deutschen Recht (im Gegensatz zum dieblichen Behalten), Kapitalstrafe nach sich zogen.

Im deutschen Recht lässt sich diese Anschauung – offenbar anders als im römischen Recht, das wohl vom Rachegedanken ausging[182] – darauf zurückführen, dass den Menschen innerhalb der Grenzen ihres häuslichen Besitztums ein besonderer Friede zukam, der unter allen Umständen gewahrt werden musste. Dies ist von den sittlichen Anschauungen der Germanen her zu verstehen und lebt in unserem heutigen Strafrecht fort. „Um den Einzelnen ist ein Kreis des besonderen Friedens gezogen, der in erster Linie seine Wohnung, seine Person und das was diese an sich trägt, in sich einschließt … Besitz und Gewahrsam müssen in ihrem Kern von dieser faktischen Friedenssphäre aus verstanden werden. Dabei unterscheidet sich der Diebstahl von der Unterschlagung dadurch, dass er außer dem Eigentum auch die faktische Friedenslage verletzt. Während das Eigentum eine reine Rechtsbeziehung ist, ist der Gewahrsam ein ins Recht aufgenommenes soziales Verhältnis"[183].

Nun wird vereinzelt die Meinung vertreten, dass die Gegenüberstellung von Diebstahl und Unterschlagung im heutigen Sinne nicht auf das altdeutsche Recht zurückzuführen sei[184]. Vielmehr sei das heute Gemeinsame in beiden Delikten, das fremde Eigentum, erst von Kleinschrod und Feuerbach unter der Einwirkung des Naturrechts herausgearbeitet worden. Diese Gedanken seien bestimmend für das bayerische StGB von 1813 gewesen, das zuerst eine Unterscheidung von Diebstahl und Unterschlagung enthalten habe. Das Preußische Strafgesetzbuch habe dann die beiden Delikte in einem Titel vereinigt und im heutigen Sinne gestaltet. Diese Meinung wird auf die Behauptung gestützt, der germanische Diebstahl sei lediglich Gewahrsamsbruch gewesen, und zwar ein Gewahrsamsbruch in gewinnsüchtiger Absicht; das werde vor allem dadurch bewiesen, dass dem Gewahrsamsinhaber die Diebstahlsklage zustand[185].

Einer solchen Auffassung kann insofern nicht gefolgt werden, als es beim Diebstahlsdelikt im Grunde schon seit jeher (sowohl im germanischen als auch im römischen Rechtskreis) um eine Entziehung fremden Hab und Guts ging. Hinzu kam die Verletzung einer fremden Friedenssphäre, die im germanischen Rechtskreis als besonders verwerflich angesehen wurde und den Diebstahl im Gegensatz zur Unterschlagung zum Kapitalverbrechen stempelte. Diese Verletzung der Gewere war es aber nicht allein, die den Diebstahl ausmachte. Sie verlieh ihm nur seinen besonderen Charakter. Also muss der Diebstahl in erster Linie vor dem Hintergrund wirtschaftlicher Interessen gesehen werden[186]. Nur weil der Dieb sich eine eigentümerähnliche Herrschaftsmacht über die Sache verschaffen wollte, brach er die fremde Gewere. Dieser Gewahrsamsbruch war in früherer Zeit deswegen so bedeutsam, weil die Gewere das Eigentum „gewährte" oder „gewährleistete". Letztlich ging es aber nicht um die Gewere selbst, sondern um das Eigentum.

---

[180] Hälschner S. 389; Holtzendorff-Merkel S. 626.
[181] Paulus, D. 47, 2, 1, 3: Furtum est contrectatio fraudulosa lucri faciendi gratia vel etiam usus eius, possessionisve: quod lege naturali prohibitum est admittere; ebenso Inst. 4, 1, 1; weitergehend D. 47, 67, 2.
[182] Hälschner S. 390.
[183] Welzel GA 1960,264.
[184] Hellmuth Mayer, Die Untreue, S. 4 f; Soltmann S. 5 f.
[185] Hellmuth Mayer, Die Untreue, S. 6 ff; Soltmann S. 4.
[186] v. Hippel S. 238 f.

Wenn nun dem Gewahrsamsinhaber im germanischen Recht die Diebstahlsklage zustand, so beweist dies nicht mehr und nicht weniger, als dass er als Verletzter angesehen wurde. Derjenige, dem eine Sache unter Verletzung seiner Gewere entzogen wurde, sollte gegen den Täter auch vorgehen können. Nichtsdestoweniger wurde der Diebstahl hierdurch nicht zum „Nur-Gewahrsamsbruch". Er blieb, ebenso wie die Unterschlagung, die sich allerdings erst später tatbestandsmäßig ausprägte, ein sich gegen fremdes Eigentum richtendes Delikt[187]. Dies erkannt und dem strafrechtlichen Denken eingänglich gemacht zu haben, ist das Verdienst Kleinschrods und Feuerbachs.

Da die im heutigen Recht vorzufindende Unterscheidung zwischen Diebstahl und Unterschlagung also auf deutschrechtlichen Ursprüngen beruht, wäre es wohl falsch, den Begriff des Gewahrsams im römischen Recht suchen zu wollen. Soweit aus den Quellen ersichtlich, gibt es dort auch keinen dem strafrechtlichen Gewahrsam gleichkommenden Begriff. Als einen entfernt ähnlichen kann man vielleicht die detentio bezeichnen. Es handelt sich dabei um einen Begriff aus der römischen Besitzlehre. Diese unterschied zwischen possessio (juristischem Besitz) und detentio (tatsächlicher Innehabung).

Friedrich Cal von Savigny, der auf diese römischrechtlichen Begriffe zurückging, vertrat in seinem Werk „Das Recht des Besitzes" von 1805 hinsichtlich der Unterscheidung von Besitz und Gewahrsam (Detention) eine subjektive Theorie[188]. Er unterschied beim Besitz zwischen animus und corpus: „Es beruht nämlich aller Besitz einer Sache auf dem Bewusstsein unbeschränkter Herrschaft. Damit dieses Bewusstsein entstehe, muss der Wille (animus) vorhanden sein, die Sache als eigen zu haben: zugleich müssen die physischen Bedingungen der Möglichkeit vorhanden sein, deren Bewusstsein entstehen soll (corpus)"[189]. Fehlt nun der Wille, die Sache als oder wie eine eigene zu haben (animus domini vel animus sibi habendi[190]), so entsteht nach v. Savigny nicht Besitz im juristischen, sondern im natürlichen Sinn (Detention). Wer also nur den Willen habe, für einen anderen (alieno nomine) zu besitzen, sei lediglich Detentor, meint v. Savigny.

Gegen diese Betonung des animus domini wandte sich Rudolf von Jhering in seiner Schrift „Der Besitzwille" von 1889, worin er eine objektive Theorie (sog. Objektivitätstheorie) entwickelte. Er vertrat die Meinung, dass für die Frage, ob Besitz im juristischen Sinne oder Detention anzunehmen ist, die besondere Qualifikation des Besitzwillens ohne jede Bedeutung sei[191]. Ein direkter Bezug zum Begriff des deutschrechtlichen Gewahrsams ist v. Jherings Schrift allerdings nicht zu entnehmen und lässt sich – wie aus der geschichtlichen Betrachtung deutlich wird – von der Detention auch nicht herleiten. Vielmehr ist es die Gewere als ein Begriff deutschrechtlichen Ursprungs, aus der sich der Gewahrsamsbegriff des heutigen Strafrechts entwickelt hat. Nur wenn die Gewere tangiert wurde, kam im deutschen Rechtskreis ein Diebstahl in Betracht, der dann im Verhältnis zur Unterschlagung schwerer bestraft wurde. Diese gleichen Grundsätze beherrschen noch heute das Strafrecht der Bundesrepublik. Es gilt, dies deutlich herauszuarbeiten und die Strukturen aufzuzeigen, denen der strafrechtliche Gewahrsamsbegriff verhaftet ist.

Weiter wird zu prüfen sein, ob die Beibehaltung eines Gewahrsamsbegriffs, wie er hier zu Tage tritt, und damit die Beibehaltung der Unterscheidung von Diebstahl und Unterschlagung in der heutigen

---

[187] Zu einem ähnlichen Ergebnis kommt schließlich Hellmuth Mayer, JZ 1958, 284, wenn er ausführt, der deutsch-rechtliche Diebstahl sei „nicht deshalb als Bruch der Gewere betrachtet worden, weil man Gewere und Eigentum unterschied, sondern weil das Eigentum in der Gewere sichtbar wurde."
[188] Subjektivitäts- oder Willenstheorie genannt; vgl. v. Jhering, Besitzwille, S. 7 f.
[189] v. Savigny S. 194 f.
[190] v. Savigny S. 80.
[191] v. Jhering, Besitzwille, S. 8.

Zeit noch sinnvoll ist. Bei der Beantwortung dieser Frage könnte eine Rechtsvergleichung von Nutzen sein.

§ 7 Ein rechtsvergleichender Überblick

Wenngleich auf die „Gewere" des altdeutschen Rechts zurückführbar, ist der Begriff des strafrechtlichen Gewahrsams nicht allein im StGB der Bundesrepublik Deutschland vorzufinden. Das mag zum einen daran liegen, dass der Einflussbereich des germanischen Rechts bei weitem über die Grenzen des heutigen Deutschland hinausging, zum anderen aber auch daran, dass deutsches Recht bei der wachsenden Internationalisierung der Welt Einfluss auf fremde Rechtskreise genommen und bei der Konzeption ausländischer Gesetzgebungswerke nicht selten Pate gestanden hat[192].

Ebenso wie das deutsche StGB von 1871, das in großen Zügen bis Anfang 1968 auch in der Deutschen Demokratischen Republik galt, verlangt das schweizerische StGB von 1937, in Kraft getreten am 1.1.1942, in seinem Art. 137 für den Diebstahl eine Wegnahmehandlung, d.h. den Bruch fremden und die Begründung neuen Gewahrsams[193]. Das österreichische Strafgesetz von 1945 geht in seinem § 171 beim Diebstahl von einem strafrechtlichen Besitz aus, der dem „Besitz oder Gewahrsam" des § 246 StGB gleichkommt[194]. Im italienischen StGB von 1930 heißt es in Art. 624: „Chiunque s'impossessa della cosa mobile altrui, sottraendola a chi la detiene, al fine di trane profitto, per sè o per altri, è punito ..."; wobei "sottraendola a chi la detiene" mit "indem er sie dem Gewahrsamsinhaber wegnimmt" übersetzt werden kann[195]. Auch das italienische Strafrecht geht also von einem Gewahrsam im Sinne desjenigen der §§ 242, 246 des deutschen Strafgesetzbuches aus[196].

Hingegen ist das französische „soustraire", das sich mit „entwenden" übersetzen lässt[197], anders als das deutsche „Wegnehmen" des § 242 StGB auszulegen, was sich unter Berücksichtigung der Struktur des gesamten französischen Vermögensstrafrechts aus der Diebstahlsbestimmung des code pénal ergibt. In Art. 379 c. pen. heißt es: „Quiconque a soustrait frauduleusement une chose qui ne lui appartient pas es coupable de vol." Nach französischem Recht ist der Diebstahl also immer dann gegeben, wenn der Dieb eine fremde Sache von dem Platz, an dem sie sich befindet, entfernt[198]. Eine Unterschlagung, so wie sie das deutsche Recht kennt, ist dem französischen Recht fremd. Vielmehr kennt es nur eine Unterscheidung zwischen Diebstahl (vol) gem. Art. 379 ff c. pen. und Veruntreuung (abus de confiance) gem. Art. 406 ff c. pen., wobei es für den Diebstahl nicht erforderlich ist, dass die Sache aus dem Gewahrsam eines andern genommen wird. Insofern genügt zum Beispiel für den Tatbestand des Art. 379 c. pen., dass jemand eine fremde Sache, die er auf der Straße findet, in Zueignungsabsicht an sich nimmt[199]. Einen Gewahrsam, wie er in den §§ 242, 246 StGB zugrunde gelegt wird, kennt das code pénal nicht; ebenso wenig das spanische Strafgesetzbuch von 1944, das in seinen Artikeln 514 ff den Bestimmungen des code pénal nahe kommt.

Auch im Strafgesetzbuch der Deutschen Demokratischen Republik vom 12.1.1968, in dem der Diebstahl persönlichen oder privaten Eigentums (§ 177) neben dem Diebstahl sozialistischen Eigentums (§ 158) geregelt ist, spielt der Gewahrsam keine Rolle[200]. § 177, der den §§ 242, 246 des StGB von

---

[192] Vgl. Saito-Nishihara S. IX; Mattes S. 3 f; S. 9.
[193] Germann S. 233; Pfenninger S. 290.
[194] Kaniak § 171 Anm. 52, 53; Nowakowski S. 490.
[195] Riz S. 426 f.
[196] Vgl. Riz S. 427 Fußnote 900.
[197] Götz-Göhler S. 203.
[198] Vgl. Harburger S. 225.
[199] Harburger S. 225 f; Dalloz Art. 379 Anm. 11.
[200] Lehrkommentar zum Strafrecht § 158 Anm. 1.

1871 entspricht, lautet: „Wer Sachen wegnimmt, die persönliches oder privates Eigentum sind, um sie sich oder anderen rechtswidrig zuzueignen, oder wer solche ihm übergebenen oder auf andere Weise in seinen Besitz gelangte Sachen sich oder anderen rechtswidrig zueignet, wird wegen Diebstahls zum Nachteil persönlichen oder privaten Eigentums zur Verantwortung gezogen." Hier sind also die im StGB der Bundesrepublik Deutschland als einzelne Tatbestände aufgeführten Delikte des Diebstahls und der Unterschlagung eindeutig zu einem umfassenden, beide Delikte gleich beurteilenden Tatbestand zusammengezogen. Daneben gibt es allerdings noch den Tatbestand der Veruntreuung (§ 182). Es zeigen sich hier deutliche Parallelen zum code pénal; insbesondere aber zum Strafgesetzbuch der Sowjetunion von 1960. Letzeres unterscheidet jedoch noch zwischen heimlichem und offenem Diebstahl und bestraft – wie das römische Recht der Kaiserzeit – den offenen Diebstahl schwerer[201].

Ob der im englischen Strafrecht als „custody" oder „charge" verwendete Begriff[202], der sich am ehesten als tatsächlicher Besitz (physical possession) im Gegensatz zum Besitz im Rechtssinn (possession in law) erklären lässt[203], dem Gewahrsam des deutschen Strafrechts entspricht[204], bedürfte bei der Vielfalt und Unübersichtlichkeit des englischen Vermögensstrafrechts einer eingehenden Untersuchung, die den Rahmen dieser Arbeit sprengen würde. Ebenso steht es mit der Analyse der als Gewahrsam, Innehabung, Besitz pp. übersetzbaren Begriffe, wie sie sich in einigen weiteren ausländischen Gesetzbüchern und in ausländischen Kommentaren zur Frage der Wegnahme vorfinden. Lediglich in den Fällen, in denen Strafgesetze strikt zwischen Diebstahl und Unterschlagung unterscheiden, wie zum Beispiel die Strafgesetzbücher der Niederlande, Dänemarks oder auch Japans, kann davon ausgegangen werden, dass zwischen den dort für die Innehabung eingesetzten Begriffen und dem Gewahrsam i.S.d. §§ 242, 246 StGB keine wesentlichen Unterschiede bestehen.

Aus einer rechtsvergleichenden Betrachtung ergibt sich also, dass der Gewahrsam nicht in allen nationalen Rechten die gleiche Rolle spielt wie im Strafrecht der Bundesrepublik Deutschland. Besonders dort, wo eine Unterscheidung von Diebstahl und Unterschlagung fehlt oder fallengelassen wurde, kommt dem Gewahrsam nicht dieselbe gravierende Bedeutung zu. Das französische Strafrecht zeigt zum Beispiel, dass sich die Wegnahme auch anders regeln lässt. Für eine auf dem Gewahrsam fußende Theorie, wie wir sie im StGB in Form der Apprehensionstheorie kennen, besteht also keine unbedingte Notwendigkeit. Es wird daher im Folgenden zunächst auf die Thematik der Unterscheidung von Diebstahl und Unterschlagung einzugehen sein. Insbesondere wird jetzt die Frage nach der Zweckmäßigkeit der Unterscheidung dieser Delikte zu beantworten sein.

Allerdings ist zu berücksichtigen, dass eine Klärung dieser Frage davon abhängt, inwieweit die gegenüber der Unterschlagung erhöhte Bestrafung des Diebstahls zu rechtfertigen bzw. zu fordern ist. Um in diesem Punkt weiterzukommen, lassen sich Ausführungen über Angriffsziel, Tatobjekt und Tathandlung der Zueignungsdelikte sowie über deren Tatbestandstypik und überhaupt die verbindenden und trennenden Aspekte nicht umgehen. Auf diese Fragen soll im Folgenden zunächst eingegangen werden.

---

[201] Fritzsche S. 73 ff u. 91 ff.
[202] Vgl. Cross-Jones S. 1 f; Hagel S. 15.
[203] Vgl. Hagel a.a.O.
[204] So Hagel S. 16.

3. Kapitel

Der Gewahrsam im System der Vermögensdelikte

§ 8   Diebstahl und Unterschlagung

Diebstahl und Unterschlagung – man kann sie als die Zueignungsdelikte bezeichnen – sind der weiteren Gruppe der Aneignungsdelikte zuzurechnen, in die außerdem noch der Raub gehört. Zusammen mit dem Schädigungsdelikt der Sachbeschädigung machen sie die Eigentumsverbrechen aus, deren Angriffsziel das fremde Eigentum darstellt.

I.   Zueignung als Vermögensschädigung

Das materielle Tatobjekt der Zueignungsdelikte ist die fremde bewegliche Sache. Die Tathandlung besteht in ihrer Zueignung. Dazu ist festzustellen, dass weder durch einen Diebstahl noch durch eine Unterschlagung das Eigentumsrecht als solches tangiert werden kann. Da dieses bürgerlich-rechter Natur ist und durch einen strafrechtlich relevanten Eingriff nicht berührt wird, bleibt es solange bestehen, wie nicht eine Vermischung oder Verarbeitung erfolgt oder ein Dritter die Sache gutgläubig erwirbt (was nur bei unterschlagenen Sachen möglich ist; bei gestohlenen Sachen steht § 935 BGB einem gutgläubigen Erwerb grundsätzlich entgegen).

Also erfolgt durch die Zueignung nicht, wie von der Wortbildung her irrtümlich angenommen werden könnte, die Überführung der gestohlenen Sache in das Eigentum des Täters. Dies ist nach bürgerlichem Recht gar nicht möglich und kann dem Täter auch einerlei sein. Denn im Grunde geht es lediglich darum, die Sache nutzen zu können; allerdings nicht wie ein Mieter oder Entleiher oder nur vorübergehend (wie bei der Gebrauchsanmaßung), sondern in gleicher Weise wie ein Eigentümer.

Somit richtet sich die Zueignung nicht auf die Erlangung des Eigentumsrechts an einer Sache, sondern vielmehr auf die Möglichkeit ihrer ökonomischen oder sonstigen Verwertung; besser noch: auf die Möglichkeit, eine Sache in jeder erdenklichen Weise nutzen zu können, also mit ihr wie ein Eigentümer zu verfahren. Insofern ist der Ansicht von Rudolphi beizupflichten, der Täter des Diebstahls maße sich eine Eigentümerstellung an, so dass die Formel „se ut dominum gerere" durchaus das Wesentliche treffe[205]. Dies entspricht auch Roxins These, dass die „quasidingliche Verfügungsgewalt" kennzeichnend für die Zueignung sei[206].

Von diesem Ausgangspunkt her stellt sich auch das Bestehlen eines Zueignungstäters durch einen anderen Dieb als Diebstahl dar[207], wie auch eine gestohlene oder unterschlagene Sache erneut unterschlagen werden kann. Hierbei deutet sich an – und dies wird noch weiter auszuführen sein –, dass der Eigentumsschutz nicht als Sicherung rein formaler Rechtspositionen aufzufassen ist[208] und dass die Zueignungsdelikte den Vermögensdelikten zuzurechnen sind[209]. Denn es ist davon auszugehen, dass der Täter mit einer gestohlenen oder unterschlagenen Sache wie ein Eigentümer zu verfahren vermag, diese also seinem Vermögen einverleibt. Die gestohlene oder unterschlagene Sache stellt für den Täter einen Vermögenswert dar. Daher wird durch ein Zueignungsdelikt an einer bereits vorher gestohlenen oder unterschlagenen Sache das Vermögen des ersten Täters vermindert. Für die Ver-

---

[205] Rudolphi GA 1965,38 f.

[206] Roxin, Täterschaft und Tatherrschaft, S. 344.

[207] Vgl. Schönke-Schröder § 242 Rdnr. 15. Es wäre ja auch von reinen Zufälligkeiten abhängig, ob der Dieb eine gestohlene oder eine rechtmäßig erworbene Sache entwendet.

[208] Vgl. Schönke-Schröder § 242 Rdnr. 4; Cramer S. 226 f.

[209] So mit anderer Begründung auch Welzel Lb. S. 339; Maurach BT S. 186 ff; Bockelmann JZ 1960,621; Hegler S. 158 ff; Sauer BT S. 4 ff, 16 ff, 303 ff; v. Hippel Lb. S. 234 ff; v. Lilienthal ZStW 32,15; Hälschner S. 301 ff; Otto, Struktur des Vermögensschutzes, S. 87 ff.

mögensminderung kann es nicht darauf ankommen, dass die gestohlene oder unterschlagene Sache einen Geldwert repräsentiert, weil auch Sachen ohne Geldwert – eben als bewegliche Sachen – zum Gegenstand eines Zueignungsdelikts werden und damit Vermögenswerte darstellen können[210]. Als Beispiel seien nur das vergilbte Erinnerungsfoto oder die Handvoll Heimaterde genannt. Dieser Grundsatz ist für den „Eigentumsschutz" zum Beispiel beim Diebstahl allgemein anerkannt[211], während für den Betrug von der h.M. ein sog. wirtschaftlicher Vermögensbegriff[212] zugrunde gelegt wird, wonach nur wirtschaftliche Werte zum Vermögen zählen. Dass es aber ein Widerspruch in sich ist, wenn man bewegliche Sachen als Vermögenswerte ansieht – und man kommt wohl nicht umhin, dies zu tun –, als Objekt des Betruges aber nur wirtschaftliche Werte gelten lässt, dürfte auf der Hand liegen[213]. Es muss somit folgerichtig von einem einheitlichen Vermögensbegriff ausgegangen werden. Wenn Sachen ohne Geldwert, an denen vielleicht lediglich ein Affektionsinteresse besteht, Objekte eines Zueignungsdelikts sein können, so müssen sie auch Objekte eines Betruges sein können, da der Betrug einen umfassenderen Vermögensschutz gewährt als der Diebstahl (zu dem durch § 263 StGB geschützten Vermögen gehören z.b. auch Forderungen und sonstige Ansprüche).

Auszugehen ist daher einheitlich von dem Vermögen als der Gesamtheit aller wirtschaftlichen und nichtwirtschaftlichen aber gegenständlichen Güter, welche die Entfaltung der Person *im wirtschaftlichen und im gegenständlichen Bereich* gewährleisten. Diese Möglichkeit, diesen Entfaltungsspielraum, räumt die eigentümerähnliche Verfügungsmacht dem Inhaber einer Sache ein, wobei dem Verkehrswert oder der Berechtigung bzw. Nichtberechtigung keinerlei Bedeutung zukommen kann. Gestohlen oder unterschlagen werden kann demnach sowohl das Erinnerungsfoto von lediglich subjektivem Wert, als auch das Inhaberpapier, dessen Sachsubstanz ohne Materialwert ist, das aber einen Geldwert repräsentiert. Gegenstand der Zueignung ist demnach weder direkt die Sache als solche[214], noch ein in der Sache verkörperter wirtschaftlicher Wert[215], noch Sachsubstanz oder Sach-

---

[210] So auch Otto a.a.O. S. 106.

[211] Vgl. Schönke-Schröder § 242 Rdnr. 4; Otto a.a.O. S. 104 ff; Maiwald S. 231 f; Gribbohm NJW 1968,1270; Schwarz-Dreher § 242 Anm. 1 A; Lackner-Maassen § 242 Anm. 2 a; Binding BT I S. 239, 256; v. Olshausen § 242 Anm. 25 a; Frank § 242 Anm. VII 2 a; Sauer GA 63,284 ff; Gleispach S. 11 ff; RGSt 44,210; 50,255; 51,98; BGH MDR 1960,689; OLG Celle JR 1964,266; vgl. auch E 1962 S. 399.

[212] Schönke-Schröder § 263 Rdnr. 58; Schwarz-Dreher § 263 Anm. 5 A; Lackner-Maassen § 263 Anm. 7 a; Maurach BT S. 192; Mezger-Blei BT S. 192; Jagusch LK 1958 § 249 Vorbem. II 1 bc; v. Olshausen § 263 Anm. 18 I; Grünhut, RG-Festgabe V, S. 116 ff und JW 1932,2434; Bruns, Mezger-Festschrift, S. 335, 359 f; RGSt 44,233; OGHSt 2,201 f; BGHSt 1,264; 2,364 f; 3,99; 16,1; 16,221; BGH MDR 1952,409. Einen juristischen Vermögensbegriff vertritt hingegen z.B. Binding BT I S. 238, 341. Einen juristisch-ökonomischen Vermögensbegriff vertreten: Welzel LB. S. 372; Kohlrausch-Lange § 263 Anm. V I; v. Liszt-Schmidt S. 668; Sauer BT S. 85 ff; Frank § 263 Anm. V. Bockelmann wiederum geht von einem personalen Vermögensbegriff aus, siehe Kohlrausch-Festschrift S. 226 ff und JZ 1952,461 ff.

[213] Vgl. auch Binding BT I S. 244 Fnt. 3; Otto a.a.O. S. 158 ff (allerdings im Gegensatz zu S. 80, 115, 199, 202).

[214] So die sog. Substanztheorie; vgl. Binding BT I S. 264; Holtzendorff-Merkel S. 648, 698; v. Hippel Lb. S. 239; v. Liszt-Schmidt S. 617; Hälschner S. 291; Rotering GS 36, 521 f; Walter Meyer S. 12; Lauterburg SchwZStr 1893,182; Friedländer ZStW 11,401; Brucke GA 40,110; John ZStW 1,256; Kohler S. 129; Draheim S. 45; v. Kujawa GA 51,10; Beling, Grundzüge des Strafrechts, S. 84; Villnow S. 16; Finger GS 78,407; Hegler S. 278 ff; Maurach BT S. 209; Welzel Lb. S. 342; Androulakis JuS 1968,410; RGSt 9,384; 10,370 f; 12,89; 22,3; 29,417; RMG 3,287; 8,153.

[215] So die sog. Sachwerttheorie; vgl. Frank § 242 Anm. VII 2 a und ZStW 14,391; Sauer, Diebstahl und Sachbeschädigung, S. 38 ff; 73 f und GA 63,284; Doerr S. 152; Gleispach S. 10; Ollendorf S. 14; Oberländer S. 6 ff; Schienle S. 33; R. Hirschberg, Vermögensbegriff, S. 278; Bruns, Befreiung vom ziv. Denken, S. 211; Mezger JW 1934,1658; Lampe GA 1966,241; RGSt 40,10; 43,17; 44,336; 47,149; 49,406; 57,45; 57,204.

wert[216], sondern allein die Möglichkeit, mit der Sache wie ein Eigentümer zu verfahren oder – wie Rudolphi[217] sagt – die aus dem Eigentum an der Sache fließende Herrschaftsmacht über die Sache. Es kann allerdings nicht die Rede davon sein, dass der Zueignungstäter „dieselbe Art von Sachherrschaft erwerbe, die der Eigentümer hat"[218]. Denn in der Tat setzt das Eigentum keine faktische Sachherrschaft voraus. Aber diese Ansicht ist – entgegen der Folgerung Maiwalds – den Darlegungen von Rudolphi auch keineswegs zu entnehmen. Er sagt eindeutig: „Die Sache ist weder in ihrer Substanz noch in ihrem Wert, sondern allein in ihrer rechtlichen Zuordnung zu einer Person, d.h. in ihrer Eigenschaft als Objekt der dem Eigentümer zustehenden Herrschaftsbefugnisse Gegenstand der Zueignung"[219]. Und weiter führt er aus: „Bedeutsam ist diese Erkenntnis, dass es nicht auf einen formalen Eigentumserwerb, sondern allein auf die sich vom Täter tatsächlich angemaßte Herrschaftsposition ankommt, auch für die Fälle, in denen der Täter die Sache einem Dritten überlasst"[220].

Rudolphi fällt also nicht der „Doppeldeutigkeit des Begriffs der Herrschaftsmacht" zum Opfer, wie Maiwald irrtümlich annimmt[221]. Vielmehr fällt Maiwald seinem Irrtum zum Opfer, Rudolphi oder auch Welzel könnten der Meinung sein, dass Zueignung etwas mit „zu Eigentum machen" zu tun habe[222]. Denn nur in diesem gedanklichen Zusammenhang lässt es sich verstehen, wenn Maiwald „die aus dem Eigentum an einer Sache fließende Herrschaftsmacht über sie"[223] oder „die Herstellung der eigentümerähnlichen Herrschaft über die fremde Sache"[224] in Verbindung zu einer „faktischen Sachherrschaft des Eigentümers" bringt[225].

Nichtsdestoweniger ist das Angriffsobjekt der Zueignungsdelikte das Eigentum, da das Tatobjekt bei Diebstahl und Unterschlagung die „fremde" (also dem Täter nicht gehörende) Sache ist. Wenngleich das Eigentum als Recht durch ein Zueignungsdelikt nicht verletzt werden kann, wird durch den Akt rechtswidriger Zueignung doch die Bewährung der Eigentumsordnung in Frage gestellt, weil die Möglichkeit sanktionierter Sachherrschaft letztlich auf dem Eigentumsrecht beruht.

Von diesem Standpunkt aus kann es aber dahingestellt bleiben, wie sich beispielsweise die Eigentumsverhältnisse bei Flaschenleergut zivilrechtlich beurteilen (Kauf, Leihe, Miete, Darlehen kommen in Betracht)[226]. Es ist auch strafrechtlich irrelevant, ob an dem hinter den Scheibenwischer eines Autos geklemmten Strafzettel der Autofahrer schon Eigentum erworben hat oder ob die Behörde

---

[216] So die sog. Vereinigungstheorie, die z.Zt. wohl die meistens Anhänger hat; vgl. Schaffstein GS 103,310 ff und GA 1964,101; Bockelmann ZStW 65,575; Jagusch LK 1958 § 242 Vorbem. D V 2 a a; Wessels NJW 1965,1156 f und JZ 1965, 633 f; Paulus S. 160 ff, 220; Gribbohm JuS 1963,106 und MDR 1965,874 und NJW 1968,241; Eser JuS 1964,480 f; Haberkorn MDR 1962,705; Schönke-Schröder § 242 Rdnr. 45; Schwarz-Dreher § 242 Anm. B 3 a; Lackner-Maassen § 242 Anm. 5 b; Mezger-Blei BT S. 133; Kohlrausch-Lange § 242 Anm. III 2 b; Baumann NJW 1964,706; Post S. 55 f; RGSt 55,60; 61,233; 64,415; 67,335; RMG 15,301; BGHSt 1,264; 4,238; 16,192; 17,92; BayObLG GA 1958,370; OLG München JW 1938,2348; OLG Celle JR 1967,390; OLG Braunschweig Nds. Rpfl. 1950,94; OLG Hamm NJW 1964,1429; OLG Bremen MDR 1948,261.

[217] GA 1965,38.

[218] So aber interpretiert Maiwald, S. 69, die Ausführungen von Rudolphi.

[219] Rudolphi a.a.O. S. 38.

[220] Rudolphi a.a.O.

[221] Siehe Maiwald S. 69.

[222] Vgl. Maiwald S. 69 ff.

[223] So Rudolphi a.a.O.

[224] So Welzel Lb. S. 341.

[225] Siehe Maiwald S. 69, 70.

[226] Vgl. dazu OLG Hamburg, OLGSt 45,150; RGZ 159,65; BGH NJW 1965,298; BayObLGSt 1960,188; Schönke-Schröder § 242 Rdnr. 49; Eser 1964,481 Fnt. 41; Paulus S. 168 Fnt. 116.

noch Eigentümerin des Zettels ist[227]. Schließlich und endlich lässt sich auch eine befriedigende Lösung bei der Wegnahme von – bereits gewildertem – Wild herbeiführen; weil es für das Strafrecht ausreicht, wenn das Wildbret dem Dieb nicht gehört, wohingegen das formal-zivilrechtliche Eigentum belanglos ist[228].

Nimmt jemand eine leere Flasche, den Strafzettel oder den im Kühlschrank aufbewahrten gewilderten Hasen weg, um sich diese Sachen – auf Dauer – zuzueignen, so begeht er einen Diebstahl. Tatobjekt dieses Delikts ist eine fremde bewegliche Sache (die leere Flasche, der Strafzettel, der gewilderte Hase); Angriffsobjekt ist das *abstrakte* Eigentum[229]. Und zwar wird die Bewährung der Eigentumsordnung – das Prinzip Eigentum – bei Diebstahl und Unterschlagung gerade durch Zueignung in Frage gestellt und nicht etwa durch bloße Sachentziehung, durch Gebrauch oder durch Sachbeschädigung.

Wenn Maiwald nun behauptet, jeder Zueignungsakt sei als eine Form der Eigentumsverletzung auch Sachbeschädigung[230], so ist dieser Generalisierungsversuch als missglückt zu bezeichnen. Zwar wendet sich die Zueignung bei Diebstahl und Unterschlagung ebenso wie die Sachbeschädigung gegen das fremde Eigentum[231]. Das bedeutet aber nicht, dass es einen Gegensatz zwischen Zueignung und Sachbeschädigung nicht geben könne[232].

Vielmehr ist die Sachbeschädigung im Gegensatz zur Zueignung rein destruktiv; wobei sich allerdings noch eine differenzierte Betrachtung der Enteignungs- und Aneignungsseite bei der Zueignung als notwenig erweist[233]. Hinzu kommt, dass sich von dem hier vertretenen Standpunkt der Gegen-

---

[227] Vgl. dazu OLG Hamburg JR 1964,228; Baumann NJW 1964,707.

[228] Nach h.M. bleibt das Wild auch in der Hand des Wilderers noch einem dem Aneignungsrecht des Jagdberechtigten unterliegende herrenlose Sache (vgl. für die h.M. Palandt-Degenhart § 958 Anm. 3 b; a.A. Heck § 64,6; Westermann S. 290). Daraus wird überwiegend geschlossen, dass es sich nicht um eine fremde Sache handele, so dass ein Diebstahl ausscheide (vgl. Welzel Lb. S. 340; Mezger-Blei BT S. 164; Maurach BT S. 269; BayObLG NJW 1955,32; a.A. RGSt 63,36). Die h.M. müsste also zu dem unsinnigen Ergebnis kommen, dass ein den Kühlschrank des Wilderers ausräumender Täter durch die Mitnahme des gewilderten Hasen den Tatbestand der Wilderei erfüllte (wenn der Täter überhaupt den für § 192 StGB erforderlichen Vorsatz hatte); während er durch die Mitnahme des danebenliegenden Hauskaninchens einen Diebstahl beginge (vgl. auch Otto a.a.O. S. 154 ff, der sich gegen ein solches Ergebnis wendet).

[229] Unter diesen Umständen bedarf es also nicht der Konstruktion eines besonderen strafrechtlichen Eigentumsbegriffs, wie dies im Grunde genommen Otto a.a.O. S. 141 ff (150) anstrebt.

[230] Maiwald S. 140.

[231] Das Verständnis der Formel des „se ut dominum gerere" scheint Maiwald jedoch des Öfteren abhanden zu kommen; vgl. z.B. S. 69 ff, 111 ff, 157 ff, 237; wenngleich er schließlich über eine einigermaßen unklare „Funktionstheorie" (die Betrachtungsweise von der Funktion der Sache her ist bereits bei Roxin, H.-Mayer-Festschrift S. 467 ff, zu finden – richtigerweise im Rahmen teleologischer Begriffsauslegung) selber zu dem Ergebnis gelangt, dass der „übergeordnete Gesichtspunkt" bei der Zueignung der sei, dass dem Eigentümer bestimmte Möglichkeiten, welche die Sache bietet, entzogen werden; vgl. S. 144, 164. (Gleiches gilt für Paulus, der vom „Zwecknutzen" der Sache ausgeht und zu ähnlichen Ergebnissen wie Maiwald gelangte; vgl. S. 164 ff.)
Allerdings bleibt es wiederum völlig unverständlich, wie Maiwald von diesem Ergebnis her eine Übereinstimmung zur Dulckeit'schen Lehre vom „relativen Eigen" (vgl. Dulckeit, Verdinglichung S. 43 und Rechtsbegriff und Rechtsgestalt S. 109 ff; entsprechend Hegel, Philosophie des Rechts, § 79), mit der er sich identifiziert, vgl. Maiwald S. 157, hergestellt wissen will. Denn wenn man über den auf Rechtsänderung gerichteten schuldrechtlichen Vertrag im Verhältnis der Kontrahenten zueinander bereits den Gläubiger als den Rechtsinhaber – also als relativen Eigentümer – ansieht (kritisch dazu: Diederichsen S. 78 f; Baur JZ 1952, 382; Lange NJW 1952,1366; Westermann AcP 152,96), kommt man zu einem „relativen Eigen", das dem „Eigentümer" die „bestimmten Möglichkeiten, welche die Sache bietet", gar nicht gewähren kann.

[232] So aber Maiwald a.a.O.

[233] Das anerkennt schließlich auch Maiwald a.a.O.: „Allerdings geht die Zueignung über die Eigentumsverletzung hinaus …"

43

stand der Sachbeschädigung nicht im Gewahrsam des Täters zu befinden braucht, was dagegen vom Gegenstand der Zueignung zu fordern ist[234].

II. Definition der Zueignung

Unter Zueignung i.S.d. §§ 242, 246 StGB ist, wie sich aus einem Vergleich mit den unter § 303 zu subsumierenden Eigentumsverletzungen ergibt, nur eine solche Handlung zu verstehen, die neben dem negativen Element einer *Enteignung* durch Vermögensentziehung das positive Element einer *Aneignung* fremder Herrschaftsbefugnisse enthält[235]. Daraus ergibt sich, dass die Entziehung einer Sache in der Absicht, diese wegzuwerfen oder zu zerstören, nicht von den §§ 242, 246 erfasst wird. Der Täter übt nämlich die Verwendungsmöglichkeit in einem solchen Fall nicht positiv aus, so dass es an der Aneignung fremder Eigentumsbefugnisse fehlt. Insofern ist die Ansicht Bindings[236], Zerstörung sei nicht Eigentumsausübung, weil das „Recht des Eigentümers, seine Sache zu vernichten, nur in unklaren Köpfen" existiere, nicht so ganz von der Hand zu weisen. Denn in der Tat erfolgt Eigentumsausübung in der Regel nicht durch Zerstörung oder Wegwerfen einer Sache.

Die Enteignung muss auf Dauer angelegt sein[237], soll die Aneignung doch die eigentümerähnliche Nutzungsmöglichkeit der Sache gewähren. „Wie ein Eigentümer" kann der Täter mit der weggenommenen Sache aber nur verfahren, wenn der Berechtigte endgültig von der Nutzungsmöglichkeit ausgeschlossen wird. Hier liegt auch die Antwort auf die Frage Maiwalds: „... Welchem Dieb kommt es gerade darauf an, durch den Diebstahl dem Eigentümer einen Verlust zuzufügen?"[238] Die Endgültigkeit der Enteignung kann dem Dieb eben nicht gleichgültig sein, weil es ihm auf die Aneignung ankommt. Das übersieht auch Paulus[239], wenn er ausführt, dass Begriffsbestimmungen wie „se ut dominum gerere", Anmaßung einer „eigentümerähnlichen Verfügungsgewalt" oder einer „dem Eigentum entsprechenden tatsächlichen Herrschaft" keine zuverlässige Abgrenzung von Zueignung und bloßem Gebrauch ermöglichten.

Beabsichtigt der Täter, die Sache nach einiger Zeit dem Berechtigten in irgendeiner Form wieder zukommen zu lassen, so liegt demnach eine Zueignung nicht vor. Der Täter maßt sich in diesem Fall keine eigentümerähnliche Herrschaftsmacht an; es sei denn, der Sache wird die ihr objektiv innewohnende Funktionsmöglichkeit endgültig und bewusst entzogen[240]/[241]. Will der Täter die Sache „wie ein Eigentümer" nutzen, so muss er die Aneignung durch Enteignung des Berechtigten wissentlich und willentlich durchführen. Die Zueignungsabsicht muss sich also auf das „se ut dominum gerere" beziehen.

Hat sich bis zur Rückgabe einer zum Gebrauch weggenommenen Sache deren Identität geändert, so ist eine endgültige Enteignung eingetreten. Je nach Absicht liegt ein Zueignungsdelikt oder eine

---

[234] Siehe Abschnitt VI: Gewahrsam ist eine Voraussetzung der Zueignung. Siehe ferner §§ 17 II; 21 I; 23.

[235] Vgl. Welzel Lb. S. 342; Rudolphi a.a.O. S. 37 f.

[236] BT I S. 268.

[237] Vgl. Roxin, Täterschaft und Tatherrschaft, S. 343; Welzel a.a.O.; Rudolphi a.a.O. S. 41.

[238] Maiwald S. 176.

[239] S. 159 f.

[240] Vgl. Rudolphi a.a.O. S. 47 f; a.A. Welzel a.a.O.

[241] Dass hierbei Strafbarkeitslücken hinsichtlich des furtum usus bestehen können (dazu: Rudolphi a.a.O. S. 48; Welzel Lb. S. 342 f; Maurach BT S. 208) ist ja seit langem bekannt und vom Gesetzgeber anscheinend auch gebilligt. Denn von wenigen Ausnahmen abgesehen, ist das furtum usus straflos gelassen worden. Wenn man aber bedenkt, dass zivilrechtliche Bereicherungs- oder Schadensersatzansprüche in den meisten Fällen des furtum usus vollauf ausreichen (z.B. auch im sog. Kahn-Fall Welzels, Lb. S. 342), so erscheint diese „Strafbarkeitslücke" durchaus sinnvoll. (Es soll nicht alles bestraft werden, was moralisch zu verurteilen ist.)

Gebrauchsanmaßung vor. Eine Identitätsänderung kann zum Beispiel durch Ge- oder Verbrauch eintreten (bei Batterien, Glühbirnen, Autos, Maschinen, Lebensmitteln, Genussmitteln usw.). Wird eine ausgebrannte Glühbirne[242] oder die Schlacke der zur Heizung verwendeten Kohle[243] dem Eigentümer zurückgegeben, so ändert das nichts an der Tatsache, dass sich der Täter die Sache endgültig zugeeignet hat. Zurückgeblieben ist lediglich die „Schale, woraus der Kern entwendet worden ist"[244]. Ebenso gut kann allein durch Zeitablauf die einer Sache objektiv innewohnende Funktionsmöglichkeit endgültig aufgehoben werden (zum Beispiel bei Theaterkarten, Fahrkarten, einem Blumenstrauß usw.). Maßgebend ist insoweit die Verkehrsanschauung[245]. Danach wird davon auszugehen sein, dass eine Sache, die infolge Gebrauchs ihre wirtschaftliche Bestimmung im Wesentlichen nicht mehr erfüllen kann, im Verkehrssinne eine andere Sache geworden ist[246].

Zueignung ist nun aber kein lang anhaltender Vorgang, sondern ein einmaliges Ereignis, nämlich die objektiv erkennbare Betätigung des Zueignungswillens. Insofern ist bei der Zueignung ein subjektiver Überschuss (in die Zukunft hineinwirkender Überhang) zu verzeichnen; denn wollte man auch die Endgültigkeit der Enteignung oder die positive Ausübung der eigentümerähnlichen Verfügungsmöglichkeit der objektiven Zueignungsseite zurechnen, so ließe sich Zueignung überhaupt nur in wenigen Fällen feststellen (gerade wegen mangelnder Endgültigkeit, weil man z.B. nicht weiß, ob der Eigentümer seine Sache nicht doch noch wiedererlangt). Die Betätigung des Zueignungswillens muss nach außen hin in Erscheinung treten, da allein der verbrecherische Wille ohne jede Handlung nicht strafbar ist.

Damit haben wir den Zueignungsbegriff (zunächst einmal provisorisch) für unsere weiteren Zwecke umrissen[247]. Er stellt sich in der Übersicht wie folgt dar:

1. Objektive Seite (Enteignung durch Aneignung)
   a) Negatives Element der *Enteignung* = Verdrängung des Berechtigten aus seiner Verfügungsposition.
   b) Positives Element der *Aneignung* = Anmaßung eigentümerähnlicher Verfügungsmacht.
2. Subjektive Seite (Zueignungsabsicht, die sich auf das „se ut dominum gerere" bezieht)
   a) Auf *Endgültigkeit* gerichtet (subjektiver Überhang bei der Enteignung),
   b)..auf *positive* Ausübung der eigentümerähnlichen Befugnisse gerichtet (subjektiver Überhang bei der Aneignung).

III. Einzelne Zueignungsfälle

1. Kraftfahrzeugentwendung

Aus der gegebenen Begriffsbestimmung der Zueignung – deren Brauchbarkeit sich nur anhand von praktischen Fällen erweisen kann – folgt entgegen der h.M.[248], dass ein Diebstahl in den Fällen nicht

---

[242] Vgl. Otto a.a.O. S. 180.
[243] Kohlrausch HdWb. II S. 45.
[244] Bockelmann ZStW 65,575; ebenso Otto a.a.O. S. 180.
[245] Engisch, Weltbild, S. 157 ff.
[246] Vgl. RGSt 44,337.
[247] Auf besondere Fragen und Nachweise in der Literatur und Rechtsprechung wird im Verlauf der weiteren Abhandlung noch mehrfach einzugehen sein.
[248] Die h.M. geht in diesen Fällen von einer Zueignung aus; vgl. Welzel Lb. S. 343; Jagusch LK 1968 § 242 Vorbem. D V 2 d; Kohlrausch-Lange § 242 Anm. III 2 b; Schaffstein GA 1964,97; RGSt 64,259; RG JW 1935,3387 f; BGHSt 5,206; 13,44; 14,363; 16,192; 22,45; OLG Celle Nds. Rpfl. 1955,18; einschränkend Schönke-Schröder § 242 Rdnr. 55.

gegeben ist, in denen der Täter ein Fahrzeug in der Absicht wegnimmt, es nach Gebrauch irgendwo stehen zu lassen, wo es dem Zugriff jedes Unberechtigten preisgegeben ist[249]. Vielmehr sind diese Fälle nach § 248 b StGB zu bestrafen, weil eine Zueignung grundsätzlich mangels einer auf endgültige Enteignung gerichteten Absicht nicht in Betracht kommt.

Also liegt § 248 b und nicht § 242 selbst dann vor, wenn der Täter, der das Fahrzeug irgendwo stehen lässt, der Meinung ist, dass der Eigentümer es vielleicht nicht zurückerhalten werde, oder wenn sich der Täter überhaupt keine Gedanken darüber macht. Dann fehlt es an der entsprechenden Absicht, die weiter geht, als eine Inkaufnahme[250]. In der heutigen Zeit ist es außerdem vorhersehbar oder zumindest überwiegend der Fall, dass ein irgendwo stehengelassenes Auto dem Eigentümer irgendwann wieder zugestellt werden wird[251]. Wäre dagegen ein vom Täter irgendwo stehengelassenes Auto tatsächlich unauffindbar geworden, so müsste zwar von der Endgültigkeit der Enteignung ausgegangen werden; hierauf – auf den objektiven Eintritt der Endgültigkeit – kommt es aber letztlich für die Zueignung nicht an. Vielmehr kommt es auf die auf Endgültigkeit der Enteignung gerichtete Absicht des Täters bei der Zueignung an. Wie sich aus einer kriminologischen Betrachtung ergibt, geht es aber dem Täter, der ein benutztes Fahrzeug irgendwo stehen lässt, so gut wie nie darum, es dem Eigentümer zu nehmen[252].

Dagegen ist eine Zueignung und damit ein Diebstahl gegeben, wenn der Täter dem Fahrzeug die ihm objektiv innewohnende Funktionsmöglichkeit entsprechend seiner vorgefassten Absicht endgültig entzieht, es also „verbraucht". Soll ein Auto also solange benutzt werden, bis es unbrauchbar geworden ist (zum Beispiel für eine Fahrt durch die Sahara oder für ein Crashrennen), so kommt ein Diebstahl in Frage; ebenso, wenn ein Fahrzeug nach Gebrauch zerstört werden soll, etwa durch Versenken in einem Fluss.

Hingegen liegt eine Sachbeschädigung vor, wenn der Täter ein Fahrzeug wegnimmt, um es zu zerstören, vielleicht weil er den Eigentümer schädigen will. Zwar ist hier eine Perversion der Eigentumsordnung gegeben; es fehlt aber an der für die Aneignung zu fordernden Absicht der positiven Verwendung des Tatobjekts.

Es mag unbefriedigend erscheinen, dass nur eine Gebrauchsanmaßung gegeben sein soll, wenn der Täter zum Beispiel ein Auto wegnimmt, um damit Tausende von Kilometern zu fahren und es anschließend ramponiert aber noch benutzbar irgendwo stehen zu lassen, wo es dem Eigentümer über die Behörden zugänglich ist. Es sind aber von dem hier vertretenen Standpunkt her ausgewogenere Ergebnisse zu erzielen, als wenn man auf das Maß der Benutzung abstellte[253]. Denn wo sollte dann die Grenze zwischen Gebrauchsanmaßung und Diebstahl gezogen werden, führen doch die meisten Arten des Gebrauchs einer Sache zu einer mehr oder weniger erheblichen Wertminderung[254] (die dann privatrechtlich eingeklagt werden kann).

Im Übrigen kommt es bei der großen Zahl möglicher Zueignungsvariationen darauf an, den gesamten Komplex von bestimmten Grundsätzen her abzugrenzen, wie dies oben bereits geschehen ist. Es wird sich zeigen, dass nur so befriedigende und dennoch konsequente Lösungen erreicht werden können.

---

[249] Ebenso Rudolphi a.a.O. S. 54; Schaudwet JR 1965,413.
[250] Dies wird verkannt z.B. von Otto, a.a.O. S. 201 und Schaffstein, GA 1964,107 ff, die verlangen, der Täter müsse von seiner Fähigkeit zur Rückstellung überzeugt sein.
[251] Vgl. auch Schröder JR 1964,229; Schaudwet JR 1965,414.
[252] Vgl. Schaffstein GA 1964,98 f.
[253] Die Problematik eines solchen Verfahrens wird deutlich in OLG Hamm JMBl NRW 1960,230; 1962, 110 ff.
[254] Vgl. auch Rudolphi a.a.O. S. 34 f, 48.

2. Die Zueignung von Papieren

Als recht problematisch erweist sich die Wegnahme von Papieren, mit deren Besitz sich ein bestimmter Wert verbindet. Hier muss deutlich unterschieden werden zwischen *Inhaberpapieren* auf der einen und *Legitimationspapieren* auf der anderen Seite. Zu den ersteren kann man in Anlehnung an § 807 BGB alle diejenigen Karten, Marken oder ähnliche Urkunden zählen, in denen ein Gläubiger nicht bezeichnet ist, die also dementsprechend von dem Inhaber wie ein Zahlungsmittel verwendet werden können, ohne dass er sich einem anderen gegenüber auf Verlangen auszuweisen hat. Bei diesen Papieren (z.B. Barschecks, Briefmarken, Stempelmarken, Biermarken[255]), bei denen das Recht aus dem Papier dem Recht an dem Papier folgt[256], tritt aufgrund der engen Verknüpfung von Sache und Recht die Zueignung schon mit der Wegnahme des Papiers in Zueignungsabsicht ein. Der Fall liegt hier ebenso wie bei der Wegnahme von Geld.

Hingegen folgt bei den sog. Legitimationspassieren, zu denen man in Anlehnung an § 808 BGB diejenigen Urkunden zählen kann, die einem bestimmten Inhaber zuzurechnen sind, das Recht an dem Papier dem Recht aus dem Papier. Hierher gehören zum Beispiel Sparbücher, Gepäck-, Pfand-, Reparaturscheine, Garderobenmarken usw. Diesen Papieren gemeinsam ist eine Legitimationswirkung, woduch sich der Inhaber in die Lage versetz sieht, die in dem jeweiligen Papier ausgewiesenen Werte zu realisieren. Mit der Wegnahme eines Legitimationspapiers kann sich der Täter somit lediglich das Papier als solches zueignen, nicht aber den in dem Papier ausgewiesenen Wert.

Im Gegensatz zu den Inhaberpapieren sind Legitimationspapiere nicht Wertträger der ausgewiesenen Forderung, sondern Beweismittel für das ausgewiesene Schuldverhältnis[257]/[258]. Durch das Auslösen eines in der Garderobe aufbewahrten Mantels oder durch das Abheben eines Sparguthabens realisiert der Täter demnach nicht das lucrum ex re, sondern das lucrum ex negotio cum re[259]. Wie Otto richtig feststellt, liegt der Sachverhalt hier genauso, wie wenn sich der Täter mit Hilfe eines entwendeten Ausweises ein Bankdarlehen verschafft, ein Abzahlungsgeschäft abschließt oder sich durch Vorlage eines fremden Zechenausweises den Lohn eines Arbeitskollegen[260] verschafft[261].

Hieraus ergibt sich, dass der Täter sich ein Sparbuch als solches nicht zueignet, wenn er es gemäß seiner vorgefassten Absicht wieder an den Aufbewahrungsort zurücklegen will, nachdem er die gesamte Sparsumme oder einen Teilbetrag abgehoben hat. Der Täter entzieht dem Sparbuch durch das Abheben des Geldes nicht seine spezifische Funktionsmöglichkeit, denn es behält seine Legitimationswirkung hinsichtlich des bestimmten Sparkontos und kann weiterhin als Sparbuch verwendet werden[262]. „Die Geltendmachung der Forderung wird lediglich nutzlos sein, wenn der Sparbetrag abgehoben ist. Falls der Sparkassenbeamte jedoch grob fahrlässig an einen Nichtberechtigten zahlte, ist nicht einmal das der Fall"[263].

---

[255] Ob Biermarken zu den Inhaberpapieren gehören, wird davon abhängen, zu welchem Zweck sie im Einzelfall verwendet werden, ob als Zählmittel oder aber als Zahlungsmittel; vgl. dazu Otto S. 186 ff.

[256] Wobei es allerdings nicht auf die exakten bürgerlich-rechtlichen Verhältnisse ankommt, sondern auf die allgemeine Übung im Rechtsverkehr.

[257] Vgl. RGSt 10,370; Otto a.a.O. S. 185.

[258] Daraus ergibt sich, dass Vermögensdelikte mit Urkundsdelikten konkurrieren können. Liegt der vom Täter verfolgte Zweck lediglich in der Vereitelung der Beweismöglichkeit des Berechtigten, so kommt nur § 274 Abs. 1 Ziff. 1 (Urkundenunterdrückung) in Betracht.

[259] Vgl. Bockelmann ZStW 65,575; Otto a.a.O.

[260] Vgl. dazu OLG Hamm JMBl NRW 1953,153 f.

[261] Otto a.a.O. m.w.N. über den Meinungsstand.

[262] Ebenso Otto a.a.O. S. 184 f.

[263] Otto a.a.O. S. 184; vgl. auch Palandt-Thomas § 808 Anm. 2.

Außerdem ist mit der Wegnahme des Buches noch gar nicht sicher, ob der Täter überhaupt in den Besitz des Sparguthabens gelangen wird. Insofern kommt zu diesem Zeitpunkt allenfalls ein Diebstahl an dem Buch als solchem, nicht aber an dem Guthaben in Frage. Otto bemerkt recht treffend, dass sich das Sparbuch mehr einem Schlüssel zu einem Gepäckschließfach vergleichbar erweist, als einem Inhaberpapier: „Mit der Rückgabe des Schlüssels nach Ausräumung des Gepäckfachs ist dieser Schlüssel für den Berechtigten im Wesentlichen wertlos geworden. Er hat aber die ihm eigene Funktion, als Schlüssel eines Schließfachs zu dienen, nicht verloren. Er hat den Wert des Schließfachs niemals repräsentiert, genauso wenig wie das Sparbuch die Forderung verkörpert hat. Unmittelbar eigen war beiden nur die Funktion, den Weg zu bestimmten Werten zu eröffnen"[264]. Während aber durch das Ausräumen des Gepäckfachs ein Diebstahl begangen wird[265], kommt hinsichtlich des Abhebens vom fremden Sparbuch ein Betrug in Frage[266].

Die Auszahlung des Sparguthabens erfolgt aufgrund einer Täuschung über die Berechtigung zum Abheben vom Sparbuch. Der Sparkassenbeamte verfügt somit irrtümlich zuungunsten des Kontoinhabers über dessen Vermögen. Vorstellungen über die Berechtigung des Buchinhabers macht sich der Sparkassenbeamte insofern, als er generell nur an den Berechtigten zu zahlen gewillt ist, wie es auch den sparkassenrechtlichen Bestimmungen entspricht. Im Übrigen ist davon auszugehen, dass im Rechtsverkehr Legitimationspapiere eben zur Legitimation vorgelegt werden. Mit Recht sieht Otto hier eine Parallele zum Kauf. „Auch der Käufer einer Sache erkundigt sich nicht jeweils ausdrücklich, ob der Verkäufer auch zum Verkauf berechtigt ist. Unter ordentlichen Rechtsgenossen geht man davon aus, dass das Angebot einer Sache auch die Erklärung der Berechtigung zum Verkauf enthält"[267].

Allerdings liegt ein Diebstahl des Sparbuchs in seiner körperlichen Existenz vor, wenn der Täter es nach dem Abheben des Guthabens vernichtet und von vornherein vorhatte, das Sparbuch dem Eigentümer nicht zurückzuerstatten. In diesem Fall ist eine Enteignung des Berechtigten auf Dauer, wie auch die Aneignung des Täters durch – zunächst – positive Ausübung der Verwendungsmöglichkeit der Sache gegeben[268]. Einen ähnlichen Fall hatte das OLG Celle[269] zu entscheiden: Der Angeklagte hatte (u.a.) einen Brief weggenommen und nach Kenntnisnahme von Fakten, die er für seine verbrecherischen Ziele auszunutzen gedachte, vernichtet. Nach Meinung des OLG war eine Zueignung gegeben, weil der Täter den Brief – einen Erklärungsträger – weggenommen hat, um dessen gedanklichen Inhalt unter Ausschließung des Sachberechtigten für sich auszunutzen.

Im grundsätzlichen Einvernehmen mit dieser Ansicht bemerkt auch Schröder[270], dass bei Briefen, Büchern, Zeitschriften usw. die Zueignung durch Ausnutzung des Erklärungsinhalts möglich sein müsse. Wegen eines Diebstahls habe sich also strafbar gemacht, wer eine fremde Urkunde wegneh-

---

[264] Otto a.a.O. S. 184 f; vgl. auch Feuerbach § 319.

[265] Vgl. Welzel LB. S. 349; Otto a.a.O. S. 184 und ZStW 79,83; a.A. BGH GA 1966,212 f.

[266] Dazu Otto a.a.O. S. 186. Ebenfalls von einem Betrug gehen aus: Maiwald S. 167 ff; Paulus S. 61; Maurach BT S. 311; Mezger-Blei BT S. 186; Schönke-Schröder § 263 Rdnr. 38; Jagusch LK 1958 § 263 Anm. 2 b; Binding Lb. S. 265; Kohlrausch-Lange § 263 Anm. III; Frank § 263 Anm. II 1 b; v. Liszt-Schmidt S. 618 Anm. 18; Meyer-Allfeld S. 437 Anm. 43 und S. 472 Anm. 15; Holtzendorff-Merkel S. 651; Doerr GS 52,44 ff; Finger GS 78,406 f.

[267] Otto a.a.O.

[268] Hätte der Täter das Sparbuch weggenommen, um es zu zerstören und nicht, um es – wenn auch nur vorübergehend – als Legitimationspapier zu verwenden, so käme eine Sachbeschädigung und je nach Lage des Falles u.U. auch Urkundenunterdrückung gem. § 274 Abs. 1 Ziff. 1 in Frage.

[269] JR 1964,266. Ähnlich OLG Köln NJW 1950,959: Der Angeklagte hatte eine Personalakte weggenommen, gelesen und anschließend verbrannt. Mit Recht nahm das OLG Zueignung an.

[270] JR 1964,266 f; vgl. auch Schröder JR 1964,229.

me, um sie zu lesen und hinterher wegzuwerfen[271]. Schröder will, ebenso wie das OLG Celle, von einer ausgesprochen wirtschaftlichen Nutzung absehen und schon die bloße Kenntnisnahme für die Aneignung genügen lassen[272].

Otto geht demgegenüber davon aus, dass der Täter die Absicht haben müsse, die weggenommene Sache „zweckentsprechend, d.h. wirtschaftlich" zu nutzen[273], dass sich also die Zueignung „von der bloßen Sachentziehung durch die Absicht des Täters, die Sache wirtschaftlich zu nutzen" unterscheide[274]/[275]. Folgerichtig ergeben sich für ihn dann Schwierigkeiten von einer Zueignung auszugehen, wenn eine Enteignung durch Aneignung zwar erfolgt, aber nicht durch einen wirtschaftlichen Zweck gedeckt ist[276].

Entsprechend der hier vorgetragenen Konzeption, wonach das positive Element der Aneignung in der Anmaßung eigentümerähnlicher Nutzungsmöglichkeit liegt, lassen sich aber auch diese Fälle konsequent und ohne Schwierigkeiten lösen. Danach kommt es auf eine Absicht, die Sache wirtschaftliche zu nutzen, nicht an, wenngleich die Bereicherung im Regelfall einen wirtschaftlichen Hintergrund haben wird. Es genügt aber eine allgemeine Bereicherungsabsicht, die sich lediglich darauf zu richten braucht, mit einer fremden Sache wie ein Eigentümer zu verfahren, wozu jede erdenkliche Nutzungsmöglichkeit gehört, nicht nur eine wirtschaftliche.

Auch in dem Lesen fremder Schriftstücke liegt eine solche Anmaßung einer eigentümerähnlichen Nutzungsmöglichkeit, so dass hier eine Zueignung in Frage kommt, wenn der Täter die Schriftstücke nach dem Lesen entsprechend seiner vorgefassten Absicht[277] vernichtet. Wenngleich die beabsichtigte Aneignung – das Lesen – hier nicht vollkommen mit der Enteignung korrespondiert, entsteht doch ein aufgrund der Enteignung bewirkter Vorteil, wodurch das positive Element der Aneignung (fremder Herrschaftsbefugnisse) als erfüllt zu betrachten ist.

3. Unterschlagung nach einer Gebrauchsanmaßung

Ein strafloses furtum usus liegt also nur vor, wenn jemand ein fremdes Buch oder Ausweispapier usw. in der Absicht wegnimmt, es nach Gebrauch an den Berechtigten zurückzugeben. Hier fehlt es

---

[271] Der vom OLG Celle NJW 1967, 1921 ff entschiedene Fall, in dem ein Philosophiestudent einen Kriminalroman nur zum Lesen an sich genommen hatte, ist also – entgegen der Meinung des OLG – nicht als Diebstahl zu beurteilen (im Ergebnis ebenso, in der Begründung unklar, Schröder JR 1967,390). Hier wollte der Täter das Buch nach dem Lesen nicht vernichten, sondern zurückgeben. Wie Deubner (NJW 1967,1921 f) richtig feststellt, kann aber bei einem gelesenen Buch nicht von einem Verbrauch, sondern lediglich von einem Gebrauch ausgegangen werden. Eine Zueignung entfällt somit (ebenso Androulakis JuS 1968,413 ff; Widmann MDR 1969,529 f; auf den Umfang des Sachgebrauchs abstellend Gribbohm NJW 1968,1270).

[272] Vgl. Schröder JR 1964,266 f.

[273] Otto a.a.O. S. 199 Fall cc; S. 202: „… Zueignung die Absicht wirtschaftlicher Nutzung erfordert"; vgl. auch S. 80, 115.

[274] Otto a.a.O. S. 200.

[275] Vgl. auch Schwarz-Dreher § 242 Anm. 3 A a; wo verlangt wird, der Täter müsse einen wirtschaftlichen Wert für sich gewinnen; im Widerspruch zu § 242 Anm. 1 A, wonach auch wertlose Sachen taugliches Objekt eines Zueignungsdelikts sein können.

[276] Otto a.a.O. S. 201: Wegnahme eines Schlüpfers durch den Fetischisten zum Zwecke der Selbstbefriedigung und anschließenden Vernichtung (zu beachten ist insbesondere Fnt. 378); S. 202 ff: Wegnahme von Schriftstücken zwecks Kenntnisnahme und anschließender Vernichtung.

[277] Will der Täter die Schriftstücke (z.B. eine Personalakte) zunächst lediglich lesen und anschließend zurückgeben, und besinnt er sich während des Lesens – vielleicht aus Ärger – eines anderen und vernichtet sie, so liegen (straflose) Gebrauchsanmaßung und Sachbeschädigung (evtl. in Idealkonkurrenz mit Urkundenunterdrückung) vor; vgl. auch OLG Köln NJW 1950,659 f.

an der Zueignungsabsicht (die aber vorläge, wenn der Täter die Sache verbrauchen oder nach Gebrauch vernichten wollte). Ebenso ist es, wenn jemand zum Beispiel einen fremden Hund wegnimmt, um sich einen Finderlohn zu „verdienen"[278]; oder wenn das Dienstmädchen den Schmuck ihrer Arbeitgeberin vorübergehend wegnimmt, um ihn bei einer Tanzveranstaltung zu tragen[279] Entschließt sich der Täter allerdings nach der Wegnahme, die Sache doch zu behalten, so kommt eine Unterschlagung in Betracht. Auf der gleichen Ebene liegen die Fälle, in denen der Inhaber einer fremden Sache, die ohne eine strafbare Handlung in seinen Gewahrsam gelangt ist, sich dieselbe zueignet, nachdem er von seiner Nichtberechtigung erfahren hat. Zieht jemand im Restaurant versehentlich einen fremden Mantel an, und behält er diesen, nachdem er erkannt hat, dass es nicht der seinige ist, so begeht er eine Unterschlagung. Trägt der Täter den Mantel dagegen vor der Rückgabe noch einen Monat lang, weil er besser ist als sein eigener, so begeht er eine – in diesem Fall straflose – Gebrauchsanmaßung, die lediglich zivilrechtliche Konsequenzen nach sich ziehen kann.

Dass kein Diebstahl, sondern eine Unterschlagung vorliegt, wenn sich der Täter erst zur Zueignung des Mantels entschließt, nachdem er diesen gebraucht hat, folgt aus dem mangelnden verbrecherischen Willen bei der Gewahrsamserlangung. Zwar erfolgen ein Gewahrsamsbruch und auch eine Zueignung. Der Täter handelt jedoch während des – willentlichen oder versehentlichen – Gewahrsamsbruchs nicht mit Zueignungsabsicht, so dass der Tattypus des Diebstahls, auf den noch zurückzukommen sein wird, nicht ausgefüllt wird[280]. Vielmehr kommt eine Unterschlagung in Betracht.

4. Die sogenannte Drittzueignung

Konsequenterweise ist von einer Zueignung auch dann auszugehen, wenn der Täter eine fremde Sache wegnimmt, um sie einem Dritten zuzuwenden, und zwar – entgegen der Auffassung der Rechtsprechung und eines großen Teils der Literatur[281] – unabhängig davon, ob der Täter dadurch selbst einen wirtschaftlichen Vorteil erlangt oder nicht[282]. Denn „der Täter maßt sich in diesen Fällen die Eigentumsmacht dadurch an, dass er durch seine Verfügung über die Sache auf der einen Seite den Berechtigten von seiner Eigentumsherrschaft ausschließt und auf der anderen Seite eine Verwendungsmöglichkeit, nämlich die Veräußerungsbefugnis, positiv ausübt"[283]. Auch hier sind es daher letztlich die eigentumsähnlichen Nutzungsmöglichkeiten, die als Objekt der Zueignung erscheinen. Zugleich wird erkennbar, dass sich die Ausübung der Veräußerungsbefugnis grundlegend von der Ausübung „eigentümerähnlicher" Destruktionsmöglichkeit durch Zerstörung oder Wegwerfen unterscheidet.

---

[278] Vgl. dazu RGSt 55,59 f; Maurach BT S. 211; Otto a.a.O. S. 195.

[279] Vgl. dazu Otto a.a.O. S. 127 f.

[280] Der Tattypus des Diebstahls wird also selbst dann nicht ausgefüllt, wenn der Täter eine Sache zunächst nur zum Gebrauch wegnimmt, und sich erst nach der Gewahrsamserlangung zur Zueignung entschließt. Entwendet der Täter aus dem von ihm für eine Spazierfahrt benutzten Auto das Radio, so kommt demnach nur eine Unterschlagung in Betracht.

[281] BGHSt 4,238 f; 17,92; BGH NJW 1954,1295; BGH GA 1953,84; 1959,373; RGSt 33,39; 57,168; 61,233; 62,17; 64,409; 67,335; RG JW 1934,1658; RG DJ 1936,1126; OLG Bremen MDR 1848,260 f; OLG Köln JMBl NRW 1954,27; Kohlrausch-Lange § 242 Anm. III 2 c; Schönke-Schröder § 242 Rdnr. 62; Jagusch LK 1958 § 242 Vorbem. D V 2 b; Heimann-Trosien LK 1970 § 242 Rdnr. 63; Maurach BT S. 209; Mezger-Blei BT S. 137; Lampe GA 1966,240.

[282] So Roxin a.a.O. S. 341, 344; Rudolphi a.a.O. S. 38, 42 f; im Ergebnis auch Maurach AT S. 541, BT S. 209; Wachenfeld ZStW 40,324; Schaffstein GS 103,316; JW 1931,2133; Mezger DR 1940,285; OLG Celle Hann.Rpfl. 1947,34; OLG Braunschweig JBl. Braunschweig 1947,270; Otto a.a.O. S. 204, allerdings ohne richtige Begründung; weiter S. 269 ff; Maiwald S. 236 ff, der jedoch eine egoistisch motivierte Zueignung verlangt.

[283] Rudolphi a.a.O. S. 42 f.

Somit kann den Verfassern des Reichsstrafgesetzbuchs von 1871, die den in den Entwürfen enthaltenen Zusatz zu § 242 StGB „oder einem anderen" gestrichen haben, aus denselben Gründen, die sie zur Streichung bewogen haben, nur zugestimmt werden: Niemand kann einem anderen eine Sache zueignen, die er sich nicht selbst zugeeignet hat[284].

Dabei ist es für die Zueignung ohne jede Bedeutung, ob die weggenommene Sache „schlicht weitergegeben" oder verschenkt wird[285]. Der Knecht, der die Gänse eines Nachbarn, die er als solche erkennt, im Auftrag seines Bauern in dessen Stall treibt, begeht also einen Diebstahl; ebenso wie der heilige Crispinus, der Gegenstände stiehlt, um sie sogleich in uneigennütziger Weise den Armen zu schenken[286].

Tötet der Knecht dagegen die Gänse, um den Nachbarn zu ärgern, so begeht er eine Sachbeschädigung; einerlei ob er die Gänse vorher weggenommen hat oder nicht. Es wäre ja auch „widersinnig, wenn derjenige, der die Sache zerstört, ohne sie vorher wegzunehmen, wegen Sachbeschädigung, derjenige, der sie wegnimmt, um sie sofort zu zerstören, wegen Diebstahls gestraft wird[287]. Gerade an diesem letzten Beispiel zeigt sich die Konsequenz der hier vertretenen Meinung recht deutlich.

5. Die Entwendung von Dienstgegenständen durch Soldaten

Ein weiterer Fall, der in der letzten Zeit diskutiert wurde, betrifft die Entwendung von Dienstgegenständen durch Soldaten. Das OLG Frankfurt hatte einen solchen Fall zu entscheiden[288], in dem ein Soldat die Mütze eines Kameraden entwendete, um sie bei seiner Entlassung statt der von ihm verlorenen Mütze zurückgeben zu können und damit Schadensersatzansprüchen zu entgehen. Das OLG hat unter Berufung auf die Sachwerttheorie ausgeführt: „Den Sachwert der Mütze hat sich der Angeklagte – nach vorgefasster Absicht – erst dadurch zugeeignet, dass er sie auf der Bekleidungskammer als seine eigene abgab."

Damit soll nach Ansicht des OLG ein Diebstahl gegeben sein, wozu letztlich auch Kohlhaas[289] in seiner Anmerkung zu dem Urteil kommt: „Entscheidend ist aber für die Zueignungsabsicht des Täters nicht der Gedanke, die Mütze körperlich der Bundeswehr, sondern der, sich selbst den wirtschaftlichen Wert der Mütze zuzueignen, um nicht geldlich für ihr Fehlen haftbar gemacht zu werden."

Abgesehen von einer falschen Anwendung der Sachwerttheorie[290] durch das OLG Frankfurt, zeichnet sich an diesen Meinungen die Tendenz ab, den Diebstahl von einem Sachzueignungsdelikt (Zueignungsobjekt ist die fremde bewegliche Sache) in ein bloßes Bereicherungsdelikt umzufunktionie-

---

[284] Vgl. Wachenfeld ZStW 40,324 f; Schaffstein GS 103,316; Rudolphi a.a.O. S. 43; Goltdammer S. 467. – Die Wiedereinführung der Formel „oder einem Dritten" in den § 235 E 1962 bedeutet also einen Rückschritt. Wenn Maiwald, S. 246, demgegenüber von einer Verbesserung spricht, beruht das auf einer Verkennung der positiven Seite der Zueignung, die für ihn egoistisch motiviert sein muss; vgl. S. 225 ff.

[285] Vgl. Roxin a.a.O. S. 341; Maurach AT S. 541.

[286] Vgl. Roxin a.a.O.

[287] Hälschner Lb. S. 300; ebenso Androulakis JuS 1968,411; Otto S. 166.

[288] OLG Frankfurt NJW 1962,1879 (sog. Dienstmützen-Fall); ebenso OLG Hamm NJW 1964,1427; LG Aachen JMBl NRW 1963,231; AG Nienburg Nds. Rpfl. 1964,179.

[289] NJW 1962,1880; ebenso Wackerbauer NZ Wehrr. 1963,21.

[290] Roxin a.a.O. S. 344 bemerkt treffend, es bedeute eine unerträgliche Überdehnung der Sachwerttheorie, dass mittelbare, nicht aus dem gestohlenen Gegenstand fließende Vorteile sich als Zueignung des wirtschaftlichen Wertes dieser Sache darstellen sollen. Wenn überhaupt, so könne die Sachwerttheorie nur dort verwendet werden, wo der wirtschaftliche Wert der Sache selbst vermindert wird. Sonst werde die Grenzlinie zwischen Diebstahl, furtum usus und Betrug völlig verwischt. – Ähnliche Erwägungen finden sich bei Wessels JZ 1965,633.

ren[291]. Dem muss aber insofern entschieden entgegengetreten werden, als dadurch die gesamte Systematik der Vermögensdelikte ins Wanken geraten würde, was im Folgenden noch einsichtig werden wird.

In dem sog. Dienstmützen-Fall hat sich der Täter keine auf Dauer gerichtete eigentümerähnliche Herrschaftsmacht über die Sache anmaßen wollen, da er ja von vornherein die Absicht hatte, die Mütze der Eigentümerin – Der Bundeswehrverwaltung – zurückzugeben. Diebstahl kann also mangels Zueignungsabsicht nicht in Betracht kommen[292].

6. Zueignung vertretbarer Sachen, Problem des Identitätswechsels

Probleme ergeben sich auch hinsichtlich der Abgrenzung von Gebrauchsanmaßung und Diebstahl bei vertretbaren Sachen. Die Lösung ist soweit klar, wie der Täter eine vertretbare Sache wegnimmt, um sie dem Berechtigten später wieder zurückzugeben: Ein – zumeist strafloses – furtum usus ist gegeben. Nimmt der Täter die Sache in der Absicht weg, später eine gleiche Sache zurückzugeben, so ist hingegen eine Zueignung und damit ein Diebstahl gegeben; denn es wird ja eine andere Sache zurückgegeben. Problematisch wird es erst, wenn der Täter eine vertretbare Sache zum vorübergehenden Gebrauch wegnimmt und sich von vornherein darüber im Klaren ist, dass einzelne, evtl. sogar alle Teile der Sache vor der Rückgabe ausgewechselt werden müssen (was zum Beispiel bei einer Maschine denkbar ist). Hier könnte sich der Täter die ursprüngliche Sache mit Absicht zugeeignet haben.

In diesem Zusammenhang stellt Maiwald[293] die Frage: „Hat, wer alle wesentlichen Teile einer beschädigten Uhr – vielleicht einschließlich des Gehäuses – gegen neue austauscht, die alte Uhr repariert oder eine neue Uhr hergestellt?" Und er antwortet darauf: „Die ‚Verkehrsanschauung' wird hier eine Neuheit der Sache annahmen. Der Grund für die Annahme eines Identitätswechsels kann nur darin liegen, dass mit der Auswechselung aller wesentlichen Teile die Sache jetzt ‚anders' funktioniert oder dass doch die Gefahr besteht, dass sie jetzt ‚anders' funktionieren könnte – nicht notwendig schlechter, aber in einer Weise, die das Verhältnis zu der Person, die die Sache sich ‚aggregiert' hat, verändert." Für Maiwald wäre die Zueignung einer solchen ausgewechselten Uhr gegeben, auch wenn der Dieb sie von vornherein hat zurückgeben wollen[294].

Dem kann aber so nicht zugestimmt werden, weil es in den meisten Fällen gar nicht vorhersehbar sein kann, ob es nun wirklich erforderlich sein wird, alle wesentlichen Teile einer Sache auszuwechseln. Daher wird der Täter Reparaturen in der Regel nur in Kauf nehmen können. Also dürfte das für die Zueignung der Uhr ausschlaggebende Problem bei der Zueignungsabsicht und nicht bei der Identität liegen. Denn dass eine vertretbare Sache durch eine oder mehrere Reparaturen ihre Identität nicht verliert, dies dagegen durch das Auswechseln aller wesentlichen Teile geschieht, ist ohnehin einsichtig.

Allerdings könnte darüber gestritten werden, wo die Grenze zum Identitätswechsel liegt. Man wird sich aber wohl darauf einigen können, dass ein solcher erfolgt ist, wenn alle wesentlichen Teile einer Sache ausgewechselt sind, ein solcher aber nicht gegeben ist, wenn ein wesentlicher Teil (zum Bei-

---

[291] Tendenz auch bei Lampe GA 1966,229 ff und Lüderssen GA 1968,276 f, die konsequenterweise die Einheit von Wegnahme und Zueignung in § 242 StGB aufgeben müssen und damit den Weg zu einem allgemeinen Vermögensverschiebungsdelikt beschreiten.
[292] Einen Diebstahl lehnen ebenfalls ab: Rudolphi a.a.O. S. 34; Küppers NZ Wehrr. 1964,103; 1965,87; Eser JuS 1964,477; Wessels JZ 1965,634; BGHSt 19,387; OLG Celle Nds. Rpfl. 1964,231.
[293] Maiwald S. 146.
[294] Maiwald S. 145 f.

spiel bei einem Auto das Fahrgestell oder die Karosserie) noch vorhanden ist. Zur Beurteilung eines Identitätswechsels wird letztlich aber die Verkehrsauffassung heranzuziehen sein[295].

Es ergibt sich somit, dass eine Zueignung erfolgt, wenn der Täter von vornherein von einem Identitätsverlust der Sache ausgeht und diesen nicht bloß in Kauf nimmt. Will der Täter dagegen dieselbe Sache zurückgeben, so kann selbst dann nicht von einer Zueignung gesprochen werden, wenn sämtliche Teile der Sache ausgewechselt worden sind. Ein Diebstahl liegt dann nicht vor, sondern eine – überwiegend straflose – Gebrauchsanmaßung, hinsichtlich der dann lediglich zivilrechtliche Ansprüche geltend gemacht werden können.

Im Uhren-Fall ist also die Zueignungsabsicht dafür maßgebend, ob ein Diebstahl vorliegt oder nicht. Wollte der Täter die Uhr von vornherein zurückgeben, so berührt es nicht den ursprünglichen Mangel der Zueignungsabsicht, wenn sich während des Gebrauchs eine Erneuerung verschiedener oder auch aller Teile als erforderlich erweist. Dass dies für den Täter als sicher voraussehbar ist, kann aber ernstlich nicht angenommen werden. Es läge also mangels Absicht keine Zueignung vor.

7. Geld als Zueignungsobjekt

Dagegen liegt bei Geld – und nur hier[296] – das Problem der Zueignung bei der Auswechselbarkeit. Wechselt jemand unbefugterweise fremdes Geld ein, um sich zum Beispiel Kleingeld zu verschaffen, so kommt ein Diebstahl mangels Zueignung nicht in Frage[297], weil Geld beliebig auswechselbar[298], und damit die negative Seite der Zueignung nicht erfüllt ist, wenngleich bestimmte Geldscheine oder -stücke die Besitzer wechseln.

Denn für die Zueignung von Geld kann es nicht auf die Identität der einzelnen Scheine und Stücke ankommen, sondern es muss auf die Funktion – also auf die verkörperte Wertsumme – abgestellt werden. Beim unbefugten Wechseln von Geld liegt somit zwar eine verbotene Eigenmacht, nicht aber ein Diebstahl vor, weil „der Besitzestand des Eigentümers in keinem relevanten Sinne geschmälert wird"[299]. Derjenige, dem sein Wechselgeld unter Wertersatz entzogen wird, unterliegt lediglich der bloßen „Unbequemlichkeit", sich u.U. neues Wechselgeld bei der Bank holen zu müssen[300].

Demgegenüber hält Maiwald ein Zueignungsdelikt für möglich. Er meint: „Dass es aber das Opfer ist, das sich darum kümmern muss, wieder seine vor der Tat vorhandenen Möglichkeiten herzustellen, rechtfertigt m.E. – entgegen Roxin – die Bestrafung des Täters aus einem Zueignungsdelikt"[301].

Diese Ansicht vermag nicht zu überzeugen, da allein das Vermeiden der „Unbequemlichkeit" des Geldumtauschens als etwaige Bereicherung, ebenso wie das Wechselnmüssen als etwaige Entreicherung, ebenso wie das Wechselnmüssen als etwaige Entreicherung, nicht für die Annahme der Zueig-

---

[295] Engisch, Weltbild, S. 157 ff.

[296] Vgl. Roxin, H.-Mayer-Festschrift, S. 471.

[297] Vgl. Roxin a.a.O. S. 467 ff; Hellmuth Mayer GS 104, 100 ff. Vgl. auch die Diskussionsbeiträge von Baldus und Gallas bei den Beratungen der Großen Strafrechtskommission, Niederschriften Bd. 6 1958, S. 16.

[298] Soweit es nicht durch den Eigentümer individualisiert wird (z.B. durch Anlage in einer Münzsammlung). Dann käme Diebstahl in Frage, wie Roxin a.a.O. S. 471 bereits begründet hat: „Das ist keine ad hoc statuierte Ausnahme, sondern entspricht haargenau dem Sachbefund und der zivilrechtlichen Lehre, wonach ‚keine Geldschuld, sondern eine Sachleistungsschuld' vorliegt, ‚wenn individuell bestimmte Münzen oder Münzen bestimmter Art – als körperliche Gegenstände, nicht als Träger eines bestimmten Geldnennwertes – geschuldet werden' … In durchaus korrespondierender Weise liegt in unserem strafrechtlichen Fall nicht ein eigentlicher Geld-, sondern ein Sachdiebstahl vor, der wie die Entwendung eines anderen Gegenstandes zu behandeln ist."

[299] So Roxin a.a.O. S. 470.

[300] So Roxin a.a.O. S. 472; vgl. dazu auch v. Lilienthal ZStW 32,22.

[301] Maiwald S. 147.

nung ausreichen können. Ein Diebstahl kommt daher nicht in Frage[302]. Zu diesem Schluss nötigt allein schon ein Blick auf den Handlungsunwert des unbefugten Geldtauschens, der sich keineswegs als „Diebstahlsunrecht" erweist[303], ebenso wenig wie der Erfolgsunwert.

IV. Zueignung und Wegnahme

Während bei der Unterschlagung die Zueignung ein objektives Tatbestandsmerkmal darstellt, kommt sie im Diebstahlstatbestand expressis verbis nur in Form der Zueignungsabsicht vor, also scheinbar als ein subjektives Tatbestandsmerkmal. Diese auf den ersten Blick verwirrende Regelung erscheint sogleich sinnvoll, wenn man sich vor Augen hält, dass Diebstahl die durch Wegnahme erfolgte Zueignung einer fremden beweglichen Sache ist, Unterschlagung dagegen die rechtswidrige Zueignung einer fremden beweglichen Sache ohne Gewahrsamsbruch.

Treffend formuliert Welzel[304], der Zueignungswille des § 242 StGB sei die „sinnbeseelende Tendenz der Wegnahme", und diese wiederum die äußere Betätigung des Zueignungswillens. Hegeler, der am Diebstahlstatbestand seine Theorie von den Delikten „mit überschießender Innentendenz" entwickelte[305], bekannte sich später in seiner Untersuchung der Systematik der Vermögensdelikte[306] ebenfalls zu der Auffassung, Diebstahl sei Zueignung durch Wegnahme. Wenn man sich die geschichtliche Entwicklung des Diebstahlstatbestandes und sein Angriffsziel vor Augen hält, muss dieser Ansicht gefolgt werden. Denn der Diebstahl ist nicht nur ein Eigentumsgefährdungsdelikt, sondern ein Zueignungsdelikt, nämlich Zueignung mittels Gewahrsamsbruchs.

Unterschlagung ist dagegen „nur" rechtswidrige Zueignung. Diese bedarf aber ebenso wie beim Diebstahl der in einer äußeren Handlung sich manifestierenden Herstellung einer eigentümerähnlichen Herrschaft über die Sache[307], wobei sich die Forderung nach Offenkundigkeit schon aus dem Erfordernis einer Abgrenzung bloßen Fundes von der Fundunterschlagung durch Zueignung herleitet[308]. Allein der Zueignungswille ist noch nicht strafbar. Hinzukommen muss ein strafwürdiges Verhalten, das auch als solches erkennbar ist. „Dieses folgt bereits aus dem allgemeinen Grundsatz, dass nicht der verbrecherische Wille bestraft wird, sondern erst das pflichtwidrige Verhalten, das auf dem verbrecherischen Willen beruht"[309].

Hat der Inhaber einer fremden Sache, die auf irgendeine Weise in seinen Gewahrsam gelangt ist, zunächst nur den Willen, diese zu behalten, so fehlt es an einer Enteignung durch Aneignung. Daher begeht der Finder erst dann eine Unterschlagung der Sache, wenn er sie beispielsweise erkennbar in sein Vermögen einordnet, ihren Besitz ableugnet[310], sie zum Verkauf anbietet[311], als Geschenk verspricht[312] usw.

---

[302] Es genügen ja auch die zivilrechtlichen Ansprüche für den Fall eines Schadens.

[303] So auch Roxin a.a.O. S. 471 f.

[304] Lb. S. 350.

[305] Vgl. Hegeler ZStW 36,31 ff.

[306] Die Systematik der Vermögensdelikte, S. 310.

[307] Vgl. Welzel Lb. S. 344; Schönke-Schröder § 246 Rdnr. 11; Schröder NJW 1963,1959; Frank § 246 Anm. III; Gallas, Niederschriften zu den Beratungen des E 1962, BT Bd. 6, 1958, S. 56; Eckstein GS 80,299; RGSt 55,145; 58,230; 63,378; 65,147; 67,78; BGHSt 14,41; OLG Braunschweig NJW 1950,158; OLG Hamm JMBl NRW 1952,14; 1960,231; OLG Köln VRS 23,285. Vgl. auch Feuerbach S. 277; Kleinschrod S. 99.

[308] Vgl. Niederschriften Bd. 6 BT 1958 S. 52 ff.

[309] Otto, Struktur des Vermögensschutzes, S. 109.

[310] Vgl. RGSt 5,252; 61,159; 72,380.

[311] Vgl. RGSt 17,59; 67,73; 73,253; RG GA 51,54; OLG Braunschweig NJW 1947,109; BGH b. Dallinger MDR 1954,398.

[312] RG GA 51,54; OLG Braunschweig NJW 1947,109.

Erfolgt die Zueignung beim Diebstahl gerade durch die Wegnahme[313], so ergibt sich daraus, dass sie nicht ein der Wegnahme zeitlich nachfolgender Akt ist[314], sondern die durch eine Wegnahmehandlung betätigte Tatbestandshandlung[315]. Der Diebstahl ist demnach kein Delikt mit überschießender Innentendenz (kupiertes Erfolgsdelikt)[316], sondern die Zueignung ist – da jede Wegnahme in Zueignungsabsicht naturgemäß als äußere Betätigung des Zueignungswillens gewertet werden kann und muss – zugleich mit der Wegnahme vollendet. Die Zueignung vollendet sich sozusagen in der Begründung neuen Gewahrsams in Verbindung mit dem Zueignungswillen[317]. Denn der Tatbestand des § 242 ist mit der Begründung neuen Gewahrsams in Zueignungsabsicht sowohl objektiv als auch subjektiv voll erfüllt (unterstellt, dass auch die übrigen Tatbestandsmerkmale vorsätzlich erfüllt wurden).

Es ergibt sich die weitere Konsequenz, dass eine Wegnahme, die nicht vom Zueignungswillen getragen wird, als Diebstahl ausscheidet[318]. Dem aus einer Strafanstalt ausbrechenden Gefangenen wird somit grundsätzlich kein Diebstahl an der Gefängniskleidung zur Last zu legen sein[319].

V. Ist eine Unterscheidung von Diebstahl und Unterschlagung gerechtfertigt?

1. Zur Rechtsgutqualität des Gewahrsams

Wie die geschichtliche Betrachtung sowie die vorangegangenen die Zueignungsdelikte betreffenden Ausführungen ergeben haben, ist die Unterscheidung von Diebstahl und Unterschlagung darauf zurückzuführen, dass beim Diebstahl über einen in Form der Zueignung erfolgenden Angriff auf das Eigentum hinaus noch die Verletzung fremden Gewahrsams vorliegt. Hieraus resultiert die Unterscheidung von Diebstahl und Unterschlagung.

Wenn Welzel sagt, die mit Zueignungsabsicht erfolgende Wegnahme kennzeichne den Diebesbegriff als solchen[320], so trifft das durchaus den Kern; denn in der Zueignung durch Wegnahme liegt der besondere Charakter – der Tattypus – des Diebstahl begründet, der ihn von der Unterschlagung abhebt.

An dieser Stelle ist nun zu untersuchen, ob die den Diebstahl kennzeichnende Gewahrsamsverletzung seine Abhebung von der Unterschlagung und das ihr gegenüber erhöhte Strafmaß rechtfertigt. Die h.M. in der Literatur[321] und die Rechtsprechung[322] beantworten diese Frage positiv, weil sie den Gewahrsam als ein durch § 242 geschütztes Rechtsgut ansehen. Danach ist Schutzobjekt des §242

---

[313] Vgl. Welzel Lb. S. 347.

[314] Wohingegen die Gewahrsamserlangung eine sachliche Voraussetzung der Zueignung ist, was aus dem dargestellten Wesen der Zueignung folgt und bei der weiteren Behandlung des Gewahrsamsbegriffs noch deutlicher werden wird.

[315] Vgl. Welzel Lb. S. 347.

[316] So z.B. Mezger-Blei, Maurach und Jescheck a.a.O.

[317] Im Ergebnis ähnlich Post S. 61 ff.

[318] Vgl. Welzel Lb. S. 350; Roxin a.a.O. S. 343; RGSt 12,89; RG Rechtspr. 6,443.

[319] So auch RG Rechtspr. 6,443; BHG MDR 1960,689; Maurach BT S. 208; Welzel Lb. S. 350; Schaffstein GA 1964,101 Fnt. 11.

[320] Welzel Lb. S. 350.

[321] Maurach AT S. 184 f und BT S. 195; Mezger-Blei AT S. 118 und BT S. 134; Jagusch LK 1968 § 242 Anm. I; Lackner-Maassen § 242 Anm. 1; Welzel Lb. S. 347; Petters-Preisendanz § 242 Anm. I; Pfeiffer-Maul-Schulte § 242 Anm. 1; Gribbohm JuS 1964,235; Kohlrausch-Lange § 242 Vorbem. I; Frank § 242 Anm. I; Lampe GA 1966,228; Figlestahler S. 129 ff; Bender S. 7 f; Klebs GA 19,572; Meyer-Allfeld S. 442; Rotering GS 35,351.

[322] RGSt 4,346; 19,379; 54,282; BGHSt 10,401; OLG Hamburg MDR 1947,35; OLG Hamm NJW 1964,1428.

StGB sowohl das Eigentum als auch der Gewahrsam, während Schutzobjekt der Unterschlagung allein das Eigentum ist. Eine befriedigende Begründung dafür, warum der Gewahrsam ein Rechtsgut sein soll, wird aber von keiner Seite gegeben.

So führen beispielsweise Welzel und Frank lediglich aus, der Diebstahl richte sich nicht nur gegen die rechtliche Sachherrschaft, das Eigentum, sondern auch gegen die tatsächliche Sachherrschaft, den Gewahrsam[323]. Jagusch und Kohlrausch-Lange halten den Gewahrsam deswegen für ein Rechtsgut, weil neben dem Eigentum auch die rechtliche Friedensordnung, die sich im Gewahrsam verkörpere, geschützt werde[324]. Meyer-Allfeld vertraten die Ansicht, der Gesetzgeber habe auf den Schutz des Gewahrsams besonderen Wert gelegt, da es anderenfalls nicht der im Vergleich zur Unterschlagung erhöhten Strafandrohung des Diebstahls bedurft hätte. Diese Unterscheidung beruhe gerade auf der Mehrzahl der verletzten Rechtsgüter[325].

Ebenso argumentiert der BGH in einem Fall des Familiendiebstahls[326]. Da hierin die praktische Bedeutung der Frage, ob der Gewahrsam ein Rechtsgut des § 242 StGB ist, sehr gut zum Ausdruck kommt, sei der Sachverhalt kurz geschildert: Der Täter entwendete während der Abwesenheit seiner Eltern aus deren Wohnung verschiedene den Eltern gehörende Gegenstände. Da die Wohnung der Obhut einer Hausgehilfin überlassen worden war, stand zur Debatte, ob eine Bestrafung des Sohnes auch ohne einen Strafantrag der Eltern erfolgen könne. Und hierzu war die Frage zu klären, ob der Gewahrsam der Hausgehilfin, die mit dem Täter nicht verwandt war, als ein verletztes Rechtsgut aufzufassen war.

Nachdem der BGH zunächst apodiktisch feststellte, dass in § 242 sowohl das Eigentum als auch der Gewahrsam geschützt werde, führte er weiter aus: „Dass Diebstahl strenger bestraft wird als Unterschlagung, beruht gerade auf der Mehrzahl der verletzten Rechtsgüter … Es widerspricht aber dem Gesetzeszweck des § 247 Abs. 1 StGB, daraus zu folgern, dass die Strafverfolgung dann nicht vom Strafantrag eines Angehörigen im Sinne dieser Vorschrift abhängt, wenn dieser zwar der bestohlene Eigentümer ist und zur Zeit der Tat auch der Hauptgewahrsamsinhaber war, neben ihm aber eine andere Person noch untergeordneten Gewahrsam hatte"[327].

In dem zu entscheidenden Fall war nach Ansicht des BGH der Gewahrsam (der Hausgehilfin) nicht als Rechtsgut anzuerkennen, weil lediglich ein „untergeordneter Mitgewahrsam"[328] der Hausgehilfin vorgelegen habe, dieser aber eine Verletzteneigenschaft nicht begründen könne. Das ergebe sich – so der weitere Gedankengang – aus der Überlegung, dass der Inhaber des übergeordneten Gewahrsams nicht den Dispositionen des Inhabers des untergeordneten Gewahrsams unterworfen werden dürfe. Daher könne Gewahrsam nur dann als Rechtsgut behandelt werden, wenn dem Inhaber zugleich ein dingliches Recht an der Sache zustehe.

Die Fragwürdigkeit dieses Urteils ist offensichtlich. Erstens leuchtet die Verbindung von Gewahrsam als Rechtsgut und dinglichem Recht nicht ein; zweitens liegt es auf der Hand, dass sich der BGH bemüht, durch die Hintertür des „über- und untergeordneten" Gewahrsams – einer an sich schon zweifelhaften Konstruktion – zu einer angemessenen und lebensnahen Lösung des Falles zu kommen, die von der herrschenden Dogmatik her sonst nicht möglich wäre. Denn würde man die Verletzung eines Rechtsguts der Hausgehilfin anerkennen, so würde dadurch – wie der BGH richtig

---

[323] Welzel und Frank a.a.O.

[324] Jagusch a.a.O.; Kohlrausch-Lange a.a.O.

[325] Meyer-Allfeld a.a.O.

[326] BGHSt 10,400 ff.

[327] BGHSt 10,401.

[328] Die Einteilung in gleich- und untergeordneten Mitgewahrsam findet sich z.B. bei v. Liszt-Schmidt S. 615; Binding BT I S. 288 ff; Micelli S. 74; Soltmann S. 78.

erkennt – im vorliegenden Fall der Sinn des § 247 Abs. 2 StGB, enge familiäre Bindungen nicht durch Strafverfolgung familieninterner Vorgänge unnötig zu belasten, übergangen werden.

Das gleiche Problem stellt sich in den Fällen der §§ 248 a (Notentwendung) und 370 I 5 (Mundraub). Auch hier handelt es sich um Antragsdelikte, wodurch dem Geschädigten die Möglichkeit gelassen werden soll, in diesen unter sozialem Aspekt besonders zu beurteilenden Delikten selber über die Frage der Strafverfolgung zu entscheiden. Würden nun beispielsweise neben dem Geschäftsinhaber auch dessen Verkäufer (als Mitgewahrsamsinhaber[329]) als durch einen Notdiebstahl oder Mundraub Geschädigte gelten, so entfiele in praktisch allen Fällen die beabsichtigte Wirkung der Antragsbestimmungen. Hinzu kommt noch, dass beispielsweise der Verkäufer selbst dann als Geschädigter angesehen werden müsste, wenn sein Chef eine Sache (wenngleich keine fremde) aus dem Laden nähme – ein unmögliches Ergebnis![330] – welches sich aber nur durch die Behauptung, es gebe einen über- und untergeordneten Gewahrsam, vermeiden lässt. Dass diese Gewahrsamform (die ohnehin verschiedenen Autoren suspekt ist[331]), wonach es Gewahrsam geben soll, der mehr wert ist als ein anderer, unhaltbar ist, wird sich im Folgenden noch erweisen. Dann aber besteht geradezu ein Erfordernis dafür, den Gewahrsam als Rechtsgut überhaupt abzulehnen[332], will man zu befriedigenden Ergebnissen bei den Antragsdelikten gelangen.

Aber auch und gerade teleologische Erwägungen beweisen, dass der Gewahrsam kein Rechtsgut sein kann. Es hat sich mittlerweile herausgestellt, dass dem Gewahrsam systematische Bedeutung zukommt. Er ist weder ein geschütztes Recht oder Rechtverhältnis, noch hat er eine Rechtsschutzfunktion zu erfüllen. Denn nicht der Gewahrsam selbst dient einer Aufrechterhaltung der faktischen Güterverteilung und damit dem Rechtsfrieden, sondern vielmehr die Pönalisierung der rechtswidrigen Zueignung mittels Gewahrsamsbruchs. Dieser aber richtet sich gegen das Eigentum, wie wir bereits erläutert haben.

Daher entspricht der Gewahrsam zum einen nicht der herrschenden Vorstellung von den Rechtsgütern als bestimmten Lebensgütern sowie rechtliche anerkannten Interessen des Einzelnen oder der Allgemeinheit, die wegen ihrer besonderen sozialen Bedeutung Rechtsschutz genießen[333]. Dies nicht, weil der Gewahrsam keine Wertgesichtspunkte enthält, die aber aus der Überlegung heraus, dass nur Individual- oder Universalgüter, also allgemein positive W e r t e [334], strafrechtlichen Schutz genießen können, für die Rechtsgutsqualität gefordert werden müssten. Und der Gewahrsam erfüllt zum anderen nicht die Vorstellungen von einem methodologisch orientierten Rechtsgutsbegriff[335], weil der vom Gesetzgeber verfolgte Zweck nicht in einem Gewahrsamsschutz, sondern im Eigentumsschutz liegt.

Zusammenfassend lässt sich somit festhalten, dass dem Gewahrsam keine Rechtsgutsqualität zukommt. Er hat sich vielmehr von der in früheren Zeiten willentlich und direkt ausgeübten Herrschaftsgewalt an Sachen zu einer *normativ-sozial zu bestimmenden Zuordnung einer Sache zu einer*

---

[329] Vgl. dazu Kap. 5, § 14 VI 4 zum Mitgewahrsam.

[330] Vgl. auch Ruhstrat GS 24,145.

[331] Vgl. Schünemann GA 1968,48,52; Harburger S. 201; Soltmann S. 82.

[332] So Schönke-Schröder § 242 Rdnr. 1; Hellmuth Mayer, Strafrecht, S. 202 und JZ 1958,284; Ruhstrat a.a.O.; Holtzendorff-Merkel S. 712; Holtzendorff-Dochow S. 265.

[333] Vgl. Mezger-Blei AT S. 118 f; Baumann AT S. 124; Jescheck S. 176; Welzel Lb. S. 4 f; Wessels AT S. 2; Binding, Normen I, S. 353; v. Hippel Lb. S. 199 und Strafrecht I S. 10; Birnbaum S. 149 ff; Hertz S. 15; M. Hirschberg, Schutzobjekte, S. 68 ff; v. Liszt ZStW 8, 133; Kessler GS 39,94; Oetker ZStW 17,494; Gerland GS 59,100.

[334] Vgl. dazu Welzel Lb. S. 4 ff; Hellmuth Mayer, Strafrecht, S. 95 f; Roxin, Offenen Tatbestände, S. 86 ff; Schaffstein MDR 1951,199.

[335] Vgl. Schwinge S. 60; Grünhut S. 8.

Person und damit zu einem rechtstechnischen Begriff, einer Art Schnittstelle im Vermögensstrafrecht, entwickelt. Daraus folgt u.a., dass dem Gewahrsamsinhaber ein Antragsrecht i.S.d. § 247 Abs. 1 StGB nicht zusteht. Ferner ergibt sich, dass ein persönlicher Strafausschließungsgrund i.S.d. § 247 Abs. 2 StGB nicht vorliegt, wenn der Täter nur mit dem Gewahrsamsinhaber, nicht aber mit dem Eigentümer der fremden Sache verheiratet oder in absteigender Linie verwandt ist.

2. Kriterien, die eine Unterscheidung rechtfertigen

Wenn sich herausgestellt hat, dass Diebstahl wie Unterschlagung allein gegen das Eigentum gerichtet sind, so bedeutet dies noch nicht, dass sich eine Unterscheidung der Zueignungsdelikte erübrigt. Denn eine Differenzierung strafrechtlich relevanter Verhaltensweisen in Form von Tatbeständen entspricht nicht nur der Rechtsgutverletzung, sondern dem Maß des Gesamtunrechts, dessen sich der Täter von der Tattypik her schuldig macht.

Wie schon erläutert wurde, ist das Charakteristikum des Diebstahls die Zueignung mittels Gewahrsamsbruchs. Dieser besondere Tattypus hebt den Diebstahl schon vom Handlungsunwert her gegen die Unterschlagung ab. „Eine fremde Sache, die man bereits in Gewahrsam hat, sich zuzueignen, dazu gehört keine große Verwegenheit und keine außergewöhnlich verbrecherische Gesinnung"[336]. Das Behalten einer fremden Sache ist zwar ebenso ein sozialwidriges Verhalten, wie das wegnehmen; wer aber eine fremde Sache bereits in seinem Gewahrsam hat, braucht für deren Zueignung nicht die gleiche verbrecherische Energie aufzuwenden wie der Gewahrsamsbrecher[337] (und um die Art und Weise der Zueignung geht es hier letztlich). Denn es ist erheblich einfacher und unauffälliger, sich eine Sache zuzueignen, die man bereits beherrscht, als eine Sache dem Gewahrsam eines anderen zu entziehen. Beim Diebstahl besteht ein Handlungsrisiko. Der Täter muss in eine fremde Gewahrsamssphäre eindringen. Ihm droht die Gefahr einer Entdeckung auf frischer Tat; sei es durch den Berechtigten, sei es aufgrund gesellschaftlicher Kontrolle. Dagegen ist die Unterschlagungshandlung völlig ungefährlich. Der Unterschlagungstäter geht lediglich das Risiko ein, dass sein strafwürdiges Verhalten aufgeklärt und er zur Rechenschaft gezogen wird. Dieses Risiko besteht aber – wie bei jeder Straftat – auch beim Diebstahl.

Der soziale Unwertgehalt von Diebstahl und Unterschlagung ist also nur insoweit gleich, als sich beide Delikte gegen das Eigentum wenden. Hinzu kommt aber beim Diebstahl noch der im Gewahrsamsbruch begründete erhöhte Handlungsunwert, der in etwa dem Handlungsunwert der Untreue gem. § 266 StGB (hier fällt der Vertrauensbruch ins Gewicht) gleichkommt, wenn man den in der Tat aktualisierten Mangel an rechtlicher Gesinnung betrachtet.

Darüber hinaus erfolgt durch den Diebstahl eine Veränderung der faktischen Güterverteilung und damit eine unmittelbare Störung der tatsächlichen Friedenslage. Damit ist im Verhältnis zur Unterschlagung neben dem erhöhten Handlungsunwert noch ein höherer Erfolgsunwert (unabhängig von der Rechtsgutverletzung) zu verzeichnen.

Es kann also nicht im Sinne des Gerechtigkeitsprinzips liegen, die Unterscheidung von Diebstahl und Unterschlagung abzuschaffen. Sicherlich sind Reformen struktureller wie auch materieller Art in unserem unübersichtlichen, noch heute überwiegend dem Geist des 19. Jahrhunderts verbundenen Strafrecht dringend erforderlich. Jedoch entspricht gerade eine wohlverstandene Differenzierung des Strafrechts am ehesten dem Prinzip der Gerechtigkeit – auch wenn man vom Tatstrafrecht mehr zu einem Täterstrafrecht kommen würde. Dem wird Rechnung getragen durch die verschiedenen fest

---

[336] Zuckermann S. 31; vgl. auch RGSt 50,49.
[337] So auch Zuckermann S. 31; Schönke-Schröder § 242 Anm. 1.

umrissenen Tatbestände mit dem jeweiligen Handlungstypus angepassten Strafrahmen, die eine individuelle Strafzumessung ermöglichen aber auch verlangen. Eine Abkehr von der Differenzierung wäre sicherlich ein zivilisatorischer Rückschritt. Denn mit einem Grundtatbestand, der da lauten könnte „Wer Böses gut, wird bestraft", wäre schließlich niemandem gedient; ebenso wenig wie mit einem allgemeinen, notwendigerweise dann sehr unbestimmten Vermögensdelikt.

Somit ist Dreher zuzustimmen, wenn er sagt: „Unsere Strafrechtswissenschaft registriert nicht ohne Stolz, dass das deutsche Strafrecht den römisch-rechtlichen Begriff des furtum, der eine Olla podrida von Diebstahl, Unterschlagung, Raub, Gebrauchsanmaßung bis hin zu gewissen Betrugsfällen, darstellte …, überwunden und an dessen Stelle einzelne feste Tatbestände entwickelt hat"[338].

Jedoch muss jede Differenzierung ihre Grundlagen und ihr System haben. Das Fehlen dieser Voraussetzungen tritt recht anschaulich im Entwurf 1962 in seinen §§ 235, 240 zu Tage. Hier wird zwar eine Unterscheidung von Diebstahl und Unterschlagung beibehalten. Dennoch sind die Strafandrohungen in beiden Fällen gleich. Kommt man aber zu dem Ergebnis, dass sich die Zueignung mittels Gewahrsamsbruchs von der Zueignung ohne Gewahrsamsbruch unterscheidet, so dass zwei verschiedene Zueignungsdelikte sich rechtfertigen lassen[339], dann hat dies notwendig die Konsequenz unterschiedlicher Strafandrohung nach sich zu ziehen.

VI. Die Abgrenzung von Diebstahl und Unterschlagung

Nach den vorangegangenen Ausführungen zur Unterscheidung von Diebstahl und Unterschlagung ist jetzt erneut die Frage nach der Abgrenzung dieser Delikte aufzuwerfen. Dabei ist wiederum vom Tatbestand der Unterschlagung auszugehen, welcher besagt, dass der Täter die Sache, die er sich zueignet, in seinem Gewahrsam haben muss. Wenn wir nun postulieren, dass man sich ausnahmslos nur eine solche Sache zueignen kann, die man bereits in seinem Gewahrsam hat, so lösen sich die angeblichen Schwierigkeiten einer Abgrenzung von Diebstahl und Unterschlagung von selbst.

§ 246 betrifft die Zueignung fremder beweglicher Sachen, die der Täter bereits in seinem Gewahrsam hat, notwendigerweise aber auch in seinem Gewahrsam haben muss, um den Zueignungsakt vollziehen zu können; weil der Gewahrsam eine sachliche Voraussetzung der Zueignung einer Sache darstellt[340]. Zwar lässt sich diese hier mehr als Behauptung erscheinende Aussage nur im Zusammenhang mit einer Darstellung der Erscheinungsformen des Gewahrsams und insbesondere des Mitgewahrsams verifizieren – eine solche Darstellung wird noch zu geben sein –; an dieser Stelle mag aber bereits ausdrücklich festgestellt werden, dass der Akt der Zueignung i.S.d. §§ 242, 246 StGB ohne Sachbeziehung nicht denkbar erscheint. Denn die Begründung eigentümerähnlicher Herrschaft über eine Sache verlangt als Mindestvoraussetzung den „Gewahrsams-Kontakt" zu ihr. Zueignung ohne Gewahrsamserlangung würde die Umgestaltung der Zueignungsdelikte in bloße Bereicherungsdelikte nach sich ziehen.

Die Annahme, Zueignung sei möglich ohne dass sich die Sache im Gewahrsam des Täters zu befinden braucht[341], beruht auf einer Verkennung der Begriffe der Zueignung und des Gewahrsams. So behauptet Maiwald zum Beispiel, „die heutige Auffassung von der Zueignung als einem Wertbegriff" führe dazu, „die Nutzbarmachung der Sache mit der Folge ihres Verlustes für den Eigentümer

---

[338] Dreher JR 1966,29.
[339] Der Unterschlagungstatbestand des E 1962 wird zwar durch seine Subsidiariätsklausel zu einem – wie sich noch erweisen wird überflüssigen – Auffangtatbestand. Er ist jedoch nicht als allgemeiner Grundtatbestand der Vermögensdelikte anzusehen, da er die rechtswidrige Zueignung ohne Gewahrsamsbruch regelt und damit als Zueignungsdelikt neben dem Diebstahl konzipiert ist; vgl. auch E 1962 S. 401,409.
[340] Ähnlich Post S. 61 ff.
[341] Vgl. Paulus S. 185, 189; Maiwald S. 202, 211, 235; Lampe GA 1966,230.

als ‚Tathandlung' auch dann ausreichen zu lassen, wenn der Täter nie Gewahrsam an der Sache erlangt"[342]. Dass die Veräußerung einer fremden Sache auch dann Zueignung sein könne, wenn der Täter die Sache nie in seine physische Gewalt bekommt, sei heute unbestritten[343]. An anderer Stelle sagt Maiwald: „Auch wenn ich über die fremde Sache in einer Weise verfüge, dass ich sie realiter nie in meiner Hand habe, kann ich sie mir zueignen"[344]

Und Paulus führt aus, dass „eine Aneignung begrifflich ohne – vorgängige, gleichzeitige oder nachfolgende – Herstellung einer Besitz- oder Gewahrsamsbeziehung erfolgen" könne[345]. Otto[346] wiederum kommt zu dem Ergebnis, zwischen Diebstahl und Unterschlagung klaffe eine Lücke, weil die Zueignung fremder Sachen ohne Gewahrsamsbruch, die der Täter vor der Zueignung noch nicht in seiner Sachherrschaftsgewalt hatte, weder den Tatbestand des Diebstahls noch den der Unterschlagung erfülle. Zur Vermeidung von Strafbarkeitslücken schlägt Otto vor, für den Unterschlagungstäter einen mittelbaren Besitz ausreichen zu lassen[347].

Alle drei Autoren haben sich jedoch mit dem Gewahrsamsbegriff in keiner Weise wirklich auseinandergesetzt. Maiwald und Paulus vermerken lediglich in Fußnoten, dass sie Gewahrsam und Besitz als synonyme Begriffe verwenden[348], und gehen auch nur dort, wo es sich nicht mehr vermeiden lässt, auf die jeweiligen Gewahrsamsverhältnisse ein. Ebenso übergeht Otto die Gewahrsamsprobleme. Diese hier auferlegte Selbstbeschränkung, die im Rahmen einer Arbeit, welche den Zueignungsbegriff, die Zueignungsdelikte oder überhaupt Vermögensdelikte behandelt, ohne Frage weitreichende Konsequenzen zeitigen muss, führt u.a. zu einer Fehleinschätzung der Formel „in Gewahrsam hat" des § 246 StGB. Denn wenn es in § 246 StGB um die Zueignung von Sachen geht, die der Täter in seinem Gewahrsam hat und zum Zwecke der Zueignung auch haben muss, ist der Passus „in Gewahrsam hat" von hieraus als ein Abgrenzungskriterium zum Diebstahl als einer Zueignung durch Gewahrsamsbruch aufzufassen. Der Gewahrsam in § 246 StGB ist also Tatbestandsmerkmal und zugleich Abgrenzungskriterium.

Auf diese Version deuten auch die Motive zum Strafgesetzbuch für den Norddeutschen Bund von 1870 hin, aus denen hervorgeht, dass man sich eine Zueignung, auch wenn sie nicht durch Gewahrsamsbruch erfolgt, nur im Rahmen eines bestehenden Gewahrsamsverhältnisses vorstellen konnte[349]. Beispielsweise heißt es in den Motiven, dass „das unterscheidende Merkmal" für Diebstahl und Unterschlagung „nur der Umstand" sei, „dass bei der Unterschlagung keine Entziehung der Sache aus dem Gewahrsam einer anderen Person stattgefunden" habe und man die Unterschlagung „einfach als die rechtswidrige Aneignung der fremden beweglichen Sache, in deren Innehabung der Täter sich bereits befindet", bezeichnen könne[350].

Einer berichtigenden Auslegung des Unterschlagungstatbestandes, wie sie von einem großen Teil der Literatur und Rechtsprechung aus Zweckmäßigkeitserwägungen heraus scheinbar entgegen dem Grundsatz „nulla poena sine lege" vertreten wird, bedarf es aus dieser Sicht gar nicht; ebenso wenig wie es einer „strengen Auslegung" (wonach die Gewahrsamserlangung der Zueignung zeitlich vorhergehen muss) bedarf. Vielmehr geht es darum, die Begriffe des Gewahrsams und der Zueignung

---

[342] Maiwald S. 211.
[343] Maiwald S. 202, ohne Beleg für die angeführte Meinung.
[344] Maiwald S. 235.
[345] Paulus S. 189.
[346] Struktur des Vermögensschutzes, S. 254.
[347] Otto a.a.O. S. 256 f.
[348] Maiwald S. 204 Fnt. 204, wohl in Anlehnung an Paulus S. 40 Fnt. 6 und S. 190 Fnt. 239.
[349] Vgl. Motive S. 75 f.
[350] Motive S. 76.

miteinander in Einklang zu bringen. Bei entsprechend sinnvoller Auslegung dieser Begriffe aus dem Systemzusammenhang heraus bleibt der Wortlaut des § 246 StGB unangetastet, wie es bisher von der „strengen Auslegung" verlangt wird, und gleichzeitig werden angemessene Ergebnisse ermöglicht, wie sie die „berichtigenden Auslegungen" zu erbringen vermochten.

§ 9 Die Abgrenzung von Diebstahl, Betrug, Raub und Erpressung

I. Diebstahl – Betrug

Während beim Diebstahl die rechtswidrige Sachzueignung mittels Gewahrsamsbruchs unter Strafe gestellt ist, betrifft der Betrug die durch Täuschung erreichte Selbstschädigung des Opfers. Infolge eines Irrtums, den der Betrüger erregt hat, verfügt der Getäuschte selber über sein Vermögen (oder – beim Betrug zum Nachteil eines Dritten – über das Vermögen eines anderen), wobei sich der Täter die den Diebstahl kennzeichnende Wegnahme erspart. Es wird deutlich, dass sich Diebstahl und Betrug schon vom Tattypus her grundlegend voneinander unterscheiden: Beim Diebstahl muss der Täter „lange Finger" machen. Nicht so beim Betrug. Hier behält der Täter eine „reine Weste", bis sein Opfer früher oder später einmal merkt, dass es sich hat täuschen lassen. Wie Welzel[351] treffend bemerkt, setzt der Betrug eine gewisse „Vergeistigung" der Verbrechensmethoden voraus.

Tatobjekt des Diebstahls ist die fremde bewegliche Sache, wohingegen der Betrug jede denkbare Vermögensposition des Geschädigten erfasst, also sowohl die Verfügung[352] über Rechte und ähnliche Vermögenswerte[353] als auch über bewegliche Sachen[354]. Daraus, dass Diebstahl wie auch Betrug sich auf bewegliche Sachen beziehen können, ergeben sich Abgrenzungsschwierigkeiten zwischen diesen Delikten. Veranlasst der Täter sein Opfer beispielsweise durch Täuschung dazu, ihm eine bewegliche Sache herauszugeben (oder gar eine Mitnahme zu dulden), so erscheint es fraglich, ob ein Diebstahl oder ein Betrug vorliegt. Denn es kommt einerseits zu einem Nehmen des Täters, andererseits zu einem Geben des Opfers.

Eine Wegnahme und keine Vermögensverfügung kann in diesen Fällen nur dann vorliegen, wenn das Opfer bei der Übergabe der Sache gar nicht bemerkt, dass es seinen Gewahrsam verliert. Verfügt das Opfer dagegen aufgrund eines durch den Täter erregten Irrtums über die Sache, so kommt ein Betrug in Frage; jedoch nur dann, wenn durch die Verfügung unmittelbar ein Schaden herbeigeführt wird. Überlässt jemand dem unlauteren Tankwart seinen Wagen, um sich in der Zwischenzeit in ummittelbarer Nähe Zigaretten zu kaufen, und fährt der Täter daraufhin mit dem Wagen davon, so kommt Diebstahl in Frage. Dagegen ist Betrug gegeben, wenn der Täter, der vorgibt im Auftrage eines Gläubigers zu kommen, beim Schuldner einen Geldbetrag kassiert.

Im ersten Fall nimmt der Täter weg. Er eignet sich das Auto mittels Gewahrsamsbruchs zu. Das Opfer kommt im Moment des Überlassens der Sache gar nicht auf den Gedanken, dass es die Sache weggeben könnte. Es will nicht verfügen, sondern im Gegenteil die Sache behalten. Folglich begeht der mit Zueignungsabsicht handelnde Täter, indem er mit dem Auto davonfährt, einen Diebstahl (gegen oder überhaupt ohne Willen des Opfers). Der Täter bricht fremden Gewahrsam. Zwar überlässt der Geschädigte sein Auto aufgrund einer Täuschung dem Täter. Ein Schaden ist dadurch –

---

[351] Lb. S. 368.
[352] Unter Vermögensverfügung ist jedes Handeln, Dulden oder Unterlassen zu verstehen, das eine Vermögensminderung (Schaden) unmittelbar herbeiführt; für die h.M. Schönke-Schröder § 263 Rdnr. 40.
[353] An dieser Stelle hat die wirtschaftliche Betrachtung ihre Berechtigung, so dass ein „ideeller", nicht wirtschaftlicher Schaden keine Berücksichtigung finden kann; vgl. Schönke-Schröder § 263 Rdnr. 58 ff m.w.N.; Welzel Lb. S. 372.
[354] Hier ist die wirtschaftliche Betrachtung fehl am Platz; siehe Kap. 3, § 8 I, wo bereits festgestellt wurde, dass für Diebstahl und Sachbetrug derselbe Vermögensbegriff zugrunde zu legen ist.

mangels Unmittelbarkeit – aber noch nicht eingetreten. Vielmehr erhält der Täter durch die Täuschung nur die Gelegenheit, den Schaden durch eine weitere deliktische Handlung, einen Diebstahl, unter Bruch fremden Gewahrsam herbeizuführen. – Im zweiten Fall nimmt der Täter nicht weg, sondern das Opfer gibt und ist sich von vornherein im Klaren darüber, dass es an dem weggegebenen Geld seinen Gewahrsam verliert. Dass die Vermögensdisposition nicht das erwartete Ergebnis – die Befriedigung des Gläubigers – zeitigt, macht eben den Betrug aus.

Auf einen einfachen Nenner gebracht, bedeutet dies: Beim Diebstahl nimmt der Täter weg; beim Betrug veranlasst der Täter sein Opfer, ihm die Sache zu geben, wodurch unmittelbar ein Vermögensschaden entsteht. Daraus folgt, dass Tateinheit zwischen Diebstahl und Betrug hinsichtlich desselben Tatobjekts nicht möglich ist[355], weil Diebstahl und Betrug einander ausschließen. Zwar nimmt auch beim Betrug der Täter etwas entgegen; er nimmt es aber nicht weg. Eine Wegnahme i.S.d. § 242 kann also nur vorliegen, soweit der Gewahrsamsinhaber nicht gibt; also nur gegen oder ohne den Willen des Gewahrsamsinhabers. Daher kommt eine Wegnahme und damit ein Diebstahl in all den Fällen nicht in Betracht, in denen der Gewahrsamsinhaber – oder Mitgewahrsamsinhaber[356] – sich seines Gewahrsamsverlustes bewusst ist. Es liegt also Betrug vor, wenn der Täter – wie Gribbohm[357] im Anschluss an Wedekind[358] sagt – sich unter Anwendung einer List die Sache aus dem fremden „Gewahrsamsraum" herausreichen lässt.

Von hieraus lassen sich nun die von Schünemann in GA 1969,46 angeführten Beispiele[359], bei denen allerdings die Schwierigkeit besteht, dass zwischen Täter und Geschädigten jeweils eine dritte Person eingeschaltet ist, befriedigend und der Tattypik entsprechend lösen:

1. Übergibt der getäuschte Handlungsgehilfe als Vertreter des Ladeninhabers Waren an einen Gauner, so gibt er wissentlich seinen Mitgewahrsam[360] an den Waren auf. Er verfügt aufgrund eines Irrtums über die Waren. Da Getäuschter und Geschädigter nicht identisch zu sein brauchen[361], könnte durch die Verfügung des Handlungsgehilfen ein Betrug zum Nachteil des Geschäftsinhabers in Frage kommen. Aber auch Diebstahl oder Diebstahl in mittelbarer Täterschaft sind zu erwägen. Im vorliegenden Fall hat es der Gauner selber gar nicht nötig, die Waren wegzunehmen. Sie werden ihm vielmehr vom Handlungsgehilfen gegeben. Dieser nimmt die Waren seinerseits auch nicht weg. Das kann er schon deshalb nicht, weil er Mitgewahrsam an den im Geschäft befindlichen Sachen hat und somit jederzeit darüber verfügen kann. Somit kommt Betrug und nicht Diebstahl in Frage.

2. Der Wächter einer Sammelgarage hat die unmittelbare Sachherrschaft über die untergestellten Autos. Wenn er auch die Autoschlüssel in Verwahrung hat, kann er sogar ohne weiteres über die seiner Aufsicht unterstehenden Autos verfügen. Er ist daher neben den Eigentümern, die ebenfalls direkten Zugang zu ihren Autos behalten, Mitgewahrsamsinhaber. Überlässt er irrtümlich einen Wagen dem ehemaligen Freund der Eigentümerin, der den Wagen früher mit ihrer Erlaubnis mehrfach abgeholt hatte, so nimmt er eine Verfügung vor, und zwar zuungunsten der Eigentümerin. Betrug kommt in Frage[362].

---

[355] Vgl. BGHSt 17,209 m.w.N.; Gribbohm JuS 1964,237; NJW 1967,1897; Dreher GA 1966,59; Otto ZStW 79,101.

[356] Der Mitgewahrsam wird noch eingehend abgehandelt werden.

[357] NJW 1967,1897.

[358] Diss. Hamburg 1967 S. 54 ff.

[359] Siehe Kap. 1, § 4 V.

[360] Zur Mitgewahrsamsproblematik siehe Kap. 5, § 14 VI 4.

[361] Schönke-Schröder § 263 Rdnr. 46; Welzel Lb. S. 371; RGSt 73,384; BGHSt 18,223; OLG Hamburg HESt 2,317.

[362] So auch BGHSt 18,221.

3. Sucht der Täter, der sich ein fremdes Auto zueignen will, die Zimmerwirtin der Eigentümerin auf und spiegelt ihr vor, im Auftrag ihrer Untermieterin deren Autoschlüssel abholen zu sollen, so begeht er Betrug, wenn die Wirtin die Schlüssel aushändigt. Voraussetzung ist allerdings, dass die Zimmerwirtin ohne weiteres Zugang zum untervermieteten Zimmer und den darin befindlichen Sachen ihrer Untermieterin hat, so dass von einem Mitgewahrsam ausgegangen werden kann. Der Betrug betrifft aber zunächst lediglich die Autoschlüssel, an denen Mitgewahrsam der Zimmerwirtin besteht. Eignet sich der Täter später mit Hilfe der Schlüssel das irgendwo geparkten Auto zu, so begeht er hinsichtlich des Autos einen Diebstahl; es sei denn, die Zimmerwirtin hatte auch Mitgewahrsam an dem Auto und es – zugleich mit dem Schlüssel – dem Betrüger überlassen.

4. Hatte die Untermieterin ihrer Zimmerwirtin am Morgen aufgetragen, die Autoschlüssel einem im Laufe des Tages vorbeikommenden Bekannten zu übergeben, und hält die Wirtin den Täter für den avisierten Bekannten, so ändert sich an dem Ergebnis zu 3. überhaupt nichts. Etwaige private Abmachungen zwischen der Mieterin und ihrer Wirtin bleiben für das Strafrecht ohne Belang, wenngleich sich hieraus zivilrechtliche Ansprüche ergeben können. Ob ein Betrug oder ein Diebstahl vorliegt, ist eine Frage der Wegnahme oder Verfügung und nicht der rechtlichen Verfügungsmacht. Sie beurteilt sich unabhängig von den Instruktionen, welche der Wirtin von ihrer Untermieterin über die Herausgabe der Autoschlüssel gegeben wurden, nach den objektiven Gegebenheiten.

Ein Diebstahl könnte danach in Frage kommen, wenn die Hauswirtin mit Hilfe eines zweiten Schlüssels in die abgeschlossene Wohnung oder in das ihr versperrte Zimmer der Mieterin eindringt, um aus Gefälligkeit für den angeblichen Bekannten ihrer Mieterin deren Autoschlüssel herauszuholen. In diesem Fall hätte die Wirtin keinen Mitgewahrsam an den Autoschlüsseln[363]. Sie nähme also eine ihrer Mieterin gehörende Sache weg, hätte folglich auch dafür einzustehen (die Irrtumsfrage einmal außer Acht gelassen). Dementsprechend wäre nicht von einem Diebstahl in mittelbarer Täterschaft, sondern von einem eigenhändigen Diebstahl der Wirtin auszugehen[364]. So aber liegt das von Schünemann gebildete Beispiel, dem ein vom OLG Frankfurt[365] entschiedener Fall zugrunde gelegt ist, nicht. Denn hier hatte die Zimmerwirtin offensichtlich ohne weiteres Zugang zum Zimmer ihrer Untermieterin.

Wenn nun Schünemann im Fall 3. von einem Diebstahl in mittelbarer Täterschaft ausgeht[366], weil die Wirtin sich auf keine Ermächtigung ihrer Untermieterin stützen und somit keine rechtsgültige Gewahrsamsverfügung vornehmen könne, so übersieht er, dass nicht auf das zivilrechtliche Dürfen, sondern auf die davon getrennt zu sehende strafrechtlich allein relevante Gewahrsamslage und das deliktische Handeln abgestellt werden muss[367]. Für Schünemann ergibt sich folgende Situation: Der Täter nimmt sich vor, den Autoschlüssel durch Täuschung der Zimmerwirtin an sich zu bringen. Hat die Mieterin ihrer Wirtin zufälligerweise den Auftrag erteilt, den Schlüssel an einen Bekannten auszuhändigen, so liegt allein aufgrund dieser internen Abmachung, die der Täter gar nicht kennt, ein Betrug vor. Hat die Mieterin ihrer Wirtin nichts gesagt, so kommt ein Diebstahl in Frage.

Sehr treffend bemerkt Dreher[368], dass der Vorsatz des Täters bezüglich einer Tat sich aus der Sicht des Täters beurteile, und der rechtliche Typus der Tat somit nur von tatsächlichen Umständen im Bereich der Tathandlung abhängen könne, die der Täter kennen kann und auch wirklich kennt. Hin-

---

[363] Vgl. auch RGSt 5,43; BGH 5 StR 366,56 v. 20.11.1956, unveröffentlicht.
[364] Siehe dazu Kap. 5, § 14 VI 4.
[365] JZ 1966,319.
[366] Schünemann a.a.O. S. 55; im Ergebnis ebenso Lenckner JZ 1966,320 f; Otto ZStW 79,85.
[367] Sehr gut bringt diesen Gedanken bereits das RG in Recht 8 Nr. 1115 zum Ausdruck.
[368] GA 1969,59.

gegen kann bei Schünemann „erst der allwissende Richter den Täter nachträglich darüber aufklären, was er eigentlich nach der vorstrafrechtlichen Ordnung für einen Vorsatz gefasst haben muss." Nicht gerechtfertigt ist es also, bei einer Tat, durch die ein Dritter geschädigt wird, interne Verhältnisse zwischen dem unmittelbaren Opfer und dem Geschädigten für die Bestrafung des Täters auszuwerten, vielmehr kann es in diesen Fällen nur auf die Gewahrsamslage und die Aktionen von Täter und Opfer ankommen. Im Zusammenhang mit der Mitgewahrsamsproblematik wird hierauf noch näher einzugehen sein[369].

II. Raub – Erpressung

Gehen wir einmal davon aus, dass es richtig wäre, im obigen Fall 3. statt Betruges einen Diebstahl anzunehmen, so ergeben sich weitreichende Konsequenzen auch für die Abgrenzung von Raub und Erpressung. Das wird deutlich, wenn wir den Fall etwas abwandeln: Die Wirtin will die Autoschlüssel nicht ohne weiteres herausgeben. Daraufhin droht der Täter, er werde eine von der Wirtin begangene Straftat anzeigen[370], worauf er die Schlüssel erhält.

Wollen wir konsequent bleiben, so können wir hier nur von einem Diebstahl in Idealkonkurrenz mit einer Nötigung ausgehen, nachdem wir vorher (ohne die Drohung) einen Diebstahl konzediert hatten. Eine Bestrafung des Täters wegen Raubes ist mangels einer Drohung mit gegenwärtiger Gefahr für Leib und Leben nicht möglich, und Erpressung müsste der fehlenden Vermögensverfügung wegen ausscheiden[371]. Dass es sich in dem gebildeten Beispiel aber um den typischen Fall einer Erpressung handelt – der Täter nötigt sein Opfer durch Drohung zu einer vermögensschädigenden Handlung – müsste außer Betracht beleiben.

Wenn man dagegen mit der Rechtsprechung und einem Teil der Literatur von dem Erfordernis einer Vermögensverfügung für die §§ 253, 255 absähe[372], könnte trotz der Wegnahme eine Erpressung gegeben sein. Es hat sich aber bereits in dem vom BGH entschiedenen Taxifahrer-Fall[373] gezeigt, dass nach dieser Auffassung auch derjenige gem. § 255 gleich einem Räuber bestraft werden kann, der eine Sache nur zum vorübergehenden Gebrauch wegnimmt[374]. „Diese Meinung verkennt, dass dadurch die Privilegierung dessen, der Sachen ohne Zueignungsabsicht wegnimmt, auf dem Weg über § 255, der auf die §§ 249 ff verweist, unterlaufen wird ..."[375]. Im Übrigen hätte dann die räuberische Erpressung als Grundtatbestand, der Raub als lex specialis zu gelten. Das Gesetz bietet jedoch keinerlei Anhaltspunkte dafür, dass in § 255 ein Grundtatbestand von derart umfassender Bedeutung geschaffen werden sollte, im Gegenteil. Es wäre äußerst ungewöhnlich, dass ein Grundtatbestand der Rechtsfolge wegen auf den Spezialtatbestand verwiese[376].

Demnach kommen wir sowohl nach der einen als auch nach der anderen Meinung in dem Fall, dass die Wirtin die Autoschlüssel aufgrund einer Drohung herausgibt, zu keinem von der Systematik her befriedigendem Ergebnis. Gehen wir dagegen von vornherein von einem Betrug aus, wenn die Wirtin die Autoschlüssel aufgrund einer Täuschung herausgibt, so können wir im Falle der Drohung ohne Schwierigkeiten zu einer Erpressung kommen.

---

[369] Siehe Kap. 5, § 14 VI 4.
[370] Beispiel nach Dreher a.a.O. S. 59.
[371] Die h.L. geht jedenfalls davon aus, dass es für die Erpressung einer Vermögensverfügung bedarf; siehe dazu Kap 1, § 4 V Fnt. 146.
[372] Siehe Kap. 1, § 4 V Fnt. 147.
[373] BGHSt 14,387 ff.
[374] Siehe Kap. 1, § 4 V.
[375] Schönke-Schröder § 253 Rdnr. 8 a.
[376] Vgl. Otto, Struktur des Vermögensschutzes, S. 305.

Jetzt erweist sich auch sehr deutlich, dass – ausgehend von der getroffenen Abgrenzung von Diebstahl und Betrug – des Weiteren eine eindeutige Abgrenzung von Erpressung und Raub möglich ist. Sieht man die Erpressung, ebenso wie den Betrug, als ein Motivationsdelikt an[377], dann unterscheidet sie sich von dem eine Wegnahme voraussetzenden Raub durch das Erfordernis einer Vermögensdisposition. Nimmt der Genötigte eine Vermögensverfügung vor, so ist eine Erpressung gegeben. Erduldet der Genötigte die Wegnahme einer Sache, dann kommt Raub in Frage.

Zu berücksichtigen ist allerdings, dass es zu einer Vermögensverfügung des Genötigten dann nicht kommen kann, wenn eine den Willen und damit jede eigene Handlung des Genötigten ausschließende unwiderstehliche Gewalt (vis absoluta) angewendet wird[378]. Denn die Erpressung setzt eine zwar erzwungene, aber doch gewollte Handlung voraus. In den Fällen absoluter Gewalt ist daher auch dann eine Wegnahme und damit ein Raub gegeben, wenn das Opfer aufgrund der angewendeten Gewalt selber das vom Täter begehrte Objekt „weggibt". Das hat zur Konsequenz, dass eine (einfache oder qualifizierte) Erpressung nur bei vis compulsiva in Frage kommt. Denn solange das Opfer durch die angewendete Gewalt lediglich beeinflusst werden soll, in bestimmter Weise zu handeln, ist ein willentliches Verhalten noch möglich. Fehlt es daran, so kommt Raub in Frage.

Ersichtlich ist nach dieser Auffassung eine Abgrenzung von Raub und Erpressung möglich, die sich weder zur Tattypik noch zur Systematik der Vermögensdelikte in Widerspruch befindet. Das ist ein Vorteil, der es vertretbar erscheinen lässt, in Grenzfällen u.U. einmal auftretende „Unebenheiten" in Kauf zu nehmen. Wir müssen uns dessen bewusst sein, dass Differenzierung zugleich eine gewisse Unübersichtlichkeit und Kompliziertheit der Strafbestimmungen – vor allem in Abgrenzungsfragen – mit sich bringt, Generalisierung dagegen Vereinfachung bedeutet. Jedoch kommt ein entwickeltes Rechtssystem ohne ein wohlverstandenes Maß an Differenziertheit nicht aus, weil andernfalls die Gefahr einer über die Besonderheiten des Einzelfalles hinweggehenden Schematik besteht. Von hieraus ist Otto Recht zu geben, wenn er Bedenken gegen eine in Rechtsprechung und Lehre zu verzeichnende Tendenz erhebt, die letztlich auf die Restaurierung des alten crimen vis durch Schaffung eines allgemeinen Grundtatbestandes der Vermögensschädigung mittels Gewalt hinausläuft[379].

§ 10   Das System der Vermögensdelikte

Zu den Vermögensdelikten gehören alle diejenigen Straftaten, die das Haben von Gütern und damit die Entfaltung des Menschen im wirtschaftlichen und im gegenständlichen nicht notwenig wirtschaftlichen Bereich negieren. Zu fußen ist hier auf dem einheitlichen Vermögensbegriff, wie wir ihn im Kapitel 3, § 8 I entwickelt haben. Erst dieser einheitliche Vermögensbegriff lässt es überhaupt als legitim erscheinen, eine bestimmte Anzahl von Straftatbeständen als Vermögensdelikte zu bezeichnen.

Diese also von ihrer Angriffsrichtung her nicht völlig unabhängig voneinander zu sehenden Tatbestände lassen sich andererseits in ihrer Differenziertheit nicht in ein starres Schema pressen; handelt es sich doch um zum Teil historisch gewachsene Tatbestände mit jeweils eigenem Tattypus. Dennoch kann man von einem homogenen System des Vermögensstrafrechts ausgehen[380], innerhalb dessen die einzelnen Delikte ihre Konturen nicht zuletzt mit Hilfe des Gewahrsams als Tatbestandsmerkmal und Abgrenzungskriterium erhalten.

---

[377] Vgl. Welzel Lb. S. 368.
[378] Welzel Lb. S. 380; Schöne-Schröder § 253 Rdnr. 3 a; Maurach BT S. 291; Schwarz-Dreher § 253 Anm. 2; Kohlrausch-Lange § 253 Anm. IV.
[379] Otto, Struktur des Vermögensschutzes, S. 305 f.
[380] Siehe dazu auch Kap. 1, § 4 VI, wo dieser Aspekt bereits sichtbar wird.

So kommt es bei den hauptsächlichen Vermögensdelikten entscheidend darauf an, ob und wann der Täter Gewahrsam an dem Tatobjekt erlangt; sei es für die Tatbestandsermittlung, für die Abgrenzung von anderen Delikten, für die Zueignung oder die Vollendung. Unter Berücksichtigung der Wechselbeziehungen zwischen den einzelnen Vermögensdelikten erscheint es zur Vermeidung von Widersprüchlichkeiten sogar dringend erforderlich, von einem System des Vermögensstrafrechts auszugehen und hierüber Vorstellungen zu entwickeln, wie sie sich im Vorhergehenden bereits andeuten.

Die meisten Vermögensdelikte sind – von der Motivation her – *Bereicherungsdelikte*. Dazu gehören Diebstahl und Unterschlagung (Zueignungsdelikte), Betrug, Raub, Erpressung, Gebrauchsanmaßung, Vollstreckungsvereitelung, Pfandkehr. Weiter gibt es *Schädigungsdelikte*; nämlich die Sachbeschädigung nach §§ 303 ff, aber auch die Brandstiftung nach §§ 306 ff, bei der neben dem Angriff auf das Vermögen noch die Gemeingefahr hinzukommt (außer bei der 1. Alternative des § 308). Eine Zwitterstellung nimmt die Untreue ein, da eine Bereicherungsabsicht nicht in jedem Fall erforderlich ist.

Hingegen kann die Hehlerei (§ 259 StGB) – entgegen der h.M. – nicht als ein Vermögensdelikt[381] aufgefasst werden, dessen Wesen in der Aufrechterhaltung oder Verteidigung des durch die Vortat geschaffenen rechtswidrigen Vermögenszustands[382] liegt. Ihr Wesen besteht nicht in der Nutznießung oder Ausbeutung strafbaren Erwerbs des Vortäters[383]. Gegen die Nutznießungstheorie spricht, dass die Vorteile, die der Hehler erstrebt, nicht aus der Beute der Vortat zu stammen brauchen, sondern jede Art von Vorteilen ausreicht[384]. Gegen die Aufrechterhaltungstheorie – soweit sie von der Hehlerei als einem Vermögensdelikt ausgeht – spricht, dass nach Eintritt des durch ein Vermögensdelikt verursachten Schadens eine weitere Vermögensschädigung in derselben Sache nicht erfolgen kann.

Zwar ist zuzugeben, dass durch die Hehlerei die Aufrechterhaltung einer durch Vermögensdelikt verursachten rechtswidrigen Vermögenslage zum Vorteil des Hehlers erfolgt. Es tritt aber keine weitere Schädigung ein. Wie Kantorowicz[385] richtig bemerkt, pflegen der Polizei die Hehler viel genauer bekannt zu sein, als die Diebe. Die Chancen einer Rückerlangung der abhanden gekommenen Güter werden so gesehen durch die Hehlerei nicht geschmälert, sondern eher noch verbessert. Allein in der Aufrechterhaltung der rechtswidrigen Vermögenslage kann aber kein erneutes Vermögensdelikt erblickt werden. Will man nicht in der Hehlerei einen Tatbestand zum Schutze der Diebe und Betrüger gegen schmarotzerhafte Ausbeutung durch die Hehler sehen, dann kann Hehlerei lediglich ein Rechtspflegedelikt sein; weil die Aufrechterhaltung einer rechtswidrigen Vermögenslage ein Verstoß gegen die Rechtsordnung ist. Ferner trägt der Hehler in ganz erheblichem Maße dazu bei, dass Vermögensdelikte verübt werden, indem er als „Zwischenhändler" fungiert und damit die staatliche Verbrechensbekämpfung erschwert. Wenn Otto, der bei den Vermögensdelikten zwischen Vermögensentziehungsdelikten und Perpetuierungsdelikten unterscheidet[386], zu der Auffassung gelangt, die

[381] Maurach BT S. 362 ff; Welzel Lb. S. 396; Mezger-Blei BT S. 170; Jagusch LK 1958 § 259 Anm. 1; Otto, Struktur des Vermögensschutzes, S. 320 ff.
[382] Aufrechterhaltungs- oder Perpetuierungstheorie: RGSt 54,133; 70,385; 71,342; 72,146; 75,29; BGHSt 7,137; 9,139; BGH NJW 1959,1377; KG JR 1966,307; Kohlrausch-Lange § 259 Anm. I; Maurach BT S. 363 f; Jagusch LK 1958 § 259 Anm. 1; Welzel Lb. S. 396.
[383] Kantorowicz S. 187, 190 Fnt. 43; Sauer BT S. 143; OLG Düsseldorf SJZ 1949,207; OLG Koblenz DRZ 1950,69; Schäfer JW 1937,3300.
[384] Vgl. Schröder, Rosenfeld-Festschrift, S. 169.
[385] S. 190 Fnt. 43.
[386] Otto a.a.O. S. 87 ff.

Hehlerei sei als Perpetuierungsdelikt ein Vermögensdelikt[387], so übersieht er, dass auch nach seiner Vermögensdefinition[388] allein durch die Aufrechterhaltung einer rechtswidrigen Vermögenslage noch kein Vermögensschaden eintreten dürfte[389]. Die Hehlerei scheidet also als ein Vermögensdelikt aus.

Unter Berücksichtigung der grundlegenden Bedeutung des Gewahrsams als Tatbestandsmerkmal und Abgrenzungskriterium für die Vermögensdelikte lassen sich diese insgesamt in das folgende stark vereinfacht dargestellt System bringen:

1. *Sachbeschädigung* (§§ 303 ff): Beschädigung oder Zerstörung von Sachen, ohne die Absicht der Ingebrauchnahme oder Zueignung. Der Gegenstand der Sachbeschädigung braucht sich nicht unbedingt im Gewahrsam des Täters zu befinden.

2. *Gebrauchsanmaßung*: Ingebrauchnahme gegen den Willen des Berechtigten, wobei es auf eine Wegnahme nicht ankommt. Der Täter handelt ohne Zueignungsabsicht. Strafbar ist nur die unbefugte Ingebrauchnahme von Fahrzeugen (§ 248 b) und Pfandsachen (§ 290). Im Übrigen bleibt das sog. furtum usus straflos (unbeschadet zivilrechtliche Ansprüche).

3. *Unterschlagung* (§ 246): Zueignung fremder beweglicher Sachen ohne Gewahrsamsbruch. Sachliche – nicht zeitliche – Voraussetzung der Zueignung ist die Gewahrsamserlangung. Der Täter muss sich also, entsprechend dem Wortlaut des Gesetzes, eine Sache zueignen, die er in Gewahrsam hat. – Privilegierungen sind die §§ 247, 248 a, 370 I 5. Die Amtsunterschlagung (§§ 350, 351) ist ein qualifizierter Fall der Unterschlagung.

4. *Diebstahl* (§ 242): Zueignung fremder beweglicher Sachen durch Gewahrsamsbruch. Die Zueignung ist nicht ein der Wegnahme zeitlich nachfolgender Akt, sondern die durch eine Wegnahmehandlung betätigte Tatbestandshandlung. – Bei den §§ 248 c, 370 I 1, 370 I 2, 370 I 6 handelt es sich um Sonderfälle des Diebstahls. §§ 247, 248 a, 370 I 5 sind Privilegierungen. Hingegen enthält der § 243 i.d.F. ab 1.4.1970 keine qualifizierten Tatbestände, sondern sieht lediglich die Bildung einer erhöhten Strafrahmenstufe in schweren Fällen vor[390]. In § 244 wurde eine abschließende Regelung für gewisse Fälle des schweren Diebstahl (bewaffneter oder Bandendiebstahl) getroffen.

5. *Betrug* (§ 263): Durch Täuschung veranlasste Vermögensdisposition, die sich – hinsichtlich beweglicher Sachen – als Verfügung vom Gewahrsamsbruch unterscheidet. § 264 a (Notbetrug) ist ein Sonderfall des Betruges.

6. *Raub* (249 ff): Zueignung durch Gewahrsamsbruch mittels Nötigung.

7. *Erpressung* (§ 253 ff): Durch Nötigung veranlasste Vermögensverfügung. § 255 (Räuberische Erpressung) stellt eine Qualifizierung dar.

8. *Untreue* (§ 266): Vermögensschädigung durch Missbrauch rechtlicher Vertretungsmacht oder Verletzung der Vermögensfürsorgepflicht. In der Regel wird die Deliktsausführung in Bereicherungsabsicht erfolgen. Es genügt aber auch, wenn Schädigungsabsicht vorliegt. Da der Täter, der eine ihm anvertraute Sache unterschlägt, dadurch die ihm obliegende Pflicht zur Wahrnehmung fremder Vermögensinteressen verletzt, unterfällt die sog. Veruntreuung

---

[387] Otto a.a.O. S. 320 ff.
[388] Siehe Otto a.a.O. S. 69 f, 80, 115, 199, 204.
[389] Insofern ist die von Otto getroffene Unterscheidung der Vermögensdelikte überhaupt abzulehnen.
[390] Vgl. Bittner MDR 1971,106.

i.S.d. § 246 dem Untreuetatbestand. Die Regelung des § 246 „... und, wenn die Sache ihm anvertraut ist, ..." sollte unter diesem Gesichtspunkt de lege ferenda entfallen[391].

9. *Vollstreckungsvereitelung* (§ 288): Veräußerung oder Beiseiteschaffen eines von der Zwangsvollstreckung bedrohten Vermögensbestandteils durch den Schuldner in der Absicht, die Befriedigung des Gläubigers zu vereiteln.

10. *Pfandkehr* (§ 289): Wegnahme einer eigenen oder einer fremden beweglichen Sache zugunsten des Eigentümers derselben unter Verletzung fremder Sicherungs- oder Nutzungsrechte.

An weiteren Delikten, die sich gegen das Vermögen richten oder dieses gefährden, sind zu nennen: Verschleuderung von Familienhabe (§ 170 a), erpresserischer Kindesraub (§ 239 a), Versicherungsbetrug (§ 265), Automatenmissbrauch und Erschleichen freien Eintritts (§ 265 a), Jagd- und Fischwilderei (§§ 292, 293), Schiffsgefährdung durch Konterbande (§ 297), Ausbeutung Minderjähriger (§§ 301, 302) Wucher (§§ 302 a ff), räuberischer Angriff auf Kraftfahrer (§ 316 a), übermäßige Gebührenerhebung (§ 353 Abs. 1) und Verkürzung amtlicher Leistungen (§ 353 Abs. 2). Auf den Tattypus vorstehender Delikte näher einzugehen, ist im Rahmen dieser Untersuchung nicht erforderlich.

Anhand einer Beispielskette lassen sich die Konsequenzen der hier entwickelten Konzeption – will man sie zusammenfassend aufzeigen – am besten darstellen. Wir wollen daher folgenden Fall durchspielen:

Der A sitzt in einer Gaststätte. Am Nebentisch wird herzhaft gelacht. Als A hinüberschaut, bemerkt er, dass ein anderer Gast – der B – aus einem Notizbuch vorliest. A stellt fest, dass es sich um sein eigenes Notizbuch handelt, das der B ihm unbemerkt aus der Jackentasche entwendet hat.

Fall 1. Der B gibt dem A das Notizbuch sofort zurück, als dieser ihn dazu auffordert: Strafloses furtum usus. Bürgerlich-rechtliche Ansprüche (zum Beispiel gem § 847 BGB analog, wegen Schädigung des Ansehens) sind möglich.

Fall 2. Als A den B zur Rückgabe auffordert, läuft dieser mit dem Notizbuch davon. A sieht den B und das Notizbuch nie wieder: Diebstahl, falls der Täter von vornherein mit Zueignungsabsicht gehandelt hat.

Fall 3. Der B wirft das Notizbuch ins Feuer, als A es zurückverlangt: Diebstahl, falls der Täter von vornherein die Absicht hatte, dem A das Buch nicht zurückzugeben.

Fall 4. Der B hat aus dem Notizbuch nicht vorgelesen. Er hat es dem A nur weggenommen, weil er ihn ärgern wollte und es sogleich ins Feuer geworfen: Sachbeschädigung.

Fall 5. Während A für einen Augenblick seinen Platz verlässt, hält der B ein brennendes Streichholz an das auf dem Tisch liegende Notizbuch. Es wird vernichtet: Sachbeschädigung.

Fall 6. Der B hat das Notizbuch auf der Straße gefunden. Er liest daraus Anekdoten vor. Als der Eigentümer A ihn zur Rückgabe auffordert, läuft B mit dem Buch davon (oder wirft es ins Feuer): Unterschlagung, falls B das Buch sowieso nicht zurückgeben wollte.

Fall 7. Der B kommt, bevor A die Wegnahme entdeckt hat, an dessen Tisch und erklärt, er habe das Notizbuch auf der Straße gefunden. A sieht sich daraufhin zur Zahlung eines Finderlohnes veranlasst: Betrug hinsichtlich des Finderlohnes. Strafloses furtum usus bezüglich des Buches.

---

[391] Sie muss als eine das System störende Bestimmung angesehen werden.

Fall 8. Der B geht während der Abwesenheit des A in dessen Wohnung und bittet die Hausgehilfin des A um Aushändigung seines Notizbuches. B erhält es, da er eine gefälschte Nachricht übergibt: Betrug hinsichtlich des Notizbuches.

Fall 9. Der B schlägt den A auf der Straße nieder und nimmt dessen Notizbuch an sich, das er an eine Gazette verkaufen will: Raub.

Fall 10. Der B fordert den A mit vorgehaltner Pistole zur Herausgabe seines Notizbuches auf, das B mitnimmt: Räuberische Erpressung.

Fall 11. Der B gibt dem A zwar das Notizbuch, das er aus dessen Jackentasche entwendet hatte, zurück; er verlangt aber 100,-- DM, damit er über eine bestimmte, in dem Buch aufgezeichnete Angelegenheit Stillschweigen bewahre: Erpressung hinsichtlich des Schweigegeldes. Strafloses furtum usus hinsichtlich des Buches.

Fall 12. Der B geht während der Abwesenheit des A in dessen Wohnung und verlangt von der Hausgehilfin die Herausgabe des Notizbuches, anderenfalls er eine von dem Mädchen begangene Straftat zur Anzeige bringen werde. Daraufhin erhält er das Buch: Erpressung.

Fall 13. Der B, der in der Gaststätte aus dem Notizbuch vorliest, ist der Verleger des A, dem A seine Aufzeichnungen zu treuen Händen überlassen hatte. Als A ihn empört zur Rückgabe des Buches auffordert, wirft B das Buch ins Feuer: Untreue. (Erhält A das Notizbuch zurück, so liegt eine bloße Vertragswidrigkeit vor.)

Fall 14. Der B hat das dem A gestohlene Notizbuch in Kenntnis des Diebstahls von dem Dieb gekauft, um daraus Witze vorlesen zu können: Hehlerei.

4. Kapitel

Ist der Gewahrsam ein willensgetragenes Herrschafts-(Gewalt-)Verhältnis?

Da die Unterscheidung von Diebstahl und Unterschlagung befürwortet werden kann und sich darüber hinaus die zentrale Bedeutung des Gewahrsams für das Vermögensstrafrecht erwiesen hat, ist es nunmehr an der Zeit, den Gewahrsamsbegriff einer eingehenden Betrachtung zu unterziehen. Auszugehen ist dabei von den Widersprüchen und einer Kritik der in Lehre und Rechtsprechung heute recht einheitlich vertretenen Auffassung zum Gewahrsamsbegriff.

§ 11   Problematik des Gewahrsamswillens

I.   Widersprüche beim Gewahrsam kraft generellen Herrschaftswillens

Bereits bei der Darstellung des Meinungsstandes zum Gewahrsam kraft generellen Herrschaftswillens[392] hat sich gezeigt, dass die h.L. hier mit einer äußerst fragwürdigen Fiktion arbeitet. Diese hat sich jedoch für die Fälle als erforderlich erwiesen, in denen eine enge Beziehung von Personen zu Sachen zwar besteht, ein konkreter Herrschaftswille aber mangels Wissens um die Sachbeziehung nicht vorhanden sein kann. Nur die Unterstellung eines generellen Herrschaftswillens kann in den Fällen, in denen sich eine Sache ohne Wissen eines Menschen in seinem unmittelbaren Machtbereich befindet, zur Anerkennung seines Gewahrsams führen[393]. Denn – entsprechend der h.M. – ist davon auszugehen, dass für den Gewahrsam ein tatsächliches Herrschaftsverhältnis und ein Herrschaftswille erforderlich sind.

Problematisch wird die Beurteilung der Gewahrsamsverhältnisse aber dann, wenn sich eine Sache gegen den erklärten oder zu unterstellenden Willen eines Menschen ohne sein Wissen derart in seiner Herrschaftsmacht befindet, dass an seinem Gewahrsam an der Sache schlechterdings nicht gezweifelt werden kann. Dieses Problem bedarf einer genaueren Darlegung, die mit einer Frage eingeleitet werden soll: Kann man ernsthaft daran zweifeln wollen, dass ein Mensch, der zum Beispiel eine Sache in seiner Hosentasche bei sich trägt, unabhängig von seinem Wissen der Gewahrsamsinhaber dieser Sache ist? –

Was eine Person in ihr Haus bringt oder in ihren Kleidern und Taschen verbirgt, das falle in ihre Herrschaftssphäre, auch wenn diese Herrschaft nur ganz vorübergehend sei, sagt Welzel[394]. Im Anschluss an ihn geht die h.M. in der Literatur und Rechtsprechung beim Diebstahl im Selbstbedienungsladen davon aus, dass der Täter mit dem Einstecken in die mitgeführte Einkaufs-, Hand-, Aktentasche usw. uneingeschränkten Gewahrsam an der weggenommenen Ware begründet habe[395]. Das soll selbst dann der Fall sein, wenn der Geschäftinhaber neben dem Täter steht, weil die Einkaufs-, Hand-, Aktentasche oder Kleidung usw. eine ausschließliche Gewahrsamssphäre des Täters darstellen[396].

Nun lässt sich der Fall denken, dass einem Menschen ohne sein Wissen etwas in die Hosentasche gesteckt worden ist. Solange man ihm bezüglich dieser Sache einen Herrschaftswillen unterstellen könnte, ließe sich der Fall mit Hilfe des geläufigen Gewahrsamsbegriffs ohne weiteres lösen. Kri-

---

[392] Siehe Kap. 1, § 3 II.
[393] So auch Frank § 242 Anm. IV.
[394] NJW 1961,329.
[395] Welzel GA 1960,257; 1961,350; NJW 1961,328; Schwarz-Dreher § 242 Anm. 2 A a; Maurach BT S. 197; Cordier NJW 1961,1340; Wimmer NJW 1962,614; Geilen JR 1963,446; Otto ZStW 79,61; BGHSt 16,271; 17,206; BGH GA 1963,147; OLG Celle NJW 1967,1923.
[396] Vgl. Welzel GA 1960,226; Cordier NJW 1961,1340; Wimmer NJW 1962,611 und 613 f.

tisch wird die Sache erst dann, wenn beispielsweise ein Schmuggler einem seriösen Reisenden vor der Zollabfertigung unbemerkt ein Päckchen Rauschgift in die Hosentasche steckt, um es ihm später – wenn alles gutgegangen ist – ebenso unbemerkt wieder abzunehmen.

Ein genereller Herrschaftswille lässt sich hier wohl kaum unterstellen. Zwar könnte davon ausgegangen werden, dass ein genereller Herrschaftswille über die Sachen vorhanden ist, die sich – bewusst oder unbewusst – in der Hosentasche des Reisenden befinden. Dieser Generalwille wird sich aber niemals auf Sachen erstrecken, die dem Reisenden Schaden zufügen könnten, wie das bei dem Päckchen Rauschgift der Fall ist (es drohen zumindest große Unannehmlichkeiten, falls die Zollkontrolle das Rauschgift findet). Sollte man also den Gewahrsam des Reisenden an dem in seiner Hosentasche befindlichen Päckchen ablehnen müssen, weil ein Herrschaftswille nicht vorhanden ist?

Ähnliche Probleme ergeben sich immer dann, wenn jemand eine Sache ohne sein Wissen in seiner Verfügungsgewalt hat und die Umstände darauf schließen lassen, dass jenes Herrschaftsverhältnis gegen den konkreten oder generellen Willen des Gewaltausübenden besteht. Wollte man in diesen Fällen aufgrund eines unterstellten Herrschaftswillens Gewahrsam annehmen, so ergäbe sich ein unlösbarer Widerspruch. Denn man käme entgegen dem wirklichen Willen desjenigen, der die Sachherrschaft ausübt, zu einem Gewahrsam kraft generellen Herrschaftswillens.

Untragbare Konsequenzen ergäben sich aber auch, wenn man den Gewahrsam ablehnen würde. Denn dann käme man zu dem Ergebnis, dass jemand an allen in seiner Tasche befindlichen Sachen Gewahrsam hätte, nur nicht an einer ihm unangenehmen Sache[397]. Ein Flugzeugführer hätte an allen an Bord seins Flugzeugs befindlichen Gegenständen Gewahrsam, nur nicht an einer Zeitbombe, weil er diese nicht an Bord haben wollte. Die in den Briefkasten eingeworfenen Postsendungen befänden sich sämtlich im Gewahrsam des Wohnungsinhabers, nur nicht der Drohbrief oder das Päckchen mit Dynamit, weil der Empfänger hiergegen etwas hätte.

Die weitere Folge wäre, dass an einer solchen Sache kein Diebstahl, sondern lediglich eine Unterschlagung möglich wäre, wenngleich sich die Sache in einer klar abgegrenzten Herrschaftssphäre befände. Der sich am Flughafen betätigende Taschendieb würde somit einen Diebstahl begehen, wenn er einem Reisenden die Geldbörse aus der Hosentasche nähme. Zu einer Unterschlagung müsste man aber kommen, wenn es sich bei dem Reisenden gerade um das Opfer des Rauschgiftschmugglers handelte, dem der Taschendieb – wie es der Zufall will – das Rauschgiftpäckchen entwendet. Zwei vom Standpunkt des Täters aus gleichgelagerte strafbare Handlungen müssten also vom Richter unterschiedlich beurteilt werden[398]. Oder sollte man etwa davon ausgehen, dass der Schmuggler an dem in der Tasche des Reisenden befindlichen Rauschgiftpäckchen noch Gewahrsam hat?

II. Kritik des bestehenden Gewahrsamsbegriffs

Unter Anwendung des Gewahrsamsbegriffs, der von der neueren Literatur und Rechtsprechung ausnahmslos vertreten wird, lassen sich die aufgeführten Grenzfälle, in denen jemand unbewusst die tatsächliche Gewalt über eine Sache gegen seinen ausdrücklichen oder zu unterstellenden Willen innehat, nicht befriedigend lösen.

Man kann es sich nicht so leicht machen zu sagen, alle an meinem Körper getragenen oder in meiner Wohnung oder meinen Geschäftsräumen befindlichen Sachen unterlägen sowieso meinem generel-

---

[397] Die Ansicht, dass der Generalwille die Sachen nicht umfasse, die unangenehm oder kompromittierend für den Inhaber der tatsächlichen Herrschaft sein könnten, wurde beispielsweise von Rotering, GS 35,368, und von Micelli, S. 50, vertreten.

[398] Dazu kritisch bereits Römpler S. 39; Zuckermann S. 31 f.

len Herrschaftswillen (wenngleich dies in den meisten Fällen zutreffen wird). Denn würde man so vorgehen, könnte jemand aufgrund dieses generell unterstellten Willens gegen seinen konkreten Willen Gewahrsam haben[399]. Hier zeigt sich spätestens, dass dies keine Lösungsmöglichkeit ist. Wollte man jedoch den Gewahrsam mangels eines Herrschaftswillens ablehnen, so gäbe es ebenfalls unhaltbare Ergebnisse, da vielfach Gewahrsamslücken entstünden. Zudem vermag es nicht einzuleuchten, dass jemand an einem in seiner Hosentasche befindlichen Gegenstand – ganz gleich wie die subjektiven Verhältnisse liegen mögen – objektiv keinen Gewahrsam haben sollte. Erst recht wäre nicht einzusehen, dass ein anderer womöglich Gewahrsam daran haben könnte. Somit ist die Feststellung zu treffen, dass der von der h.M. verwendete Gewahrsamsbegriff sich in einzelnen Fällen – auf die wir uns hier zunächst einmal beschränken wollen – als völlig unbrauchbar erweist. Selbst dann, wenn eine Sache einem sehr starken und unmittelbaren Herrschaftsverhältnis unterliegt, kann die h.M. – will sie konsequent bleiben – keinen Gewahrsam anerkennen, wenn es an dem Herrschaftswillen fehlt und wenn sich die subjektive Komponente des Gewahrsams nicht mit Hilfe eines generellen Herrschaftswillens konstruieren lässt. An diesem Punkt angelangt, ist aber entschieden die Frage auszusprechen, ob ein Gewahrsamsverhältnis überhaupt subjektiv bedingt sein kann oder ob es sich nicht vielmehr um ein tatsächliches objektives Verhältnis handelt, das unabhängig von dem Willen entweder besteht oder nicht besteht.

§ 12   Bedarf der Gewahrsam einer subjektiven Komponente?

Während der neueren Literatur und Rechtsprechung die vorstehende Problematik kaum bewusst ist, bot sie noch um die Jahrhundertwende ausreichenden Anlass zu heftiger Diskussion. Die Kontroverse um die Frage des Gewahrsamswillens legte sich erst vor wenigen Jahrzehnten; hauptsächlich unter dem Einfluss von Binding, v. Liszt-Schmidt, v. Olshausen, Frank, Hälschner, Rotering, Micelli, Rosenfeld, Siebert, Soltmann und anderen, die dem heute vertretenen Gewahrsamsbegriff seine theoretische Grundlage gaben.

Unter Berücksichtigung dessen dass sich aber gerade die schwierigen Gewahrsamsprobleme mit Hilfe des heute vertretenen Gewahrsamsbegriffs nicht hinreichend lösen lassen, erscheint ein Blick auf die früher vertretenen Meinungen, nach denen zum Teil ein Gewahrsamswille abzulehnen war, angebracht.

I. Der Gewahrsamsbegriff des Preußischen Allgemeinen Landrechts

Das Preußische Allgemeine Landrecht von 1794, das Besitz und Gewahrsam in Gegensatz stellte, enthielt bereits eine Definition des Gewahrsams[400]. Darin heißt es: „Wer das physische Vermögen hat, über eine Sache mit Ausschließung anderer zu verfügen, der hat sie in seiner Gewahrsam, und wird Inhaber derselben genannt"[401].

Das PrALR stellt also allein auf das physische Gewaltverhältnis ab. Von einem Gewahrsamswillen als Erfordernis des Gewahrsams war keine Rede. Das geht auch aus § 134 des 7. Titels hervor, in dem es heißt: „Niemand kann ohne oder wider seinen Willen wirklicher Besitzer einer Sache werden, wenngleich dieselbe in seiner Gewahrsam sich befindet." Und in I, 7 § 138 PrALR heißt es: „Wer eine Sache ohne es zu wissen in seiner Gewahrsam hat …", woraus ebenfalls geschlossen werden kann, dass ein Gewahrsamswille nicht für erforderlich gehalten wurde.

---

[399] Vgl. OLG Hamm NJW 1969,620 f; a.A. Bittner MDR 1970,291 ff.

[400] PrALR I, 7 § 1.

[401] PrALR I, 7 § 3 zum Besitz: „Wer aber eine Sache in der Absicht, darüber für sich selbst zu verfügen, unmittelbar oder durch andere, in seine Gewahrsam nimmt, der wird Besitzer der Sache."

Wenn das Preußische Strafgesetzbuch von 1851 als der Vorläufer des Deutschen Strafgesetzbuchs von 1871 dann in seinem Diebstahlstatbestand (§ 215 PrStGB) den Ausdruck „Gewahrsam" vermied, so lag dies allerdings daran, dass man einem Rückgriff auf die Definition des PrALR zu begegnen suchte. Wie aus den Motiven des Entwurfs von 1850 ersichtlich ist, hat man den Terminus „Gewahrsam" bewusst wegen der „Unklarheit der landrechtlichen Lehre vom Besitz" nicht gewählt[402].

In der Tat konnte der Gewahrsamsbegriff des PrALR einer fortgeschrittenen Rechtsordnung nicht genügen, ging er doch von einem ausschließlich physischen Gewahrsam aus. Dass diese aus einer rechtsunsicheren Zeit übernommene Vorstellung in einer Kulturwelt, in der auch dem schwachen Bürger Recht gewährleistet wird und in der eine fortwährende Aufsicht über Hab und Gut nicht nötig sein darf und auch gar nicht möglich ist, keinen Platz hat, dürfte auf der Hand liegen. Die im PrALR gegebene Gewahrsamsdefinition wurde also recht bald als unzulänglich erkannt, weil sie einen sozialen Bezug vermissen ließ. Dennoch beeinflusste sie noch lange Jahre hindurch die Literatur und Rechtsprechung, vor allem wohl, weil sie eine Alternative zu der im 19. Jahrhundert immer mehr vordringenden Willenstheorie bot.

II. Ältere Literaturmeinung, die sich gegen einen Gewahrsamswillen wenden

Bis etwa Ende des 19. Jahrhunderts wurde von einem großen Teil der Literatur eine sog. Objektivitätstheorie vertreten. Diese stellte – wenigstens zum Teil – eine Fortentwicklung der im PrALR enthaltenen Gewahrsamsregelung dar, indem die meisten ihrer Vertreter die sozialen Bedingungen der Sachherrschaft berücksichtigten. Nur wenige Autoren gingen noch von einem rein physisch verstandenen Gewahrsamsbegriff als Grundlage des Gewahrsams aus. Zum genaueren Kennenlernen seien einige Vertreter der Objektivitätstheorie zitiert:

Schütze: „Der Gewahrsam, die deutschrechtlich habende Gewere an Sachen, im Lauf der Zeit den veränderten jeweiligen Lebensumständen gemäß umgestaltet, ist die tatsächlich vorhandene ausschließliche Herrschaft des Individuums über einen dauernder Beherrschung zugänglichen Vermögensgegenstand, ohne Rücksicht auf Wissen und Wollen des Inhabers"[403].

Berner: „Unter Gewahrsam versteht man die Verfügungsgewalt in einem sehr dehnbaren Sinne. Es ist eine so rein tatsächliche Herrschaft gemeint, dass nicht einmal ein Wissen um den Ort, ja selbst um die Existenz der Sache gefordert wird. Und diese tatsächliche Herrschaft kann sich dergestalt verdünnen, dass sie in Bezug auf Tiere nur noch an dem Faden der Gewohnheit der Rückkehr hängt. Sie braucht endlich auch nicht eine ausschließliche zu sein"[404].

Römpler, der ein Wissen und Wollen als Erfordernis des Gewahrsams ablehnt, lässt allerdings ein bloßes Raumverhältnis oder die bloße Möglichkeit der ausschließlichen Beherrschung einer Sache noch nicht genügen. Vielmehr kann für ihn „das eigentlich Entscheidende immer nur die Anschauung des Lebens sein"[405]. Dabei beruft er sich auf Stobbe (Privatrecht II, von 1883, S. 13): „Wer in der Gewere des Guts sitzt, hat zwar auch die Gewere an der darauf befindlichen Fahrnis, doch detiniert der Grundeigentümer nicht etwa die Sachen seiner Knechte."

Neben der klaren Ablehnung eines Gewahrsamswillens, geht aus Römplers Worten hervor, dass er den Gewahrsam als ein den „Anschauungen des Lebens" unterworfenes soziales Verhältnis auffasst. Einen ähnlichen Weg beschreitet Redslob, der die tatsächliche Herrschaft von dem Respekt der Ge-

---

[402] Vgl. Goldtammer S. 459.
[403] Schütze S. 427.
[404] Berner S. 555.
[405] Römpler S. 38.

sellschaft abhängig wissen will. Er definiert Gewahrsam als „ein Achtungsverhältnis, welches sich an eine faktische Gewaltausübung anknüpft, und kraft dessen jemandem die Herrschaft über die Sache gewährleistet wird"[406].

Seeliger fasst den Gewahrsam auf als „ein rein tatsächliches äußeres Verhältnis der Person zur Sache, welches erstere in die physische Lage setzt, über letztere nach Belieben zu verfügen"[407]. Nach Beling ist Gewahrsam „tatsächliche Innehabung"[408].

Weiter wird ein Gewahrsamswille abgelehnt von Oppenhoff[409] und Goldschmidt[410]. Sie kommen – allerdings bei unterschiedlichen Betrachtungsweisen hinsichtlich des Verhältnisses von bürgerlich-rechtlichem Besitz und strafrechtlichem Gewahrsam – zu der Auffassung, dass es für den Gewahrsam an einer Sache lediglich auf das tatsächliche Herrschaftsverhältnis ankomme.

Zuckermann, der die Entwicklung des strafrechtlichen Gewahrsamsbegriffs und seine Abgrenzung vom zivilrechtlichen Besitzbegriff im Rahmen einer Dissertation dargestellt hat, kam danach ebenfalls zu dem Schluss, dass der Gewahrsam einer subjektiven Komponente nicht bedürfe[411].

III. Der Gewahrsamswille in der Rechtsprechung des Reichsgerichts

Noch im Einvernehmen mit der sehr engen Gewahrsamsdefinition des PrALR und unter Zugrundelegung des dort angesprochenen Gegensatzes von Besitz und Gewahrsam, beurteilte das Reichsgericht in einer Entscheidung vom 18.1.1881 Bd. 3 S. 201 die Willensfrage wie folgt: „Zum Gewahrsam, einem lediglich faktischen Zustande, gehört nicht notwendig die Kenntnis von dem physischen Vermögen, mit Ausschließung anderer über die Sache zu verfügen. Nur wirklicher Besitzer kann jemand ohne oder wider seinen Willen nicht werden, wenngleich dieselbe" (die Sache) „sich in seinem Gewahrsam befindet (PrALR I 7 §§ 1,43)"[412]. Danach konnte Gewahrsam also auch ohne oder sogar gegen den Herrschaftswillen vorhanden sein.

Der angeführten Entscheidung liegt der Sachverhalt zugrunde, dass in den Diensträumen einer Behörde Gegenstände zum Zwecke der Verzollung niedergelegt waren. Einzelne Gegenstände wurden aus ihren Behältern herausgenommen und lagen in den Diensträumen umher. Das Reichsgericht erkannte auf Diebstahl, nachdem sich mehrere Beamte die Gegenstände zugeeignet hatten, da es für den Gewahrsam als einen „lediglich faktischen Zustand" nicht auf die Kenntnis des augenblicklichen Aufbewahrungsortes oder der Verfügungsmacht ankomme.

Auch aus der bedeutsamen Entscheidung Bd. 50 S. 46 von 1916 ist – wie Siebert in seiner Untersuchung der Rechtsprechung des Reichsgerichts herausgearbeitet hat[413] – zu entnehmen, dass das Reichsgericht den Gewahrsam als ein rein tatsächliches äußeres Verhältnis auffasst, welches für den Begriff des Gewahrsams erforderlich aber auch ausreichend ist. Der Entscheidung liegt folgender Sachverhalt zugrunde: Die beiden Angeklagten hatten gemeinschaftlich dem Großvater des einen Angeklagten einen Zwanzigmarkschein aus einer Schublade entwendet und dafür zunächst einen

---

[406] Redslob ZStW 30,214. An anderer Stelle erwähnt Redslob allerdings: „Es müssen hierzu" (zum Achtungsverhältnis) „noch verschiedene Voraussetzungen gegeben sein, wie der Besitzwille … Diese Fragen interessieren uns weniger." Und in der Tat kommt dem Gewahrsamswillen nach Redslobs Definition keine Bedeutung zu.

[407] Seeliger S. 18.

[408] Beling, Grundzüge des Strafrechts, S. 72.

[409] Oppenhoff § 242 Anm. 16.

[410] Goldschmidt GA 47,352 ff.

[411] Zuckermann S. 38.

[412] RGSt 3,204.

[413] Siebert S. 52-56.

Zehnmarkschein in die Schublade hineingelegt. Zu diesem Zweck waren sie bei Abwesenheit des Großvaters in dessen verschlossene Wohnung eingestiegen. Einen Tag später entwendeten sie auch den Zehnmarkschein. Der Bestohlene war bis dahin noch nicht in seine Wohnung zurückgekehrt. Das Reichsgericht ging von einem Gewahrsam des Großvaters an dem Zehnmarkschein aus, so dass ein Diebstahl daran möglich wurde. Zur Begründung führt das Reichsgericht in dieser wichtigen und sehr aufschlussreichen Entscheidung aus: „...Es kommt vielmehr darauf an, ob die Sache unter Missachtung und Durchbrechung fremden Gewahrsams erlangt wird, also eines Zustandes, der darin besteht, dass ein Dritter tatsächlicher Inhaber der Sache ist, sie beherrscht und zufolge dieses Herrschaftsverhältnisses auf sie mit Ausschluss anderer einzuwirken vermag. Eine solche rein tatsächliche Herrschaft kann sich sehr wohl aus räumlichen oder wirtschaftlichen Verhältnissen ergeben, vermöge deren Beziehungen der einzelnen Sache zu einer Person mit der Wirkung begründet sind, dass die Sache als von dieser Person beherrscht erscheint, vielleicht nur ihr zugänglich und erreichbar ist und nur sie darauf einwirken kann, andere aber hierzu nicht in der Lage sind. Dass der Gewahrsamsinhaber hierbei sich seiner durch diese Beziehung offenbarten und tatsächlich bestehenden Herrschaft bewusst, dass sein Wille auf die Ausübung der Gewalt und namentlich gerade über die einzelnen Sachen innerhalb seines Herrschaftsbereiches besonders gerichtet sein müsse, kann nicht gefordert werden. Die gegenteilige Meinung würde zu unhaltbaren Ergebnissen führen"[414].

Hier spricht das Reichsgericht also ganz deutlich aus, dass es einen Herrschaftswillen für den Gewahrsam nicht für erforderlich hält. Es führt dazu weiter aus: „Sobald die Möglichkeit der ausschließlichen Beherrschung der Sache durch eine dritte Person nach den Umständen besteht, insbesondere durch die räumlichen Beziehungen begründet ist, und für den, der sich der Sache bemächtigen will, offen zutage tritt, ist es nicht angängig, nur dann von ,Wegnahme' zu sprechen, wenn sich auch der Nachweis führen lässt, dass der tatsächliche Zustand entsprechend dem Willen des anderen begründet wurde und dass dieser die Ausübung der Herrschaft über die Sache auch für sich in Anspruch nimmt, dagegen unter sonst ganz gleichen Umständen die Wegnahme zu leugnen, sobald das tatsächliche Herrschaftsverhältnis ohne Wissen des Inhabers entstanden ist und sein Bestehen vielleicht seinem Willen zuwiderläuft. Der Kenntnis des Diebes entzieht sich regelmäßig, ob die Sache mit Wissen und Willen desjenigen sich an ihrem Platze befindet, welcher äußerlich als Herr der an diesem Platze befindlichen Sache erscheint; es ist nicht berechtigt, die Diebeshandlung verschieden zu beurteilen, je nachdem die aus dem alleinigen Gewaltbereich eines anderen gestohlene Sache sich dort mit Wissen und Willen befindet, oder gar danach, von wem sie dorthin gebracht wurde, ob gerade von dem, der sie äußerlich beherrscht oder von Dritten mit seinem Willen oder doch zufolge der nach der Verkehrssitte zu vermutenden Zustimmung des Beherrschenden"[415].

Eine weitere Entscheidung, in der das Reichsgericht ausdrücklich das Erfordernis eines Besitzwillens verneint, ist E. 54 S. 231. Hier hatten Postbeamtinnen bei der Verladung von Paketen in einen Eisenbahnwagen ein Paket auf den Bahnsteig fallen und versehentlich dort liegen lassen. Ein Dritter hatte sich das Paket zugeeignet. Das Reichsgericht ging von einem Gewahrsam der Bahnverwaltung aus und erkannte daher auf Diebstahl. Dabei wurde wiederum deutlich gesagt, dass es einer Kenntnis der Bahnverwaltung oder ihrer Beamten von dem Vorhandensein des Pakets, geschweige denn einer besonderen den Gewahrsam vermittelnden Willensbetätigung, nicht bedürfe[416].

Recht eindeutig spricht sich das Reichsgericht an anderer Stelle gegen einen Gewahrsamswillen aus. So heißt es u.a.: „... Die Strafkammer verkennt den Begriff des Gewahrsams, da sie außer der tat-

---

[414] RGSt 50,48.
[415] RGSt 50,48 f.
[416] RGSt 54,233.

sächlichen Verfügungsgewalt noch den Beherrschungswillen verlangt. Gewahrsam ist lediglich die tatsächliche Innehabung, die Möglichkeit, über eine Sache mit Ausschließung anderer zu verfügen"[417].

In der Entscheidung Bd. 55 S. 220 wird gesagt: „Gewahrsam ist ein tatsächlicher Zustand, der die äußere Möglichkeit der Herrschaft über eine Sache gewährt, aber nicht notwenig die Kenntnis des Gewahrsamsinhabers von dem Vorhandensein dieser Möglichkeit erfordert."

In RG Recht 20 Nr. 1226 heißt es: „... ein besonderer Wille, die Sache zu beherrschen, kommt für den Gewahrsam, ein rein tatsächlich bestehendes Herrschaftsverhältnis, nicht in Betracht." Ebenso eindeutig ist RG Recht 27 Nr. 800: „Der Gewahrsam ist ein rein tatsächliches Verhältnis, welches den Willen der Innehabung nicht erfordert; nicht einmal notwendig die Kenntnis des Inhabers von seiner Verfügungsgewalt voraussetzt"[418].

Zusammenfassend kann den angeführten Entscheidungen entnommen werden, dass das Reichsgericht einen Gewahrsamswillen als Erfordernis für den Gewahrsam verneint[419]; wenngleich zu konstatieren ist, dass die Verhältnisse in den zitierten Entscheidungen vielfach so liegen, dass auch ein genereller Herrschaftswille[420] unterstellt werden könnte[421]. In einzelnen Formulierungen spricht sich das Reichsgericht aber so eindeutig gegen einen Herrschaftswillen aus, wie auch immer er geartet sein mag, dass an der Ablehnung kein Zweifel bestehen kann.

Einige entgegengesetzte Entscheidungen lassen jedoch die Unsicherheit der reichsgerichtlichen Rechtsprechung in dieser Frage deutlich werden. Der Entscheidung Bd. 12 S. 353 von 1885 lag der Sachverhalt zugrunde, dass die Angeklagten die von ihnen tags zuvor in einer Scheune versteckten Säcke mit Erbsen nachts aus der verschlossenen Scheune herausholten. Das Reichsgericht sagte zu der Frage der Gewahrsamserlangung:

„Es kann der Täter sich das Einfüllen der Frucht und das Verstecken des Sackes auch bloß als den ersten Schritt zur Erlangung eigener Verfügungsgewalt und erst das Wegschaffen des Diebstahlsobjektes aus dem Gebäude des Bestohlenen als den durch die voraufgegangenen Manipulationen nur erleichterten Akt der Erlangung des Gewahrsams und der Entsetzung des bisherigen Inhabers vorgesetzt haben; dann hat er vorher die Wegnahme noch nicht durchgeführt, sondern sich erst dazu in den Stand gesetzt, also auch den Diebstahl vorher noch nicht vollendet, weil, wenn auch schon die früheren Handlungen des Einfüllens und Versteckens nach der objektiven Seite hin geeignet gewesen wären, die Besitzergreifung als beendigt erscheinen zu lassen, es bis zum Wegschaffen aus dem Gebäude und dem unmittelbar hierzu bewerkstelligten abermaligen Ergreifen des Sackes an dem Willen – animus – der Besitzergreifung und Wegnahme fehlte"[422].

Hier geht also das Reichsgericht offensichtlich von dem Erfordernis eines Gewahrsamswillens aus. Ebenso in der Entscheidung Bd. 27 S. 222 von 1895. Dort heißt es: „Es genügt vielmehr, um einem anderen, hier dem Vermieter, eine Sache wegnehmen zu können, dass demselben das physische Vermögen der tatsächlichen Herrschaftsausübung hinsichtlich des betreffenden Gegenstandes, die tatsächliche Möglichkeit, über eine Sache zu verfügen, zusteht, und dass er auch den Willen der Ausübung seiner Verfügungsgewalt hat"[423].

---

[417] RGSt 56,207.
[418] Übereinstimmend RG Recht 24 Nr. 795, Nr. 1071; 25 Nr. 1527; OLG Düsseldorf GA 68,314.
[419] So v. Hippel S. 239; Frank § 242 Anm. IV; Schönke-Schröder § 242 Rdnr. 20.
[420] In RGSt 50,49 ist von einem Herrschaftswillen allgemeiner Art die Rede, wie er beispielsweise hinsichtlich der Wohnräume bestehen könne.
[421] Siehe Jagusch LK 1958 § 242 Vorbem. C II 2; Soltmann S. 22.
[422] RGSt 12,355.
[423] RGSt 27,225.

Noch deutlicher hat sich das Reichsgericht in der Entscheidung RG LZ 1918 S. 229 zur Willenstheorie bekannt: „Zu den Voraussetzungen des Gewahrsams gehört, dass der bisherige Inhaber der Sache in der Lage ist, zu der seiner unmittelbaren Gewalt zeitweilig entrückten Sache zurückzukehren und seine tatsächliche Herrschaft wieder auszuüben. In der Zwischenzeit muss er nur den Willen, diese Herrschaft über die Sache zu behalten, gehabt haben. Er darf also nicht etwa infolge des Umstandes, dass ihm zeitweilig der Ort, wo sich die Sache befindet, nicht genau bekannt ist, den Entschluss gefasst haben, den Gewahrsam überhaupt aufzugeben."

Auch in RG Recht Nr. 305 heißt es: „... jedermann zugängliche Gegenstände können im Gewahrsam einer Person stehen, es ist nicht erforderlich, das diese ihren Besitzwillen irgendwie zum Ausdruck bringt." Wenn das Reichsgericht im vorstehenden Fall sagt, dass der Besitzwille nicht „irgendwie zum Ausdruck" gebracht zu werden braucht, so bedeutet das nichts anderes, als dass er im Prinzip gefordert wird.

Schließlich führt das Reichsgericht in einer Entscheidung aus dem Jahre 1926 aus: „Es ist zwar unbestritten, dass der Gewahrsam als tatsächliches Herrschaftsverhältnis ... durch Gehilfen ausgeübt werden kann, die nur für den Herrn und auf seine Anweisung über die Sache verfügen, nicht aber selbst den Herrschaftswillen haben. Vorausgesetzt ist aber doch, dass der Verwirklichung des Herrschaftswillens des Herrn zur unmittelbaren Einwirkung keine Hindernisse entgegenstehen"[424].

Die zitierten Entscheidungen zeigen den Zwiespalt in der Rechtsprechung des Reichsgerichts im Hinblick auf den Gewahrsamswillen. Einerseits wird der Gewahrsam als ein lediglich tatsächliches und willensunabhängiges Verhältnis aufgefasst, andererseits wird ein Gewahrsamswille als Erfordernis des Gewahrsams verlangt.

Hieraus meinte Siebert den Schluss ziehen zu können, dass Gewahrsam nur dann bestünde, „wenn die eine gewisse tatsächliche Beherrschungsmöglichkeit gewährleistenden äußeren Umstände gleichzeitig einen auf eine solche Beherrschungsmöglichkeit gerichteten Willen erkennen lassen"[425]. Mit dieser Formulierung suchte Siebert die expressis verbis in Widerspruch stehenden Entscheidungen des Reichsgerichts in Einklang zu bringen.

Nach Siebert widerspricht die des Öfteren vom Reichsgericht gebrauchte Definition, Gewahrsam sei ein lediglich faktisches, auf physischer Gewalt beruhendes Verhältnis, keinesfalls der an anderen Stellen geäußerten Auffassung, dass zum Gewahrsam ein Herrschaftswille erforderlich sei. Siebert meint: „Man kann also wohl sagen, ein irgendwie gearteter Wille neben der tatsächlichen Gewalt wird nicht verlangt, sondern der Wille liegt in der tatsächlichen Gewalt, er kommt in ihr zum Ausdruck und zwar nur in ihr, nur der äußere Tatbestand ist also entscheidend. Es handelt sich wirklich um ein rein tatsächliches Verhältnis. Aber nicht jede tatsächliche Beherrschungsmöglichkeit einer Sache macht den Träger dieser Möglichkeit schon zum ‚Herrn'. Sondern damit dieser als Herr erscheint, ist eine qualifizierte tatsächliche Gewalt erforderlich, nämlich eine solche, die auch einen ihr entsprechenden Beherrschungswillen erkennen lässt; ist sie gegeben, dann erscheint der Gewalthaber äußerlich als Herr der Sache"[426].

Damit bekannte sich Siebert – eben aus dem Bestreben heraus, die gegensätzlichen Entscheidungen des Reichsgerichts miteinander in Einklang zu bringen – letztlich doch zu einer „Willenstheorie". Wenn nämlich für den Gewahrsam eine „qualifizierte tatsächliche Gewalt" gefordert wird, der ein „entsprechender Beherrschungswille" immanent sein müsse, so bedeutet dies nichts anderes, als dass

---

[424] RG 60,271 f.
[425] Siebert S. 59.
[426] Siebert S. 60 f. Ihm angeschlossen hat sich bezüglich der Willensfrage weitgehend Nöldeke, S. 46 ff.

von einer subjektiven Komponente des Gewahrsams ausgegangen wird. So wird Siebert von Solt-mann mit Recht zur Stützung der „Willenstheorie" angeführt[427].

Bei näherer Betrachtung wird freilich klar, dass es jeglicher Logik entbehrt, Faktum und Willen zugleich in den Begriff der tatsächlichen Gewalt hineinverlegen zu wollen. Die Siebert'sche „quali-fizierte Gewalt, die einen ihr entsprechenden Beherrschungswillen erkennen lässt", kann es so nicht geben. Denn selbst wenn das subjektive Moment des Gewahrsams in der tatsächlichen Gewalt ledig-lich „zum Ausdruck" kommen soll, muss es doch irgendwie zur Entstehung gebracht werden. Die subjektive Seite des Gewahrsams kann aber nicht aus der objektiven Seite heraus entstehen (Siebert sagt quasi, die subjektive Seite des Gewahrsams liege in der objektiven Seite), weil die tatsächliche Gewalt keinen Herrschaftswillen hervorzubringen vermag[428]. Der Versuch, die reichsgerichtliche Rechtsprechung in dieser Form zu interpretieren, muss daher als misslungen angesehen werden.

Das Reichsgericht hat in seiner Rechtsprechung niemals Anlass zu der von Siebert unternommenen Interpretation gegeben (wenngleich die Frage eines generellen Herrschaftswillens nicht genügend von der Frage, ob überhaupt ein Herrschaftswille gefordert wird, getrennt worden ist). Es weist im Gegenteil sogar selbst in einem Urteil ausdrücklich darauf hin, dass bezüglich des Gewahrsamswil-lens unterschiedlich entschieden worden sei, dass jedoch die überwiegend in der reichsgerichtlichen Rechtsprechung vertretene Meinung einen Gewahrsamswillen ablehne und von einem tatsächlichen äußeren Verhältnis ausgehe[429]/[430]. Insofern hat die Arbeit von Siebert eher zur Verwirrung als zu einer Klärung des reichsgerichtlichen Standpunktes beigetragen.

Insbesondere übersieht Siebert auch die in einigen Entscheidungen des Reichsgerichts zum Aus-druck kommenden Bemühungen, den Gewahrsam über das rein tatsächliche Gewaltverhältnis hinaus – auf das allerdings immer wieder zurückgegangen wird – als ein soziales Verhältnis aufzufassen. Zum Beispiel sagt das Reichsgericht: „Eine ... rein tatsächliche Herrschaft kann sich sehr wohl aus räumlichen oder wirtschaftlichen Verhältnissen ergeben, vermöge deren Beziehungen der einzelnen Sache zu einer Person mit der Wirkung begründet sind, dass die Sache als von dieser Person be-herrscht erscheint ..."[431].

An anderer Stelle heißt es: „Sobald die Möglichkeit der ausschließlichen Beherrschung der Sache durch eine dritte Person nach den Umständen besteht, insbesondere durch die räumlichen Beziehun-gen begründet ist, und für den, der sich der Sache bemächtigen will, offen zutage tritt ..."[432].

Noch klarer kommt der soziale Aspekt, dem das Reichsgericht verschiedentlich das tatsächliche Herrschaftsverhältnis unterworfen wissen will, in folgender Formulierung zum Ausdruck: „Auch frei daliegende und jedermann zugängliche Gegenstände können im Gewahrsam einer Person stehen, es ist nicht erforderlich, dass diese ihren Besitzwillen irgendwie zum Ausdruck bringt. Nach den Ge-pflogenheiten des täglichen Lebens richtet es sich, wie der Gewahrsam in die äußere Erscheinung tritt. Rohstoffe, Gerüstzeug, Geräte für Bauarbeiten, die auf der Straße neben Bauplätzen ohne wei-

---

[427] Soltmann S. 24 f.

[428] Unter Umständen ergibt sich bei Vorliegen der tatsächlichen Sachgewalt eine gewisse soziale Achtung (in dieser Richtung führt Nöldeke, S. 45 f u. 132 f, die Siebert'sche Theorie weiter), die dann allerdings in kei-ner Weise mit einem Herrschaftswillen auf der Seite des Gewahrsamsinhabers in Verbindung gebracht wer-den kann, sondern vielmehr als ein vom Willen des Gewahrsamsinhabers unabhängiges soziales Moment aufgefasst werden müsste. Hierauf wird noch näher einzugehen sein (siehe Kap. 4, § 13 III).

[429] RGSt 50,49.

[430] Jagusch LK 1958 § 242 Vorbem. C II 2 hält dies für ein Missverständnis, weil selbst in den Entscheidun-gen des RG, die auf die tatsächliche Innehabung abstellen, an einem besonderen oder allgemeinen Herr-schaftswillen nicht zu zweifeln sei.

[431] RGSt 50,46.

[432] RGSt a.a.O.

tere Sicherung niedergelegt sind, bleiben im Gewahrsam dessen, der sie dort verwenden will. Nur wenn solche Gegenstände verlegt, verschleppt oder unbeachtet zurückgeblieben und in Abgang geraten sind, geht der Gewahrsam unter"[433].

In ähnlicher Weise spricht sich das Reichsgericht auch aus in einem Fall der Zueignung von Sachen, die von Plünderern auf der Straße vor dem geplünderten Geschäft verstreut worden waren. Das Reichsgericht sagte: „Ob jemand die tatsächliche Verfügungsgewalt über einen Gegenstand besitzt, bestimmt sich nach der Gestaltung des einzelnen Falles. Die tatsächliche Herrschaft hängt nicht davon ab, dass der Gegenstand sich in den Wohn- und Geschäftsräumen oder auf dem Grundstück dessen, der als Besitzer in Betracht kommen soll, befindet, noch erfordert sie die Anwesenheit des Machthabers. Selbst wenn daher – was nach dem Urteil nicht als ausgeschlossen erscheint – weder der Geschäftsinhaber noch sein Personal während oder nach Beendigung der Plünderung zur Stelle waren, so braucht ersterer darum noch nicht des Gewahrsams an den vor dem Laden auf der Straße umherliegenden Waren verlustig zu gehen, wenn auch aus der Sachlage sich eine Gefährdung seines Besitzes ergeben mochte. Nach der erkennbaren Annahme des LG. ergab sich für jedermann auf den ersten Anblick, dass die vor dem Laden verstreuten Sachen zu den Beständen des geplünderten Geschäfts, also in den Herrschaftsbereich des Geschäftsinhabers gehörten, und dieser brauchte nur herzukommen, um die ohne weiteres als die seinigen erkennbaren Gegenstände zu sammeln und in seine Geschäftsräume zurückzuschaffen"[434].

Das Reichsgericht will also in einigen seiner Entscheidungen die Abgrenzung des Herrschaftsverhältnisses eher nach „sozialen" Gesichtspunkten vornehmen, als – wie Siebert meint – mit Hilfe eines der tatsächlichen Gewalt immanenten Gewahrsamswillens. Dies missversteht auch Soltmann, der sich der Meinung Sieberts angeschlossen hat[435].

IV. Ältere Literaturmeinungen, die einen Gewahrsamswillen verlangen

Gegen Ende des 19. bis Anfang des 20. Jahrhunderts setzte sich die sog. Subjektivitäts- oder Willenstheorie, die für den Gewahrsam neben dem objektiven Moment der tatsächlichen Gewalt noch eine Willensbetätigung fordert, mehr und mehr durch und drängte schließlich die bis dahin von einem großen Teil der Literatur vertretene objektive Theorie fast vollkommen zurück. Bis zur Gegenwart behauptet die Willenstheorie das Feld; in den letzten Jahrzehnten nahezu unangefochten. Auch hier mögen der Übersicht halber einige Meinungen älterer Autoren zitiert werden:

Binding: „Besitz im strafrechtlichen Sinne ist ... der Wille, eine Sache, die in den Bereich unserer tatsächlichen Herrschaft eingetreten und daraus noch nicht geschieden ist, in ihm zu behalten ... Man könnte noch realistischer sagen wollen: Der Wille, dass die Sache an dem Ort unserer tatsächlichen Gewalt verbleibe, wo sie sich befindet, wenn damit nicht die Ortsveränderung innerhalb unserer Herrschaftssphäre mit getroffen würde. Abgesehen von dieser zu großen Ausdehnung träfe die Formulierung zu"[436]. Weiter meint Binding, dass man eine Sache grundsätzlich nur durch bewusste Willensbetätigung erwerben könne. Es gebe aber auch einen „generellen Besitzwillen", der konkretes Wissen nicht erfordere, etwa gerichtet auf alle Sachen, welche sich in einem Zimmer, Hof, Magazin, Koffer etc. befinden[437].

---

[433] RG Recht 21 Nr. 305 (E. v. 30.11.1916).
[434] RG JW 1926,585; unter Berufung auf RG GA 64,368 f; 68, 272 f. Vgl. ferner RGSt 43,13; 50,183; RG GA 48,311.
[435] Soltmann S. 24 f.
[436] Binding BT I S. 286.
[437] Binding BT I S. 287 f.

v. Liszt-Schmidt: „Gewahrsam ist tatsächliche Gewalt, d.h. die vom Herrschaftswillen getragene tatsächliche Herrschaft über die Sache; also die Möglichkeit, mit Ausschluss anderer auf sie einzuwirken; die Verfügungsgewalt, verbunden mit dem erkennbaren Willen, die eigene Herrschaft unter Ausschluss anderer geltend zu machen. Wille und Gewalt müssen nebeneinander vorhanden sein; diese ist ohne jenen nicht möglich, jener muss in dieser zutage treten"[438].

v. Liszt-Schmidt führen weiter aus, dass ein Wissen um die einzelnen Gegenstände, die sich in den vom Herrschaftswillen allgemein umfassten Räumen befinden, nicht erforderlich sei. Es genüge im Übrigen ein solches Verhältnis zur Sache, dass man den Herrschaftswillen über die Sache in einer der Gewohnheit des täglichen Lebens entsprechenden Weise zu betätigen vermöge oder dass man nach dem gewöhnlichen Verlauf auf die Verfügung über sie rechnen könne[439].

v. Olshausen ist der Meinung, dass zu dem physischen Vermögen ausschließlicher tatsächlicher Herrschaftsausübung hinsichtlich eines Gegenstandes, also zu dem lediglich räumlich-zeitlichen Verhältnis zur Sache, ein Beherrschungswille hinzutreten müsse. Denn die Wegnahme einer Sache sei unmöglich, wenn niemand den Willen kundgegeben habe, sie beherrschen zu wollen[440].

Auch Frank geht davon aus, dass zum Gewahrsam ein Herrschaftswille gehöre, da man nicht sagen könne, dass eine Sache demjenigen weggenommen werde, der sie in seiner tatsächlichen Verfügungsgewalt habe, eine solche aber nicht ausüben wolle[441]. Darüber hinaus vertritt Frank die Meinung, ein Herrschaftswille sei grundsätzlich ohne eine Kenntnis der Verfügungsmöglichkeit nicht denkbar. Eine Sache, von der man nichts wisse, könne man grundsätzlich auch nicht beherrschen wollen. Allerdings könne man zum Beispiel in Räumlichkeiten von einem generellen Herrschaftswillen ausgehen[442].

Hälschner sagt: „Die faktische Möglichkeit über eine Sache zu verfügen, begründet an sich niemals den Gewahrsam, sollte diese Möglichkeit auch für die betreffende Person der Wirklichkeit viel näher stehen als für jede andere Person ... Der Gewahrsam wird also nur erworben durch eine Willensäußerung, eine Handlung vermittels deren die Person zur Sache in das Verhältnis tritt sie beherrschen zu können, und ihren Willen kund gibt sie beherrschen zu wollen. Der Gewahrsam hört demgemäß auf mit dem Aufhören des Willens die Sache inne zu haben, das sich als ein Aufgeben, Derelinquieren der Sache oder als Übertragung des Gewahrsams an eine andere Person äußern wird. Im letzteren Fall kann darum der Gewahrsam aufhören, obwohl in den faktischen Voraussetzungen des Gewahrsams, in der Möglichkeit des Verfügens über die Sache nichts geändert wird"[443].

Die Notwendigkeit eines Gewahrsamswillens sieht Hälschner darin begründet, dass sich nur so die Fortdauer des Gewahrsams erklären ließe, wenn das physische Vermögen, über die Sache zu verfügen, aufgehoben sei[444].

Rotering geht ebenfalls von dem Erfordernis eines Gewahrsamswillens aus, wobei er darlegt, dass die Kenntnis von der Existenz eines individuellen Gegenstandes nicht erforderlich sei, sobald man einen generellen Herrschaftswillen bezüglich des betreffenden Gegenstandes zugrunde legen könne[445]. Er vertritt folgende Meinung: „Gewahrsam besteht nun aber nicht bloß in einem räumlich zeit-

---

[438] v. Liszt-Schmidt S. 613.
[439] v. Liszt-Schmidt S. 613 f.
[440] v. Olshausen § 242 Anm. 16; anders v. Olshausen, 12. Aufl. 1942, § 242 Anm. 14 a: „Ebenso wenig gehört zum Gewahrsam der Wille, die Sache zu beherrschen" (jedoch in Widerspruch zu § 242 Anm. 13 a).
[441] Frank § 242 Anm. IV.
[442] Frank a.a.O.
[443] Hälschner S. 430.
[444] Hälschner S. 431.
[445] Rotering GS 35,364.

lichen Verhältnis der Person zur Sache, der ‚ausschließlichen Herrschaft des Individuums über einen dauernder Beherrschung zugänglichen Vermögensgegenstand ohne Rücksicht auf Wissen und Willen des Inhabers', wie Schütze, Lehrb. S. 427 hervorhebt, vielmehr muss noch jenes zweite, innerliche, subjektive Moment hinzukommen, es muss die Sache in den Kreis der Willensherrschaft des Inhabers hineinfallen. Das setzt nun aber keineswegs auch voraus, dass der Inhaber um die Existenz dieses individuellen Gegenstandes, geschweige denn darum weiß, dass sich derselbe innerhalb seiner Verfügungsgewalt befindet"[446].

In leidenschaftlicher Weise schloss sich Micelli in seiner Schrift „Der Begriff des Gewahrsams im Strafrechte" von 1906 der Willenstheorie an und bezeichnete den Gewahrsam als ein „räumlich-zeitlich bestimmtes Herrschaftsverhältnis der Person zur Sache, verbunden mit dem erkennbaren Willen, die eigene Sachherrschaft gegen jeden anderen geltend zu machen"[447].

Der Gegenmeinung hält er vor: „Ich müsste mir also, schlägt man den Gedankengang der Gegner ein, den Gewahrsam an gestohlenen Sachen ohne weiteres zusprechen lassen, die mir jemand, um mich zu kompromittieren, heimlich in die Tasche gesteckt hat, da ich unstreitig damit die körperliche Verfügungsgewalt über sie erlangt habe. Ein solches Resultat würde direkt der gesunden Vernunft und somit dem Rechtsgefühl des Volkes ins Gesicht schlagen. Nach der Anschauung des Lebens vielmehr, die gerade Römpler (S. 38) nicht genug betont wissen will, werden wir Sachen, um die wir uns wegen ihrer Wertlosigkeit, Nebensächlichkeit, nicht weiter kümmern wollen, oder die uns wegen einer ihnen anhaftenden unangenehmen Eigenschaft großen Schaden bringen können, von unserem tatsächlichen Herrschaftsbereich fernzuhalten suchen. Gelangen sie dennoch durch irgendwelche Umständen ohne unser Zutun in unsere Verfügungsgewalt, so ist uns das gleichgültig, solange wir nicht davon wissen. Sie bleiben unbesessen und können deshalb unterschlagen aber nicht gestohlen werden. Sobald wir sie entdeckt haben, werden wir so schnell als möglich uns ihrer wieder entledigen. Also trotz tatsächlicher Herrschaft kein Gewahrsam, da in derartigen Fällen das subjektive Requisit entfällt"[448].

Für die Richtigkeit der Willenstheorie führt Micelli ferner an, dass „wenn nur das physische Moment ausschlaggebend wäre, gar kein Grund sich absehen ließe, warum der Gewahrsam fortdauern sollte, wenn jenes äußerliche Merkmal wegfällt"[449]. Zur Bekräftigung dieser These bring Micelli ein Beispiel: „Den Gegnern wird es wohl nicht beifallen zu behaupten, dass mir der Gewahrsam an dem Kahne fehlt, den ich ans Land gezogen habe, während ich im nahe liegenden Wald spaziere gehe." Ganz entschieden Stellung gegen einen rein phyischen Gewahrsamsbegriff nimmt auch Rosenfeld[450], auf den sich des Weiteren Soltmann bezogen hat. Rosenfeld vertritt den Standpunkt, dass der Inhaber eines Behältnisses noch nicht den Gewahrsam an dessen Inhalt habe, wenn nur Gewalt im technischen Sinne oder ähnliche Mittel die Beherrschungsmöglichkeit eröffnen. Vielmehr liege in einem solchen Falle noch ein Gewahrsam desjenigen vor, der „nach dem gewöhnlichen Lauf der Dinge" auf eine Fortdauer seiner Verfügungsgewalt rechnen dürfe[451].

Somit vermittelt nach Meinung Rosenfelds die tatsächliche Gewalt über eine Sache noch nicht den Gewahrsam, wenn eine „soziale Sperre" vorhanden ist. Wenngleich der Inhaber eines Behältnisses dieses jederzeit erbrechen kann, habe er doch noch nicht den Gewahrsam am Inhalt. Hier ist nach

---

[446] Rotering a.a.O.
[447] Micelli S. 48.
[448] Micelli S. 50, unter Berufung auf Rotering GS 35,368.
[449] Micelli a.a.O.
[450] Rosenfeld ZStW 37,159 ff.
[451] Rosenfeld ZStW 37,165.

Meinung Rosenfelds eine „vom Verkehr respektierte Scheidewand" vorhanden, die dem Schlüsselinhaber den Gewahrsam am Inhalt des Behältnisses erhält[452].

Rosenfeld legt also deutlich dar, dass er von dem Gewahrsam als einem sozialen Verhältnis ausgeht – im Vergleich zu den meisten anderen Literaturmeinungen und der in diesem Punkt recht nebulosen Rechtsprechung des Reichsgerichts ein großer Fortschritt. Im Übrigen geht aber auch er von der Willenstheorie aus[453].

Soltmann, der sich in seiner Monographie „Der Gewahrsamsbegriff in § 242 StGB" von 1934 – der letzten umfassenden Schrift über den strafrechtlichen Gewahrsam – mit dem Problem des Gewahrsamswillens eingehend auseinandergesetzt hat, bekennt sich ebenfalls zur Willenstheorie[454]. Die von Frank, Hälschner, Micelli u.a. für das Willenserfordernis gegebene Begründung hält er jedoch nicht für ausreichend[455]. Er meint, man müsse sich vielmehr immer vor Augen halten, dass der Diebstahl nach altgermanischer Auffassung wegen des Einbruchs in einen fremden Gewaltbereich einen ehrenkränkenden Charakter gehabt habe und noch habe. Diesen Charakter behalte die Wegnahme einer Sache aber nur dann, wenn der Inhaber derselben seine Macht innerhalb seines Machtbereichs wahren wolle. Daher sei der h.M., die von einem Willenserfordernis ausgehe, zuzustimmen[456].

Soltmann unterscheidet im Übrigen zwischen einem Gewahrsamserwerbs-Willen, einem Gewahrsamserhaltungs-Willen und einem Willen beim Gewahrsamsverlust[457], wie dies in ähnlicher Weise bereits Micelli unternahm[458]. Das tatsächliche Herrschaftsverhältnis will Soltmann – im Anschluss an Rosenfeld – als ein soziales Verhältnis aufgefasst wissen[459]. Er spricht von einem „sozialen Gewahrsamsbegriff" und sagt weiter: „Nicht das rein physische Verhältnis ist das einzig Entscheidende, sondern die Verkehrsauffassung"[460].

V. Die in der älteren Literatur geführte Diskussion über das Willenserfordernis

Es ist festzustellen, dass sich die Argumente für einen Gewahrsamswillen in der älteren Literatur – und nur hier, nicht aber in der neueren Literatur oder Rechtsprechung lassen sich wirkliche Argumente finden – im Wesentlichen auf folgende Punkte beschränken:

a) Es könne nicht davon ausgegangen werden, dass eine Sache demjenigen i.S.d. § 242 StGB weggenommen wird, der sie in seiner tatsächlichen Verfügungsgewalt hat, eine solche aber nicht ausüben will[461].

b) Die Fortdauer des Gewahrsams bei Lockerung der Sachbeziehung könne nur mit Hilfe eines Gewahrsamswillens erklärt werden[462].

c) Der Diebstahl habe nach altgermanischer Auffassung wegen des Einbruchs in einen fremden Gewaltbereich einen ehrenkränkenden Charakter gehabt und bis heute beibehalten. Diesen Charakter habe die Wegnahme einer Sache aber nur dann, wenn der Inhaber derselben seine Macht innerhalb seines Machtbereichs gewahrt wissen wolle[463].

---

[452] Rosenfeld ZStW S. 165 ff.
[453] Rosenfeld ZStW 37,161 f.
[454] Soltmann S. 20.
[455] Soltmann S. 19.
[456] Soltmann S. 19 f.
[457] Soltmann S. 20 ff.
[458] Micelli S. 52 ff.
[459] Soltmann S. 18, unter Berufung auf Rosenfeld ZStW 37,159 ff.
[460] Soltmann S. 15.
[461] v. Olshausen § 242 Anm. 16; Frank § 242 Anm. IV; Rotering GS 35,368; Micelli S. 50.
[462] Hälschner S. 431; Micelli S. 50; v. Liszt Schmidt S. 613.
[463] Soltmann S. 19 f.

Wohl weniger diese für die Willenstheorie anzuführenden Argumente, als vielmehr das aus dem römischen Recht übernommene „Prinzip des subjektiven Willens"[464], scheint die Mehrzahl der älteren Kriminalisten zur Einnahme ihres Standpunkts bewogen haben[465]. Oft wird dann auch vom vorgefassten Standpunkt her mehr behauptet, sich auf die „gesunde Vernunft" und das „Rechtsgefühl"[466], auf die Evidenz der eigenen Lösung[467] berufen, als begründet.

So behauptet beispielsweise Binding[468]: „Diesem ‚Besitz'" (gemeint ist der strafrechtliche Gewahrsam) „das Willensmerkmal nehmen zu wollen – wozu die Bewunderer des landrechtlichen Gewahrsams neigen –, bedeutet volle Verkennung des einzigen für den strafrechtlichen Besitz wesentlichen Moments." Einen Beweis für seine Richtigkeit beanspruchende These bleibt Binding jedoch schuldig.

Rotering führt aus, dass kein Gewahrsam an den Dingen existieren könne, die ohne unser Wissen und völlig wider unseren Willen in unseren Raum gelangt sind, in Ansehung derer wir also, sobald wir von ihrer Existenz Kenntnis erlangen, nichts Eiligeres zu tun haben, als sie sobald wie möglich zu entfernen[469]. Er sagt weiter: „So wird uns doch niemand den Gewahrsam zusprechen an der gestohlenen Börse, die ein Dieb uns ohne unser Wissen zusteckt, um uns zu verdächtigen oder an dem Explosionsstoffe, der in unser Zimmer geworfen ist, um uns zu verletzen. Es entfällt hier das oben aufgestellte Requisit, dass die Sache in den Kreis der Willensherrschaft des Machthabers hineinfallen, dass er diese tatsächlich mitbeherrschen wollen muss. Wir haben aber auch nicht den Gewahrsam an solchen Gegenständen, die wir in unseren Räumen unmöglich vermuten können, denn unser Wille ist auf das für nicht vorhanden Erachtete nicht gerichtet"[470].

Auch v. Olshausen und Frank gehen davon aus, dass man eine Sache, von der man nichts wissen wolle, auch nicht beherrschen könne. Zur Begründung führen sie aus, man könne nicht sagen, dass eine Sache demjenigen weggenommen wird, der sie in seiner tatsächlichen Verfügungsgewalt hat, eine solche aber nicht ausüben will[471].

Dem wusste Römpler, der sich vor allem gegen Roterings Beispiel mit der gestohlenen Geldbörse wandte, entgegenzuhalten: „Aber wir fragen, wie nun, wenn uns im Gedränge die Börse wieder entwendet wird? Will Rotering dem früheren Eigentümer den Gewahrsam noch zusprechen oder dem ersten Dieb? Oder keinem? Dann stände der zweite Dieb wieder gerechtfertigt da, wir müssten ihn bis auf weiteres als ehrlichen Finder gelten lassen"[472].

Ähnlich argumentiert auch Zuckermann, der die Frage aufwirft: „Soll der Taschendieb B, der dem A den Gegenstand aus der Tasche zieht, deshalb wegen Unterschlagung bestraft werden, weil A von dem Gegenstand nichts wusste oder wissen wollte? Hat B dem A nicht auch im letzteren Falle den Gegenstand „weggenommen" ihm denselben aus der Tasche gezogen? ... Ist sein verbrecherischer Wille geringer, wenn A von dem Gegenstand nichts weiß? Soll bei einem äußerlich völlig gleichen Tatbestand B einmal wegen Unterschlagung, das andere Mal wegen Diebstahls bestraft werden?"[473].

---

[464] v. Jhering, Geist des röm. Rechts I, S. 106: „Eines der römischen Hauptprinzipien war das Prinzip des subjektiven Willens."
[465] Vgl. auch Römpler S. 25 f; Zuckermann S. 5.
[466] Micelli S. 50.
[467] Rotering GS 35,368.
[468] BT I S. 286.
[469] Rotering GS 35,368.
[470] Rotering a.a.O.
[471] v. Olshausen a.a.O.; a.A. in der 12. Aufl., § 242 Anm. 14 a; Frank a.a.O.
[472] Römpler S. 39.
[473] Zuckermann S. 31 f.

Micelli hat versucht, die Argumente Römplers, mit denen sich jene des Reichsgerichts in Bd. 50 S. 38 decken, ad absurdum zu führen: „Wenn schließlich Römpler die praktische Brauchbarkeit des von ihm und seinen Anhängern aufgestellten Gewahrsamsbegriffes so beifällig hervorhebt, so vergisst er, dass man gerade durch seine Theorie genötigt wird, den Diebstahl überhaupt zu verneinen. Denn wenn jeder, der lediglich in einem ‚Verhältnis physischer Nähe' zu einer Sache steht, den Gewahrsam an ihr hat, so darf ihn sicherlich auch der Dieb für sich beanspruchen, da er sich vor der Tat und im Moment der Tat in einem solchen räumlichen Verhältnisse zu der zu stehlenden Sache befindet, vermöge dessen es ihm möglich ist die Sache zu ergreifen. Es könnte demnach das Verbrechen des Diebstahls gar nicht begangen werden"[474].

Augenscheinlich übersieht Micelli jedoch, dass Römpler für den Gewahrsam nicht ein bloßes Raumverhältnis oder die bloße Möglichkeit der ausschließlichen Beherrschung genügen lassen wollte. Das „eigentlich Entscheidende" konnte für Römpler „immer nur die Anschauung des Lebens" sein[475]. Also wollte er, ebenso wie später Redslob, Rosenfeld oder Soltmann, das tatsächliche Herrschaftsverhältnis einem sozialen Aspekt unterworfen wissen (worauf er nun allerdings nicht näher eingeht). Nach den „Anschauungen des Lebens" hat der Dieb aber solange keine Verfügungsgewalt über die Sachen des Opfers, wie sie nicht weggenommen sind. Insofern führt sich Micelli selber ad absurdum, denn nach seiner Gewahrsamsdefinition[476] hätte der seinem Opfer körperlich erheblich überlegene Räuber schon den Gewahrsam an den Wertsachen seines Opfers, wenn er diesem mit dem Willen, die Wertsachen zu haben, gegenüberträte – ein unhaltbares Ergebnis.

Das letzte Beispiel beweist, dass auch die Willenstheorie ohne eine soziale Gewahrsamskomponente unhaltbar ist, da eine Sachbeziehung nicht allein von subjektiven Vorstellungen getragen sein kann. Wenn man aber soweit geht, den Gewahrsam als ein soziales Verhältnis anzuerkennen, lässt sich seine Fortdauer im Falle einer Lockerung der Sachbeziehung auch ohne Einschaltung eines Herrschaftswillens erklären.

Soltmann scheint diese Konsequenz (wohl mehr intuitiv) erfasst zu haben. Er erklärt sich zwar nicht näher dazu, lehnt aber doch die Überlegung ab, dass man sich eine Fortdauer des Gewahrsams bei Lockerung der Sachbeziehung nur mit Hilfe des Gewahrsamswillens erklären könne[477]. Da ihm auch die Feststellung fragwürdig erscheint, dass eine Sache nur demjenigen weggenommen werden könne, der sie in seinem Gewahrsam haben wolle[478], begründet er das Willenserfordernis mit Hilfe eines angeblich ehrenkränkenden Charakters des Diebstahls[479].

VI. Stellungnahme

Der Diebstahl wird als eine Zueignung mittels Gewahrsamsbruchs seiner größeren verbrecherischen Intensität wegen schwerer als die Unterschlagung bestraft[480]. Wenn aber der eine erhöhte kriminelle Energie begründende Einbruch in die fremde Gewahrsamssphäre die Tat als Diebstahl kennzeichnet, kann es nicht davon abhängen, ob auf Seiten des Opfers Wissen und Wollen hinsichtlich der in seiner Gewahrsamssphäre befindlichen Gegenstände vorhanden ist. Die im Verhältnis zur Unterschlagung höhere Verbrechensintensität liegt auch dann vor, wenn zum Beispiel in die Gewahrsamssphä-

---

[474] Micelli S. 50.
[475] Römpler S. 38. (Allerdings in Widerspruch zu Römpler S. 43, letzter Satz.)
[476] Micelli S. 48, 51.
[477] Soltmann S. 19.
[478] Soltmann a.a.O.
[479] Soltmann S. 19 f.
[480] Insoweit kann auf die Ausführungen zur Unterscheidung von Diebstahl und Unterschlagung in Kap. 3, § 8 V 2 Bezug genommen werden.

re dessen eingedrungen wird, der gar nicht weiß, dass jemand ihm eine Sache heimlich in die Tasche gesteckt hat.

Der Kenntnis des Täters wird es sich in der Regel entziehen, wie sich die willensmäßige Zuordnung einer Sache zu einer Person gestaltet. Er wird vom Standpunkt des Beobachters her urteilen und allein auf die sich für jeden Dritten offenbarende soziale Zuordnung im rein tatsächlichen Bereich abstellen. Aber selbst wenn der Täter ausnahmsweise einmal wüsste, dass sich eine Sache ohne Wissen des ausgewählten Opfers in dessen Gewahrsamssphäre befindet, stellte sich die Wegnahme dennoch als „Diebesgriff" dar (soweit nicht eine dem Täter bekannte Einwilligung gegeben ist[481]). Denn Wegnahme ist nicht nur Handeln gegen, sondern auch ohne den Willen des Opfers.

Die Tat aber ist die des Täters. Sie beurteilt sich nicht nach den subjektiven Anliegen des Opfers hinsichtlich der einzelnen Tatbestandsmerkmale. Vielmehr kommt es darauf an, dass der Täter die ihm bekannten Tatumstände verwirklicht. Von einem dem Täter verborgenen Umstand kann es also nicht abhängen, ob seine Tat ein Diebstahl (versuchter Diebstahl) oder eine Unterschlagung ist[482]. Es widerspräche dem Grundsatz „nullum crimen sine lege", wollte man den rechtlichen Typus der Tat dem Zufall anheimgeben. Zufall wäre es aber aus der Sicht des Diebes, ob er gerade an ein Opfer gerät, das einen Herrschaftswillen hat (obwohl sicherlich überwiegend davon ausgegangen werden kann). Und es widerspricht dem Grundsatz „nulla poena sine lege", wollte man die Straffolgen davon abhängig machen, ob das Diebesopfer sich hinsichtlich der unter seiner Verfügungsgewalt stehenden Sachen eine bestimmte Meinung gebildet hat oder nicht. Denn im letzteren Fall hinge die Bestrafung des Täters nicht vom Gesetz ab, sondern von der Willensbildung des Opfers (die dann jeweils vom Gericht ermittelt werden müsste).

Es kann also nicht davon ausgegangen werden, dass eine Sache nur demjenigen weggenommen wird, der die Verfügungsmacht darüber auch ausüben will, wie es ein Teil der Literatur behauptet. Ebenso unhaltbar ist die Ansicht, dass sich die Fortdauer des Gewahrsams bei einer Lockerung der Sachbeziehung nur mit Hilfe des Gewahrsamswillens erklären lasse. Der Wille einer Person wird ohnehin nur selten offenkundig. Was die Sachbeziehung ausmacht, ist bei räumlicher Entfernung der Sache von einer Person daher nicht der Wille, die Sache zu beherrschen, sondern die soziale Situation[483]. Abzulehnen ist auch die von Soltmann für das Erfordernis eines Herrschaftsverhältnisses gegebene Begründung. Der Diebstahl ist nicht ein Delikt gegen die Ehre, sondern gegen das Eigentum. Abgesehen davon bleibt Soltmann die Begründung schuldig, warum eine Ehrverletzung nur gegen, nicht aber ohne den Willen des Verletzten möglich sein soll.

Bei näherer Betrachtung erweist sich insbesondere die in Frage stehende Konstruktion des Gewahrsams kraft generellen Herrschaftswillens als dogmatisch unhaltbar. Zum einen lässt sich ein Herrschaftswille hinsichtlich einer bestimmten Sache nicht ohne das Wissen um die Existenz der Sache denken[484]. Zum anderen steht die h.L. in den Fällen einer unerwünschten Sachherrschaft unüber-

---

[481] Dies ist eine ganz andere Frage, als jene nach dem Willenserfordernis und damit nach den Voraussetzungen des Gewahrsams. – Die Einwilligung in die Wegnahme muss nach außen erkennbar, aber nicht notwendig dem Täter gegenüber, zum Ausdruck gekommen sein (vgl. Schönke-Schröder Rdnr. 41 vor § 51 m.w.N.). Weiß der Täter nichts von einer objektiv vorliegenden Einwilligung, so kommt immer noch versuchter Diebstahl in Betracht (vgl. auch Welzel GA 1960,262), so dass der Strafrahmen des Diebstahls zur Anwendung gelangen kann.

[482] So auch Zuckermann S. 32; ebenso Dreher GA 1969,58 hinsichtlich Diebstahl und Betrug.

[483] Z.B. haben sowohl der Autofahrer, der seinen Wagen auf der Straße abstellt, als auch der Eigentümer einer auf der Straße verlorenen Geldbörse einen auf ihre Sachen sich richtenden Herrschaftswillen. Unabhängig davon wird man aber zu dem Schluss kommen müssen, dass der Autofahrer an seinem geparkten Wagen Gewahrsam hat, nicht aber der Eigentümer an seiner verlorenen Geldbörse.

[484] Siehe dazu Kap. 1, § 3 II.

windbaren Schwierigkeiten gegenüber[485]. Sie sieht sich aber zu ihrer Fiktion eines generellen Herrschaftswillens genötigt, weil beim Diebesopfer nicht immer dann ein konkreter Gewahrsamswille vorliegt, wenn sich die Wegnahme einer Sache als Diebstahl herausstellt. Insofern geht auch die h.L. primär von der Täterhandlung aus – wie sollte es auch anders sein.

Ein recht gutes Beispiel für die Inkonsequenz der h.L., die einerseits für den Gewahrsam einen Herrschaftswillen verlangt, sich aber andererseits der Einsicht beugt und beugen muss, dass zur Strafbarkeit des Täters eine vorsätzliche Verwirklichung aller Tatbestandsmerkmale erforderlich ist, bietet Soltmann. Als Voraussetzung des Gewahrsams fordert er einen mindestens generellen Herrschaftswillen, erklärt aber zugleich: „Eine Verurteilung wegen Diebstahls ist also möglich, ohne dass der Herrschaftswille besonders festgestellt zu werden braucht"[486].

Eine gewisse Folgerichtigkeit könnte der h.L. nur zugestanden werden, wenn sie auf ein u. U. gesteigertes Schutzinteresse des Opfers beim Diebstahl abstellte. In diesem Fall könnte man nämlich sagen, dass demjenigen eine Sache nicht weggenommen werden kann, der von ihr nichts weiß oder wissen will. Wie sich aber herausgestellt hat, ist im Diebstahl ein sich gegen das Eigentum richtendes Delikt zu sehen, dessen erhöhte kriminelle Energie im Verhältnis zur Unterschlagung im Gewahrsamsbruch liegt. Maßgebend für die unterschiedliche Beurteilung von Diebstahl und Unterschlagung ist somit nicht ein gesteigertes Schutzinteresse beim Diebstahl – beide Delikte wenden sich gegen das fremde Eigentum –, sondern in erster Linie die unterschiedliche verbrecherische Intensität der Tathandlung[487]. Die Willenstheorie lässt sich also auch unter diesem Gesichtspunkt nicht begründen. Festzustellen bleibt, dass es für den Gewahrsam auf einen irgendwie gearteten Herrschaftswillen nicht ankommen kann.

Damit sind wir an einem bedeutsamen Punkt unserer Untersuchung angekommen. Es hat sich erwiesen, dass eine subjektive Gewahrsamstheorie sachlich nicht vertretbar ist. Inzwischen ist auch klar geworden, dass sich die Diskrepanz, die sich in der Gewahrsamslehre dadurch auftut, dass die Wegnahme primär täterbezogen, der Gewahrsam dagegen primär opferbezogen zu verstehen ist, nur durch einen „objektiven" Gewahrsamsbegriff überbrücken lässt. Hier aber stehen wir vor einem gleichermaßen dogmatischen wie methodologischen Problem.

§ 13 Objektive Kriterien des Gewahrsams

I. Methodologische Ansatzpunkte

Wie sich mittlerweile herauskristallisiert hat, ist der Gewahrsam ein rechtstechnischer, der Tatbestandsermittlung und -abgrenzung dienender Begriff, der sich nur unter Berücksichtigung der für die Wegnahme geltenden Grundsätze erfassen lässt. Verfehlt wäre es jedoch, hieraus sogleich die Folgerung zu ziehen, der Gewahrsam müsse daher überhaupt von der Wegnahme her definiert werden, wie Frank dies beispielsweise unternahm[488]. Man könnte zwar mit Frank sagen: „Im Gewahrsam jemandes steht eine Sache, so lange als sie ihm weggenommen werden kann." Es ließe sich auch definieren: Gewahrsam ist die Herrschaft einer Person über eine Sache, aufgrund derer sich die Wegnahme der Sache als Diebstahl erweist. Aber was wäre durch eine solche Definition gewonnen? Sie stellt sich bei näherem Hinschauen als ein nicht weiterführendes Spiel mit Worten dar. Es müsste sich nämlich sogleich die Frage anschließen, wann die Sache als weggenommen zu gelten hat. Und

---

[485] Siehe Kap. 4, § 11 I.
[486] Soltmann S. 25.
[487] Siehe dazu Kap. 3, § 8 V 2.
[488] Frank § 242 Anm. IV.

diese Frage ließe sich nicht wiederum dadurch beantworten, dass man sagte: Eine Sache ist weggenommen, wenn sie vorher im Gewahrsam eines anderen gestanden hat. Wir kommen also nicht umhin, nach einer anderen Begriffsbestimmung des Gewahrsams zu suchen, die aber mehr aussagt, als dass der Gewahrsam ein rechtstechnischer Begriff ist. Dabei ist zu beachten, dass erstens ein Verhältnis der Zuordnung von Sachen zu Personen eine Rolle spielt, und zweitens diese Zuordnung nach außen hin – also auch für den Dieb – erkennbar sein muss, da andernfalls keine Wegnahme in Frage kommen kann. Gilt es nämlich festzustellen, ob der Pflug auf dem Feld im Gewahrsam des Bauern steht, ob er demgemäß weggenommen werden kann, oder ob nur eine Fundunterschlagung daran möglich ist, so muss die Frage nach der Zuordnung und nach der Offenkundigkeit der Zuordnung beantwortet werden.

Dass dabei die sozialen (soziologischen) Verhältnisse in irgendeiner Weise Bedeutung erlangen, dürfte auf der Hand liegen. Wenngleich der Gewahrsam im sozialen Leben nicht gebräuchlich ist, tritt er doch durch das soziale Leben in Erscheinung. Wenn es uns aber gelänge festzustellen, in welcher Form dies geschieht, dann sähen wir uns in die Lage versetzt, die objektiven Kriterien des Gewahrsams und damit den Begriff selber zu bestimmen. Wie schon angedeutet wurde, geht es hier neben den dogmatischen um methodologische Fragen, nämlich um die Bildung eines Gewahrsamsbegriffs, der bestimmte rational zugängliche rechtliche Kriterien enthält und die Fragen der Tatbestandsermittlung und Deliktabgrenzung im Vermögensstrafrecht nicht einem unüberprüfbaren richterlichen Rechtsgefühl überlässt.

Wir können feststellen, dass es sich bei dem zurzeit allgemein vertretenen Gewahrsamsbegriff um einen unbestimmten, auf fixierbare Elemente überhaupt verzichtenden Begriff handelt. Die Frage, wann Gewahrsam vorliegt, wird letztlich im Einzelfall nach „gesundem Rechtsgefühl" entschieden. Denn etwas anderes ist in den schwammigen Formeln „natürliche Lebensauffassung", „Anschauungen des täglichen Lebens", „Verkehrsauffassung" usw. nicht zu erblicken. Auch die vermeintliche Ermittlung eines Gewahrsamswillens, der oft genug erst vom Richter „wertend" festgesetzt wird, bietet keine rechtlichen Kriterien.

Es bedarf keiner weiteren Ausführungen, dass ein solches „Blankettrecht" in einem durch den nulla-poena-Satz gebundenen Strafrecht keine theoretisch richtige Methode der Rechtsfindung sein kann[489]. Wir werden uns also zu bemühen haben, entweder zu einem „fixierten" oder zu einem im Roxin'schen Sinne „offenen" Begriff[490] zu gelangen, um auf diese Weise von der Begriffsbildung her den strafrechtlichen Gewahrsam in einer Weise zu erfassen, die rechtsstaatlichen Prinzipien zu genügen vermag. Dabei ist zwar einerseits dem Erfordernis der Bestimmtheit Rechnung zu tragen, andererseits aber den wechselnden Lebenserscheinungen. Welche Art der Begriffsbildung hier zu bevorzugen ist, wird sich später erweisen.

II. Die physische Beherrschung als untaugliches Kriterium des Gewahrsams

Die h.M. legt für die objektive Seite des Gewahrsams ein tatsächliches Herrschaftsverhältnis zugrunde. Sehen wir uns informationshalber einige Definitionen dazu an:
Maurach hält das tatsächliche Herrschaftsverhältnis für gegeben, wenn sich eine Sache in der tatsächlichen Verfügungsgewalt einer Person befindet[491]. An anderer Stelle sagt er, das tatsächliche Herrschaftsverhältnis stelle sich „in der Regel für Gewahrsamsinhaber als eine räumlich-reale Ein-

---

[489] Vgl. Roxin, Täterschaft und Tatherrschaft, S. 624 ff.
[490] Roxin a.a.O. S. 119 ff.
[491] Maurach BT S. 200.

wirkungsmöglichkeit auf die Sache dar". Es sei „in Umfang und Grenzen nach den Anschauungen des betreffenden Lebenskreises" geformt[492].

Nach Jagusch richtet sich die „tatsächliche, ausschließliche Sachherrschaft im natürlichen Sinne … nach dem tatsächlichen Machtverhältnis an der Sache …, bei Anwendung der sozialen Betrachtung (Verkehrsauffassung, Auffassung des Lebens)". Er sagt weiter: „Tatsächliche Sachherrschaft ist wirkliches Innehaben, das nach der Verkehrsauffassung die Möglichkeit der ausschließlichen Verfügungsgewalt über die Sache gibt, so dass der unmittelbaren Einwirkung keine körperlichen oder verkehrsmäßigen Hindernisse entgegenstehen"[493].

Welzel definiert das physisch-reale Moment des Gewahrsams als die Tatsächlichkeit der Herrschaft, die sich nach den Regeln des sozialen Lebens beurteile, und fährt fort: „Gewahrsam ist ein (rein strafrechtlicher) Begriff der rein tatsächlichen Herrschaft … Insofern ist der Gewahrsam das Verhältnis rein tatsächlicher Einwirkungs- und Herrschaftsmöglichkeit"[494].

Schröder erachtet ein tatsächliches Herrschaftsverhältnis für gegeben, „wenn der Verwirklichung des Willens zur unmittelbaren Einwirkung auf die Sache keine Hindernisse entgegenstehen. Diese Voraussetzungen", sagt Schröder, „bestimmen sich nach der natürlichen Auffassung des täglichen Lebens. In erster Linie kommt es dabei auf die enge räumliche Beziehung zwischen Mensch und Sache an, d.h. auf die effektive, jederzeit auszuübende Macht"[495].

Nach Dreher liegt ein tatsächliches Herrschaftsverhältnis vor, wenn der „unmittelbaren natürlichen Herrschaftseinwirkung auf die Sache unter Ausschluss anderer keine Hindernisse entgegenstehen". Dies sei nach den „Erfahrungssätzen des täglichen Lebens" zu beurteilen[496]. Für Blei setzt das Herrschaftsverhältnis ein vom Herrschaftswillen getragenes Machtverhältnis voraus[497]. Lange spricht von einem „tatsächlichen Herrschaftsverhältnis bei dem der Herrschaftswille in verkehrsmäßiger Weise ausgeübt werden kann"[498].

Der Bundesgerichtshof sieht Gewahrsam als ein tatsächliches, von einem Herrschaftswillen getragenes Herrschaftsverhältnis über eine Sache an. Wesentlich für das Herrschaftsverhältnis ist lt. BGH „die Sachherrschaft, der unter Ausschluss fremder Einwirkungsmöglichkeiten kein Hindernis entgegenstehen darf"[499].

An anderer Stelle bezeichnet der Bundesgerichtshof Gewahrsam als die „tatsächliche Verfügungsgewalt" an einer Sache[500].

Aus den vorstehenden Definitionen geht einheitlich hervor, dass als grundlegendes Kriterium des Gewahrsams eine Herrschaft, Macht oder Gewalt angesehen wird, also ein Vermögen, kraft dessen Personen die tatsächliche Einwirkungsmöglichkeit auf Sachen haben. Einig ist sich die h.M. darüber, dass es auf eine physische Beherrschung der Sachen allein nicht ankommen kann, dass vielmehr noch ein sozialer Aspekt zu berücksichtigen ist.

Schröder formuliert das beispielsweise folgendermaßen: „Die Auffassung des täglichen Lebens lässt jedoch Ausnahmen von diesem Grundsatz" (der effektiven, jederzeit auszuübenden Macht) „… zu. Gewahrsam wird auch nicht dadurch ausgeschlossen, dass der Inhaber der tatsächlichen Gewalt

---

[492] Maurach BT S. 201.

[493] Jagusch LK 1958 Vorbem. C II 1 zu § 242.

[494] Welzel LB. S. 347 f.

[495] Schönke-Schröder § 242 Rdnr. 16.

[496] Schwarz-Dreher § 242 Anm. 1 D.

[497] Mezger-Blei BT S. 134.

[498] Kohlrausch-Lange § 242 Anm. II 1.

[499] BGHSt 8,274 f.

[500] BGH GA 1962,77 f.

räumlich von der Sache entfernt ist ..., sofern eine solche Lockerung im Rahmen des sozial Üblichen liegt"[501].

Aus dieser recht diffusen Formulierung ist zu entnehmen, dass eine Art „sozialer Herrschaft" als Grundlage des Gewahrsams aufgefasst wird, wobei man sich aber nicht ganz klar darüber werden kann, welche Bedeutung in diesem Zusammenhang der physischen Gewalt zukommen soll. Von dem Erfordernis einer Machtausübung gebe es Ausnahmen, sagt Schröder. Aber auch bei einer räumlichen Entfernung der Sache fasst er den Gewahrsamsinhaber als „Inhaber der tatsächlichen Gewalt" auf. Allerdings muss die Ausübung der Gewalt im Rahmen des „sozial Üblichen" möglich sein. Es fragt sich aber, welchen objektiv fassbaren Sinn die überkommene Formulierung „tatsächliches Herrschaftsverhältnis" noch hat, wenn man den Begriff des Gewahrsams letztlich nur nach sozialen Kriterien bestimmt. Und dass dies der Fall ist, dass letztlich allein soziale Kriterien eine Rolle spielen, wird erhellt durch das bekannte Demonstrationsbeispiel des Pfluges auf dem Feld. Er steht nach h.M. im Gewahrsam des Bauern, obwohl dieser keine unmittelbare Aufsicht ausübt. Dennoch kann eine *Zuordnung* des Pfluges zur Person des Bauern nicht verleugnet werden. Niemand würde auf den Gedanken kommen, den Pflug als verloren oder herrenlos anzusehen. Daraus wird klar, dass doch noch ein „soziales Band" zwischen Bauer und Pflug besteht, dessen Durchschneiden eine stärkere verbrecherische Energie begründet, als es bei einer Unterschlagung der Fall wäre. Der Dieb, der den Pflug wegnehmen wollte, müsste damit rechnen, auf frischer Tat ertappt zu werden. Niemand würde ihm glauben, wenn er sagte, er habe den Pflug für verloren oder herrenlos gehalten. Es ergibt sich: Der Pflug auf dem Feld muss, ebenso wie das Auto oder Baumaterialien auf der Straße, einem Gewahrsam unterliegen, wenngleich eine unmittelbare Herrschaft, Macht oder Gewalt nicht gegeben sind. Die physische Zuordnung kann also keine Bedeutung für die Frage haben, ob jemand Gewahrsam an einer Sache hat.

Noch deutlicher wird dies, wenn wir nach dem Pflug-Beispiel ein anderes Extrem betrachten, nämlich den Fall, dass jemand eine Sache flüchtig berührt oder in die Hand nimmt. Hier ist offensichtlich die Ausübung physischer Gewalt über eine Sache ohne weiteres möglich. Niemand wird aber ernsthaft behaupten, dass durch dermaßen oberflächliche Berührungen, wie das Anfassen eines Geländers, das Betasten einer Skulptur oder das Sitzen auf einem Stuhl Gewahrsam an diesen Gegenständen entsteht. Sonst käme man zu dem absurden Ergebnis, dass der Museumsbesucher Gewahrsam an der von ihm betasteten Skulptur hätte, der Spaziergänger an der Bank, auf der er sich ausruhte, der Badende im Schwimmbad an dem ihn umgebenden Wasser.

Ob dagegen der Käufer, der zum Beispiel einen Tennisschläger zur Begutachtung in die Hand nimmt, bereits Gewahrsam begründet, erscheint schon fraglicher. Unterstellen wir aber einmal, dass der Käufer den in seiner Hand befindlichen Tennisschläger ohne Bezahlung mitnehmen würde: Er müsste damit rechnen, auf frischer Tat ertappt zu werden, ginge also anders als bei einer Unterschlagung ein Handlungsrisiko ein. Es wäre auch einerlei, ob der Täter einen Tennisschläger im Warenhaus aus dem Regal nimmt und sogleich damit fortgeht oder ob er den Schläger erst noch begutachtet, bevor er ihn in seine Einkaufstasche steckt. Solange der Täter den Schläger oder eine sonstige Ware in der Hand hält, besteht Einvernehmen mit der Geschäftsführung, die nichts dagegen hat, wenn Käufer entsprechend der allgemeinen Übung Waren vor dem Kauf begutachten. Daraus ergibt sich, dass durch das bloße Anfassen noch kein Gewahrsam zu entstehen braucht. Voraussetzung ist allerdings, dass sich der Handelnde objektiv im Einvernehmen mit der sozialen Ordnung befindet. Ist dies nicht der Fall, nimmt jemand zum Beispiel die in einem fremden Auto liegende Brieftasche

[501] Schönke-Schröder a.a.O.

in die Hand, so muss von einer Gewahrsamserlangung ausgegangen werden, wie noch genauer dar-zulegen sein wird[502].

An dem Pflug auf dem Feld (oder an dem Auto auf der Straße) kann also Gewahrsam bestehen, wenngleich hier keine physische Gewalt ausgeübt wird. An dem Tennisschläger in der Hand braucht dagegen kein Gewahrsam zu bestehen, wenn dieser zum Beispiel lediglich zur Begutachtung in die Hand genommen wird. Wir kommen somit von zwei kontrastierenden Beispielen her zu dem Ergeb-nis, dass die physische Gewalt kein Kriterium des Gewahrsams darstellt. Dieses Ergebnis vermag insofern nicht besonders zu überraschen, als physische Gewalt oder Herrschaftsmacht im Zeichen einer fortschreitenden kulturellen Entwicklung in allen Bereichen des sozialen Lebens mehr und mehr an Bedeutung verloren haben.

Es könnte nun der Einwand erhoben werden, dass die hier zum Beispiel genommenen Extreme Aus-nahmen bildeten und daher nicht repräsentativ seien. So ist es aber in Wirklichkeit nicht. Das wird deutlich, wenn wir uns einmal überlegen, mit welchen Sachen in welcher Form wir tagtäglich Um-gang haben. Es ist dann zu bemerken, dass sehr oft nur ein recht flüchtiger Kontakt – wenngleich ein körperlicher – zur Sache entsteht; ebenso oft aber auch eine Aufsicht über unsere Sachen nicht fort-während aufrechterhalten wird, also kein physisches Kontaktverhältnis besteht.

III.   Der Gewahrsam als eine soziale Erscheinung

1.   Kann der Gewahrsam als ein Respektsverhältnis verstanden werden?

Nachdem wir zu dem Ergebnis gekommen sind, dass die physische Gewalt über eine Sache kein Kriterium des Gewahrsams ist, fragt es sich, nach welchen Gesichtpunkten dann der Gewahrsam bestimmt werden soll. „Hierauf", wusste schon Redslob[503] im Jahre 1910 zu sagen, „gibt es nur eine Antwort. Eine Herrschaft, welche nicht auf physischer Macht beruht, hat notwendigerweise einen psychischen Grund, sie wurzelt in der Achtung der Mitmenschen, sie ist eine soziale Erscheinung."

Redslob geht also ebenfalls von einem Herrschaftsverhältnis als Grundlage des Gewahrsams aus; er will die Herrschaft aber nicht in der Person des Gewahrsamsinhabers „versubjektiviert" wissen. Vielmehr ist sein Herrschaftsverhältnis ein Respektsverhältnis, beruhend auf der Scheu der Mitmen-schen, „das Bestehende anzugreifen, was die Welt anerkennt"[504]. Wenn man den Gewahrsam dage-gen als ein objektives Verhältnis zu begreifen beabsichtigt, kann man sich mit der Redslob'schen Auffassung nicht zufrieden geben, wie noch darzulegen sein wird. Zudem sind die Ausführungen, innerhalb derer der zitierte Satz zu finden ist, nicht frei von Widersprüchen.

Redslob kritisiert nämlich zuerst die Meinung, wonach Gewahrsam eine Herrschaft ist, „welche sich in einem physischen Zustand erschöpft, in einer Konstellation von Verhältnissen in der Außen-welt"[505]. Dieser Begriff einer „Herrschaft durch physische Gewaltmittel", so meint Redslob, sei un-zureichend. Es gebe zahllose Fälle, in welchen „ohne Zweifel" Diebstahl begangen werden könne, obwohl ein physisches Gewaltverhältnis nicht bestehe. Als Beispiel führt Redslob den Fuhrmann an, der in einem Wirtshaus sitzt und sein Gespann auf der Straße stehen lässt; den Hirten, welcher im Winter wegen starken Schneefalls nicht zu der Alpenhütte gelangen kann, die er im Sommer bezieht. In allen diesen Fällen bestehe „zweifellos" ein Herrschaftsverhältnis, welches den Begriff des Ge-wahrsams erfülle. Und dieses Herrschaftsverhältnis beruhe auf der Achtung der Mitmenschen und knüpfe sich an die Ausübung der physischen Herrschaft an. Schließlich führt Redslob aus: „Es

---

[502] Siehe dazu Kap. 5, § 14 III.
[503] ZStW 30,213.
[504] Redslob a.a.O. S. 214.
[505] Redslob a.a.O. S. 212.

braucht kaum betont zu werden, dass sich nicht an jede Ausübung faktischer Gewalt bedingungslos dieses Achtungsverhältnis knüpft. Es müssen hierzu noch verschiedene Voraussetzungen gegeben sein, wie der Besitzwille, eine Beziehung zur Sache, welche dem bisherigen Inhaber die weitere, wenn auch nicht ausschließliche Einwirkung auf die Sache ermöglicht"[506].

Die hier zutage tretenden Widersprüche werden wohl letzten Endes dazu beigetragen haben, dass der Auffassung Redslobs in der Literatur und Rechtsprechung kein größeres Gewicht beigemessen wurde. Soltmann weiß beispielsweise zur Redslob'schen Gewahrsamsdefinition[507] lediglich zu sagen, dass sie „ganz aus dem Rahmen der übrigen Definitionen" falle[508], obwohl doch gerade Soltmann sich bemüht hat, zu einem „sozialen Gewahrsam" zu gelangen. Allerdings führt Welzel – ohne jedoch auf Redslob einzugehen – in seinem bekannten, die Diebstähle in Selbstbedienungsläden betreffenden Aufsatz aus, dass der Gewahrsam eine „soziale Struktur" sei; nämlich: „Der räumliche Bereich, in dem die Person – von der Gemeinschaft respektiert – ihre Herrschaft über Sachen betätigen kann." Weiter sagt Welzel: „Die soziale Komponente an der physischen Sachherrschaft ist der unerlässliche Bestandteil des Gewahrsamsbegriffs"[509]/[510].

Soweit von dem Gewahrsam als einer sozialen Erscheinung ausgegangen wird, kann dem nur beigepflichtet werden. Die Widersprüche der Auffassung, die Gewahrsam als ein Respektsverhältnis ansieht, liegen aber darin, dass einerseits von Herrschaft, andererseits von Achtung ausgegangen wird, und eine plausible Erklärung für das Zustandekommen der Achtung nicht gegeben wird. Außerdem „versubjektiviert" Redslob seine „soziale Erscheinung" des Gewahrsams, indem er auf einen psychischen Grund rekurriert, nämlich auf die Achtung der Mitmenschen.

Aber ebenso wenig, wie der Gewahrsam auf ein vom Diebesopfer her zu sehendes Herrschaftsverhältnis zurückgeführt werden darf, kann die Reduktion auf ein vom Täter her zu sehendes Respektsverhältnis zulässig sein. Der Gewahrsam ist nicht auf die Achtung der Mitmenschen zurückzuführen, sondern die Achtung der Mitmenschen auf das „In-Erscheinung-treten" eines Zuordnungsverhältnisses, welches sich aufgrund eines sozialen Regelungssystems ergibt.

Der Gewahrsam ist also kein Herrschaftsverhältnis und kein Respektsverhältnis, sondern ein *soziales Zuordnungsverhältnis*, das sich dementsprechend nur in Personenbeziehungen, in Interaktionen, denken lässt. Nur bei diesem Ausgangspunkt besteht überhaupt die Möglichkeit, den Gewahrsamsbegriff objektiv zu erfassen.

2. Die soziale Zuordnung

Wenn wir den Gewahrsam als soziales Verhältnis auffassen und damit in eine Sozialbeziehung, in eine Beziehung zwischen Personen hineinstellen, so bedeutet das noch nicht, dass wir aus dem Sein ein Sollen herzuleiten beabsichtigen, wie es vielleicht auf den ersten Blick scheinen mag. Ein solches Vorhaben würde sich nicht nur in Widerspruch zu der dieser Untersuchung zugrunde liegenden methodologischen Konzeption befinden. Es bedeutete zugleich – wenn man von dem bis hierher erarbeiteten Gedankengang ausgeht – ein Außerachtlassen wesentlicher, und wie in der neueren so-

---

[506] Redslob a.a.O. S. 214.

[507] Siehe Kap. 4, § 12 II.

[508] Soltmann S. 11 f.

[509] Welzel GA 1960,265.

[510] Auch Nöldeke, S. 45 u. 132, führt – in Anlehnung an Redslob – den Gewahrsam auf eine soziale Achtung zurück, die stets dann gegeben sein soll, wenn die äußeren, sich an der Verkehrsauffassung orientierenden Umstände der Personen-Sach-Beziehung auf das Vorliegen eines entsprechenden Herrschaftswillens schließen lassen. Vgl. weiter Figlestahler S. 111: „Gewahrsam kann ... nur die Friedenssphäre sein, die hic et nunc durch die Mitwelt geachtet wird."

ziologischen Literatur gesagt wird, mittlerweile selbstverständlicher soziologischer Erkenntnisse. Popitz beispielsweise hält es für eine „ungewöhnlich evidente Aussage", dass die Gesellschaft als ein Gefüge von Verhaltensnormierungen zu betrachten ist[511]. Er sagt weiter: „Stets sind bestimmte Gleichförmigkeiten, Regelmäßigkeiten des Handelns als gesollte, als verbindliche ausgezeichnet"[512]. Den Gewahrsam u.a. mit Hilfe dieser „Regelmäßigkeiten des Handelns" oder „Verhaltensnormierungen" bestimmen zu wollen, heißt noch kein Beiseitelassen der Sollensnorm. Dies ist im Folgenden eingehender zu erläutern.

Der Begriff der Gesellschaft bedeutet nach Theodor Geiger „auf seinen einfachsten Ausdruck gebracht, dass Menschen in ihrem Dasein aufeinander eingestellt und angewiesen sind"[513]. Daraus ergibt sich das Erfordernis eines sozialen Regelungssystems, einer sozialen Ordnung. Max Weber spricht von sozialer Ordnung, „wenn das Handeln an angebbaren Maximen (durchschnittlich und annähernd) orientiert wird"[514]. Eine solche Orientierung bieten bestimmte gesellschaftliche Regeln des Handelns, die man als „soziale Regulierungsprinzipien", „Gesetzesarten", „Sanktionsgefüge", „soziale Regulierungen" oder überhaupt als *soziale Normen* bezeichnen kann.[515]

Untersuchungen hierüber, insbesondere hinsichtlich eines Zusammenhangs zwischen sozialen Normen und der Rechtsordnung, die ja schließlich für unsere Betrachtung im Vordergrund zu stehen hat, wurden von Max Weber[516] und Theodor Geiger[517] vorgenommen. Zusammenfassend lässt sich zu diesem Komplex sagen: „Die Mitglieder eines Sozialgebildes stehen hinsichtlich ihres Verhaltens unter ständiger Beobachtung ihrer Mitmenschen. Ein Abweichen von bestimmten gewohnheitsmäßig eingespielten oder satzungsmäßig geforderten Mustern ruft soziale Reaktionen und Sanktionen hervor. Jedes Mitglied steht also unter der sozialen Kontrolle seiner Mitmenschen"[518].

Hermann Kantorowicz meint sogar von den sozialen Ordnungsgefügen, sie würden mit größerer Wirksamkeit eingehalten als Rechtsregeln, obwohl zu ihrer Durchsetzung kein durchorganisierter und institutionalisierter Sanktionsapparat zur Verfügung steht[519].

Noch radikaler äußert sich Georges Gurvitch: „Es ist die Aufgabe der Rechtssoziologie darzulegen, dass in der wechselnden Rangordnung der sozialen Regulationen das Recht nur selten jenen prominenten Platz beanspruchen kann, den die Juristen aufgrund ihres eingeborenen Dogmatismus für das Recht behaupten"[520].

Als solche „soziale Regulationen" sind Verhaltensweisen zu nennen, die durch ihre Erwartbarkeit und verlässliche Wiederkehr ordnende Funktionen in einem Sozialgebilde haben, zum Beispiel Gewohnheit, Brauch, Sitte, Konvention, Etikette, Usance, Ehrencodices[521], „hinter denen sich konkrete, häufig latente, nicht immer durchgehend erforschte soziale Beziehungssysteme verbergen"[522]. Trappe meint, von einer sozialen Norm lasse sich sprechen, „wenn die Gruppenmitglieder durch Reaktion

---

[511] Popitz S. 8, 18 f.

[512] Popitz S. 8.

[513] Geiger, Vorstudien zu einer Soziologie des Rechts, S. 46.

[514] Max Weber, Wirtschaft und Gesellschaft, S. 16.

[515] Vgl. Trappe S. 24, m.w.N. über einschlägige Literatur.

[516] Rechtssoziologie, S. 63 ff.

[517] Die Gestalten der Gesellung, vor allem S. 123-131: „Umrisse einer Soziologie des Rechts".

[518] Trappe S. 25.

[519] Kantorowicz, The Definition of Law, S. 54 f, 66 f.

[520] Gurvitch S. 18; vgl. auch Ehrlich S. 1, 6, 198, 273 f.

[521] Kantorowicz, a.a.O. S. 54 f, 66 f, nennt des Weiteren „rules of quasimorality": good manners, topics of conversation, court and professional etiquette.

[522] Trappe S. 23; Geiger, Vorstudien zu einer Soziologie des Rechts, S. 53 f; Max Weber, Rechtssoziologie, S. 43 und Wirtschaft und Gesellschaft, S. 14 ff, 187 ff.

(soziale Reaktion, Boykott) der Regelmäßigkeit Verbindlichkeit zuerkennen und gegen ein Abweichen opponieren"[523].

Wie aus dieser Formulierung und auch schon aus den zitierten Auffassungen von Kantorowicz und Gurvitch sichtbar geworden ist, sind von der Soziologie zwei verschiedene Bereiche nachgewiesen worden, die zusammen die soziale Ordnung ausmachen, nämlich der Bereich der sozialen Normen und derjenige der rechtlichen Normen[524]. Diese Bereiche werden in Vielem miteinander übereinstimmen. So werden zum Beispiel körperliche Integrität, freie Entfaltung der Person im gegenständlichen Bereich, Unverletzlichkeit der Wohnung, ebenso durch soziale Normen gewährleistet wie durch rechtliche (§§ 223 ff, 242 ff, 246, 123 StGB). Eine Entsprechung braucht aber nicht vorhanden zu sein. Es ist auch möglich, dass sich bestimmte soziale Normen gegen das Recht entwickeln und sogar einen Wandel der Rechtsordnung induzieren können. Man denke beispielsweise an das früher ausnahmslos verbotene Parken auf dem Bürgersteig oder überhaupt an den Bereich des Verwaltungsrechts, in dem sich nach h.M. in Übereinstimmung mit der Rechtsordnung langjährig geübte Gewohnheiten zur Rechtsnorm (Gewohnheitsrecht) verfestigen können[525].

Ebenso lassen sich nun Fälle denken, in denen die Zuordnung einer Sache zu einer Person nach sozialen Normen gegeben ist, aber nicht nach rechtlichen Normen oder auch umgekehrt. Zum Beispiel mag es vorkommen, dass die in fremden Gewässern gefangenen Fische oder das in einem fremden Jagdrevier erlegte Wild nach Auffassung der ansässigen Bevölkerung dem Fischer oder Jäger zugeordnet werden, wenn auch de jure Wilderei vorliegt. Das in einem fremden Wald gesammelte Holz oder auch Waldfrüchte können nach sozialen Normen dem Sammler zugeordnet werden, wenngleich dies rechtlichen Normen widersprechen mag.

Demgegenüber kann jemand, der eine Sache zehn Jahre lang gutgläubig im Eigenbesitz hat, gem. § 937 BGB das Eigentum daran erwerben (Ersitzung), obwohl diese dem Gebot der Rechtssicherheit entsprechende Normierung nicht unbedingt ihre Rückversicherung in sozialen Normen zu erfahren braucht. Auch wird dem Dieb zur Wahrung des Rechtsfriedens, der Rechtssicherheit und der Überschaubarkeit der faktischen Güterverteilung wegen die gestohlene Sache rechtlich zugeordnet, so dass ein Diebstahl vom Dieb möglich ist. Einer sozialen Normierung entspricht es aber keineswegs, dem Dieb die gestohlenen Sachen zuzuordnen.

Wie hat nun der Richter in einem solchen Fall, in dem soziale Normen und Rechtsnormen divergieren, zu entscheiden? – Die Avantgardistenrolle des Sozialrevolutionärs wird er schwerlich ausfüllen können. Ganz abgesehen von den einem Avantgardismus jeglicher Art abträglichen „Mentalitätsmerkmalen des Richterstandes", kann auch vom Richter eine Rechtsbeugung nicht erwartet werden – mag er noch so „politisch aufgeschlossen" sein. Er wird sich an die Bestimmungen der Rechtsordnung zu halten haben, innerhalb derer aber den sozialen Normen eine nicht zu unterschätzende Bedeutung beigemessen werden muss[526].

Diese Ansicht vertreten, heißt noch nicht, einem überholten Dezisionismus das Wort zu reden. Vielmehr geht es hier um die Aufrechterhaltung allgemeiner und grundlegender Prinzipien des Rechts, vor allem um die Rechtssicherheit, ohne die eine staatliche Rechtsordnung nicht existieren kann.

---

[523] Trappe a.a.O.
[524] Vgl. Trappe S. 25; Max Weber, Wirtschaft und Gesellschaft, S. 182 ff.
[525] Vgl. Forsthoff S. 137 f; Hans J. Wolff S. 113 f; Jellinek S. 123 ff.
[526] Hier liegt m. E. ein bis heute noch zu wenig beachtetes Forschungsgebiet der Rechtssoziologie, die der Rechtswissenschaft dazu verhelfen könnte, einsehbare Kriterien der Urteilsfindung an die Hand zu bekommen.

Die sozialen Normen können also bei der Prüfung der normativen Voraussetzungen des Gewahrsams nur insoweit berücksichtigt werden, als sie nicht in Widerspruch zu den rechtlichen Normen stehen; soweit müssen sie aber auch berücksichtigt werden, soll das Recht noch lebensnah bleiben. Will man diese im Einvernehmen mit der Rechtsordnung befindlichen sozialen Normen, die sich – in Übereinstimmung mit dem Verfassungsrecht – sehr weitgehend ausgestalten können, zusammen mit den sowieso verbindlichen Rechtsnormen begrifflich erfassen, so könnte man sie als *Kulturnormen* bezeichnen. *Die für den Zueignungstäter offenkundige, sich aufgrund dieser Kulturnormen im dinglichen (gegenständlichen) Bereich ergebende Zuordnung einer Sache zu einer Person, ist der Gewahrsam.* Den Gewahrsamsbegriff eingehender herauszuarbeiten, soll im Weiteren unternommen werden.

5. Kapitel

Neuformulierung und systematische Erfassung des Gewahrsamsbegriffs

§ 14   Begriffsbestimmung und Konzeption einer Systematik

I. Definition

Dem bisher Ausgeführten ist zu entnehmen:

1. Der Gewahrsam ist kein tatsächliches Herrschaftsverhältnis.
2. Er ist auch kein Respektsverhältnis.
3. Eine subjektive Komponente des Gewahrsams ist abzulehnen.
4. Der Gewahrsam ist ein rechtstechnischer Begriff, der jedoch durch das soziale Leben nach außen hin in Erscheinung tritt. Damit ist er zugleich eine soziale Erscheinung.
5. Gewahrsam bedeutet Zuordnung einer Sache zu einer Person.
6. Die Zuordnung muss für den Täter offenkundig sein. Da eine lediglich rechtliche Zuordnung (z.B. Eigentum) nach außen hin nicht offenbar wird, muss die Zuordnung im dinglichen (gegenständlichen) Bereich erfolgen.
7. Kriterien dieser Zuordnung bieten allein die Rechtsordnung und die sich im Einvernehmen mit ihr befindenden sozialen Normen (die Kulturnormen).

Somit ist der Gewahrsam als eine objektiv und normativ fassbare *soziale Zuordnung* wie folgt zu definieren:

Gewahrsam ist die offenkundige, sich aufgrund der Kulturnormen im dinglichen Bereich ergebende Zuordnung einer Sache zu einer Person.

Damit sind wir zu einem „fixierten" Begriff gelangt, der sich „definitorisch auf bestimmte einzelne Elemente zurückführen lässt, die im Wege eines objektiv überprüfbaren Subsumtionsaktes erfassbar sind"[527]. Nun ist eine solche Begriffsbildung zwar nicht unproblematisch, weil sie unvermeidlich eine „gewisse Schematik, die über die Besonderheiten des Einzelfalles hinweggeht", mit sich bringt[528]. Gerade diese über die Besonderheiten des Einzelfalles hinausgehende begriffliche Festlegung entspricht aber hier am ehesten den rechtlichen Erfordernissen. Soll der Gewahrsam seine auf die Tatbestandsermittlung und -abgrenzung gerichtete eigenartige Funktion erfüllen, so muss er begrifflich fassbar sein. Außerdem kann nur im Wege begrifflicher Abstraktion dem Bedürfnis nach Rechtssicherheit und einem Beurteilungsgleichmaß in Gewahrsamsfragen ausreichend Rechnung getragen werden[529].

Allerdings lässt sich mit der gegebenen Begriffsbestimmung allein nur wenig anfangen. Da der Gewahrsam in äußerst differenzierter Form in die „soziale Erscheinung" tritt, kommt es vielmehr darauf an, die verschiednen Formen, in denen Gewahrsam möglich ist, unter Zugrundelegung des hier – quasi als Schnittstelle oder auch „Knotenpunkt" des Systemgeflechts[530] – erarbeiteten Begriffs darzustellen und anhand von Beispielen zu erläutern. Es wird also sowohl Wert auf eine systematische Darstellung wie auch auf die Behandlung der Sachprobleme zu legen sein, womit wir einer Methode folgen wollen, welche sich die Vorteile des System- und des Problemdenkens gleichermaßen zu Nutzen macht[531].

---

[527] Vgl. Roxin, Täterschaft und Tatherrschaft, S. 119.

[528] Vgl. Roxin a.a.O. S. 121.

[529] Das übersieht Figlestahler, S. 109 ff, der sich gegen eine begriffliche Festlegung des Gewahrsams wendet.

[530] Siehe Larenz, Methodenlehre, S. 163.

[531] Vgl. Roxin a.a.O. S. 587 ff; Larenz a.a.O. S. 155 f, 163 ff, 412 ff.

II. Übersicht über die Formen des Gewahrsams

Im sozialen Leben lassen sich räumliche Sphären unterscheiden, die man als Gewahrsams- oder Zuordnungsbereiche bezeichnen kann. Es sind dies Bereiche, in denen ein mehr oder weniger nahes Kontaktverhältnis von Personen zu Sachen möglich ist. In welchem Zuordnungsbereich sich eine Sache befindet, ist zwar für die Frage, ob Gewahrsam überhaupt vorliegt, ohne Belang! Denn eine Bestimmung des Gewahrsams aufgrund der faktischen Kontaktmöglichkeit kann letztlich weder der rechtstechnischen Seite des Gewahrsams noch seiner sozialen Seite in genügendem Maße Rechnung tragen. Der Übersicht halber empfiehlt sich aber eine Aufgliederung in Anlehnung an die verschiedenen Bereiche vorzunehmen, in denen Gewahrsam für gewöhnlich in Erscheinung tritt. Danach ist die Unterscheidung folgender Gewahrsamsformen als sinnvoll anzusehen:

1. *Direkter Gewahrsam* (z.B. an Sachen, die man in der Hand hält oder am Körper trägt).
2. *Genereller Gewahrsam* an
   a) Sachen innerhalb eines Zuordnungsbereichs,
      aa) der Zuordnungsbereich ist privater Natur (z.B. die Wohnung, der eingezäunte Garten),
      bb) der Zuordnungsbereich ist der Öffentlichkeit ohne weiteres zugänglich (z.B. das Warenhaus, eine Gaststätte),
   b) Sachen außerhalb eines Zuordnungsbereichs (z.B. geparktes Auto, Baumaterialien auf der Straße).

III. Direkter Gewahrsam

Diese Form des Gewahrsams könnte auch als handhafter, unmittelbarer oder konkreter Gewahrsam bezeichnet werden. Es können darunter nur Sachen fallen, die unter ständiger Aufsicht stehen, die man also in der Hand hält, am Körper trägt oder auf andere Weise bei sich führt oder vor Augen hat. Kennzeichnend für den direkten Gewahrsam – jedoch nicht maßgebend für den Gewahrsam überhaupt – ist somit ein tatsächliches Herrschaftsverhältnis, d.h. ein Verhältnis physischer Sachherrschaft oder tatsächlicher Gewalt, wie es die h.M. irrigerweise für jede Erscheinungsform des Gewahrsams voraussetzt. Ein solches tatsächliches Herrschaftsverhältnis liegt vor, wenn ein tatsächlicher direkter Kontakt einer Person zu einer Sache gegeben ist.

Da jedoch der Gewahrsam eine aufgrund der Kulturnormen sich ergebende Zuordnung ist, kann allein die Tatsache, dass eine Sache berührt, am Körper getragen oder sonst bei sich geführt wird, noch keinen Gewahrsam herbeiführen. Denn würde man dies unterstellen, so müsste der Käufer oder Sportkamerad, der einen Tennisschläger zur Begutachtung in die Hand nimmt, daran schon Gewahrsam begründen. Der Museumsbesucher müsste Gewahrsam an der von ihm angefassten Skulptur haben. Dem Gast, der eine chinesische Vase oder einen Kupferstich zum Betrachten in die Hand nimmt, müsste schon Gewahrsam zugesprochen werden[532]. Ja selbst wenn er die Schnitzereien eines Barockschranks oder die Intarsien eines venezianischen Mosaiktisches betastete, hätte er schon Gewahrsam. Dies annehmen zu wollen, hieße den sozialen Bezug des Gewahrsams verleugnen[533]

Im täglichen Leben ist es durchaus üblich, dass Sachen berührt oder in die Hand genommen werden. Solange dieses Verhalten sozialen Normen wie Gewohnheit, Geschäftsgebrauch, Sitte, Konvention

---

[532] Dann wäre eine folgende rechtswidrige Zueignung der Gegenstände nicht als Diebstahl, sondern als Unterschlagung zu beurteilen.

[533] Unter diesen Umständen würde in den meisten Zueignungsfällen ein Diebstahl mangels Gewahrsamsbruchs überhaupt nicht in Frage kommen.

entspricht, ist es – selbst bei Zueignungsabsicht – nicht als asoziale Handlung zu werten. Keineswegs kann davon ausgegangen werden, dass durch einen solchen erlaubten und für gewöhnlich flüchtigen und oberflächlichen Kontakt bereits fremder Gewahrsam aufgehoben und eigener Gewahrsam begründet wird.

Das behauptet auch die h.L. nicht[534]. So führt Soltmann beispielsweise aus: „Die einschränkende Funktion des sozialen Gewaltbegriffs bewirkt, dass man von tatsächlicher Gewalt nur spricht, wo eine gewisse Dauer und Festigkeit der Beziehungen zwischen Person und Sache bestehen. Gebe ich meinem Nachbarn im Theater mein Opernglas oder im Zuge mein Kursbuch, so erlangt er trotzdem keinen Gewahrsam. Verschwindet er mit dem Kursbuch, so begeht er einen Diebstahl. Man kann ,Gast in fremder Gewere' sein"[535].

Der von Soltmann geäußerten Ansicht ist vom Ergebnis her zuzustimmen, nicht so von der Begründung her. Von der Dauer und Festigkeit der Gewaltausübung kann es nicht abhängen, ob jemand Gewahrsam hat, weil die Gewaltausübung oder Dauer und Festigkeit einer Sachbeziehung für den Gewahrsam ohne Bedeutung sind. Bedeutung ist vielmehr den sozialen Kriterien beizumessen, nach denen sich ergibt, ob Gewahrsam vorliegt oder nicht. So braucht zum Beispiel der Taschendieb, der das aus der Tasche seines Opfers gezogene Portemonnaie blitzschnell an seinen Komplizen weitergibt, nur wenige Bruchteile einer Sekunde körperliche Gewalt über das Portemonnaie gehabt zu haben. Dennoch hat er fremden Gewahrsam gebrochen und vorübergehend eigenen Gewahrsam begründet. Da es keinerlei rechtliche oder soziale Normen gibt, die das Ansichnehmen einer fremden Geldbörse gestatten, war die Wegnahme schon vollendet, nachdem der Taschendieb seine Hand mit der Börse aus der Tasche seines Opfers gezogen hatte[536]. Nimmt er dagegen in einem Selbstbedienungsladen eine Ware in die Hand, so befindet er sich im objektiven Einvernehmen mit der sozialen Ordnung. Die Ware ist nicht dem Taschendieb, sondern dem Geschäftsinhaber zuzuordnen.

Auch aus einer Gefälligkeit, wie sie das kurzfristige Überlassen des Opernglases oder Kursbuches darstellt, ergibt sich noch keine Zuordnung der Sachen zu einer anderen Person. Anders ist die Situation zu beurteilen, wenn Sachen verliehen werden; denn aufgrund des Leihverhältnisses ist der Entleiher in der Lage, über die geliehenen Sachen weitgehend zu verfügen. Nicht so derjenige, dem eine Gefälligkeit erwiesen wird. Der Berechtigte würde sogleich Protest erheben, wollte sich der andere mit der Sache davonmachen. Es ergibt sich, dass die aus reiner Gefälligkeit kurzfristig überlassenen Sachen nicht dem Benutzer zugeordnet werden könne, im Gegensatz zu Sachen, die aufgrund eines Vertragsverhältnisses überlassen werden. Mit einer geliehenen Sache kann der Benutzer seinen Platz verlassen; er kann mit ihr nach außen hin ähnlich wie ein Eigentümer schalten und walten.

Machen wir die Probe aufs Exempel: Der diebische Theaterbesucher, der von seinem Nachbarn das Opernglas erbittet, um dann damit davonzueilen, wird (ebenso wie derjenige, der das Opernglas in einem unbeobachteten Augenblick wegnimmt) damit rechnen müssen, dass er u.U. nicht ungeschoren davonkommt. Er begeht von der aufgewandten verbrecherischen Energie her einen Diebstahl. Hätte er sich das Opernglas hingegen ausgeliehen, so könnte er damit hingehen, wohin er wollte. Niemand, weder der Verleiher noch ein unbefangener Beobachter, würde etwas dabei finden. Eignete sich der Entleiher die Sache zu, so beginge er vom Tattypus her eine Unterschlagung.

---

[534] Vgl. Jagusch LK 1958 § 242 Vorbem. C II 1; Schönke-Schröder § 242 Rdnr. 16, 17; Welzel Lb. S. 349; Maurach BT S. 202; Schwarz-Dreher § 242 Anm. 1 D.

[535] Soltmann S. 14 f, unter Berufung auf Enneccerus-Kipp-Wolff § 5 III; vgl. auch Endemann S. 129 f.

[536] So auch Welzel Lb. S. 346 f; a.A. Maurach BT S. 204 f (er verkennt jedoch in seinem Beispiel – wie Welzel richtig bemerkt –, dass der Dieb, der die Geldbörse in der fremden Tasche nur ergriffen hat, die Wegnahme noch nicht vollendet hat).

Zur Verdeutlichung des Problems bietet sich ein vom Bundesgerichtshof entschiedener Fall an[537]: Die Täter hatten in einem Bekleidungsgeschäft unter Vorspiegelung eines Barkaufs u.a. Kleidungsstücke angezogen und anschließend die Verkäuferinnen mit einer Pistole bedroht. Da Voraussetzung der Bestrafung wegen Raubes ist, dass alle Merkmale eines Diebstahls gegeben sind, kam es darauf an, ob die Täter noch den Gewahrsam an den bereits angezogenen Kleidungsstücken brechen konnten oder ob sie hieran schon Gewahrsam begründet hatten.

Der BGH vertrat die Ansicht, dass der Gewahrsam der Geschäftsinhaberin an den angezogenen Sachen zwar beeinträchtigt gewesen sei, weil sie nicht mehr dieselbe Einwirkungsmöglichkeit wie vorher gehabt habe. Die Verkäuferinnen und die Geschäftsinhaberin hätten jedoch nicht den Willen gehabt, den Gewahrsam gänzlich aufzugeben, da die Übergabe unter der selbstverständlichen Voraussetzung sofortiger Barzahlung des Kaufpreises erfolgt sei. Auch wäre es den Verkäuferinnen möglich gewesen, ihr tatsächliches Herrschaftsverhältnis aufrechtzuerhalten, da sie in der Lage gewesen seien „ihren Willen zur Aufrechterhaltung des Gewahrsams durch Herbeiruf von Hilfe zu betätigen".

An dieser Stelle wird deutlich, dass der BGH im Grunde noch ebenso, wie früher das Reichsgericht, von einem „physischen Gewahrsam" ausgeht oder wenigstens ausging[538]. Derjenige, der in der Lage ist, die physische Gewalt über eine Sache selber oder mit Hilfe anderer auszuüben, soll den Gewahrsam haben. Ebenso argumentierte schon im Jahre 1880 das Reichsgericht in einem Fall, der dem zuerst genannten, vom BGH entschiedenen Fall, ganz ähnlich ist[539]: Ein Ehepaar hatte sich unter Vorspiegelung der Barzahlung an einer Marktbude ein Paar Schuhe aushändigen lassen und sich dann ohne zu zahlen entfernt. Das RG erkannte auf Diebstahl, weil die Verkäufer den Besitz der Schuhe nicht hätten vor Entrichtung des Kaufpreises übertragen wollen, „dass sie vielmehr Eigentümer und Besitzer geblieben seien und sich namentlich auch in der physischen Lage befunden haben, die Schuhe jeden Augenblick wieder an sich zu nehmen". Auch hier wird also in erster Linie auf die tatsächliche Gewalt abgestellt.

Dass diese Argumentation von der physischen Gewalt her nicht richtig sein kann, wurde schon mehrfach ausgeführt. Wir haben vielmehr zu fragen, wem die von den Tätern bereits ergriffenen oder sogar angezogenen Sachen normativ zuzuordnen waren. Dann ergibt sich, dass aufgrund allgemeiner Übung in den Geschäften Waren und insbesondere Kleidungstücke begutachtet und anprobiert oder zum Mitnehmen angezogen werden können, ohne dass sich daraus schon eine Zuordnung der Kleidungstücke zu den Kunden im dinglichen Bereich ergäbe. Beim Barkauf erfolgt die Übergabe Zug um Zug gegen Zahlung. Bis zu diesem Zeitpunkt ist eine Zuordnung der anprobierten Sachen im dinglichen Bereich (trotz Vertragsschlusses) sowohl nach bürgerlich-rechtlichen Normen als auch nach allgemeinem Geschäftsgebrauch zum Verkäufer gegeben[540]. Das ist für den Täter wie für jeden anderen offenkundig. Er muss damit rechnen, dass er nicht ungehindert mit den Sachen davonkommt, wenn er sie nicht vorher bezahlt. Die Kleidungsstücke stehen also im Gewahrsam des Geschäftsinhabers, weil sich aufgrund der Kulturnormen eine für den Täter offenkundige Zuordnung der Sachen zu dem Geschäftsinhaber ergibt, und zwar sowohl im rechtlichen als auch im dinglichen

---

[537] BGH LM Nr. 11 zu § 242.
[538] Ob sich nach der grundlegenden Entscheidung im 16. Bd. S. 271 ff, in der sich der BGH zur Frage des Diebstahls im Selbstbedienungsladen der Meinung von Welzel angeschlossen hat, eine Änderung ergeben hat, wird noch festzustellen sein.
[539] RGSt 1,289.
[540] Dagegen ist das zum Wechseln auf den Ladentisch gelegte Geld, solange es nicht eingewechselt ist, dem Kunden zuzuordnen, weil das Wechseln als ein Zug um Zug erfolgender Vorgang anzusehen ist; vgl. RG GA 74,205; im Ergebnis ebenso RG JW 1919,321.

Bereich. Eine Wegnahme kommt also in Frage, selbst wenn der Täter die Kleidungsstücke bereits angezogen hat.

Hat der Täter dagegen – wie es häufig in Selbstbedienungsläden vorkommt – über das in einer Umkleidekabine anprobierte Kleidungsstück seine eigene Kleidung gezogen, um auf diese Weise das Geschäft ungehindert verlassen zu können, so wird durch das Unterziehen die Wegnahme und damit der Diebstahl vollendet. Denn in diesem Fall probiert der Täter die Sachen nicht mehr entsprechend stillschweigender Übereinkunft an. Er hat sie vielmehr entgegen Gewohnheit und Sitte so in seine eigene Sphäre überführt, dass sie ihm unter Berücksichtigung der Kulturnormen zugeordnet werden müssen. Es ist dies das Gleiche, wie wenn der Täter eine Sache in seine Tasche gesteckt hat. Das In-die-Hand-Nehmen und Begutachten der Waren entspricht allgemeiner Übung, ebenso das Anprobieren von Kleidungsstücken. Sobald die Waren aber im Selbstbedienungsladen in die Einkaufstasche statt in den vom Geschäft zur Verfügung gestellten Warenkorb gelegt werden, sobald die Kleidungsstücke untergezogen statt anprobiert werden, ist ein Bruch fremden und die Begründung neuen Gewahrsam gegeben. Auf die in Literatur und Rechtsprechung zur Frage des Diebstahl im Selbstbedienungsladen vertretene Auffassung wird noch genauer eingegangen werden[541].

Hinsichtlich des Raubes führt die vorstehende Meinung zu folgender Konsequenz: Nimmt der Täter Kleidungsstücke mittels Nötigung weg, die er lediglich anprobiert oder vor den Augen des Verkäufers zum Mitnehmen angezogen hat, so begeht er einen Raub gem. § 249 StGB. Entsprechend urteilte der BGH in einem Fall, in dem der Täter mit einem ihm vom Verkäufer über den Finger gestreiften Ring nach Gewaltanwendung gegenüber dem Verkäufer flüchtete[542]. Im Ergebnis richtig, ging der BGH von einem Gewahrsamsbruch mittels Gewaltanwendung aus; fälschlicherweise weil der Verkäufer die physische Möglichkeit gehabt habe, bis zur Anwendung der Gewalt über den Ring zu verfügen.

Ganz anders ist die Situation zu beurteilen, wenn der Täter Waren bereits im Geschäft in seine Tasche steckt oder Kleidungsstücke unterzieht und dann vom Verkäufer oder Hausdetektiv dabei betroffen wird, wie er das Geschäft mit den unbezahlten Sachen verlassen will. Zu diesem Zeitpunkt liegt bereits eine vollendete Wegnahme vor[543]. Der Täter wird auf frischer Tat betroffen. Verübt er Gewalt gegen eine Person oder wendet er Drohungen mit gegenwärtiger Gefahr für Leib oder Leben an, um sich im Besitz der gestohlenen Sachen zu erhalten, begeht er einen räuberischen Diebstahl gem. § 252 StGB.

Zusammenfassend lässt sich sagen, dass konkreter Gewahrsam nicht unbedingt vorzuliegen braucht, wenn jemand eine Sache berührt, in der Hand hält oder an seinem Körper trägt, wenngleich der direkte körperliche Kontakt prima facie für den Gewahrsam sprechen mag. Im sozialen Leben ist es jedoch üblich, dass sehr oft Sachen berührt oder sogar in die Hand genommen werden, ohne dass man die jeweilige Sache gleich demjenigen zuordnete, der einen körperlichen Kontakt begründet. Hier ist auf die Kulturnormen – also Gesetzesbestimmungen und soziale Normen – abzustellen. Danach wird der Hausfrau, die eine Ware zum Begutachten in die Hand nimmt, die Ware noch nicht zugeordnet. Der Gast, der einen dem Gastgeber gehörenden Gegenstand zum Betrachten in die Hand nimmt, handelt der Sitte entsprechend, und niemand wird auf den Gedanken kommen, ihm den Gegenstand zuzuordnen. Erst wenn die Hausfrau die Ware in ihre Tasche steckt, statt in den bereitgestellten Warenkorb legt, erst wenn der Gast die chinesische Vase in seine Tasche steckt oder den Kupferstich unter der Jacke verbirgt, liegt ein Bruch fremden und die Begründung eigenen Gewahr-

---

[541] Siehe Kap. 6, § 21 III.
[542] BGH GA 1966,244 f.
[543] So auch BGHSt 16,274 f; 17,208 f.

sams vor. Denn in diesen Fällen handeln die Täter nicht mehr im Einvernehmen mit der Sitte oder dem Geschäftsgebrauch. Die Gegenstände sind nicht mehr dem Geschäftsinhaber oder dem Gastgeber zuzuordnen, sondern dem Täter, der sie eingesteckt und damit anderen unzugänglich gemacht hat. Der Täter hat mit dem Einstecken direkten Gewahrsam begründet.

Nun ist aber nicht nur dann Gewahrsam möglich, wenn die Sache wirklich berührt, angeblickt, in den Kleidern oder in mitgeführten Taschen getragen wird. Man wird beispielsweise ebenso dem Reisenden, der seinen Koffer im Gepäcknetz deponiert, den direkten Gewahrsam daran zubilligen können, solange er sich in unmittelbarer Nähe des Koffers, also im Eisenbahnabteil befindet; auch wenn er während der Reise liest oder aus dem Fenster blickt. Er hat ja dennoch direkten Kontakt zu seinem Koffer, indem er nur den Blick zu wenden braucht. Der Koffer steht unter seiner Aufsicht.

Bei der Betrachtung des angeführten Beispiels ergibt sich wiederum, dass ein tatsächliches Herrschaftsverhältnis und die Möglichkeit, den Kontakt zur Sache faktisch aufrechtzuerhalten, für den Gewahrsam nicht ausschlaggebend sein können. Es lässt sich nämlich denken, dass in einem Bahnabteil ein erwachsener Dieb und ein schwaches Kind zusammen reisen. Wollte man nur auf das tatsächliche Herrschaftsverhältnis und auf die faktische Kontaktmöglichkeit abstellen, so hätte der Dieb den Gewahrsam an dem Koffer des Kindes, ehe er diesen überhaupt berührte.

Dieses Ergebnis kann nicht richtig sein[544]. Nach den Kulturnormen kann derjenige über eine Sache verfügen, zu dem sie gehört. Er genießt auch den Schutz der Rechtsordnung vor Beeinträchtigungen. Der Koffer des Kindes wird also aufgrund der Kulturnormen für den Dieb offenkundig dem Kind zugeordnet. Er bricht daher fremden Gewahrsam, wenn er sich des Koffers in Zueignungsabsicht bemächtigt. Wendet er dabei Gewalt an, so ist er als Räuber zu bestrafen. An diesem Ergebnis ändert sich auch dann nichts, wenn das Kind den Koffer seinerseits gestohlen hätte. Denn auch der Dieb wird um der Eigentumsordnung und des Rechtsfriedens willen in seinem Besitzstand geschützt.

IV. Genereller Gewahrsam

Man könnte auch latenter, mittelbarer oder indirekter Gewahrsam sagen. Die meisten unserer Sachen unterliegen dieser Form des Gewahrsams. Es sind dies alle jene Sachen, die wir nicht ständig bei uns haben, die nicht unter unserer ständigen Aufsicht stehen; also zum Beispiel die in unserer Wohnung befindlichen Gegenstände während unserer Abwesenheit, das auf der Straße geparkte Auto oder der Pflug auf dem Feld. Hier besteht zwar kein direkter Kontakt. Dennoch werden dem Wohnungsinhaber die in der Wohnung befindlichen Gegenstände, dem Autofahrer sein geparktes Auto, dem Bauern der Pflug auf dem Feld nach Sitte und Gewohnheit *zugeordnet*. Dass dem so ist, weiß jeder Rechtsgenosse, also auch der Dieb. Beabsichtigt jemand, sich die in einer Wohnung befindlichen Gegenstände zuzueignen, während der Wohnungsinhaber verreist ist, so muss er damit rechnen, auf frischer Tat ertappt zu werden. Ebenso der Täter, der sich ein auf der Straße abgestelltes Auto oder ein auf dem Feld zurückgelassenes Ackergerät zueignen will.

Völlig anders ist die Situation, wenn sich etwa statt des Pfluges die Taschenuhr des Bauern auf dem Feld befände. Nach altem Brauch lassen zwar die Bauern des Öfteren ihre Ackergeräte auf dem Feld zurück. Es entspricht auch Gewohnheit und Sitte, dass Autos ohne Bewachung auf der Straße abgestellt, Baumaterialien in der Öffentlichkeit gelagert werden oder ein Koffer im Bahnabteil zurückgelassen wird, während der Eigentümer den Speisewagen aufsucht. Pflug, Auto, Baumaterialien oder Koffer werden aufgrund der *Kulturnormen* dem Bauern, Autofahrer, Bauherrn oder Reisenden zugeordnet. Sie sind somit keinesfalls gewahrsamslos. Anders die Uhr auf dem Feld oder ein im Theater

---

[544] So im Ergebnis auch Rosenfeld ZStW 37,165.

verlorener Ring. Uhren werden üblicherweise nicht auf dem Feld zurückgelassen, Ringe nicht im Theater. Falls sich niemand in unmittelbarer Nähe dieser Gegenstände befindet (die Gegenstände vielleicht nur kurzfristig abgelegt hat), können sie einer anderen Person nicht im dinglichen Bereich zugeordnet werden. Sie gelten vielmehr als verloren und damit als gewahrsamslos. Niemand wird etwas dagegen einzuwenden haben, wenn der Finder die Uhr oder den Ring an sich nimmt und demgemäß Gewahrsam an diesen Gegenständen begründet. Ganz im Gegenteil entspricht es sogar den Pflichten eines ordentlichen Rechtsgenossen, verlorene Gegenstände an sich zu nehmen; allerdings nicht, um sich dieselben zuzueignen, sondern um sie beim Verlierer oder beim Fundbüro abzuliefern. Dagegen wird sich derjenige, der einen auf dem Feld befindlichen Pflug, ein auf der Straße abgestelltes Auto, öffentlich gelagerte Baumaterialien oder einen im Bahnabteil für kurze Zeit unbeaufsichtigt zurückgelassenen Koffer sich zueignet, nicht darauf berufen können, er habe gedacht, die Sachen seien verloren gegangen. Der Täter, der sich diese Sachen zueignet, muss also damit rechnen, auf frischer Tat ertappt zu werden. Er begeht einen Diebstahl. Noch deutlicher wird das, wenn man an die Wegnahme von Parkuhren, öffentlich aufgestellten Blumenkästen oder Statuen denkt.

Völlig zu Recht geht das OLG Köln in einer Entscheidung[545], auf die noch zurückzukommen sein wird, davon aus, dass ein vom Eigentümer im Straßengraben zurückgelassenes Unfallfahrzeug unter den Augen der Öffentlichkeit stehe; dass daher „ein Unbefugter jederzeit gegenwärtig zu sein hatte, seine Berechtigung zur Fortschaffung des Fahrzeuges dartun zu müssen"[546]. Es wird deutlich, das im sozialen Leben von der Gemeinschaft selbst und ihren Organen eine gewisse soziale Kontrolle ausgeübt wird[547]. Jedoch beruht diese gesellschaftliche Kontrolle nicht auf den Gegebenheiten des ontischen Seins, sondern *auf den das menschliche Zusammenleben regelnden rechtlichen und sozialen Normen. Insofern lässt sich die soziale Erscheinung „Gewahrsam" normativ bestimmen.*

An den Beispielen mit dem geparkten Auto oder dem Pflug auf dem Feld hat sich gezeigt, dass für den generellen Gewahrsam nicht unbedingt ein äußerlich abgegrenzter Bereich erforderlich ist. Vielmehr können auch Sachen, die sich außerhalb eines Bereichs befinden, von dem aus sich grundsätzlich auf ein Zuordnungsverhältnis schließen lässt, einem generellen Gewahrsam unterfallen. Des Weiteren lässt es sich denken, dass auch in einem Zuordnungsbereich befindliche Gegenstände dann gewahrsamslos sein können, wenn nach Sitte und Konvention niemand mehr einen Kontakt zu diesen Gegenständen hat (zum Beispiel zu verlorenen Sachen in einem der Öffentlichkeit ohne weiteres zugänglichen Kaufhaus). Auf die vielfältigen Erscheinungsformen des generellen Gewahrsams wird im Weiteren einzugehen sein.

V. Formen des generellen Gewahrsams

1. Genereller Gewahrsam an Sachen innerhalb eines Zuordnungsbereichs

Unter einem Zuordnungsbereich ist eine räumlich in Erscheinung tretende Sphäre zu verstehen, in der ein mehr oder weniger nahes Kontaktverhältnis von Personen zu Sachen möglich ist. Allein dass sich eine Sache in einem solchen Bereich befindet, lässt darauf schließen, dass sie einer bestimmten natürlichen oder juristischen Person zuzuordnen ist. Ausnahmen kann es aber auch hier geben, wie sich noch zeigen wird. – Zuordnungsbereiche können privater Natur oder der Öffentlichkeit zugänglich sein.

---

[545] OLG Köln VRS 14,299 f.
[546] OLG Köln a.a.O. S 300.
[547] Siehe Kap. 4, § 13 III 2.

a) Der Zuordnungsbereich ist privater Natur

Erkennbar abgegrenzte Sphären, wie sie die Wohnung, der eingezäunte Garten, eine Lagerhalle, ein Schuppen oder eine Jagdhütte darstellen, können als private Zuordnungsbereiche bezeichnet werden, da hierzu nicht ohne weiteres ein Zugang für jedermann besteht. Dies trifft zum Beispiel auch auf den Personenraum eines Autos zu, selbst wenn dieses auf der Straße abgestellt ist; nicht aber auf einen nur von einer niedrigen ohne Schwierigkeiten übersteigbaren Hecke eingefassten Vorgarten, oder auf einen zur Straße hin offenen Hofraum.

Die innerhalb eines privaten Zuordnungsbereichs befindlichen Gegenstände sind grundsätzlich dem Inhaber des Bereichs zuzuordnen. Es besteht hier eine von der Gesellschaft akzeptierte umgrenzte Privatsphäre, deren Verletzung gesellschaftliche und staatliche Sanktionen nach sich zieht; auch dann, wenn sich der Inhaber des Zuordnungsbereichs von diesem räumlich entfernt hat[548]. Daher stehen zum Beispiel alle in einer Wohnung befindlichen Möbel im Gewahrsam des Wohnungsinhabers, weil sie ihm aufgrund der Kulturnormen für jeden offenkundig zuzuordnen sind. Gleichermaßen befinden sich die in einer Gartenecke stehenden Geräte, Gartenstühle, Sonnenschirme, Schaukeln usw. im Gewahrsam des Gartenbesitzers. Briefe befinden sich mit dem Einwurf in meinen Briefkasten in meinem Gewahrsam, wobei es einerlei ist, ob sie für mich bestimmt sind oder irrtümlich eingeworfen wurden.

Wenn Micelli und Soltmann demgegenüber behaupten, dass sich Sachen, die versehentlich in eine private Sphäre gelangt sind, zum Beispiel in den Briefkasten eingeworfenen Briefe, nicht im Gewahrsam des Inhabers dieser Sphäre befänden[549], so liegt das für sie an einem fehlenden Herrschaftswillen. Micelli meint, dass man Sachen, die man nicht in seinem „Herrschaftsbereich" haben wolle, auch nicht im Gewahrsam haben könne: „Ein solches Resultat würde direkt der gesunden Vernunft und somit dem Rechtsgefühl des Volkes ins Gesicht schlagen"[550]. Soltmann meint, dass sich der „generelle Herrschaftswille" nicht auf Sachen erstrecken könne, die zufälligerweise in eine private Sphäre gelangt sind; denn es sei verfehlt, die Wohnung als einen großen Briefkasten für all das, was hineinkomme, anzusehen. Durch die Aufstellung eines Briefkastens gebe der Aufsteller lediglich kund, dass er für sich bestimmte Briefe in Empfang nehmen wolle, nicht aber fremde Briefschaften[551].

Abgesehen davon, dass beide Autoren von der Willenstheorie her urteilen, ist ihnen entgegenzuhalten, dass es für einen Außenstehenden gleich ist, ob ein zu Recht oder irrtümlich eingeworfener Brief im Briefkasten liegt. Mit dem Einwurf in den Briefkasten befindet sich die Post in einer privaten Sphäre, in die Außenstehende nicht ohne weiteres eindringen dürfen. Die in einem solchen privaten Zuordnungsbereich befindlichen Gegenstände werden daher dem Rauminhaber zugeordnet, ganz gleich, wie die rechtlichen Gegebenheiten hinsichtlich der Gegenstände sind.

Anders ist es, wenn Sachen, die sich im Gewahrsam einer Person befinden, von dieser in einen fremden Zuordnungsbereich eingebracht werden. Soweit diese Sachen im direkten Gewahrsam des Einbringenden verbleiben, ist kein anderer befugt, an oder mit diesen Sachen irgendwelche Manipulationen vorzunehmen. Der mich besuchende Gast hat also – hier kann man selbstverständlich sagen – Gewahrsam an den in seinen Taschen befindlichen Gegenständen[552]. Sie sind ihm zuzuordnen und nicht mir, da ich nicht ohne weiteres einen Kontakt zu den fremden Sachen herstellen kann. Ich

---

[548] Im Ergebnis auch BGHSt 16,273; RGSt 30,88.
[549] Micelli S. 49 ff; Soltmann S. 26 f.
[550] Micelli S. 50.
[551] Soltmann S. 26 f.
[552] So auch RGSt 30,89; RG Recht 22 Nr. 161.

könnte sie mir höchstens ausbitten oder sie unter Verletzung rechtlicher und sozialer Normen wegnehmen. Gibt der Besucher dagegen seinen direkten Gewahrsam an den eingebrachten Sachen auf, legt er beispielsweise seinen Mantel und Schirm in der Garderobe ab, so ergibt sich wieder eine andere Sachlage. Die in einer fremden Wohnung befindlichen Sachen sind für jedermann offensichtlich dem Wohnungsinhaber zuzuordnen[553].

Ebenso sind die in einer privaten Sphäre, wie einem Hotelzimmer oder einem untervermieteten nicht separaten Zimmer (z.b. von der Wirtin zu reinigende Studentenbude) befindlichen Sachen dem Hotelier oder Vermieter zuzuordnen. Hier besteht aber gleichermaßen eine Zuordnung zu dem Gast oder Untermieter, da das vermietete Zimmer während der Mietdauer auch eine private Sphäre des Mieters darstellt. Es folgt daraus, dass in einem Hotelzimmer ein Fund nicht möglich ist. Solange das Zimmer vom Gast bewohnt wird, besteht sowohl Gewahrsam des Hotelgastes als auch des Hoteliers[554]. Ist der Gast ausgezogen, so befinden sich etwaig zurückgelassene persönliche Gegenstände des Gastes im Gewahrsam des Hoteliers. Nimmt also ein Zimmermädchen das auf dem Fußboden des Hotelzimmers liegende Portemonnaie des inzwischen ausgezogenen Gastes in Zueignungsabsicht an sich, so begeht es einen Diebstahl[555], falls man dem Zimmermädchen keinen Mitgewahrsam zubilligt oder – wenn man das tut – den Bruch von Mitgewahrsam als Diebstahl wertet. Die sich hier ergebenden Probleme werden noch zu behandeln sein.

b) Der Zuordnungsbereich ist der Öffentlichkeit ohne weiteres zugänglich

Warenhäuser, Gaststätten, Postämter, Banken, Universitäten, Behörden, Wartesäle usw. stellen räumlich umgrenzte Sphären dar, die der Öffentlichkeit in weiten Teilen ohne weitere zugänglich sind. Eine solche Öffentlichkeit ist auch dann gegeben, wenn der Zugang von bestimmten Voraussetzungen, wie dem Lösen einer Eintrittskarte oder dem Vorzeigen eines Ausweises abhängig gemacht wird. Von dem privaten Zuordnungsbereich unterscheidet sich der offene Zuordnungsbereich dadurch, dass er einer großen Anzahl von Personen zugänglich ist, wodurch eine gewisse Unüberschaubarkeit und Anonymität des Einzelnen hervorgerufen wird. Daher gehören hierher auch Badeanstalten, Theater, Kinos, Sportplätze, Kantinen, Mensen, Universitätsinstitute, Bibliotheken, Bahnsteige, Flugplätze, Fähren, Museen usw.

Auch ein zur Straße hin offener Hof oder das abgeerntete Feld des Bauern stellen Bereiche dar, die jedermann ohne weiteres zugänglich sind. Ebenso ist es bei ausgelegten Fischernetzen, Reusen oder Fallen. Ein nur von einer niedrigen ohne Schwierigkeiten übersteigbaren Hecke umgebener Garten ist ebenfalls als offener Zuordnungsbereich anzusehen. Denn eine niedrige Hecke oder ohne weiteres überschreitbare Umzäunung ist nicht geeignet, anderen Personen den Zugang zu verwehren.

Ob die Voraussetzungen eines offenen Zuordnungsbereichs gegeben sind, muss stets im Einzelfall festgestellt werden, wie auch die Gewahrsamsverhältnisse in einem solchen Bereich. So wird die Empfangshalle eines größeren Hotels ohne weiteres der Öffentlichkeit zugänglich sein, nicht dagegen eine kleine Pension. Ein Flughafen oder eine Badeanstalt stellen von der Öffentlichkeit frequen-

---

[553] Wird der Schirm des Gastes von einem Außenstehenden weggenommen, so kommt demnach ein Diebstahl in Betracht. Anders ist es, wenn der Wohnungsinhaber selber den Schirm des Gastes wegnimmt. Für ihn sind die in der Garderobe abgelegten Sachen offensichtlich dem Gast zuzuordnen. Auf die sich in diesem Zusammenhang ergebenden Mitgewahrsamsprobleme wird noch näher einzugehen sein.

[554] Im Ergebnis ebenso BGH NJW 1960,1357; RG GA 68,277; Frank § 242 Anm. IV; Schönke-Schröder § 242 Rdnr. 25; Schwarz-Dreher § 242 Anm. 1 D a.

[555] Im Ergebnis ebenso RG Recht 7 Nr. 585; vgl. aber Kap. 5, § 14 VI 4, wonach Unterschlagung anzunehmen ist.

tierte Bereiche dar; nicht so das Clubhaus eines Segelfliegervereins oder ein privater Tennisplatz, zu dem nur Vereinsmitglieder Zugang haben.

Innerhalb eines offenen Zuordnungsbereichs kann es abgetrennte Bereiche geben, die einem größeren Personenkreis nicht beliebig zugänglich sind, in denen somit auch nicht die Fluktuation herrscht, wie sie für offene Bereiche kennzeichnend ist. Büroräume in einem Warenhaus, Kabinen auf einem Sportplatz, Dozentenzimmer und Büros in einem Seminargebäude, hinter einem Tresen oder Schalter befindliche Räumlichkeiten, sind solcherart. Hier handelt es sich um private Sphären.

Während die in einem privaten Zuordnungsbereich befindlichen Sachen, soweit es sich nicht um eingebrachte im direkten Gewahrsam einer anderen Person stehende Sachen handelt, ausnahmslos im Gewahrsam des Inhabers der privaten Sphäre stehen – der private Zuordnungsbereich indiziert die Zuordnung –, sind die Voraussetzungen des Gewahrsams in offenen Zuordnungsbereichen eingehend zu prüfen. Hier ist Gewahrsam des Inhabers der Sphäre nur insoweit gegeben, wie ihm die innerhalb des offenen Zuordnungsbereichs befindlichen Gegenstände offensichtlich aufgrund der Kulturnormen zugeordnet werden können. Beispielsweise sind zuzuordnen: Dem Geschäftsinhaber die in seinem Selbstbedienungsladen angebotenen Waren; dem Gastwirt das von den Gästen benutzte Geschirr und Besteck; der Sparkasse die im Schalterraum befindlichen Aschenbecher; der Bibliotheksverwaltung die zur Benutzung zur Verfügung stehenden Bücher; der Behörde die auf dem Behördenflur stehenden Papierkörbe oder Blumentöpfe; der Institutsverwaltung die ausliegenden Schreibunterlagen; dem Universitätskuratorium das Mobiliar eines Hörsaals.

Eine solche Zuordnung ergibt sich sowohl nach Sitte und Gewohnheit als auch nach bürgerlichrechtlichen Bestimmungen; und zwar nicht allein im rein rechtlichen, sondern auch im dinglichen Bereich. Niemand würde auf den Gedanken kommen, dass er Sachen der genannten Art einfach mitnehmen dürfe. Wer dies dennoch tut, muss damit rechnen, bei einer strafbaren Handlung auf frischer Tat ertappt zu werden. Dabei ist es gar nicht erforderlich, dass der Warenhausinhaber, Sparkassenleiter, Bibliotheksdirektor usw. eine ständige Aufsicht ausüben oder ausüben lassen. Denn auch die Gesellschaft übt eine Kontrolle aus, da es für jedermann offenkundig ist, wem die betreffenden Sachen zuzuordnen sind. Derjenige, der aus einem der Öffentlichkeit ohne weiteres zugänglichen Bereich Sachen der genannten Art wegnimmt, muss also nicht nur damit rechnen, dass seine Personalien festgestellt werden; er muss auch den Ruf „haltet den Dieb!" fürchten. Das trifft gleichermaßen für denjenigen zu, der auf dem Feld angebaute Früchte an sich nimmt oder sich der in einem Netz gefangenen Fische bemächtigt. Auch in diesen Fällen kann der Täter auf frischer Tat ertappt werden. Er begeht vom Tattypus her einen Diebstahl.

Ganz anders ist die Situation aber bei Sachen, die in einem offenen Zuordnungsbereich verloren oder vergessen werden. Wer diese Sachen entdeckt, ist berechtigt, sie an sich zu nehmen. Es erscheint daher fraglich, ob an der in einem Warenhaus, Postamt, Wartesaal pp. verlorenen oder vergessenen Geldbörse noch Gewahrsam irgendeiner Person besteht, wie es von der h.M. angenommen wird[556]. Von Bedeutung ist die Lösung dieser Frage nicht allein für die Abgrenzung von Diebstahl und Fundunterschlagung, sondern ebenso hinsichtlich der Anwendung der Fundbestimmungen, die bis heute völlig ungeklärt sind und von den Verwaltungsbehörden (Fundbüros) mehr nach Gutdünken gehandhabt werden (wie Untersuchungen ergeben haben). Wir werden uns mit diesen Fragen noch eingehender im Zusammenhang mit verlorenen Sachen und Fund auseinanderzusetzen haben[557].

---

[556] RGSt 48,385; 50,183; 53,196; 54,232; RG GA 65,371; RG JW 1930,3222; BGH MDR 1952,658; 1954,398; BGH GA 1969,25; Schönke-Schröder § 242 Rdnr. 19; Schwarz-Dreher § 242 Anm. 1 D; Maurach BT S. 203; Welzel Lb. S. 348.
[557] Siehe dazu Kap. 6, §§ 18 und 19.

2. Genereller Gewahrsam an Sachen außerhalb eines Zuordnungsbereichs

Außerhalb eines Zuordnungsbereichs sind Sachen, die sich zum Beispiel auf öffentlichen Straßen und Plätzen, auf freiem Feld oder im Wald befinden. Hier ist keine erkennbar abgegrenzte Gewahrsamssphäre vorhanden. Dennoch werden Parkbänke, Straßenlaternen, Parkuhren, Statuen, Blumenkästen, Mülltonnen, Fahrräder, Baumaschinen, die auf der Straße stehen, Baumaterialien, geparkte Autos usw. dem jeweils Berechtigten aufgrund der Kulturnormen im dinglichen Bereich zugeordnet. Niemand würde auf den Gedanken kommen, es handele sich hier um herrenlose Sachen. Ein Zueignungstäter müsste damit rechnen, auf frischer Tat ertappt zu werden. Lässt jemand zum Beispiel sein Fahrrad auf der Straße stehen, so behält er Gewahrsam daran, weil es üblich ist, Fahrräder – auch unabgeschlossen – auf der Straße abzustellen. Es ist für Dritte offenkundig, dass ein solches Fahrrad jemandem zuzuordnen ist. Dabei ist ohne Bedeutung, ob der Eigentümer sein Fahrrad bewachen kann oder nicht, ob er in der Lage ist, eine Wegnahme zu verhindern oder nicht. Das OLG Tübingen, das den Gewahrsam in einem Fall, in dem der Eigentümer des Fahrrades sich im ersten Stock eines Hauses befand, von der Möglichkeit der tatsächlichen Beherrschung der Sache abhängig gemacht hat, ging also ganz offensichtlich von einem rein physisch verstandenen Gewahrsam aus[558]. Noch deutlicher tritt dies bei Sachs in der Anmerkung zu dem genannten Urteil hervor[559].

Sachs geht von einer „natürlichen Betrachtungsweise" aus. Gerade an seiner Argumentation, die der heute vertretenen h.M. durchaus entspricht, zeigt sich die Unhaltbarkeit dieser Theorie. Sachs konstatiert zunächst, dass derjenige, der sein Fahrrad in einen jedermann zugänglichen Hausflur[560] stelle und sich in das erste Stockwerk begebe, seinen Gewahrsam nicht verliere, wenngleich dieser gelockert werde. Zur Begründung führt er dann an, dass das Fahrrad nach „natürlicher Lebensauffassung, die entscheidend ist", im Herrschaftsbereich des Berechtigten verbleibe. Der Verwirklichung seines Herrschaftswillens stünden keine Hindernisse entgegen. Ein Herrschaftsverhältnis des Berechtigten sei damit gegeben.

Hier wird klar, dass sich die h.M. mit dem Begriff des „tatsächlichen Herrschaftsverhältnisses" eines Blankettbegriffs mit beliebig auswechselbarem Inhalt bedient, woraus sich auch die häufigen Meinungswechsel und -schwankungen in der Rechtsprechung erklären. Um noch einen gewissen Anhaltspunkt zu haben, der in dem subjektiven Moment des Gewahrsamswillens nicht zu sehen ist, wird der Gewahrsam darum immer wieder auf die physische Beherrschbarkeit reduziert, wie dies auch bei Sachs recht anschaulich exerziert wird. Er erklärt[561]: „Hätte der Eigentümer am Hauseingang einen muskulösen, geistesgegenwärtigen und beinschnellen Wächter postiert, so wäre … die Herrschaft des Eigentümers noch nicht aufgehoben und diejenige des Täters noch nicht begründet gewesen, als dieser mit dem Rad den Bürgersteig erreicht hatte." Andererseits soll aber der Berechtigte seinen Gewahrsam bereits mit dem Ergreifen des Fahrrades durch den Dieb verloren haben, wenn das in der Öffentlichkeit abgestellte Fahrrad nicht beobachtet wird, „wenn der Eigentümer nicht, um das Rad zu beobachten, sondern nur zufällig aus dem Fenster … gesehen hat".

Damit ist in keiner Weise erklärt, warum jemand an einer in der Öffentlichkeit befindlichen Sache, zu der er keinerlei physischen Kontakt hat, Gewahrsam behalten kann. Denn auch nach Meinung von Sachs hat der Eigentümer des Fahrrads wenigstens solange Gewahrsam gehabt, wie das Rad in dem offenen Hausflur abgestellt war, einerlei ob es beobachtet werden konnte oder nicht. Durch die

---

[558] Vgl. OLG Tübingen SJZ 1947,556 f.

[559] Sachs SJZ 1947,557 f.

[560] Es handelte sich um einen Behördenflug, der vom OLG wie auch von Sachs der Straße völlig gleichgestellt wurde, da er jedermann zugänglich war.

[561] Hier und im Folgenden a.a.O. S. 558.

Beobachtung soll sich der Gewahrsam dann auch noch auf die Zeitspanne zwischen dem Ergreifen des Fahrrads durch den Täter und dem Davonfahren ausgedehnt haben. Die Begründung dafür, warum auch ohne eine Beobachtung des Fahrrads bis zum Ergreifen durch den Täter Gewahrsam bestehen soll, wird schuldig geblieben. Und in Wirklichkeit kann die h.M. hierfür auch nur den Willen des Berechtigten und die „natürliche Lebensauffassung" anführen, also die üblichen dubiosen Kriterien.

Wenn man dagegen den Gewahrsam als ein aufgrund der Kulturnormen sich im dinglichen Bereich ergebendes soziales Zuordnungsverhältnis ansieht, können objektiv-normative Kriterien herangezogen werden, mit deren Hilfe sich der Gewahrsam im Einzelfall einwandfrei ermitteln lässt. Wenden wir diese Methode auf den vorstehenden Fall an, so ergibt sich Folgendes: Das in der Öffentlichkeit abgestellte Fahrrad ist dem im ersten Stock des Gebäudes am Fenster sitzenden Eigentümer aufgrund bürgerlich-rechtlicher Normen zuzuordnen. Da es außerdem üblich ist, Fahrräder auf der Straße abzustellen, ergibt sich auch nach sozialen Normen (Sitte, Gewohnheit, Brauch) eine Zuordnung des Fahrrads zu demjenigen, der es abgestellt hat. Diese aus den Kulturnormen folgende Zuordnung einer Sache zu einer Person tritt für den Zueignungstäter im dinglichen Bereich offenkundig in Erscheinung. Er muss damit rechnen, auf frischer Tat ertappt zu werden, falls er das Fahrrad wegnimmt. Es ist also Gewahrsam des Berechtigten an dem Fahrrad gegeben. Eine Zueignung unter Bruch dieses Gewahrsams müsste als Diebstahl bestraft werden.

Ebenso ist die Sachlage, wenn sich jemand die vor einer zertrümmerten Schaufensterscheibe auf der Straße liegenden Waren zueignet. Bleiben zum Beispiel nach einem Überfall auf ein Juweliergeschäft Schmuckstücke vor dem Geschäft liegen, so ergibt sich für jedermann offenkundig eine Zuordnung der Schmuckstücke zu dem Juwelier. Auf diesen Standpunkt stellt sich praktisch auch der Bundesgerichtshof[562], wenn er in Anlehnung an eine Entscheidung des Reichsgerichts[563] ausführt: „Ob jemand Gewahrsam, d.h. die tatsächliche Verfügungsgewalt, an einer Sache hat, bestimmt sich nach der Gestaltung des einzelnen Falles. Die Feststellungen der Strafkammer über die Verhältnisse am Tatort ergeben, dass der Ladeninhaber B. an den Gegenständen, die der Angekl. an sich genommen hat, auch dann noch Gewahrsam hatte, wenn sie vor der zertrümmerten Schaufensterscheibe im Ladeneingang lagen, als sie der Beschwerdeführer an sich nahm. Hierzu war es weder erforderlich, dass B. oder einer seiner Angestellten sich zur Tatzeit in den Geschäftsräumen aufhielt, noch dass sich die Sachen im Schaufenster befanden. Auch wenn sie vor dem Schaufenster im Ladeneingang verstreut lagen, ergab sich für jedermann auf den ersten Blick die Zugehörigkeit der Sachen zu dem Herrschaftsbereich des B. Dieser brauchte nur herbeizukommen, um die ohne weiteres als die seinigen erkennbaren Gegenständen zu sammeln und in seine Geschäftsräume zurückzuschaffen."

Ähnlich argumentiert der BGH in einem weiteren Urteil, das den Gewahrsam an Waren betrifft, die für einen Geschäftsmann morgens vor der noch verschlossenen Ladentür abgestellt wurden[564]. Der BGH, der von einem Gewahrsam des Geschäftsinhabers an den Waren ausging, führte dazu Folgendes aus: „Gewahrsam ist tatsächliche Sachherrschaft. Ob sie vorliegt, bestimmt sich nach den Anschauungen des täglichen Lebens, nach der Lebensauffassung. Danach kann nicht bezweifelt werden, dass Waren, die morgens vor Geschäftseröffnung für den Ladeninhaber mit dessen Einverständnis vor der noch verschlossenen Ladentür abgestellt werden, bereits im Gewahrsam des Ladeninhabers stehen. Dass der Geschäftsinhaber im Zeitpunkt des Abstellens der Waren noch nicht in der Lage ist, die Wegnahme tatsächlich zu verhindern, steht dem nicht entgegen."

---

[562] BGH GA 1962,77 f.
[563] RG JW 1926,585 unter Hinweis auf RG GA 68,272; vgl. ferner RG GA 64,369.
[564] BGH LM Nr. 40 zu § 242 = NJW 1968,662 = MDR 1968,255 = JZ 1968,307.

Eine dogmatische Untermauerung der vom BGH in den beiden zuletzt genannten Urteilen vertretenen Auffassung wird an keiner Stelle gegeben; auch nicht von der Literatur, die sich zum Teil auf diese Urteile bezieht[565]. Obwohl beiden Urteilen im Ergebnis zuzustimmen ist, muss bemängelt werden, dass sich der BGH lediglich darauf beschränkt, sich auf die Evidenz seiner eigenen Meinung zu berufen. Es bleibt dem BGH und der h.L. aber im Grunde genommen gar nichts anderes übrig, da sich mit Hilfe der allgemein vertretenen Gewahrsamstheorie nicht erklären lässt, warum jemand Gewahrsam an in der Öffentlichkeit befindlichen Sachen, zu denen er keinen physischen Kontakt hat, begründen kann. Denn ein tatsächliches, im Grunde auf physischer Verfügungsgewalt beruhendes Herrschaftsverhältnis kann in dem Augenblick nicht mehr angenommen werden, in dem sich eine Sache unbeaufsichtigt in der Öffentlichkeit befindet. Dass aber in diesen Fällen Gewahrsam in Frage kommen kann, mag auch die h.M. nicht in Abrede stellen, würde doch sonst an einem auf der Straße abgestellten Fahrrad oder an vor dem Geschäft ausgestellten oder abgestellten Waren nur eine Unterschlagung, nicht aber ein Diebstahl möglich sein. Dieses Ergebnis ist jedoch offensichtlich unbefriedigend.

Fasst man nun den Gewahrsam als eine sich aufgrund der Kulturnormen für den Täter offenkundig ergebende Zuordnung einer Sache zu einer Person im dinglichen Bereich auf, so bereitet die Lösung der vorstehenden Fälle keine Schwierigkeiten. Es lassen sich dogmatisch einwandfrei zu begründende konsequente Ergebnisse finden. Das auf der Straße abgestellte Fahrrad wird aufgrund der Kulturnormen demjenigen im dinglichen Bereich zugeordnet, der es abgestellt hat. Die vor der Ladentür stehenden Waren sind dem Ladeninhaber zuzuordnen, wie auch vor der zertrümmerten Schaufensterscheibe des Juweliergeschäfts liegende Schmuckstücke.

Ebenso werden auf der Straße gelagerte Baumaterialien dem Bauherrn zugeordnet[566]. Dem Bauern werden nach Sitte und Gewohnheit die an der entfernten Straße abgestellten Milchkannen oder sein an der Straße stehender Zeitungskasten zugeordnet. Die auf der Heide aufgestellten Bienenkörbe werden dem Imker zugeordnet; die im Wald lagernden Baumstämme der Forstverwaltung. Auch der Jäger behält aufgrund der Kulturnormen eine für jedermann offenkundige Verbindung zu der im Wald aufgestellten Kastenfalle, wie der Fischer eine solche zu seinen ausgelegten Netzen und Reusen behält. Würde eine Reuse allerdings aus ihrer Verankerung gerissen und fortgetrieben werden, wo verlöre der Fischer damit den Gewahrsam und somit gleichfalls den Gewahrsam an den in der Reuse gefangenen Fischen (die sich wiederum in einem offenen Zuordnungsbereich befänden, zu dem der Fischer jegliche Kontaktmöglichkeit verloren hätte).

Besondere Probleme können sich bei in der Öffentlichkeit abgestellten Autos ergeben. Soweit der Berechtigte ein Auto auf der Straße geparkt hat und den Kontakt dazu aufrechterhält, ist es ihm für jedermann offenkundig zuzuordnen[567]. Selbst wenn der Fahrzeughalter für einige Zeit verreist und sein verschlossenes Auto ordnungsgemäß geparkt hat, wäre es ihm noch zuzuordnen. Würde der Autofahrer vergessen, wo er sein Auto geparkt hat, so behielte er dennoch Gewahrsam daran, weil es (etwa mit Hilfe der Polizei) keine großen Schwierigkeiten bereiten würde, das Auto wiederzufinden, und der „soziale Konnex" nicht abgerissen wäre. Denn solange es nicht offensichtlich würde, dass niemand mehr einen Kontakt zu dem Auto hat, ist es dem Berechtigten zuzuordnen.

---

[565] Z.B. Schönke-Schröder § 242 Rdnr. 17; Maurach BT S. 202; Schwarz-Dreher § 242 Anm. 1 D b; Heimann-Trosien LK 1970 § 242 Rdnr. 5.
[566] Im Ergebnis ebenso RG Recht 21 Nr. 305.
[567] Im Ergebnis ebenso BGHSt 5,206; 22,45; BGH VRS 13,41; 14,363; 24,213; Schönke-Schröder § 242 Rdnr. 16; Schwarz-Dreher § 242 Anm. 1 D; Maurach BT S. 202; Welzel Lb. S. 348; BGH GA 1962,78 f; RG 1935,3387.

Gleiches ist von dem im Straßengraben zurückgelassenen Unfallwagen zu sagen. Auch dieser ist für jedermann offenkundig dem Berechtigten zuzuordnen, wie auch das OLG Köln zutreffend festgestellt hat[568]. Denn auch Unfallfahrzeuge pflegen vom Eigentümer nicht ohne weiteres aufgegeben zu werden, da sie in der Regel noch einen Wert repräsentieren. Im Übrigen ist es allgemein bekannt, dass Unfallfahrzeuge nicht auf die Dauer im Straßengraben zurückgelassen werden dürfen, dass sich also der Eigentümer schon aufgrund polizeilicher Bestimmungen um einen Abtransport zu bemühen hat. Der Täter, der sich ein solches Auto zueignen will, muss eine erhöhte verbrecherische Energie aufwenden, da er damit zu rechnen hat, dass er bei dem unbefugten Abtransport des Unfallwagens ertappt wird. Wenn das OLG Köln ausführt, dass ein Unbefugter gegenwärtig sein müsse, seine Berechtigung zum Fortschaffen des Fahrzeugs nachweisen zu müssen, da ein im Straßengraben zurückgelassenes Unfallfahrzeug „unter den Augen der Öffentlichkeit" stehe, so trifft diese Argumentation den Kern der Sache.

Wie aber steht es nun mit einem Auto, das ein Unbefugter nach Gebrauch irgendwo stehengelassen hat, wo es dem Zugriff Dritter preisgegeben ist? Anhand der Nummernschilder ist jederzeit feststellbar, wem das Auto gehört. Das lässt sich aber bei einem Personalausweis noch leichter ermitteln, woraus sich noch nicht ergibt, dass ein Personalausweis nicht gewahrsamslos werden kann. Wenn er auf der Straße liegt, muss man davon ausgehen, dass er verloren und damit gewahrsamslos ist, weil der Ausweis in dieser Umgebung offenkundig niemandem zugeordnet werden kann. In gleicher Weise ist davon auszugehen, dass ein Auto gewahrsamslos sein kann. Stellt der Eigentümer seinen alten Wagen auf einen Müllabladeplatz, so ist das Fahrzeug offenkundig niemandem mehr zuzuordnen. Es ist gewahrsamslos. Lässt dagegen der Eigentümer seinen alten Wagen auf der Straße verrosten, vielleicht weil er die Kosten des Abtransports scheut, so ist ihm sein Fahrzeug aufgrund rechtlicher und sozialer Normen immer noch im dinglichen Bereich zuzuordnen. Denn es verstößt gegen rechtliche und soziale Normen, sein altes Auto an beliebiger Stelle abzuwracken[569].

Lässt nun derjenige, der ein fremdes Auto unberechtigt in Gebrauch genommen hat, dieses später in irgendeiner Straße stehen, wo es dem Zugriff Dritter preisgegeben ist, wo wird es dadurch noch nicht gewahrsamslos. Es ist vielmehr für jeden Rechtsgenossen offenkundig dem Berechtigten zuzuordnen; und zwar nicht nur rein rechtlich, sondern auch im dinglichen Bereich. Zwar befindet sich das Fahrzeug genau wie ein verlorener Personalausweis auf der Straße. Hierzu ist es durch Verschlussmöglichkeit und Kennzeichnung (Nummernschilder, Fahrgestell-, Motornummer, Typenbezeichnung) entsprechend eingerichtet. Der gewöhnliche Aufbewahrungsort für einen Personalausweis ist hingegen die Tasche des Berechtigten.

Wer einen Personalausweis auf der Straße liegen sieht, ist berechtigt, diesen an sich zu nehmen. Wer ein verlassenes Auto irgendwo stehen sieht, ist dazu nicht ohne weiteres berechtigt. Selbst wenn ein Auto an abgelegener Stelle aufgefunden wird, kann daraus noch nicht geschlossen werden, dass das Auto durch den „Finder" sichergestellt werden darf. Es könnte ja einer Panne, eines Unfalls, Überfalls oder einer Wanderung wegen zurückgelassen worden sein. Dem „Finder" obliegt als ordentlichem Staatsbürger, seine Wahrnehmung der Polizei mitzuteilen. Aufgrund der Kennzeichnung ist bei den heutigen Gegebenheiten eine Feststellung des Fahrzeughalters binnen kürzester Frist möglich. Es bleibt ein „sozialer Konnex" des Berechtigten über die Behörden und durch die soziale Kontrolle also auch an dem nach einer Spritztour vom Täter irgendwo stehengelassenen Auto erhalten.

---

[568] OLG Köln VRS 14,299 f.
[569] Wer sich Fahrzeugteile des Schrottwagens mitnähme, bräche fremden Gewahrsam. Er beginge dennoch keinen Diebstahl, weil von einer stillschweigenden Einwilligung des Fahrzeughalters in die Wegnahme auszugehen wäre.

Will sich jemand ein solches Auto zueignen, muss er damit rechnen, bei seiner Handlung beobachtet, angezeigt oder kontrolliert, also auf frischer Tat ertappt zu werden. Er begeht einen Diebstahl. Das gleiche trifft für die Zueignung von Sachen zu, die sich in einem Auto (einem privaten Zuordnungsbereich) befinden.

Wenn der BGH demgegenüber davon ausgeht, dass die Zueignung eines vom Vortäter irgendwo stehengelassenen Autos als Unterschlagung zu werten sei[570], so ist auf die Begründung Bedacht zu nehmen. Nach Meinung des BGH liegt der Fall hier „ganz ähnlich der Fundunterschlagung, die auch an Sachen begangen werden kann, an denen der Dieb den Gewahrsam wieder verloren oder aufgegeben hat". Dem ist aber entgegenzuhalten, dass im vorliegenden Fall ein Verlust des Autos gar nicht in Fragen kommen kann, weil der Fahrzeughalter über die Behörden den Kontakt zu dem vom Vortäter abgestellten Auto aufrechterhalten konnte. Es blieb dem Fahrzeughalter aufgrund der Kulturnormen weiterhin im dinglichen Bereich – also offenkundig für jedermann – zugeordnet. Auch musste der Täter, der sich das stehengelassene Auto in Kenntnis des Sachverhalts zueignete, damit rechnen, auf frischer Tat ertappt zu werden. Und dass die Polizei bezüglich entwendeter Kraftfahrzeuge in der Tat ein wachsames Auge hat, wird besonders daran deutlich, dass der Täter in dem gegebenen Fall von einer Polizeistreife ergriffen wurde, als er das Auto verließ.

VI. Mitgewahrsam

1. Die Lehre

Nach h.M. in der Literatur und Rechtsprechung kann es außer Alleingewahrsam auch Mitgewahrsam geben. Was unter Mitgewahrsam zu verstehen ist, bleibt jedoch äußerst unklar und umstritten. In der neueren Literatur beschränkt man sich überwiegend darauf, eine umfangreiche Kasuistik zu betreiben[571], wobei ohne dogmatische Begründung – offenbar in Anlehnung an die ältere Literatur – gleichgeordneter, übergeordneter und untergeordneter Mitgewahrsam unterschieden werden[572]. Bedeutung erlangt diese Unterscheidung insofern, als nach nahezu einhelliger Meinung nur der Bruch des gleich- oder übergeordneten Gewahrsams als Diebstahl zu werten ist, nicht jedoch der Bruch von untergeordnetem Gewahrsam durch den Inhaber des übergeordneten Gewahrsams.

In der älteren Literatur sind nähere Ausführungen zum Mitgewahrsam vor allem bei Binding[573] zu finden. Er schickt zunächst einmal vorweg, dass die sog. „Gehilfen zum Besitz" überhaupt keinen Gewahrsam hätten. „Gehilfe zum Besitz" ist nach Binding, wer „ohne mit der Sache irgend zu manipulieren" nur darüber zu wachen hat, dass sie der Herrschaftssphäre eines Dritten nicht entzogen werde; zum Beispiel die Bediensteten eines Hoteliers bezüglich der von den Reisenden vor die Zimmer gestellten Koffer, der Wächter auf einem Holzplatz, der Schutzmann, der aufgestellt ist, um aus dem Brand gerettete Sachen zu beaufsichtigen, der Gast im Wirtshaus, der von einem anderen gebeten wird, einen Augenblick auf seine Sachen zu achten"[574].

Dann führt Binding aus, dass der Gewahrsam (er nennt ihn bekanntlich Besitz) „unendlich oft" Mitgewahrsam sei, und zwar entweder bei gleicher oder bei ungleicher Rechtsstellung des Gewahrsams-

---

[570] BGHSt 13,44.

[571] Siehe z.B. die Rechtsprechung bei Schönke-Schröder § 242 Rdnr. 24 ff oder bei Olshausen, 12. Aufl. (1942) § 242 Anm. 13 ff.

[572] Vgl. Schönke-Schröder § 242 Rdnr. 24, 25; Schwarz-Dreher § 242 Anm. 1 D a; Jagusch LK 1958 § 242 Vorbem. C II 2; Heimann-Trosien LK 1970 § 242 Rdnr. 10 ff; Lackner-Maassen § 242 Anm. 3 a ee; Petters-Preisendanz § 242 Anm. V 3; Pfeiffer-Maul-Schulte § 242 Anm. 6; Maurach BT S. 203 f; Welzel Lb. S. 349; Mezger-Blei BT S. 135; Gribbohm JuS 1964,234 ff.

[573] BT I S. 288 ff.

[574] Binding BT I S. 287.

inhabers: „Zwei oder mehrere Personen sind gleichzeitig in der Lage und willens, dieselbe Sache ihrer tatsächlichen Herrschaft zu unterwerfen: Etwa zwei Miteigentümer ihr in gemeinsamem Stall stehendes Pferd, zwei Chefs einer offenen Handelsgesellschaft alle Waren auf ihren Lagern; zwei Postbeamte, die zusammen die Gepäckbeförderung unter sich haben, alle Stücke im Geschäftsraume, mehrere Gemeindepfleger den Inhalt der Gemeindekasse, zu der jeder einen Schlüssel hat, einerlei ob jeder Schlüssel allein schließt oder alle Schlüssel gleichzeitig zur Verwendung kommen müssen usw. Diese Willen können gerade so gut darauf gehen, die Sache für sich und den Andern als sie für sich allein zu haben. Der Mitbesitz setzt nicht eine Willenseinigung voraus, ruht aber sehr oft auf ihr. Er braucht dem Mitbesitzer nicht gewusst zu sein"[575]. Von einem gestuften Gewahrsam geht Binding bei Besitzdienern aus, also bei Personen, die in einem Unterordnungsverhältnis stehen[576].

Ebenso wie Binding unterscheiden auch Micelli[577], v. Olshausen[578] und v. Liszt-Schmidt[579] Mitgewahrsam im Verhältnis der Koordination und der Subordination. Micelli erklärt die Form des untergeordneten Mitgewahrsams wie folgt: „Das Charakteristische dieser Mitgewahrsamsart basiert darauf, dass sich die eine Person bei der Ausübung ihres Gewahrsams dem Willen der anderen, die gleichfalls eine tatsächliche Herrschaft, aber kraft besseren Rechts ausübt, unterordnen muss"[580].

Soltmann, der in seiner Monographie über den Gewahrsamsbegriff zuerst missverständlich (da es so scheint, als stimme er zu) die seinerzeit h.L. zum gestuften Mitgewahrsam darlegt[581], weist am Ende seiner Untersuchung die Einteilung in gleichberechtigten und auf Unterordnung beruhenden Mitgewahrsam zurück. Und zwar meint er: „Das Ergebnis, welches ... allein dem Sinne des § 247 StGB entspricht, ist, dass weder der Bes.-diener Antragsrecht hat, noch dass der Bes.-herr den Bes.-diener bestehlen kann. Wozu dann aber die Annahme von Mitgewahrsam auf Seiten des Bes.-dieners? Er ist m. E. lediglich ‚Gewahrsamsdiener' ... oder ‚Gewahrsamshalter' ... Die Annahme eines Mitgewahrsams ist nur verwirrend"[582].

Diese Ansicht hält aber näherer Betrachtung nicht stand. Abgesehen davon, dass ein Diebstahl eigener Sachen des Besitzherrn vom Besitzdiener wegen fehlender Tatbestandsmäßigkeit nicht in Frage kommt, lässt sich ein Gewahrsam des Besitzdieners in einzelnen Fällen nicht leugnen[583]. Es wäre auch ein unhaltbares Ergebnis, wenn der Dieb, der zwei Frauen die Geldbörse stiehlt, das eine Mal wegen Unterschlagung bestraft würde, weil er eine Hausangestellte bestohlen hat, das andere Mal wegen Diebstahls, weil es sich zufälligerweise um die Hausfrau selbst handelte.

2. Die Rechtsprechung

Das Reichsgericht hat Gewahrsam von Besitzdienern in einer Reihe von Entscheidungen angenommen oder zumindest nicht ausgeschlossen[584], zum Beispiel bei angestellten Transportfahrern. Hier wurde, je nach Fahrtstrecke, Mitgewahrsam oder sogar Alleingewahrsam für gegeben gehalten[585].

---

[575] Binding BT I S. 288.
[576] Binding BT I S. 289.
[577] Micelli S. 74.
[578] v. Olshausen § 242 Anm. 19.
[579] V. Liszt-Schmidt S. 615.
[580] Micelli S. 74 f.
[581] Soltmann S. 78.
[582] Soltmann S. 82.
[583] Dazu Kap 5, § 16 III.
[584] RGSt 5,219; 56,116; 60,272; RG JW 1921,1323; 1922,585; RG GA 59,460; 68,276; ebenso OLG Kiel GA 69,147.
[585] RGSt 5,219 f; 56,116 f; RG Rechtspr. 4,129; RG JW 1922,585; a.A. RGSt 54,34; unklar RGSt 52,146.

Das Reichsgericht hat dazu ausgeführt: „Der Besitzdiener im Sinne des § 855 BGB kann an den ihm übergebenen Sachen in strafrechtlichem Sinne Mitgewahrsam mit dem Besitzherrn, er kann aber auch ausschließlichen Gewahrsam haben"[586].

Dieser Meinung hat sich der Bundesgerichtshof angeschlossen. Zur Frage des Mitgewahrsams bei Hausangestellten führt er aus: „Wenn die Hausfrau der Hausangestellten Einkaufsgeld mitgibt oder den Auftrag erteilt, ein kleines Haushaltsgerät zur Reparatur abzugeben, so behält sie Gewahrsam an dem Geld oder Gerät; die Hausangestellte hat ... Mitgewahrsam"[587]. An anderer Stelle heißt es, dass eine Haushälterin während der Abwesenheit des Wohnungsinhabers Mitgewahrsam an den in der Wohnung befindlichen Gegenständen habe[588]. Bei Transportfahrern nimmt der BGH Alleingewahrsam des Fahrers an den Sachen an, die sich während der Fahrt auf dem Wagen befinden[589].

Dass zu Fragen des Mitgewahrsams insgesamt gesehen keine klare Linie in der Rechtsprechung des Bundesgerichtshofs, die an die ebenso widersprüchliche Rechtsprechung des Reichsgerichts anknüpft, vorhanden ist, wird bei der Betrachtung einiger weiterer Beispiele deutlich. Während Hausangestellte und Transportfahrer nach Ansicht des BGH Mitgewahrsam haben können, soll Ladenangestellten und Verkäufern an dem in der Ladenkasse befindlichen Geld und auch an den Waren kein Gewahrsam zukommen[590]. Kassierer und Kassenverwalter sollen wiederum Alleingewahrsam an dem Kasseninhalt haben, wenn sie die alleinige Verantwortung für die Kasse tragen; wie auch der Ladeninhaber nach Ansicht des BGH Alleingewahrsam an dem in der Ladenkasse befindlichen Geld und an den im Laden gelagerten Waren hat[591]. Zwei Büroangestellte, die beide Zugang zu einer Kasse haben, sind nach Auffassung des BGH Mitgewahrsamsinhaber[592].

Weiter soll die Wirtin einer Fremdenpension „unbedenklich" Mitgewahrsam an den in vermieteten Räumen befindlichen Gegenständen haben[593]. Auch soll die Postverwaltung während der Beförderung von Post in einem Bahnpostwagen den Mitgewahrsam an den Postsäcken behalten[594]; nicht dagegen die Bahnverwaltung selbst und auch nicht ein Reisender, der verschlossenes Reisegepäck an die Bundesbahn zur Beförderung übergibt[595]. Das liege daran, so meint der BGH, dass die absendende Poststelle durch ihre Aufsichtsbeamten jederzeit Einfluss auf die in einem Bahnpostwagen beförderten Postgüter nehmen könne, was weder für die Bahnreisenden gelte, noch für die Bundesbahn selbst. Allein die Ausübung einer allgemeinen Dienstaufsicht der Bundesbahn über die im Gepäck- und Expressgutverkehr tätigen Bediensteten erlaube noch keine „tatsächliche unmittelbare Einwirkungsmöglichkeit" auf das beförderte Gut, was aber für den Mitgewahrsam erforderlich sei[596].

An dieser Stelle erhellt sich, dass eine vermeintliche Konsequenz in der Rechtsprechung des BGH in Fragen des Mitgewahrsams nur insofern vorhanden ist, als auf einen physisch verstandenen Gewahrsam abgestellt wird. Wer die weitestgehende Möglichkeit physischer Einwirkung auf die Sache hat, der soll Gewahrsam an ihr haben; u. U. dann zusammen mit anderen Personen, wenn diese ebenfalls

---

[586] RG JW 1922,585.

[587] BGHSt 16,274.

[588] BGHSt 10,403.

[589] BGHSt 2,318.

[590] BGHSt 8,275, unter Berufung auf RGSt 30,88; 77,38; RG HRR 1939 Nr. 351.

[591] BGH a.a.O.; des weiteren RGSt 2,1; 21,17; a.A. OLG Rostock HRR 1928 Nr. 572.

[592] BGHSt 8,275 f.

[593] BGH NJW 1960,1357; ebenso RG GA 68,277. Bei abgeschlossenen Wohnungen geht der BGH von einem Alleingewahrsam des Mieters aus; vgl. BGH 5 StR 366,56 v. 20.11.1956; vgl. auch RGSt 5,44.

[594] BGH GA 1956,318, unter Berufung auf RGSt 67,231.

[595] BGH a.a.O., unter Berufung auf RGSt 5,222; 47,210.

[596] BGH a.a.O. S. 319.

unmittelbar auf die Sache einzuwirken vermögen und keiner direkten Aufsicht oder Beherrschbarkeit unterliegen. Schon in einer früheren Entscheidung hatte der BGH ausgeführt, dass Mitgewahrsam „nur bei tatsächlicher unmittelbarer körperlicher Einwirkungsmöglichkeit der mehreren Gewahrsamsinhaber gegeben" sei[597]; womit er an die noch vom PrALR her beeinflussten Entscheidungen des Reichsgerichts in Gewahrsamsfragen[598]anschloss und damit den antiquierten auf physischer Gewalt beruhenden und soziale Momente völlig außer Acht lassenden Gewahrsamsbegriff des 18. und 19. Jahrhundert wieder aufleben ließ.

Schließlich kommt der Bundesgerichtshof auch zur Anerkennung eines gestuften Mitgewahrsams, um bei Familiendiebstählen die Strafverfolgung von der Stellung des Strafantrags durch Familienangehörige abhängig machen zu können, wie dies dem Sinn des § 247 StGB entspricht. Wenn man nämlich einer Haushälterin Mitgewahrsam zubilligt, so muss man im Falle eines Familiendiebstahls vom Standpunkt der h.M. aus, die den Gewahrsam als ein Rechtsgut begreift[599], zu einer Strafverfolgung ohne Strafantrag kommen; und zwar aufgrund des Bruchs von Mitgewahrsam der Haushälterin. Das aber widerspräche dem Sinn des § 247 StGB. Um zu angemessenen Entscheidungen kommen zu können, ist daher der BGH darauf verfallen, einer Hausangestellten nur untergeordneten Mitgewahrsam zuzubilligen, der dann, im Gegensatz zum übergeordneten Mitgewahrsam des Dienstherrn, keine Rechtsgutsqualität haben soll. Daraus folgert der BGH weiter, dass die Hausangestellte nicht als Verletzte anzusehen sei, und die Strafverfolgung somit nur auf Antrag des verletzten Dienstherrn (Hauptgewahrsamsinhabers) erfolgen könne[600].

Von ähnlichen Erwägungen ausgehend, kommt das OLG Hamm in einem Fall, der allerdings anders als der vom BGH entschiedene liegt, zu dem Ergebnis, dass der Bruch untergeordneten Mitgewahrsams keine Wegnahme i.S.d. § 242 StGB sei[601]. Der Entscheidung liegt folgender Sachverhalt zugrunde: Der angeklagte Inhaber eines Tierparks hatte einen Schäferhund von der Mutter seines Tierpflegers (S.) in Pflege genommen. Vor allem kümmerte sich der Tierpfleger um den Hund. Nachdem sich der Angeklagte unter einem Vorwand die Stammbaumpapiere von der Eigentümerin beschafft hatte, verkaufte er den Hund.

Nach Ansicht des Landgerichts hatte der Angeklagte den Mitgewahrsam des Tierpflegers, der den Hund ständig versorgt und oft bei sich gehabt hatte, gebrochen und sich damit eines Diebstahls schuldig gemacht. Das OLG hob dieses Urteil wegen mangelnder Tatsachenfeststellung auf und verwies die Sache zur erneuten Verhandlung und Entscheidung an das LG zurück, wobei es Folgendes bemerkte: „Sollte das LG zu der Annahme gelangen, der Angeklagte habe Alleingewahrsam gehabt, so würde er sich der Unterschlagung schuldig gemacht haben. Sollte das LG jedoch erneut Mitgewahrsam des S. feststellen, so wäre weiter zu prüfen, ob S. im Verhältnis zum Angeklagten gleichberechtigter oder untergeordneter Mitgewahrsamsinhaber war ... Nur im ersten Fall hätte sich der Angeklagte des ihm zur Last gelegten Diebstahls schuldig gemacht. Bei untergeordnetem Gewahrsam würde er jedoch – nach herrschender Auffassung in der Rechtslehre – wegen Unterschlagung zu verurteilen sein, da nach dieser Auffassung im Innenverhältnis nur der Untergeordnete gegenüber dem Übergeordneten einen Gewahrsamsbruch begehen kann und nicht umgekehrt ..." Nach Auffassung des erkennenden Senats ist dabei insbesondere der Sinngehalt des § 242 StGB zu berücksichtigen. Diese Strafbestimmung schütze neben dem Eigentum gerade auch den Gewahrsam als

---

[597] BGH MDR 1954,118.
[598] Vgl. RGSt 1,289; 3,201; 5,42 usw.
[599] Siehe Kap. 3, § 8 V 1.
[600] Vgl. BGHSt 10,401 f.
[601] OLG Hamm JMBl NRW 1965,10 f.

solchen, nicht jedoch den Mitgewahrsam eines untergeordneten gegenüber dem ihm übergeordneten Gewahrsamsinhaber, dessen Weisungen der Untergeordnete widerspruchslos folgen müsse.

3. Kritik der herrschenden Meinung

Wenn die h.M. in der Literatur und Rechtsprechung davon ausgeht, dass der untergeordnete Mitgewahrsam durch den sog. Hauptgewahrsamsinhaber nicht gebrochen werden könne (und dass untergeordneter Gewahrsam im Gegensatz zum „normalwertigen" Gewahrsam kein Rechtsgut sei), so ist ihr die Inkonsequenz und dogmatisch Unhaltbarkeit ihrer Auffassung vorzuhalten. Hierdurch erklärt es sich auch, dass der Mitgewahrsam eine der nebulosesten Rechtsfiguren des gesamten Vermögensstrafrechts ist.

In ihrer Bedeutung – u.a. auch hinsichtlich der Abgrenzungsfragen – oft genug erkannt[602], ist es der h.L. doch nicht gelungen, auf den Grund der Mitgewahrsamsproblematik durchzudringen. Vielmehr wurde anhand eines umfangreichen und vielgestaltigen Entscheidungsmaterials die verwirrende Konstruktion des gleich-, über- und untergeordneten Mitgewahrsams nur ausgebaut. Diese Konstruktion ist vollkommen überflüssig. Von der heute vertretenen Gewahrsamstheorie ausgehend, wonach auch der Bruch von Mitgewahrsam Diebstahl ist, erscheint sogar die gesamte Mitgewahrsamskonstruktion als überflüssig, was zu beweisen ist.

Der Diebstahl unterscheidet sich – auch nach h.M. – von der Unterschlagung u.a. dadurch, dass er durch den Bruch fremden Gewahrsams eine erhöhte verbrecherische Energie erfordert. Nun wird aber davon ausgegangen, dass der Bruch von untergeordnetem Mitgewahrsam durch den Hauptgewahrsamsinhaber eine solche erhöhte Verbrechensintensität gerade nicht aufweise, weswegen in diesen Fällen ein Diebstahl nicht in Frage kommen soll. Wie Harburger[603] und neuerdings Schünemann[604] bereits zutreffend festgestellt haben, widerspricht dieses Vorgehen einer zweckvollen juristischen Begriffsbildung. Gewahrsam kann nur dort anerkannt werden, wo ein mit Zueignungsabsicht erfolgter Bruch als Diebstahl zu werten ist. Damit entfällt aber ein Bedürfnis für die Form des untergeordneten Mitgewahrsams. Es bleibt übrig die Unterteilung in Alleingewahrsam und Mitgewahrsam.

Geht man nun weiter mit der h.M. davon aus, dass der Bruch von Mitgewahrsam im Innenverhältnis (also zwischen Mitgewahrsamsinhabern) zur Verwirklichung des Diebstahlstatbestandes ausreicht, so bedarf es nicht einmal der Rechtsfigur des Mitgewahrsams. Denn für die h.M. ist ja letzten Endes jeder Gewahrsamsbruch, ob im Innenverhältnis oder im Außenverhältnis, als Diebstahl zu beurteilen (wenn man einmal von der widerlegten Auffassung zum abgestuften Mitgewahrsam absieht). Will sich die h.M. den Vorwurf der Inkonsequenz ersparen, muss sie also immer zu einem Diebstahl kommen, einerlei ob und von wem Alleingewahrsam oder Mitgewahrsam gebrochen wird. Unter diesen Voraussetzungen erübrigt sich logischerweise die Unterscheidung von Alleingewahrsam und Mitgewahrsam.

Allenfalls könnte die h.L., würde sie vom abgestuften Gewahrsam abgehen, noch von Mitgewahrsam (oder Mehrfachgewahrsam) sprechen, wenn dieselbe Sache im (gleichgeordneten) Gewahrsam mehrerer Personen steht. Eine weitere Rechtfertigung für den Gebrauch des Terminus „Mitgewahrsam", als die äußerliche Beteiligung mehrerer Personen, gäbe es nicht. An dieser Stelle ist aber die Frage aufzuwerfen, ob der Bruch von Mitgewahrsam im Innenverhältnis überhaupt dazu geeignet ist,

---

[602] Vgl. Micelli S. 73; Binding BT I S. 288; Gribbohm JuS 1964,234 ff; Lenckner JZ 1966,321; Dreher GA 1969,57; Schünemann GA 1969,48 und 52.
[603] Harburger S. 201.
[604] Schünemann GA 1969,52.

von unserer Konzeption her eine Zueignung als Diebstahl erscheinen zu lassen. Bevor hierauf eine Antwort gegeben wird, soll grundsätzlich geklärt werden, was nach der im Rahmen der vorliegenden Abhandlung entwickelten Gewahrsamstheorie unter Mitgewahrsam zu verstehen ist, und in welchen Fällen danach Mitgewahrsam in Frage kommt.

4. Stellungnahme und Darstellung des Mitgewahrsams anhand von Beispielen

Gewahrsam ist nach der hier vertretenen Auffassung die offenkundige, sich aufgrund der Kulturnormen (der rechtlichen und sozialen Normen) im dinglichen Bereich ergebende Zuordnung einer Sache zu einer Person. – Nun lässt es sich denken, dass dieselbe Sache mehreren Personen zugeordnet werden kann. In diesem Fall liegt Mitgewahrsam der Personen vor, denen die Sache zuzuordnen ist. Das Vorhandensein von Mitgewahrsam ist aber hauptsächlich im Innenverhältnis mehrerer Gewahrsamsträger von Bedeutung. Hier macht es sich konkret bemerkbar, wenn eine Sache sowohl dem einen als auch dem anderen Rechtsgenossen zuzuordnen ist. Die sich daraus für den Bruch von Mitgewahrsam im Innenverhältnis ergebende strafrechtliche Relevanz wird noch aufzuzeigen sein. Im Außenverhältnis, also im Verhältnis des Täters zum Opfer, ist es dagegen einerlei, ob Alleingewahrsam einer Person oder Mitgewahrsam mehrerer Personen besteht. Denn für die diebliche Zueignung kommt es allein darauf an, dass sich eine Sache überhaupt in fremdem Gewahrsam befindet und dass der Bruch dieses Gewahrsams dem Täter eine im Verhältnis zur Unterschlagung erhöhte kriminelle Energie abverlangt.

Die h.M. tut sich außerordentlich schwer in der Bestimmung des Mitgewahrsams. Da sie von einem auf „tatsächlicher Herrschaft" beruhenden Gewahrsam ausgeht, der zudem abgestuft wird, ergeben sich für sie gerade im multipersonalen Bereich Einordnungsschwierigkeiten, was nicht zuletzt auf die Differenziertheit herrschaftlicher Einflussmöglichkeiten und gesellschaftlicher Machtstrukturen zurückzuführen ist. Es gilt nun im Weiteren nachzuweisen, dass sich Mitgewahrsam, ebenso wie jede andere Form des Gewahrsams, aufgrund der rechtlichen und sozialen Normen (Kulturnormen) verhältnismäßig eindeutig bestimmen lässt. Zu diesem Zweck seien einige Beispiele zur Erläuterung herangezogen.

In Frage steht der Mitgewahrsam von Verkaufsangestellten, Hauspersonal, angestellten Transportfahrern, Parkwächtern, Beamten, Garderobefrauen, Zimmervermietern, Spediteuren, der Bahn und Post usw. an fremden beweglichen Sachen, die unter ihrer Obhut stehen. Allen genannten natürlichen und juristischen Personen ist eines gemeinsam: Ihnen oder den für sie Handelnden kommt aufgrund der Kulturnormen (Gesetz, Vertrag, Gewohnheit, Brauch, Sitte) eine Garantenstellung hinsichtlich der ihrer Verfügung, Aufsicht oder Verwahrung unterliegenden Güter zu. Das weiß auch ein Zueignungstäter, der zum Beispiel während der Abwesenheit des Geschäftsinhabers oder Hausherrn eine im Geschäft oder in einer fremden Wohnung befindliche Sache wegnimmt. Selbst wenn er in Kenntnis der Tatsache handelt, dass er eine Verkäuferin oder Hausangestellte vor sich hat, muss er doch damit rechnen, von diesen eine Garantenstellung innehabenden Personen auf frischer Tat ertappt zu werden.

Sowohl die Verkäuferin als auch die Hausangestellte sind befugt und aufgrund ihres Arbeitsvertrages sogar verpflichtet, gegen einen Zueignungstäter einzuschreiten, um eine Schädigung des Arbeitgebers zu verhindern. Daran zeigt sich, dass die Verkäuferin und die Hausangestellte Gewahrsam haben können. Es ergibt sich aufgrund der Kulturnormen im dinglichen Bereich eine für den Täter offenkundige Zuordnung einer Sache zu einer Person. Befinden sich die Verkäuferin oder die Hausgehilfin außerhalb des Geschäftes oder Haushalts, so ist eine Zuordnung der mitgeführten Sachen erst recht gegeben, weil sich in diesem Fall das ins Auge gefasste Opfer in keiner Weise von anderen

Personen unterscheidet und ihm insofern auch die mitgeführten Sachen, wie jedem anderen, zugeordnet werden müssen.

Die gleichen Grundsätze sind auf alle Personen anwendbar, die in einem Verhältnis der Besitzdienerschaft stehen. Dass Besitzdiener mit für sie fremden Sachen umgehen und nach bürgerlichem Recht keinen Besitz innehaben, spielt keine Rolle im Strafrecht. *Es kommt nur darauf an, ob eine nach außen hin sichtbare Zuordnung einer Sache zu einer Person gegeben ist. Ob eine Sache noch anderen Personen zugeordnet werden kann, ob also Mitgewahrsam vorliegt, ist für den Täter ohne Belang.*

Es ergibt sich, dass im Laden oder in der Wohnung befindliche Sachen einerseits dem Geschäftsinhaber oder Wohnungsinhaber zuzuordnen sind; andererseits haben auch die Besitzdiener Gewahrsam, und zwar unabhängig davon, ob der Laden- oder Wohnungsinhaber sich gerade in seinen Räumlichkeiten aufhält oder nicht[605]. Es wäre ja auch eine unhaltbare Situation, wollte man zum Beispiel einer Hausgehilfin nur während der Abwesenheit des Wohnungsinhabers Gewahrsam zubilligen. Hier ergäbe sich ein ständiger Gewahrsamswechsel, je nachdem, ob sich der Wohnungsinhaber oder seine Ehefrau (der die in der ehelichen Wohnung vorhandenen Sachen ebenfalls zuzuordnen sind[606]) in ihrer Wohnung oder deren Nähe aufhalten oder nicht.

Weiter wäre es untragbar, wollte man der Ehefrau Mitgewahrsam an den Gegenständen der ehelichen Wohnung zubilligen, nicht aber einer Haushälterin. Das hieße, personale oder rechtliche Beziehungen, die für einen außenstehenden Zueignungstäter unerheblich sind, in das Strafrecht hineintragen zu wollen.

Geht man aber davon aus, dass die Haushälterin Mitgewahrsam an den in der Wohnung befindlichen Gegenständen hat, so wäre es inkonsequent und in der Praxis auch kaum durchführbar, der ebenfalls mit den häuslichen Sachen umgehenden Hausgehilfin den Mitgewahrsam absprechen zu wollen. Da sie sich nun einmal im Haushalt aufhält, kann sie ebenso wie eine vielleicht größeres Vertrauen genießende Haushälterin zu irgendeiner Zeit an alle häuslichen Gegenstände herankommen. Dass verschlossene Behältnisse hier allerdings eine Ausnahme bilden, wird noch zu behandeln sein[607].

Nicht anders als mit der Hausgehilfin steht es mit dem Verkäufer in einem Laden. Der Geschäftsinhaber ist gar nicht dazu in der Lage, seine Angestellten ständig zu überwachen oder auch nur ständig anwesend zu sein. Ferner hat der Verkäufer die Möglichkeit, Waren ohne Bezahlung herauszugeben, Geld oder Waren wegzunehmen oder dem Arbeitgeber gehörende Gegenstände zu zerstören, ohne dass ihm dies sogleich angelastet werden könnte. Alle diese Handlungen widersprechen jedoch seinem Arbeitsvertrag und der durch das Arbeitsverhältnis begründeten Garantenstellung.

Eine solche Garantenstellung nimmt auch ein Transportfahrer hinsichtlich der zu transportierenden Güter ein, oder ein Beamter hinsichtlich der ihm unterstehenden Sachen. Es ist daher unzutreffend, wenn das Reichsgericht zum Beispiel davon ausgeht, dass ein Förster keinen Gewahrsam an dem geschlagenen und im Walde lagernden Holz habe[608]. Der Förster kann ohne weiteres einen Holzabfuhrschein ausstellen und dazu noch den widerrechtlichen Abtransport der dem Staat oder privaten Eigentümern gehörenden Hölzer überwachen – wie ein vom Bundesgerichtshof entschiedener Fall beweist[609]. In diesem Fall war daher von einem Mitgewahrsam des Försters und der Forstverwaltung auszugehen. (Der BGH hat diese Frage offen gelassen, da sie im gegebenen Fall entsprechend der

---

[605] So im Ergebnis auch OLG Kiel GA 69,147.
[606] Vgl. auch RGSt 39,309; RG Recht 8 Nr. 1115; RG JW 1921,1323.
[607] Siehe Kap. 6, § 20 V.
[608] So RGSt 5,180; 14,305.
[609] Siehe BGH b. Dallinger MDR 1954,398.

h.M. ohne rechtliche Relevanz schien.) Dass die im Wald lagernden Hölzer neben dem Förster auch der staatlichen Forstverwaltung oder dem Privateigentümer zuzuordnen sind, ist für jeden (auch des Forstwesen Unkundigen) offensichtlich, da es sich bei Förstern um staatliche oder private Bedienstete handelt. Also ist hier auch nach außen hin offenkundig, dass Mitgewahrsam des Försters und des Waldeigentümers an dem im Wald lagernden Holz besteht. Für die Frage des Diebstahl durch einen Außenstehenden ist das allerdings ohne Bedeutung, weil es hier lediglich darauf ankommt, dass überhaupt Gewahrsam an dem Holz besteht.

Mitgewahrsam liegt gleichfalls bezüglich der in einer Sammelgarage abgestellten Autos vor. Diese sind für jedermann offenkundig dem Eigentümer zuzuordnen, der in der Sammelgarage lediglich seinen Einstellplatz hat, auf dem er sein gekennzeichnetes und auf den ersten Blick als das seinige erkennbare Auto abgestellt hat. Der Eigentümer kann dort sein Auto jederzeit erreichen, da er ohne weiteres Zugang zur Sammelgarage hat. Ihm ist sein Auto also nicht nur rein rechtlich, sondern auch im dinglichen Bereich offenkundig für jeden Täter zuzuordnen.

Aber auch dem Parkwächter der Sammelgarage sind die abgestellten Autos zuzuordnen. Er hat Gewahrsam (Mitgewahrsam)[610]; denn er kann über die unter seiner Bewachung stehenden Autos verfügen, sie beispielsweise an einen Unbefugten herausgeben oder ihren Abtransport dulden. Zudem kommt ihm neben seiner tatsächlichen Verfügungsmacht eine Garantenstellung zu. Die in einer Sammelgarage untergestellten Autos sind dem Parkwächter daher aufgrund der Kulturnormen im dinglichen Bereich zuzuordnen, was für jeden Zueignungstäter ebenfalls offenkundig ist. Parkwächter und Eigentümer haben also Mitgewahrsam.

Sehr umstritten ist seit jeher die Frage gewesen, ob der Zimmerwirtin Mitgewahrsam an den im Zimmer ihres Untermieters befindlichen Sachen zukommt[611]. Hier kann nicht anders entschieden werden, als in den bisher angesprochenen Mitgewahrsamsfällen. Soweit es sich um ein untervermietetes Zimmer handelt, das der Wirtin ohne weiteres zugänglich ist, ergibt sich aufgrund der Kulturnormen eine Zuordnung der im untervermieteten Zimmer befindlichen Sachen sowohl zur Zimmerwirtin als auch zum Untermieter. Ob die Wirtin ohne weiteres Zugang hat, wird anhand der jeweiligen schriftlichen oder mündlichen Vereinbarungen im Einzelfall zu klären sein. Ist diese Voraussetzung gegeben, so obliegt der Wirtin zugleich eine Garantenpflicht. Ist ihr dagegen der Zugang zu dem vermieteten Zimmer verwehrt, so bricht sie fremden Gewahrsam, falls sie eine Sache aus dem Zimmer herausnimmt. Wird sie hierzu von einer anderen Person veranlasst, kommt nicht Diebstahl in mittelbarer Täterschaft in Frage[612], sondern Anstiftung zum Diebstahl durch den Dritten und Diebstahl der Wirtin. Denn das, was jemand freiwillig unternimmt, das hat er selber als Täter zu verantworten[613], so auch die Zimmerwirtin einen Gewahrsamsbruch und die rechtswidrige Zueignung (auch bei einer Weitergabe der Sache liegt eine Enteignung des Untermieters und eine Aneignung durch positive Verfügung über die Sache vor[614]). Hat die Wirtin dagegen über eine in ihrem Mitgewahrsam stehende Sache irrtümlich aber freiwillig zuungunsten des Untermieters verfügt, so kann Betrug gegeben sein[615].

Eine völlig andere Situation ergibt sich, wenn einem Spediteur, der Bahn oder der Post Güter zur Beförderung übergeben werden oder wenn man zum Beispiel seinen Mantel an einer Garderobe ge-

---

[610] So im Ergebnis auch BGHSt 18,222.
[611] Vgl. Dreher GA 1969,57; Schönke-Schröder § 242 Rdnr. 25; Otto ZStW 79,82; Schünemann GA 1969,55.
[612] So aber Lenckner JZ 1966,320 f; Otto ZStW 79,85; Schünemann GA 1969,55.
[613] Vgl. Roxin, Täterschaft und Tatherrschaft, S. 340 ff.
[614] Siehe Kap. 3, § 8 III 4.
[615] Siehe Kap. 3, § 9 I.

gen Empfangsbescheinigung in Verwahrung gibt. In all diesen Fällen verliert der Eigentümer die Möglichkeit des ungehinderten Zugangs zu seiner Sache. Er begibt sich ihrer und kann nur mit Zustimmung eines anderen den unmittelbaren Kontakt wieder herstellen. Es bleibt also aufgrund der Kulturnormen nur eine Zuordnung im rechtlichen Bereich, nicht aber im dinglichen Bereich erhalten. So kann derjenige, der Güter befördern lässt, nicht ohne weiteres über diese verfügen. Wer seine Garderobe in Verwahrung gibt, muss die Garderobenmarke vorlegen, wenn er seine Sachen wiederhaben möchte. Die einzelne Sache wird in eine größere Sachgesamtheit eingeordnet, für die ein anderer die Verantwortung trägt. Gerade aus der sich für den Unternehmer ergebenden Haftungspflicht wird deutlich, dass ihm die Sache zuzuordnen ist, dass er also Gewahrsam hat[616]. Der Kunde oder Auftraggeber ist dagegen von dem Zugang ausgeschlossen. Ihm kommt kein Gewahrsam zu, weil es an einer Zuordnung im dinglichen Bereich fehlt. Das bedeutet aber nicht, dass der Unternehmer Alleingewahrsam haben muss. Vielmehr wird sich der Unternehmer vielfach Angestellter bedienen, denen dann – wie bereits ausgeführt – Mitgewahrsam zukommen kann.

Bei juristischen Personen des privaten oder öffentlichen Rechts stellt sich die Frage, wem hier der Gewahrsam zukommt. Nach h.M. ist ein Gewahrsam der juristischen Personen selbst zu verneinen[617]. Diese Auffassung ist darauf zurückzuführen, dass die h.M. von einem auf physischer Gewalt beruhenden Gewahrsam ausgeht, der folglich nur von natürlichen Personen ausgeübt werden kann. Zu einem anderen Ergebnis muss man kommen, wenn der Gewahrsam als eine sich aufgrund der Kulturnormen im dinglichen Bereich ergebenden Zuordnung einer Sache zu einer Person angesehen wird.

Auch einer juristischen Person kann eine Sache im dinglichen Bereich zugeordnet werden. Im sozialen Leben ist es auch so, dass zum Beispiel Behördensachen nicht dem Behördenleiter, sondern der Behörde zugeordnet werden und gesellschaftseigene Sachen nicht dem geschäftsführenden Direktor, sondern der Gesellschaft. Wer im Einzelnen die Behörde oder Gesellschaft vertritt, spielt im sozialen Leben keine Rolle, ist oftmals nach außen hin auch gar nicht klar ersichtlich (z.B. bei Kollegialorganen). Es lässt sich somit sagen, dass bei juristischen Personen des privaten und öffentlichen Rechts die Zuordnung der einzelnen Sache zur juristischen Person erfolgt. Eine Antrags- und Vertretungsbefugnis obliegt allerdings deren Organen[618].

5. Einzelne Gewahrsamsfälle

Zum Schluss mag an einigen Beispielen noch verdeutlicht werden, dass die Mitgewahrsamsproblematik von der h.L. nicht zutreffend gelöst ist. – Otto bildet in seiner Abhandlung zur Abgrenzung von Diebstahl, Betrug und Erpressung[619] in Anlehnung an eine Entscheidung des Reichsgerichts[620] folgenden Fall: Die X geht mit dem ihr flüchtig bekannten A in das Theater. Bei der Abgabe der Garderobe steckt A die beiden Garderobenmarken ein. X sieht dieses und ist damit einverstanden. Nach dem ersten Akt geht A hinaus, lässt sich von der Garderobiere den wertvollen Pelzmantel der X aushändigen und verschwindet mit diesem, was er von Anfang an vorgehabt hat.

---

[616] Auch nach RG HRR 1939 Nr. 1281 kommt einem Verwahrer (bei abgegebener Garderobe) grundsätzlich Alleingewahrsam zu; a.A., jedoch ohne Begründung, Maurach BT S. 204.

[617] RGSt 60,271; Frank § 242 Anm. IV; Binding S. 243; Micelli S. 48 Anm. 3; Schönke-Schröder § 242 Rdnr. 22.

[618] Im Ergebnis übereinstimmend mit Soltmann, S. 15 f, der hier von einem „sozialen Gewaltbegriff" und der „Verkehrsauffassung" ausgeht.

[619] Otto ZStW 79,59 ff.

[620] RG HRR 1939 Nr. 1281.

Bevor zu diesem Fall Stellung genommen wird, soll die von Otto[621] vorgetragene Lösung im Folgenden wörtlich wiedergegeben werden, damit der zu bemängelnde Gedankengang genau nachvollziehbar ist. Otto trägt vor: „Gewahrsam an der Garderobenmarke erlangte A, als er die Marke einsteckte. Ihm wurde dieser Gewahrsam von der Garderobiere übertragen. Da die X sich des Gewahrsamsüberganges auf A wie auch der Tatsache, dass sie die Berechtigte an dem Gewahrsam der Marke war, bewusst war, erlangte A mit dem Willen der X die Marke durch eine Vermögensverfügung der Garderobiere zu Lasten der X. Gewahrsam an dem Pelz hatten nunmehr die Garderobiere (unmittelbare Sachherrschaft), der A (da er die Marke hatte, konnte er sich den Pelz während der Öffnungszeit der Garderobe aushändigen lassen) und auch die X, die durch Geltendmachung ihres Anspruchs jegliche Aushändigung verhindern konnte, und für deren Berechtigung die Tatsache gesprochen hätte, dass es sich um einen Damenmantel handelte. Als die Garderobiere den Mantel der X an A herausgab, übertrug sie auf diesen den Gewahrsam. Die X verlor ihren Gewahrsam. Dennoch aber muss sie sich diese Verfügung der Garderobiere zurechnen lassen. Es entspricht allgemeiner Übung, dass Herren sich auch die Garderobe der Damen in ihrer Begleitung aushändigen lassen. Ohne Hinzutreten außergewöhnlicher Umstände konnte und durfte die Garderobiere daher davon ausgehen, dass die Aushändigung der Garderobe an den Besitzer der Garderobenmarke dem Willen der Berechtigten entsprach. Gleichgültig also, ob X" (gemeint ist offensichtlich A) „die Marke durch Betrug oder Diebstahl erlangte, den Pelz erlangte er durch einen Betrug."

Damit entscheidet Otto abweichend vom Reichsgericht, das (wohl unter Zugrundelegung der Sachwerttheorie) davon ausging, dass der Täter mit dem Erlangen der Garderobenmarke aufgrund einer Vermögensverfügung seiner Begleiterin auch den Pelz erlangte[622].

Der Lösung Ottos ist an keiner Stelle zuzustimmen. Wie bereits erörtert wurde, kann dem Deponenten die in Verwahrung gegebene Sache nicht zugeordnet werden. Weder A noch X kommen daher als Gewahrsamsinhaber in Betracht. Vielmehr haben die Garderobiere und die Theaterverwaltung Gewahrsam. Von einer Übertragung des Gewahrsams von einer Person auf die andere kann nach hier vertretener Auffassung nicht gesprochen werden, da sich der Gewahrsam durch „soziale Zuordnung" ergibt und somit nicht vom Willen der Beteiligten abhängig gemacht werden darf. Ebenso wenig kann der Gewahrsam als ein Recht aufgefasst werden.

Ohne auf die weiteren Unzulänglichkeiten der von Otto vertretenen Meinung noch einzugehen, wollen wir den vorstehenden Fall nach der von uns vertretenen Theorie lösen. Es ergibt sich:

a) Würde die Garderobiere den unter ihrer Aufsicht stehenden Mantel in Zueignungsabsicht beiseite schaffen, so wäre von einer Unterschlagung auszugehen; denn die Garderobiere würde sich eine fremde bewegliche Sache, die sie in (Mit-)Gewahrsam hat, rechtswidrig zueignen[623].

b) Nähme ein Außenstehender den in der Garderobe hängenden Pelzmantel weg, dann käme ein Diebstahl in Frage, wobei es unbeachtlich ist, dass die Garderobiere und die Theaterverwaltung im Innenverhältnis Mitgewahrsam haben.

c) Ginge die Garderobenmarke verloren und ließe sich der Finder unberechtigterweise den Mantel aushändigen, läge eine Vermögensverfügung der Garderobiere vor. Sie wäre auch getäuscht worden, da man davon ausgehen kann, dass sie ein aufbewahrtes Kleidungsstück nur an eine zur Verfügung über die Garderobenmarke berechtigte Person herausgeben will. Ein

[621] A.a.O. S. 82 f.
[622] RG a.a.O.
[623] Zum Problem „Bruch von Mitgewahrsam" siehe Kap. 5, § 15.

Betrug wäre gegeben; da die Garderobiere gem. §§ 807, 793 Abs. 1 BGB mit befreiender Wirkung gehandelt hätte, ein Betrug zuungunsten der X.

d) Löst dagegen der A, der mit Einverständnis der X die Garderobenmarke besitzt, also zur Verfügung über die Marke berechtigt ist, den Mantel aus, so gibt die Garderobiere das Kleidungsstück an einen gem. §§ 807, 793 Abs. 1 BGB zur Verfügung über ein Inhaberzeichen Berechtigten heraus. Sucht A mit dem Mantel das Weite, wie es in dem Beispiel bei Otto der Fall ist, eignet er sich eine fremde bewegliche Sache zu, die er in Gewahrsam hat. Eine Unterschlagung ist gegeben. –

Ein nun schon mehrfach erwähnter, vom Bundesgerichtshof entschiedener Fall[624], der in der Literatur einige Beachtung gefunden und mehrere Besprechungen nach sich gezogen hat[625], eignet sich besonders gut dazu, die Unsicherheit der h.L. in Mitgewahrsamsfragen aufzuzeigen. Der Entscheidung lag folgender Sachverhalt zugrunde: Der A unterhielt Beziehungen zur Frau W. Diese besaß ein Auto, das sie in einer parkhochhausähnlichen Sammelgarage untergestellt hatte. Die Garage wurde ständig von einem Pförtner bewacht, der für jedes untergestellte Auto einen zweiten Schlüssel besaß. Auf Verlangen wurden die Zweitschlüssel jederzeit an die Berechtigten ausgehändigt. Mit Genehmigung der Frau W holte A deren Auto einmal aus der Garage ab. Dies wiederholte er ohne Genehmigung in etwas sechs bis acht Fällen, wobei er annahm, Frau W sei wegen der bestehenden Beziehungen damit einverstanden. Schließlich holte A das Auto ohne Genehmigung ab, um es sich zuzueignen.

Richtig ging der BGH von einem Betrug aus, wobei er annahm, dass der A den Garagenwärter durch selbstsicheres Auftreten getäuscht und zur Herausgabe des Autos veranlasst habe. Hierin sah der BGH eine Vermögensverfügung des Mitgewahrsam innehabenden Garagenwärters. Gegen die Annahme eines Diebstahls durch die Vorinstanz wandte sich der BGH wie folgt:

„Es ist … richtig, dass bei Mitgewahrsam mehrerer Personen an einer Sache der Willensrichtung desjenigen Mitgewahrsamsinhabers, der Eigentümer oder Verfügungsberechtigter ist, Bedeutung zukommt für die Frage, ob überhaupt ein strafbarer Eingriff vorliegt. Die Strafkammer übersieht jedoch, dass bei dem Betrugstatbestand der Getäuschte nicht auch der Geschädigte sein muss. Sie verkennt deshalb, dass es für die Unterscheidung, ob Diebstahl oder Betrug gegeben ist, allein auf die Willensentscheidung des gutgläubigen Mitgewahrsamsinhabers ankommen kann, der der Sache am nächsten stehend die unmittelbar räumliche Einwirkungsmöglichkeit hat und der deshalb über sie, unabhängig vom Willen der anderen Mitgewahrsamsinhaber, tatsächlich verfügen kann. Dies war hier der Wärter; denn er war als Beauftragter des Garagenbesitzers in der Lage, den Wagen, ohne dass Frau W ihn hindern konnte, herauszugeben und damit nicht nur den Mitgewahrsam seines Auftraggebers, sondern zugleich den von Frau W aufzuheben."

Es ist dies eine der wenigen akzeptablen Entscheidungen des Bundesgerichtshofs in Gewahrsamsfragen, gegen die sich allerdings ein Teil der Literatur mit unterschiedlichen Argumenten gewandt hat.

Gribbohm[626] vertrat die Ansicht, dass sich die Lösung des BGH „nicht einfach mit einem Hinweis auf die Anwendbarkeit des § 263 StGB begründen" lasse, da „ein Nebeneinander von Diebstahl und Betrug … zumindest logisch immer möglich, wenn die Alternative Vermögensverfügung oder Wegnahme nicht zwingend" sei. Da der BGH den Mitgewahrsam der Frau W ausdrücklich bejaht habe

---

[624] BGHSt 18,221 ff.
[625] Siehe Gribbohm JuS 1964,233 ff; NJW 1967,1897 f; Dreher JR 1966,29 f; Otto ZStW 79,76 ff; Schünemann GA 1969,46 ff; Maurach BT S. 206; Heimann-Trosien LK 1970 § 242 Rdnr. 25.
[626] JuS 1964,237 f.

und sich ein Bruch des Gewahrsams der Frau W nicht verneinen lasse, müsse neben einer Vermögensverfügung durch den Parkwächter noch von einer Wegnahme des Autos aus dem Gewahrsam der Frau W ausgegangen werden. Somit liege Betrug in Idealkonkurrenz mit Diebstahl vor.

Dabei übersieht Gribbohm jedoch, dass für die Strafbarkeit des A lediglich relevant sein kann, wie die Vermögensverschiebung zwischen ihm und dem Parkwächter vonstatten gegangen ist. Denn von dem Parkwächter, der Mitgewahrsam innehatte, erlangte A das Auto; und zwar im Wege einer Verfügung, so dass A es nicht nötig hatte, das Auto wegzunehmen. Bei entsprechender Berücksichtigung der sich ausschließenden Tattypen von Diebstahl und Betrug muss daher im vorliegenden Fall ein Betrug angenommen werden.

Der hinzutretende Bruch des Mitgewahrsams der W durch den Parkwächter steht auf deinem anderen Blatt und wäre als Unterschlagung des Parkwächters zu beurteilen, hätte dieser den Wagen bewusst einem Unberechtigten übergeben. Da er aber über den Wagen gutgläubig verfügt hat, kommt allein ein Betrug zum Nachteil der W in Frage. Dass die W mit dem Verlust ihres Mitgewahrsams nicht einverstanden war, zieht – wie der BGH ganz richtig bemerkt – noch keine Wegnahme durch den A nach sich, sondern ist allenfalls für die Frage von Bedeutung, ob überhaupt eine strafbare Handlung gegeben ist. Die Meinung Gribbohms, die derjenigen von Schröder[627] entspricht, ist also nicht zu halten.

In einer späteren Besprechung des Urteils hat sich Gribbohm dann auch von seinem Standpunkt distanziert und einen Betrug angenommen[628]; ebenso wie Dreher[629], Otto[630] und Heimann-Trosien[631], deren Lösungen sich im Prinzip nicht von der des BGH unterscheiden. Dagegen geht Maurach in der 5. Auflage seines Lehrbuchs (BT) von 1969 ohne konkreten Lösungsvorschlag von einem Grenzfall zwischen § 242 und § 263 aus[632], nachdem er früher die Meinung vertrat, es sei ein typischer Fall des Diebstahls in mittelbarer Täterschaft gegeben[633].

Schünemann wiederum kommt zu einem Betrug, hält aber die Begründung des BGH für unzutreffend[634]. Nach Schünemanns Auffassung kommt es darauf an, ob eine im bürgerlich-rechtlichen Sinn gültige Gewahrsamsverfügung des Parkwächters gegeben ist. Dass aber der bürgerlich-rechtlichen Befugnis im Strafrecht nicht die ihr von Schünemann beigemessene Bedeutung zukommt, wurde bereits geklärt.

Abgesehen davon, dass der BGH in seiner Urteilsbegründung hinsichtlich der Gewahrsamsfragen auf die tatsächliche Sachherrschaft abstellt, ist an der in dieser Sache vertretenen Auffassung nicht auszusetzen.

Ein weiterer interessanter Fall lag dem OLG Köln zur Entscheidung vor[635]: Der A nahm auf einem bewachten Parkplatz ein fremdes Damenfahrrad aus dem Fahrradständer und versuchte, mit dem Rad in gebückter Haltung davonzuschleichen, während der Wächter anderweitig beschäftigt war. Als der Wächter dennoch aufmerksam wurde und den ihm bekannten A zur Rede stellte, erklärte dieser, seinen Aufbewahrungsschein verloren zu haben, worauf ihm dann das Fahrrad überlassen wurde.

---

[627] ZStW 60,80 f.
[628] Gribbohm NJW 1967,1897.
[629] JR 1966,29 f.
[630] ZStW 79,81.
[631] LK 1970 § 242 Rdnr. 25.
[632] Maurach BT S. 206.
[633] Maurach BT, 4. Aufl., S. 196.
[634] Schünemann GA 1969,55.
[635] OLG Köln MDR 1966,253.

Das OLG Köln verurteilte den Täter wegen versuchten Diebstahls in Tateinheit mit vollendetem Betrug[636], wobei es zu Recht davon ausging, dass der A, nachdem er zunächst ohne Erfolg versuchte, den Gewahrsam des Wächters zu brechen, diesen anschließend zu einer Vermögensverfügung zum Nachteil des Eigentümers veranlasst hat. Ob ein Gewahrsamsbruch gegenüber dem Eigentümer gegeben ist, ob überhaupt der Eigentümer noch Gewahrsam an dem Fahrrad behielt, nachdem er es in Verwahrung gegeben hatte, wird vom OLG nicht geklärt.

Hierin sieht Otto[637] einen Anlass zur Kritik. Er vertritt die Meinung, der vom OLG Köln entschiedene Fall liege bezüglich der Gewahrsamsproblematik gleich dem Garagen-Fall. Der Berechtigte habe dem Wächter mit der Abgabe des Fahrrades Mitgewahrsam eingeräumt in der Absicht, sich diesen nach beendeter Aufbewahrung zurückübertragen zu lassen. Da der Wächter aufgrund der Täuschung des A geglaubt habe, das Fahrrad an den Berechtigten herauszugeben, habe er subjektiv genau so gehandelt, wie es der Berechtigte erwartete. Daher müsse sich dieser die Verfügung des Wächters als eigene zurechnen lassen (der Gewahrsamshüter habe sich innerhalb der ihm gesetzten Grenzen gehalten), so dass ein Gewahrsamsbruch nicht in Frage komme.

Abgesehen davon, dass Otto auch hier wieder irrig von der Übertragbarkeit des Gewahrsams ausgeht, übersieht er, dass sich die Gewahrsamsverhältnisse bei einem in Verwahrung gegebenen Fahrrad anders gestalten, als bei einem in der Sammelgarage untergestellten Auto. Das Auto kann als eigene Räumlichkeit abgeschlossen werden. Es ist aufgrund der Kennzeichnung auf den ersten Blick identifizierbar und für den Eigentümer in der Sammelgarage auch jederzeit erreichbar, ohne dass ein Aufbewahrungsschein eingelöst werden müsste. Entsprechend haftet der Inhaber der Sammelgarage für untergestellte Autos nicht so weitgehend wie der Inhaber des Fahrradstandes für das in Verwahrung genommene Fahrrad. Letzteres wird in eine die einzelne Sache anonymisierende Sachgesamtheit eingeordnet, ebenso wie abgegebene Garderobe. Es ergibt sich aufgrund der Kulturnormen, dass das untergestellte Auto im Mitgewahrsam sowohl des Halters als auch des Garagenwärters steht, während sich das in Verwahrung gegebene Fahrrad im Alleingewahrsam des Wächters befindet.

Nichtsdestoweniger ist eine durch Wegnahme oder Vermögensverfügung eingetretene Vermögensverschiebung in beiden Fällen gleich zu beurteilen. Ebenso wie der getäuschte Garagenwärter in dem vom BGH entschiedenen Garagen-Fall über das Auto, hat der Wächter des Fahrradstandes freiwillig über das Fahrrad verfügt. Seine Verantwortlichkeit gegenüber dem Eigentümer und die sich eventuell ergebende Schadensersatzpflicht interessiert in diesem Zusammenhang nicht. Es kommt lediglich darauf an, dass eine durch Täuschung veranlasste Disposition des Wächters erfolgte. Das ist geschehen. A hat einen Betrug begangen; aber erst nachdem er bereits vorher versucht hatte, das Damenfahrrad in gebückter Haltung vom Aufbewahrungsort fortzuschaffen.

Im vorliegenden Fall ist es fraglich, ob A bereits durch das Ergreifen des Fahrrades und das Davonschleichen fremden Gewahrsam gebrochen und eigenen begründet hatte. Davon wäre auszugehen, wenn es sich um einen offenen, nicht von einer Abgrenzung umgebenen Parkplatz handelte. War der Platz dagegen umgrenzt, so konnte der Gewahrsam noch nicht durch das bloße Ergreifen erlangt werden, weil es sich bei einem Fahrrad um ein sperriges Objekt handelt, das erst außerhalb des eingezäunten Parkplatzes dem A hätte zugeordnet werden können. Die Wegnahme wäre also bei dieser Sachlage noch nicht vollendet gewesen.

Gehen wir einmal hiervon aus, dann ist im vorliegenden Fall – Ausführungshandlungen sind gegeben – noch ein versuchter Diebstahl zu konzedieren. Dieser steht aber nicht, wie das OLG Köln und

---

[636] Maurach BT S. 206 stimmt ausdrücklich zu.
[637] Otto ZStW 79,81 f.

Maurach annehmen, in Idealkonkurrenz zu dem vollendeten Betrug. Vielmehr ist Tatmehrheit gegeben.

Tateinheit kann deswegen nicht vorliegen, weil A nicht durch dieselbe Handlung mehrere Strafgesetze verletzt hat, wie es § 73 StGB für die Tateinheit vorschreibt. Denn der dem Wächter bekannte A hatte sich vorgenommen, das Fahrrad unbemerkt vom Platz zu schaffen, also einen Diebstahl zu begehen. Nachdem er hierbei ertappt worden war, ließ er nicht vom Fahrrad ab, sondern er spiegelte dem Wächter mit Erfolg – und man kann wohl sagen, mit einiger Dreistigkeit – vor, er sei der Berechtigte und habe nur den Aufbewahrungsschein verloren. Darin ist eine neue strafbare Handlung zu sehen, die als Betrug neben dem versuchten Diebstahl zu verurteilen ist.

§ 15   Die Zueignung einer in Mitgewahrsam befindlichen Sache

Nach nahezu einhellig in der Literatur und Rechtsprechung vertretener Auffassung ist der Bruch von Mitgewahrsam sowohl im Außen- als auch im Innenverhältnis als Diebstahl zu bestrafen[638]. Eine überzeugende Begründung dafür, warum auch der Bruch von Mitgewahrsam durch einen Mitgewahrsamsinhaber Diebstahl sein soll, ist aber an keiner Stelle zu finden. Soweit überhaupt eine Begründung gegeben wird, beschränkt man sich zumeist auf eine Wortinterpretation, wonach auch bei Wegnahme einer in Mitgewahrsam stehenden Sache durch einen der Mitgewahrsamsinhaber ein Gewahrsamsbruch vorliege[639]. Der Gedankengang ist etwa der, dass durch den Bruch des Mitgewahrsams, der zu dem vom Täter vorher bereits innegehabten Mitgewahrsam hinzukommt, die Wegnahme i.S.d. § 242 StGB vollendet werde.

Allein Beling erwog den Gedanken, dass in einem Fall des Bruchs von Mitgewahrsam durch einen Mitgewahrsamsinhaber „eine und dieselbe Handlung Wegnahme aus dem Mitgewahrsam des anderen und Zueignung aus eigenem Gewahrsam darstellen kann"[640]. Da Beling unter Berücksichtigung des unterschiedlichen Verbrechenstypus von Diebstahl und Unterschlagung eine Idealkonkurrenz beider Delikte ausschloss, stellte sich für ihn die Frage, warum von beiden möglichen Delikten der Diebstahl den Vorrang haben solle. „Könnte man doch mit demselben Recht behaupten, dass wenn der Täter überhaupt Mitgewahrsam hatte, der Unterschlagungscharakter besser zutreffe und somit prävaliere"[641].

Konsequent entwickelte Beling diesen Gedanken weiter und nahm je nach vorherrschendem Deliktcharakter eine Unterschlagung oder einen Diebstahl an: „Ist das tatsächliche Band, das die Sache mit dem Täter verknüpft, das stärkere, so ist die Handlung nur sekundär ein ‚Wegnehmen', folglich als Unterschlagung aufzufassen. Ist umgekehrt die Herrschaft der andern die stärkere, so steht der Wegnahmecharakter der Tat derart im Vordergrund, dass diese als Diebstahl erscheint ... Hier prävaliert die diebliche Erlangung über das diebliche Behalten; dort dagegen umgekehrt das diebliche Behalten über das diebliche Erlangen der Sache"[642].

---

[638] Schönke-Schröder § 242 Rdnr. 24; Jagusch LK 1958 Vorbem. C V vor § 242; Heimann-Trosien LK 1970 § 242 Rdnr. 10; Schwarz-Dreher § 242 Anm. 2; Maurach BT S. 203; Welzel Lb. S. 349; Mezger-Blei BT S. 135; Petters-Preisendanz § 242 Anm. 3; Pfeiffer-Maul-Schulte § 242 Anm. 7; Lackner-Maassen § 242 Anm. 3 a; Wessels JZ 1965,633; Kohlrausch-Lange § 242 Anm. II; Frank § 242 Anm. IV; v. Liszt-Schmidt S. 615; Binding BT I S. 278, 289 f; v. Olshausen § 242 Anm. 19; Siebert S. 104; Soltmann S. 77 ff; RGSt 2,1; 5,44; 21,16; 30,88; 52,143; 58,49; 68,90; 69,80; 72,326; BGHSt 2,317; 8,276; 10,400; 18,221; BGH GA 1956,318; BGH NJW 1960,1357; OLG Hamm JMBl NRW 1965,10 f.
[639] Vgl. Binding BT I S. 289 f; Welzel Lb. S. 349.
[640] Beling, Lehre vom Verbrechen, S. 283.
[641] Beling a.a.O.
[642] Beling a.a.O.

Damit geht Beling ebenso wie die h.M. von einem Mitgewahrsam unterschiedlicher Wertigkeit aus. Wenn man aber den Gewahrsam als die offenkundige, sich aufgrund der Kulturnormen im dinglichen Bereich ergebende Zuordnung einer Sache zu einer Person auffasst, kann in jedem Fall nur gleichwertiger Gewahrsam gegeben sein. Bezüglich der Zuordnung kann es somit nur ein Entweder-Oder geben: Entweder die Sache ist einer Person zuzuordnen, dann liegt Gewahrsam vor; oder die Sache ist einer Person nicht zuzuordnen, dann ist kein Gewahrsam vorhanden.

Ist nun eine Sache mehreren Personen zuzuordnen, so muss von Mitgewahrsam ausgegangen werden. Das bedeutet zugleich, dass jeder dieser Mitgewahrsamsinhaber ohne weiteres Zugang zur Sache hat. Eignet sich ein Dritter die in (Mit-)Gewahrsam stehende Sache zu, indem er sie wegnimmt, so ist der typische Fall eines Diebstahls gegeben. Eignet sich dagegen ein Mitgewahrsamsinhaber die Sache zu, so wird das ohne große Schwierigkeiten geschehen könne, da Gewahrsam des Täters ja ohnehin schon besteht.

Der Mitgewahrsamsinhaber braucht also nicht die gleiche verbrecherische Energie aufzuwenden, wie sie für einen Diebstahl sonst kennzeichnend ist. Er braucht nicht in eine fremde Gewahrsamssphäre einzudringen, und er braucht auch nicht die Schwierigkeiten in Kauf zu nehmen, die sonst mit einem Gewahrsamsbruch verbunden sind. Es besteht kein Handlungsrisiko für den Täter. Vielmehr eignet sich der Gewahrsamsinhaber eine fremde bewegliche Sache zu, die er bereits in Gewahrsam hat; womit die Voraussetzungen des § 246 StGB erfüllt sind[643]; dies nicht nur vom Wortlaut her, sondern auch bei zweckentsprechender Betrachtung. Denn wegen Unterschlagung soll derjenige bestraft werden, der schon die Verfügungsmöglichkeit über eine Sache hat und sich diese nicht erst durch Gewahrsamsbruch verschaffen muss[644].

Der Parkwächter, der Mitgewahrsam an dem in der Sammelgarage untergestellten Auto hat, begeht also eine Unterschlagung, wenn er sich das Auto zueignet; ebenso wie der Ladenangestellte, der in die ihm ohne weiteres zugängliche Ladenkasse greift oder sich Waren zueignet. Die Hausgehilfin, die das zum Einkauf mitgegebene oder unter ihrer Verwaltung stehende Geld für eigene Zwecke verbraucht, begeht ebenfalls keinen Diebstahl, sondern eine Unterschlagung, genau wie der Transportfahrer, der in seinem Mitgewahrsam stehende Waren zum Hehler bringt, die Garderobiere, die einen in Verwahrung genommenen Pelzmantel unterdrückt oder der Beamte, der sich eine in seinem Mitgewahrsam stehende Sache zueignet. Hierin kann keine kriminalpolitisch unerwünschte Konsequenz[645] gesehen werden. Vielmehr entsprechen die zu verhängenden Strafen in den jeweiligen Fällen jetzt eher dem Tattypus der Unterschlagung, wie auch dem Gesamtunwert der strafbaren Handlungen als bisher.

Gerade für den zuletzt genannten Fall, in dem ein Beamter sich Sachen zueignet, ist von ausschlaggebender Bedeutung, ob man beim Bruch von Mitgewahrsam durch einen Mitgewahrsamsinhaber Diebstahl oder Unterschlagung annimmt. Denn würde man mit der h.M. von einem Diebstahl ausgehen, dann käme in den meisten Fällen, in denen ein Beamter sich fremde Sachen zueignet, eine

---

[643] Dieser Gedanke ist bereits in RGSt 5,43 zu finden: „Bei der Frage aber, ob mit der rechtswidrigen Zueignung einer fremden beweglichen Sache Diebstahl oder Unterschlagung verübt wird, kommt es … nur darauf an, ob die Sache zur Zeit der Zueignung sich bereits im Gewahrsam des Täters befunden … hat. Ist dies der Fall, so kann in der ohne Verletzung fremden Gewahrsams geschehenen rechtswidrigen Zueignung nicht Diebstahl gefunden werden." Allerdings sagt das RG dann wieder: „Die Zueignung einer fremden beweglichen Sache unter Verletzung auch nur eines … Mitgewahrsams würde den Diebstahlsbegriff erfüllen" (a.a.O. S. 44).
[644] Treten besondere Umstände hinzu, liegt z.B. der Missbrauch einer rechtlichen Machtstellung oder ein Treubruch vor, so findet der Tatbestand der Untreue (§ 266 StGB) Anwendung.
[645] So Gribbohm JuS 1964,237; NJW 1967,1898.

Amtsunterschlagung nicht in Frage. Und hier ließe sich mit größerer Berechtigung von einer kriminalpolitisch unerwünschten Konsequenz sprechen.

So haben das Reichsgericht und der Bundesgerichtshof beispielsweise entschieden, dass ein Förster, der sich das im Wald geschlagene Holz rechtswidrig zueignet, einen Diebstahl begehe[646]. Damit aber verliert das Delikt der Amtsunterschlagung seine ihm zugedachte Bedeutung. Denn gerade bei Beamten besteht auch nach der herrschenden Gewahrsamstheorie sehr häufig Mitgewahrsam, dessen Bruch dann jeweils als einfacher Diebstahl zu beurteilen wäre. Es ist aber ein offensichtlich unsinniges Ergebnis, wenn der Förster an dem in „seinem" Wald lagernden und seiner Aufsicht und Verfügung unterstellten Holz einen Diebstahl begehen sollte. (Das gleiche trifft auf alle Fälle zu, in denen ein Beamter sich seiner Verfügung unterliegende Sachen zueignet). Die strafbare Handlung entspricht ihrem Typus nach einer Unterschlagung. Da der Förster beamtet ist, kommt eine Amtsunterschlagung in Frage. Unter Umständen – d.h. bei Vorliegen des Missbrauchs- oder Treubruchstatbestandes – kann auch Untreue gem. § 266 StGB gegeben sein.

Würde dagegen ein Waldarbeiter die im Wald lagernden Stämme abfahren, so müsste von einem Diebstahl ausgegangen werden, weil der Waldarbeiter keinen Mitgewahrsam an dem Holz hätte. – Auf die Probleme der Amtsunterschlagung wird aber noch näher einzugehen sein[647]. Vorerst ging es nur darum nachzuweisen, dass sich auch im Hinblick auf die Amtsunterschlagung angemessenere Ergebnisse erzielen lassen, wenn man den Bruch von Mitgewahrsam im Innenverhältnis als Unterschlagung ansieht.

Es lässt sich also zusammenfassen:

Wird Mitgewahrsam von einem Mitgewahrsamsinhaber gebrochen, dann kommt Unterschlagung in Betracht. Wird der Gewahrsam eines Mitgewahrsamsinhaber von einem Dritten gebrochen, kommt – wie bei jedem anderen Gewahrsamsbruch auch – ein Diebstahl in Betracht. Dass der Gewahrsam kein Rechtsgut ist und einem Gewahrsamsinhaber – somit auch dem Mitgewahrsamsinhaber – daher kein Antragsrecht i.S.d. § 237 Abs. 1 StGB zukommt (sondern nur dem Eigentümer), wurde bereits erwähnt. Auch ist schon gesagt worden, dass ein persönlicher Strafausschließungsgrund i.S.d. § 247 Abs. 2 StGB nicht gegeben ist, wenn der Täter nur mit dem Gewahrsamsinhaber, nicht aber mit dem Eigentümer, verwandt i.S.d. § 247 Abs. 2 ist[648].

§ 16   Der Gewahrsam im Verhältnis zum bürgerlich-rechtlichen Besitz

Wir sind im Laufe unserer Untersuchung schon des Öfteren auf Berührungspunkte von strafrechtlichem Gewahrsam und bürgerlich-rechtlichem Besitz gestoßen, zum Beispiel beim Gewahrsam von Angestellten (Besitzdienern). Es erscheint daher zweckmäßig, beide Begriffe einer vergleichenden Betrachtung zu unterziehen, was im Folgenden geschehen soll. Zunächst aber, der besseren Übersicht halber, noch einige Worte zur geschichtlichen Seite:

Als mit fortschreitender Entwicklung der Rechtsordnung, insbesondere auch mit der Rezeption des römischen Rechts, im deutschen Rechtskreis eine scharfe Trennung von Zivilrecht und Strafrecht erfolgte, wurde der begriffliche Inhalt der sog. „habenden Gewere" des germanischen Rechts hinfällig. Die im deutschen Strafrecht beibehaltene Unterscheidung von Diebstahl und Unterschlagung führte hier zu einer Herausbildung des rechtstechnischen, nur in seinen Ursprüngen auf die germanische Gewere zurückführbaren Gewahrsamsbegriffs, der in seiner wahren Bedeutung freilich bis heute verkannt, und dem Geist des 19. Jahrhunderts entsprechend von der physischen Gewalt her ausge-

---

[646] RGSt 5,180; 14,305; BGH b. Dallinger MDR 1954,398.
[647] Siehe Kap. 7, § 24.
[648] Siehe dazu Kap. 3, § 8 V 1.

legt wird. In dem anderen Prinzipien unterliegenden Zivilrecht entwickelte sich – ebenfalls von der Gewere her – der bürgerlich-rechtliche Besitzbegriff, wie er zum Ende des 19. Jahrhundert in das Bürgerliche Gesetzbuch seinen Eingang fand.

I. Ist der Besitz ein Recht?

Das Bürgerliche Gesetzbuch gibt an keiner Stelle eine direkte Begriffsbestimmung des Besitzes. In den §§ 854, 856 BGB wird der Erwerb bzw. Verlust des Besitzes allerdings gleichgestellt mit der Erlangung bzw. dem Verlust der tatsächlichen Gewalt. Das Zivilrecht geht also beim Besitz – zumindest beim Besitzerwerb oder -verlust – von dem Grundbegriff der tatsächlichen Gewalt aus, wodurch sich schon eine grundlegende Unterscheidung zum strafrechtlichen Gewahrsamsbegriff heutiger Prägung ergibt. Einige Bestimmungen des BGB machen jedoch deutlich, dass der Besitz nicht ausschließlich als ein Verhältnis tatsächlicher Gewaltausübung angesehen werden kann.
Nach § 855 BGB erlangt der die tatsächliche Gewalt über eine Sache für einen anderen ausübende Besitzdiener keinen Besitz. Andererseits geht der Besitz nach der Sonderregelung des § 857 BGB im Zeitpunkt des Erbfalles auf den Erben über, ohne dass es irgendeiner Handlung des Erben zur Besitzergreifung, eines Willens oder einer Kenntnis bedarf. Die faktische Besitzergreifung verstärkt nur noch die Stellung desjenigen, der rechtlich Besitzer ist, wie sich aus §§ 2025 Satz 2, 2027 Abs. 2 BGB ergibt.
Auch die Normierung des mittelbaren Besitzes nach § 868 BGB und des Besitzkonstituts gem. § 930 BGB zeigt, dass der Besitz über ein tatsächliches Herrschaftsverhältnis hinausgeht. Ganz deutlich ergibt sich dies aber, wenn man bedenkt, dass der Besitzer nach §§ 858, 859 BGB in starkem Maße Schutz vor Beeinträchtigungen seines Besitzes genießt, und dass ihm nach den §§ 861, 862 BGB Ansprüche gegeben sind, so zum Beispiel der Anspruch auf Wiedererlangung des Besitzes nach Verlust der tatsächlichen Sachherrschaft durch verbotene Eigenmacht oder der Anspruch auf Unterlassung von Störungen.
Auf der gleichen Ebene liegen der Abholungsanspruch nach § 867 BGB und der Herausgabeanspruch aus früherem Besitz nach § 1007 BGB. Mit der Erlangung des Besitzes an einer Sache entstehen also gleichzeitig gewisse Rechte, und zwar ohne dass es einer weiteren Handlung bedarf. Insbesondere der Unterlassungsanspruch gem. § 862 BGB stellt dies mit aller Klarheit heraus. Der Meinung v. Savignys, wonach der Besitz Faktum und Recht zugleich ist[649], scheint somit nach wie vor gefolgt werden zu können[650].
Doch schauen wir uns zu dieser Frage die in der Literatur und Rechtsprechung vertretenen unterschiedlichen Meinungen an: Staudinger-Seufert[651], v. Tuhr[652], Planck-Brodmann[653] und Schlegelberger-Vogels-Pritsch[654] sind der Ansicht, die Bedeutung des Rechtlichen sei bei dem tatsächlichen Herrschaftsverhältnis so stark, dass dem Besitz die Eigenschaft eines – subjektiven – Rechts zukomme. Endemann, der den Besitz als ein dingliches Recht ansieht, führt dazu aus: „Die Eigenart des Besitzrechtsverhältnisses tritt am schärfsten durch den Gegensatz zum Eigentum hervor. Im Vergleich mit diesem Vollrecht an der Sache erscheint der Besitz als Herrschaftsverhältnis minderen Rechts: als eine um ihrer selbst willen geschützte Sachherrschaft, der aber ein stärkeres, sie über-

---

[649] v. Savigny S. 21 ff.
[650] So auch Siebert S. 16, der Besitz als Tatbestand und als Recht auffasst.
[651] Staudinger-Seufert § 854 BGB Vorbem. 10.
[652] v. Tuhr S. 137 f.
[653] Planck-Brodmann § 854 BGB Vorbem. 5.
[654] Schlegelberger-Vogels-Pritsch § 854 BGB Vorbem. 11.

windendes Recht entgegentreten kann … Der Besitz ist ein Recht, weil dem Inhaber des sozial und rechtlich ausgeprägten Besitzstandes gegen den Eingriff Dritter absoluter Schutz zuerkannt wird und weil die mit ihm verknüpften Rechtsfolgen den Bestand eines dinglichen Rechts zur notwendigen Voraussetzung haben"[655].

Die Auffassung, dass der Besitz ein Recht sei, wird von einem Teil der Literatur abgelehnt[656]. So sagen Palandt-Degenhart, dass der Besitz zwar eine wichtige Rechtsstellung gewähre, so dass er die Bedeutung (und nur diese!) eines, wenn auch nur vorläufigen, Rechts habe, dass er aber kein Rechtsverhältnis, sondern ein tatsächliches Verhältnis sei[657]. Rosenberg bezeichnet den Besitz als ein Rechtsverhältnis im Sinne eines rechtlich geregelten und geschützten Lebensverhältnisses, spricht ihm aber die Qualität eines Rechts im subjektiven Sinne ab[658]. Eichler ist der Meinung, der Besitz erzeuge zwar gewisse Schutzwirkungen eines dinglichen Rechts, insbesondere Ansprüche aufgrund verbotener Eigenmacht (§§ 858 ff BGB) und aus früherem Besitz (§ 1007 BGB); er sei jedoch nur eine Quelle von Rechten, die unter bestimmten tatbestandsmäßigen Voraussetzungen zur Entstehung gelangten, nicht aber selbst ein Recht[659].

Ein weiterer großer Teil der Literatur und der Bundesgerichtshof nehmen eine vermittelnde Haltung ein. Enneccerus-Wolff-Raiser gehen davon aus, dass der Besitz teils Tatbestand, teils subjektives Recht sei[660]. Westermann hält den Besitz für eine tatsächliche Beziehung zu einer Sache, die aber in der Rechtswirklichkeit dem subjektiven Recht weitgehend gleichkomme[661]. Von ähnlichen Gesichtspunkten gehen auch andere Autoren[662] und der Bundesgerichtshof[663] aus.

Zur weiteren Klärung dieser Frage und zur Verdeutlichung des Problems sei nochmals auf v. Savigny zurückgegangen. Er führt aus, es sei klar, dass der Besitz an sich, seinem ursprünglichen Begriff nach, ein bloßes Faktum ist. Ebenso gewiss sei aber, dass rechtliche Folgen damit verbunden sind[664]. Der Besitz sei deshalb Faktum, insofern ihm ein bloßes faktisches (unjuristisches) Verhältnis (die Detention) zugrunde liegt; er sei aber ein Recht, insofern mit dem bloßen Dasein jenes faktischen Verhältnisses Rechte verbunden sind. Es ergebe sich somit, dass der Besitz Faktum und Recht zugleich (!) sei[665].

Auch v. Tuhr geht davon aus, dass die tatsächliche Gewalt über eine Sache, ohne Rücksicht darauf, in welcher Weise und aus welchem Grund, ob mit oder ohne Recht erworben, ein Herrschaftsverhältnis sei, welches gemäß der bürgerlich-rechtlichen Bestimmungen von jedermann respektiert werden müsse. Eine vom Gesetz anerkannte und geschützte Herrschaft sei aber nichts anderes als ein subjektives Recht[666]. Dieser Meinung ist bedingt zuzustimmen.

Einschränkungen sind insofern zu machen, als nach dem Erwerb des Besitzes und somit nach Entstehung des Besitzrechts, die tatsächliche Gewaltausübung nicht mehr grundsätzliche[667] Vorausset-

---

[655] Endemann S. 131 f.

[656] Palandt-Degenhart Überbl. 1 vor § 854 BGB; Rosenberg § 854 BGB Vorbem. 5; Eichler S. 3 f; RGZ-Kommentar-Kregel § 854 Vorbem. 1; Darmstaedter AcP 151,320 f.

[657] Palandt-Degenhart a.a.O.

[658] Rosenberg a.a.O.

[659] Eichler a.a.O.

[660] Enneccerus-Wolff-Raiser § 3, III.

[661] Westermann S. 55; Erman-Westermann § 854 BGB Vorbem. 2.

[662] Soergel-Siebert-Mühl § 854 Vorbem. 3; Baur § 7.

[663] BGHZ 32,204.

[664] v. Savigny S. 21 f.

[665] v. Savigny S. 26.

[666] v. Tuhr a.a.O.

[667] Eine Ausnahme bildet ohnehin der Erbenbesitz gem. § 857 BGB.

zung für den Besitz ist. Denn gem. § 856 Abs. 2 BGB wird der Besitz durch „eine ihrer Natur nach vorübergehende Verhinderung in der Ausübung der Gewalt ... nicht beendigt". Und nach § 856 BGB ist auch mittelbarer Besitz möglich, also ein Besitz ohne jede physische Beherrschung der Sache.

Der Besitz ist also – generell gesehen[668] – nicht als Herrschaftsverhältnis aufzufassen[669], sondern als ein an die erstmalige Erlangung der tatsächlichen Gewalt anknüpfendes Recht, dessen Bestand im Bürgerlichen Gesetzbuch geregelt ist. Ob es sich dabei um ein dingliches Recht handelt, braucht im Rahmen dieser Abhandlung nicht geklärt zu werden.

II. Die herrschende Meinung zur Unterscheidung von Gewahrsam und Besitz

Es stellt sich nun die Frage, wie der bürgerlich-rechtliche Besitz im Verhältnis zum strafrechtlichen Gewahrsam zu sehen ist. Die herrschende Lehre vertritt hier die Meinung, dass Besitz und Gewahrsam als unterschiedliche Begriffe aufzufassen seien[670], wenngleich mit unterschiedlicher Begründung.

Maurach ist der Ansicht, dass der Gewahrsam zwar gewisse, in der Praxis sogar weitgehende Ähnlichkeiten mit dem gleichfalls durch rein tatsächliche Eingriffe brechbaren Besitz aufweise. Dies dürfe aber nicht dazu verführen, Besitz und Gewahrsam gleichzustellen. Ursprünglich verdanke der Besitz seine rechtliche Anerkennung freilich seinem gegenüber dem strengformalen Eigentum lebensnäheren, auf das Tatsächliche zugeschnittenen Wesen. Dieses sei aber mehr und mehr verloren gegangen, dem Besitz sei in abgeschwächter Form eine ähnliche formalrechtliche Stellung beschieden, wie sie das Eigentum beanspruche. Für das Strafrecht bedeute diese Wandlung des Besitzes jedoch, dass der bürgerlich-rechtliche Besitz den spezifischen Zielen und Auslegungsbedürfnissen des Strafrechts, das zur Umreißung des Diebstahl auf dem Wegnahmeakt beharren und diesem rein tatsächlichen Vorgang auch ein rein tatsächliches Verhältnis entgegenhalten müsse, nicht mehr genüge[671].

Weiter führt Maurach aus, dass der Gewahrsamsbegriff vom Tatsächlichen her und ohne Bindung an das bürgerliche Recht zu ermitteln sei. Dies besage aber keineswegs, dass das Strafrecht ganz ohne den bürgerlich-rechtlichen Besitzbegriff auskommen könne. So sei bei Prüfung des Eigentumserwerbs auch für den Strafrichter der Besitz nach §§ 854 ff BGB maßgebend. Lediglich als Voraussetzung der Wegnahme könne der Besitzbegriff nicht verwertet werden[672].

Schröder erachtet den Gewahrsam als nicht gleichbedeutend mit Besitz i.S.d. bürgerlichen Rechts, obwohl auch dieser tatsächliche Herrschaft bedeute. Im Gegensatz zum Gewahrsam sei der Besitz jedoch rechtsähnlich ausgestaltet. Daher könne Gewahrsam haben, wer nicht Besitzer ist und umgekehrt[673].

Nach Welzel ist das „physisch-reale Moment" des Gewahrsams ausschlaggebend dafür, dass sich dieser von allen rechtlichen Herrschaftsbeziehungen unterscheide, sogar vom bürgerlich-rechtlichen Besitz. Während der Gewahrsam also „ein (rein strafrechtlicher) Begriff der rein tatsächlichen Herr-

---

[668] Auf die Form des unmittelbaren Besitzes wird speziell noch eingegangen werden.
[669] Auch nicht als „vergeistigtes" Herrschaftsverhältnis; so aber Baur S. 47 ff; Enneccerus-Wolff-Raiser S. 25 f; Westermann S. 54; Heck § 5, insbes. S. 21.
[670] Vgl. Maurach BT S. 200; Schönke-Schröder § 242 Rdnr. 23; Welzel Lb. S. 347; Dreher § 242 Anm. 1 D; Frank § 242 Anm. IV; Kohlrausch-Lange § 242 Anm. II 1; Jagusch LK 1958 § 242 Vorbem. C I; Soltmann S. 39; Harburger S. 198; Hälschner S. 429 ff; Holtzendorff-Merkel S. 638 ff; Binding Lb. I S. 243 ff, 286.
[671] Maurach a.a.O.
[672] Maurach BT S. 201.
[673] Schönke-Schröder a.a.O.

schaft" sei, könne in dem Besitz nur ein tatsächliches Verhältnis gesehen werden. Die andere Seite des Besitzes mache das rechtliche Verhältnis aus[674].

Auch Dreher meint, dass sich Besitz und Gewahrsam dadurch unterschieden, dass der Besitz im Gegensatz zum Gewahrsam auch ohne tatsächliche Herrschaft möglich sei. Ob Gewahrsam vorliege, sei zudem nach den Erfahrungssätzen des täglichen Lebens zu beurteilen, nicht aber nach dem BGB[675]. Ebenso argumentiert Frank[676].

Recht interessant ist die von Jagusch zur Unterscheidung von Gewahrsam und Besitz geäußerte Meinung. Er sagt, der Gewahrsam diene strafrechtlich der Unterscheidung der Aneignungsverbrechen untereinander. Daher sei er als tatsächliche, willentlich geübte Herrschaft ohne Vermutungen und Fiktionen zu verstehen und könne demgemäß auch nicht dem Besitz gleichgestellt werden, der auf die besonderen Bedürfnisse des privaten Rechts zugeschnitten sei[677]. In ähnlicher Weise hatte sich bereits Harburger geäußert[678].

Auch das Reichsgericht hat in ständiger Rechtsprechung, sowohl vor Inkrafttreten des BGB[679] als auch danach[680], entschieden, dass Gewahrsam und Besitz different seien. In gleicher Weise entscheidet der BGH, der zum Beispiel dem Besitzdiener Gewahrsam zubilligt[681].

Im Zivilrecht geht die h.M. davon aus, dass Gewahrsam zwar mit dem unmittelbaren Besitz zusammenfallen könne, jedoch nicht identisch mit dem Besitz überhaupt sei[682].

Eine den bisher aufgeführten Meinungen entgegenstehende wurde von Redslob[683] vertreten. Er hielt eine völlige Übereinstimmung von Besitz und Gewahrsam für gegeben, weil der Besitz ebenso ein Achtungsverhältnis sei, welches sich an eine faktische Gewaltausübung anknüpfe und kraft dessen jemandem die Herrschaft über die Sache gewährleistet werde, wie der Gewahrsam[684]. Für beide Verhältnisse habe die Ausübung physischer Gewalt nur die Bedeutung, dass durch sie das soziale Machtverhältnis zur Entstehung komme[685]. Sei dieses aber einmal begründet, so komme dem Erben und dem mittelbaren Besitzer ebenso Besitz wie Gewahrsam zu[686]. Dagegen habe der Besitzdiener weder Besitz (gem. § 855 BGB) noch Gewahrsam, weil es an dem Achtungsverhältnis fehle. Alles in allem seien also bürgerlich-rechtlicher Besitz und strafrechtlicher Gewahrsam deckungsgleich, weswegen man den strafrechtlichen Gewahrsam überhaupt fortfallen lassen und stattdessen den Begriff des Besitzes auch im Strafrecht benutzen sollte.

In neuerer Zeit wird eine ähnliche Meinung von Schünemann[687] vertreten. Er konstatiert, im Strafrecht trete bei Diebstahl und Sachbetrug der Gewahrsam an die Stelle des Besitzes. Das sei einhellige Meinung und ergebe sich durch eine „natürliche Auslegung" des Wegnahmebegriffs. Er setzt dann einschränkend hinzu, dass ein Unterschied zwischen unmittelbarem Besitz (und nur diesen bezieht er überhaupt in seinen Vergleich ein) und Gewahrsam darin liege, dass in den §§ 242, 263

---

[674] Welzel a.a.O.

[675] Schwarz-Dreher a.a.O.

[676] Frank a.a.O.

[677] Jagusch a.a.O.

[678] Harburger a.a.O.

[679] RGSt 5,5; 10,260; 12,256; 23,75; 29,210; 30,89.

[680] RGSt 34,254; 37,200; 50,47; 50,184; 52,145; 54,78 f.

[681] BGHSt 10,400 ff; 16,274.

[682] Baur S. 48; Enneccerus-Wolff-Raiser S. 29; Westermann S. 54; Heck S. 36.

[683] ZStW 30,205 ff.

[684] Redslob a.a.O. S. 214, 223.

[685] Redslob a.a.O. S. 216.

[686] Redslob a.a.O. S. 217 ff.

[687] GA 1969,50.

StGB die „gewissermaßen unechten, ‚künstlichen' Fälle des unmittelbaren Besitzes der §§ 855, 857 BGB (die aus spezifisch zivilrechtlichen Gründen einen besonderen Interessenschutz statuieren) aus spezifisch strafrechtlichen Gründen (es muss eine jeweils einheitliche Tattypik gewahrt bleiben) durch den Gewahrsamsbegriff nicht erfasst werden". Gewahrsam und unmittelbarer Besitz i.S.d. § 854 BGB seien dagegen deckungsgleich, denn in beiden Fällen sei die „tatsächliche, im sozialen Leben anerkannte Sachherrschaft angesprochen". Entsprechend äußerten sich früher schon Goldschmidt[688] und v. Hippel[689]. Um zu dieser Ansicht Stellung nehmen zu können, wollen wir uns im folgenden Abschnitt mit dem Gewahrsam des Besitzdieners, mittelbaren Besitzer und des Erben beschäftigten.

III.   Gewahrsam des Besitzdieners, mittelbaren Besitzers und des Erben

Besitzdiener ist gem. § 855 BGB, wer die tatsächliche Gewalt über eine Sache für einen anderen in dessen Haushalt oder Erwerbsgeschäft oder in einem ähnlichen Verhältnis ausübt, vermöge dessen er den sich auf die Sache beziehenden Weisungen des anderen Folge zu leisten hat. In diesem Fall ist nur der Besitzherr Besitzer, nicht aber der Besitzdiener.

Als Besitzdiener sind zum Beispiel anzusehen: Hausangestellte, Handlungsgehilfen, Transportfahrer, Garderobenfrauen, Angestellte eines Lagerhalters, Prokuristen, Gutsverwalter, Verwalter eines Kinos, Kinder im Haushalt oder Geschäft der Eltern, Handlungsreisende hinsichtlich ihrer Musterstücke, Angestellte der Zweigstelle einer Bank, die hinterlegte Wertpapiere für die Zentrale verwahrt, Förster hinsichtlich des zu beaufsichtigenden geschlagenen Holzes, Platzanweiserinnen hinsichtlich der im Theaterraum gefundenen Gegenstände, Kapitäne hinsichtlich des ihnen anvertrauten Schiffs usw.[690]

Wie bereits erläutert wurde[691] kann den hier als Besitzdiener genannten Personen im Einzelfall ohne weiteres Gewahrsam zukommen, vielfach neben einer anderen Person, der dieselbe Sache ebenfalls im dinglichen bereich zuzuordnen ist. So hat zum Beispiel der Verkäufer Gewahrsam an den im Geschäft befindlichen Waren, ebenso wie der Geschäftsinhaber Gewahrsam daran hat. Besitz kommt gemäß den bürgerlich-rechtlichen Bestimmungen jedoch allein dem Geschäftsinhaber zu. Das von der Mutter zum Einkauf geschickte Kind hat keinen Besitz an dem ihm mitgegebenen Geld[692]. Die Wegnahme des Geldes durch einen Dritten stellt dennoch einen Diebstahl dar, weil sich für den Täter offenkundig eine Zuordnung der Sache zu dem Kind im dinglichen Bereich ergibt. Das Kind hat somit Gewahrsam an dem Einkaufsgeld[693], wenngleich es keinen Besitz hat.

In den wichtigen, weil häufigen Fällen der Besitzdienerschaft wird besonders deutlich, dass der Besitz als im Bürgerlichen Gesetzbuch geregeltes Rechtsverhältnis anzusehen ist (kraft Gesetzes hat der Besitzdiener trotz Sachgewalt keinen Besitz) und sich dadurch grundlegend vom Gewahrsam unterscheidet. Dasselbe ergibt sich in den Fällen des mittelbaren Besitzes gem. § 868 BGB. Der mittelbare Besitzer hat trotz fehlender Sachgewalt kraft Gesetzes Besitz. Hat etwa ein Kaufmann Waren zum Zwecke der Beförderung an einen selbständigen Spediteur übergeben, so ist letzterer unmittel-

---

[688] GA 47,353.
[689] Lb. S. 238.
[690] Vgl. dazu Soergel-Siebert-Mühl § 855 Rdnr. 6 m.w.N.; Palandt-Degenhart § 855 Anm. 4 a m.w.N.
[691] Siehe Kap. 5, § 14 VI 4. Wenn Redslob a.a.O. demgegenüber die Meinung vertritt, dem Besitzdiener könne des fehlenden Achtungsverhältnisses wegen weder Besitz noch Gewahrsam zukommen, so scheint er hauptsächlich an den Typ des livrierten „Domestiken" gedacht zu haben.
[692] Vgl. RGZ 99,208.
[693] So im Ergebnis auch OLG Hamburg MDR 1947,35.

barer Besitzer. Gleichzeitig hat der Spediteur Gewahrsam, nicht aber der Kaufmann[694]. Gibt jemand eine Sache in Verwahrung, so wird es für gewöhnlich ebenso sein. Der Depositar wird in der Regel unmittelbaren Besitz und Gewahrsam haben, der Deponent dagegen nur mittelbaren Besitz. Es kann somit davon ausgegangen werden, dass mittelbarer Besitz und Gewahrsam grundsätzlich auseinanderfallen.

Betrachten wir nun den § 857 BGB. Aufgrund dieser Bestimmung hat der Erbe an einer Erbsache Besitz. Ob der Erbe jedoch Gewahrsam hat, erscheint zweifelhaft. Sehr treffend bemerkt allerdings schon Redslob, dass einem das „juristische Taktgefühl" bereits vor einer exakteren Untersuchung sage, dass die Wegnahme von Sachen nicht milder bestraft werden könne, nur weil der Besitzer gestorben sei; denn dies bedeute eine ungerechtfertigte Privilegierung des Täters[695]. Weiter führt Redslob aus: „Niemand wird es als erlaubt betrachten, dass der Täter gegen den Widerspruch der Erben Sachen wegnimmt, selbst wenn ihm ein Besitzrecht zustehen sollte. Die öffentliche Meinung empört sich dagegen. Sie empfindet deutlich, dass hier eine Herrschaft verletzt wird, welche sie gewährleistet. Es wird der Rechtsfriede als verletzt angesehen"[696].

Soltmann[697] ist im Anschluss an Lobe[698] der Meinung, dass sich eine gewisse soziale Achtung mit Hilfe des § 857 BGB auf den Erben übertrage. Den eigentlichen Grund für einen Gewahrsam des Erben sieht Soltmann aber, ebenso wie Binding, in einem Gewahrsamswillen des Erben: „Der Strafrichter wird sich einfach fragen, ob der Erbe schon im Moment des Todes sich als Erbe erkennt und Erbe sein will, und wird dann, ohne weitere Besitzergreifung zu fordern, seinen Herrschaftswillen gern respektieren, vorausgesetzt freilich, dass sich nicht ein anderer Herrschaftswille zwischen ihn und die Sache geschoben haben sollte"[699].

Nach dieser Meinung kann, wie Soltmann selber zugibt, „Erbengewahrsam" nur dann gegeben sein, wenn der Erbe weiß, dass er geerbt hat und „seinen Willen, die Herrschaft über die Erbschaft anzutreten, durch darauf hindeutende Maßnahmen kundgegeben" hat[700]. Folglich müsste es möglich sein, dass der Nachlass in der Zeitspanne zwischen dem Tod des Erblassers und dem Antritt der Erbschaft gewahrsamslos wird. Das würde bedeuten, dass der Einbrecher, der eine fremde Wohnung ausräumt, keinen Einbruchsdiebstahl begangen hat, wenn der Wohnungsinhaber kurz vorher zufälligerweise tödlich verunglückt ist. Wie Redslob zutreffend festgestellt hat, kann dieses Ergebnis nicht richtig sein. Wir haben also zu prüfen, ob sich aufgrund der Kulturnormen eine soziale Zuordnung des Nachlasses zum Erben ergibt.

§ 857 BGB bestimmt den Übergang des Besitzes auf den Erben, womit das BGB Sitte und Gewohnheit gefolgt ist, wonach sich ebenfalls eine Zuordnung der Hinterlassenschaft zum Erben ergibt. Der Dieb braucht die Bestimmung des § 857 BGB nicht zu kennen, um dennoch zu wissen, dass die Nachlasssachen einer anderen Person zuzuordnen sind. Es kommt auch nicht darauf an, ob Erbe oder Dieb vom Todesfall des Erblassers bereits wissen oder ob dieser überhaupt schon bekannt ist. Vielmehr ergibt sich mit dem Zeitpunkt des Erbfalles eine rechtliche Zuordnung der Erbsachen zum Erben und zugleich aufgrund der sozialen Normen eine für jeden Zueignungstäter offenkundige Zuordnung der Erbsache zu einer anderen Person im dinglichen Bereich.

---

[694] So im Ergebnis auch RGSt 56,116.
[695] Redslob ZStW 30,217.
[696] Redslob a.a.O. S. 218.
[697] Soltmann S. 73.
[698] Lobe S. 25.
[699] Binding BT I S. 245, zitiert nach Soltmann S. 73.
[700] Soltmann S. 74.

Das aber bedeutet nichts anderes, als dass Gewahrsam vorhanden ist. Wer eine Erbsache wegnimmt, an der er nicht selber schon Gewahrsam hat, tangiert damit ein Zuordnungsverhältnis, zu dessen Bruch eine erhöhte verbrecherische Energie erforderlich ist, weil das Einschreiten Dritter zu befürchten ist. Er begeht einen Diebstahl.

IV. Stellungnahme

Nach den im Rahmen dieser Abhandlung vertretenen Grundsätzen ergibt sich hinsichtlich des Verhältnisses von Gewahrsam und Besitz Folgendes:

Der Gewahrsam ist ein rechtstechnischer Begriff im Vermögensstrafrecht und zugleich eine soziale Erscheinung, nämlich die offenkundige, sich aufgrund der Kulturnormen im dinglichen Bereich ergebende Zuordnung einer Sache zu einer Person. Dagegen ist der Besitz ein der Methode des Zivilrechts unterfallendes Recht, das gemäß § 854 BGB grundsätzlich nur durch die Erlangung der tatsächlichen Gewalt über eine Sache erworben werden kann, was dem im Zivilrecht herrschenden Prinzip der Publizität (das sich z.b. in den §§ 170, 171, 176, 808, 929, 1032, 1205 BGB findet) entspricht.

Dass der Gewahrsam als ein Recht oder als Quelle von Rechten[701] nicht in Betracht kommen kann, bedarf nach den bisherigen Ausführungen keiner weiteren Erläuterungen mehr[702]. Wir können somit davon ausgehen, dass sich Gewahrsam und Besitz von ihrer rechtlichen Ausgangsbasis her grundlegend unterscheiden.

Dennoch könnte eine Übereinstimmung von Gewahrsam und Besitz dann vorliegen, wenn sich aus den bürgerlich-rechtlichen Normen über den Besitz die Zuordnung einer Sache zu einer Person im dinglichen Bereich ergäbe. Nun erfolgt durch die Bestimmungen über den Besitz zwar eine rechtliche (sachenrechtliche) Zuordnung; es ergibt sich daraus aber für den Besitz generell noch keine für Dritte offenkundige Zuordnung im dinglichen Bereich. Diese liegt lediglich beim Erbenbesitz vor (s. oben), wobei im Einzelfall noch die Frage ihrer Dauer zu klären sein wird.

Ebenso liegt eine für Dritte offenkundige Zuordnung im dinglichen Bereich beim unmittelbaren Besitz vor, weil der an die Erlangung der tatsächlichen Gewalt anknüpfenden unmittelbare Besitz nicht nur Recht, sondern auch ein soziales (soziologisches) Beziehungsverhältnis im dinglichen Bereich ist. Denn nach h.M. ist die „tatsächliche Gewalt" i.S.d. § 854 Abs. 1 BGB nach sozialen Kriterien zu beurteilen[703].

Man kann daher sagen, dass der unmittelbare Besitz zwar eine rechtliche Beziehung einer Person zu einer Sache darstellt, darüber hinaus aber als soziale (soziologische) Zuordnung im dinglichen Bereich aufgefasst wird. Damit kommen wir zu dem Ergebnis, dass *unmittelbarer* Besitz und Gewahrsam – wenngleich sie sich in ihrem rechtlichen Wesen prinzipiell unterscheiden – de facto übereinstimmen.

---

[701] So RGSt 4,346. Das RG stellte Erwägungen darüber an, ob ein Vermieter, der beim Auszug seiner Mieterin einer ausstehenden Mietforderung wegen Sachen an sich genommen hatte, durch die Wegnahme dieser Pfandsachen (Täter war der Sohn der Mieterin) in einem Rechtsgut verletzt worden war. Die Frage wurde bejaht, weil dem Vermieter als dem Gewahrsamsinhaber „die Sachen selbst und damit die Möglichkeit der Ausübung derjenigen Rechte, welche unmittelbar aus der Tatsache des Gewahrsams entspringen" entzogen worden seien.

[702] Dazu auch Kap. 3, § 8 V 1.

[703] Vgl. Westermann S. 58 ff; Baur S. 47 ff; Staudinger-Seufert § 854 Anm. 1 m.w.N.

§ 17 Gewahrsamserlangung, Gewahrsamsverlust, Zueignung

I. Erwerb und Verlust des Gewahrsams

Soltmann vertritt die Ansicht, der Gewahrsamserwerb geschehe durch Herstellung einer Beziehung zu einer Sache, vermittels einer Willensbetätigung, die den Willen, über die Sache zu herrschen, kundgebe[704]. Für den Gewahrsamsverlust stellt Soltmann eine Übereinstimmung mit dem Besitzverlust des bürgerlichen Rechts fest[705]. Ebenso wie der Besitz, werde der Gewahrsam mit dem Verlust der tatsächlichen Sachherrschaft verloren. Dabei unterscheidet Soltmann zwischen einem freiwilligen und einem unfreiwilligen Verlust[706].

Wenn nun der Gewahrsam als die offenkundige, aufgrund der Kulturnormen im dinglichen Bereich erfolgende Zuordnung einer Sache zu einer Person aufgefasst wird, ergeben sich hinsichtlich des Erwerbs und Verlusts von Gewahrsam folgende Konsequenzen: Weder die Erlangung oder Aufgabe der tatsächlichen Sachherrschaft, noch der Wille, eine Sache in Gewahrsam oder nicht in Gewahrsam zu haben, sind maßgebend für die Zuordnung einer Sache zu einer Person. Ob jemand Gewahrsam hat oder nicht, richtet sich allein nach den objektiven Kriterien der Zuordnung, die sich aufgrund der Kulturnormen – also normativ – erfassen lassen[707]. Dabei kommt es nicht auf die Zuordnung im rein rechtlichen Bereich (z.B. auf das Eigentum) an, sondern auf die *sozial-normative Zuordnung* im dinglichen Bereich.

So kann zum Beispiel der Käufer im Geschäft eine Ware zur Begutachtung in die Hand nehmen, ohne dass er Gewahrsam daran erlangt. Dagegen behält der Bauer an dem auf dem Feld zurückgelassenen Pflug trotz räumlicher Entfernung den Gewahrsam. An einem auf der Straße liegenden Portemonnaie kann ich Gewahrsam erwerben wollen. Soweit ich jedoch zu dem Portemonnaie keine Sachbeziehung hergestellt habe, vermöge derer eine Zuordnung im dinglichen Bereich erfolgen kann, bleibt das Portemonnaie gewahrsamslos, selbst wenn es mir selber gehört und ich mich in der Nähe aufhalte. Dagegen behält der Bauunternehmer auch ohne Sachbeziehung Gewahrsam an den auf der Straße gelagerten Baumaterialien, weil es durchaus üblich ist, Baumaterialien auf der Straße zu lagern und hier die Zuordnung im dinglichen Bereich gegeben ist.

Man kann auch den Willen habe, beispielsweise den Gewahrsam an dem auf seinem Dachboden befindlichen Gerümpel aufzugeben, indem man sich vornimmt, es auf den Müllplatz zu fahren. Ein Dritter kann an eben diesem Gerümpel Gewahrsam begründen wollen. Wann der eine seinen Gewahrsam verloren, und wann der andere Gewahrsam begründet hat, muss jedoch nach objektiven Kriterien entschieden werden. Mit dem Fortschaffen des Gerümpels zum Müllplatz ist erst für jedermann offensichtlich der Gewahrsam verloren, mit der Ansichnahme des Gerümpels Gewahrsam erworben.

Insofern gibt es keinen Erwerb oder Verlust des Gewahrsams im eigentlichen Sinne, wie es beim Besitz oder beim Eigentum der Fall ist. Zwar kann man sich seines Eigentums durch Willensbetätigung und Besitzaufgabe – Dereliktion nach § 959 BGB – entäußern (wobei für den Besitz allerdings eine Aufgabe der realen Sachherrschaft erforderlich ist[708]); dasselbe gilt aber nicht für den Gewahrsam. Denn hier entscheidet allein die objektive Situation darüber, ob jemand Gewahrsam hat oder nicht.

---

[704] Soltmann S. 38; ähnlich Binding S. 243, 287 f; Micelli S. 52; vgl. auch Jagusch LK 1958 Vorbem. C IX vor § 242.
[705] Soltmann S. 40.
[706] Soltmann S. 40 ff; ähnlich Jagusch a.a.O. Vorbem. C V.
[707] Siehe dazu Kap. 4, § 13 III 2.
[708] Staudinger-Berg § 959 Anm. 1 a; Soergel-Siebert-Mühl § 959 Anm. 1; Erman-Hefermehl § 959 Anm. 1 b.

Wenn Otto einen Gewahrsamswechsel im Wege der Übertragung von einer Person auf die andere für möglich hält[709], oder Maiwald davon spricht, dass jemand eine Sache „stellvertretend für den Eigentümer in Gewahrsam" haben könne[710], so zeigt sich hieran die Fehleinschätzung des Gewahrsams durch die herrschende Lehre. Desgleichen, wenn der Bundesgerichtshof ausführt, dass eine Hausfrau an den der Hausgehilfin zur Besorgung mitgegebenen Sachen deswegen Gewahrsam behalte, weil die Hausgehilfin für ihren Arbeitgeber Gewahrsam ausüben wolle[711].

II. Gewahrsam und Zueignung

Wie sich bereits bei der Behandlung der Zueignungsproblematik erhellt hat, kommt dem Gewahrsam für die Zueignung besondere Bedeutung zu. Es wurde festgestellt, dass deliktische Zueignung ohne zumindest gleichzeitige Gewahrsamserlangung nicht möglich ist, weil die Anmaßung der eigentümerähnlichen Stellung über eine Sache nicht ohne ihre „soziale Zuordnung" zum Täter eines Diebstahls oder einer Unterschlagung gedacht werden kann. Zugleich war klar geworden, dass sich von hieraus einleuchtende Ergebnisse bezüglich der Auslegung des Unterschlagungstatbestandes finden lassen[712].

Es gilt nun die Konsequenzen dieser Meinung im Zusammenspiel von Gewahrsam und Zueignung anhand einiger Beispiele aufzuzeigen und zu diskutieren. Dabei wird darauf zu achten sein, dass eine Klärung der vielfältigen Sachprobleme im Einvernehmen mit dem uns vor Augen stehenden abgewogenen System der Vermögensdelikte erfolgt. Soweit zur Klärung der Gewahrsams- und Zueignungsfragen nicht unbedingt erforderlich, wird der Übersichtlichkeit halber auf die am Rande auftretenden Vorsatz-, Irrtums-, Täterschafts-, Teilnahmeprobleme usw. nicht einzugehen sein.

In dem bekannten vom Reichsgericht entschiedenen Gänsebuch-Fall[713] lag der Sachverhalt folgendermaßen: Der A hatte gerade das Schloss einer fremden Gänsebucht erbrochen, als der W hinzukam. Da A dem W 10 Mark schuldete, bot er ihm dafür die in der Gänsebucht befindlichen fünf Gänse an. W willigte ein und holte die Gänse aus dem Stall heraus. Ob W gewusst hat, dass es sich um dem A nicht gehörende Gänse handelte, ließ sich nicht mit Sicherheit klären.

Das Reichsgericht, das von der Gutgläubigkeit des W ausging, verurteilte den A wegen Einbruchsdiebstahls. Zur Begründung führte es aus: Zwar erwerbe der die Zueignung Beabsichtigende für gewöhnlich zunächst den eigenen Gewahrsam an der Sache mit dem Willen, ihn alsbald auf den anderen zu übertragen und handele dann diesem Vorhaben gemäß. Er könne aber den gleichen Erfolg einfacher auch dadurch herbeiführen, dass er, statt erst selbst den Gewahrsam zu erwerben und sofort weiterzugeben, wozu er den Umständen nach in der Lage wäre, den anderen veranlasst und in den Stand setzt, den Gewahrsam unmittelbar zu ergreifen. Dadurch ändere sich aber nichts an der strafrechtlichen Würdigung des Falles. Im ersteren wie auch im letzteren Fall komme Diebstahl in Frage.

Wenn Lampe meint, dass die Ansicht des Reichsgerichts in Widerspruch zum Gesetzeswortlaut stehe, der für den Diebstahl eine Wegnahme fordere, so ist ihm unter Berücksichtigung der vom Reichsgericht gegebenen Begründung zuzustimmen. Das RG sagt eindeutig, dass es die Begründung neuen Gewahrsams in der Person des Wegnehmenden nicht zur Vollendung des Diebstahls für erforderlich hält. Ebenso eindeutig verlangt das Gesetz aber eine Wegnahme und nicht lediglich einen

---

[709] Otto ZStW 79,81 ff; vgl. auch RGSt 48,58 ff.
[710] Maiwald S. 214.
[711] BGHSt 16,274.
[712] Siehe dazu Kap. 3, § 8 IV und VI.
[713] RGSt 48,58 ff.

Gewahrsamsbruch. Wie Lampe[714] richtig bemerkt, wollte der Gesetzgeber den Diebstahl nicht schon mit dem Bruch fremden, sondern erst mit der Begründung neuen Gewahrsams vollendet sein lassen und damit der Apprehensionstheorie vor der Kontraktions-, Ablations- oder Illationstheorie den Vorzug geben.

Aus den Materialien zum Strafgesetzbuch für die Preußischen Staaten[715] geht hervor, dass es der Gesetzgeber für erforderlich hielt, dass „der Dieb die Sache von dem Orte, auf welchem sie sich befindet, durch Ergreifen fortgenommen, sie also in seine (!) Gewahrsam gebracht, und dadurch die willkürliche Einwirkung des Besitzers auf die Sache ausgeschlossen hat. Denn dadurch ist auch nach civilrechtlichen Grundsätzen dem bisherigen Besitzer der Besitz der Sache entzogen und (!) derselbe von dem Diebe erworben worden. In diesem Sinne ist es also vollkommen richtig, wenn das Gesetz sagt: ,einem Anderen wegnimmt'"[716]. Wenn Lampe aber meint, dass der Vorteil der vom RG vertretenen Auffassung, der in der Erzielung angemessener Ergebnisse liegt, sich nur durch eine Änderung des § 242 StGB erhalten lasse[717], so irrt er.

Zwar ist zuzugeben, dass die Übereignung der fremden Gänse – um beim Gänsebucht-Fall zu bleiben – vom Tattypus her als Diebstahl zu werten ist und dass die Annahme einer Unterschlagung in diesem Fall ein unangemessenes Ergebnis wäre. Zu einem Diebstahl kommt man bei richtiger Auslegung des Gewahrsamsbegriffs aber auch ohne die von Lampe für erforderlich gehaltene Änderung des Gesetzeswortlauts[718]. Denn wenn der Täter einem anderen eine fremde bewegliche Sache übereignet, so ist ihm der Gewahrsam daran zuzuordnen.

Einen schuldrechtlichen Vertrag kann jeder schließen; eine Übereignung kann dagegen nur derjenige vornehmen, der zu einer Verfügung über die zu übereignende Sache in der Lage ist. A konnte über die im fremden Stall befindlichen Gänse für den W offenkundig verfügen. Es ergibt sich bei Abschluss des Übereignungsvertrages demnach aufgrund der Kulturnormen eine Zuordnung der Gänse zu A, und zwar im dinglichen Bereich[719]. Da für den A offenkundig vorher eine Zuordnung der Gänse zum Eigentümer der Gänsebucht gegeben war, diese Zuordnung aber entfiel, nachdem A dem W die Gänse zum Kauf angeboten hatte, ist von einem Gewahrsamsbruch und der Begründung neuen Gewahrsams auszugehen. In dem Augenblick, in dem A dem W die fremden Gänse verkaufte, hatte er fremden Gewahrsam gebrochen und eigenen Gewahrsam begründet. Zugleich hatte er sich die Gänse zugeeignet, da er wie ein Eigentümer über sie verfügte. Es liegt somit ein vollendeter Diebstahl, in diesem Fall Einbruchsdiebstahl, vor.

Eine gleiche Situation ist in den Fällen des Diebstahls in mittelbarer Täterschaft gegeben. Bedient sich zum Beispiel der Bauer seines gutgläubigen Knechts, um die Gänse des Nachbarn in den eigenen Stall zu treiben, so bricht er fremden und begründet eigenen Gewahrsam; und zwar mit Hilfe seines Knechts, dessen er sich für seine kriminellen Zwecke als eines Werkzeugs bedient. In dem Moment, in dem der Knecht die fremden Gänse vor sich her treibt, ist bereits der Gewahrsam des Eigentümers gebrochen und der des Bauern als mittelbaren Täters begründet, da ihm die Gänse zu diesem Zeitpunkt bereits aufgrund der Kulturnormen im dinglichen Bereich zuzuordnen sind. Das ist wie folgt zu erklären: Aus der Sicht des unbefangenen Beobachters sind die Gänse dem Knecht zuzuordnen, sobald dieser sich ihrer bemächtigt hat. Also hat der Knecht Gewahrsam an den Gänsen.

---

[714] GA 1966,233.

[715] Dessen Diebstahlstatbestand wurde wörtlich in das Reichsstrafgesetzbuch übernommen.

[716] Goltdammer S. 462, zitiert nach Lampe GA 1966,233.

[717] Lampe GA 1966,234.

[718] Lampe a.a.O. S. 234.

[719] Anders wäre es, wenn A mit W einen Kaufvertrag abgeschlossen und W dann allein zum Gänsestall zur Abholung der Gänse geschickt hätte. In diesem Fall wäre von einem Betrug des A auszugehen.

Sie können ihm durch einen Dritten gestohlen oder geraubt werden. Zugleich könnte der Knecht die Gänse, die er selber seinem Arbeitgeber zuordnet, unterschlagen; denn der Bauer hätte aus der Sicht des Knechts Mitgewahrsam.

Hierauf aber kommt es an. Hat der Bauer zu diesem Zeitpunkt schon Mitgewahrsam, dann spielt es keine Rolle, ob der Knecht die fremden Gänse in den Stall seines Arbeitgebers oder in dessen Auftrag sogleich auf den Wagen des Geflügelhändlers treibt. In jedem Fall ist ein Diebstahl und keine Unterschlagung gegeben. Und zwar liegt der Bruch fremden und die Begründung eigenen Gewahrsams vor; außerdem hat sich der Bauer die fremden Gänse zugeeignet, indem er wie ein Eigentümer über sie verfügt und sie übereignet hat. Da der Bauer die Tatherrschaft hatte, ist er Täter eines Diebstahls. Anstifter wäre er dagegen, wenn er den bösgläubigen Knecht zur Wegnahme der Gänse verleitet hätte. In diesem Fall hätte der Knecht die Tatherrschaft und wäre daher Täter eines Diebstahls[720].

Nach denselben Grundsätzen lässt sich auch ein von Otto[721] in vermeintlicher Anlehnung an den Goldschmidt'schen Fischhallen-Fall (siehe unten) gebildetes Beispiel zufriedenstellend lösen: K und S haben je eine Partie Bananen ersteigert, die durch einen Angestellten der Lagerhausverwaltung in die Kraftfahrzeuge der Ersteigerer transportiert werden. Der Angestellte A bringt zwei Karrenladungen der dem S zugeschlagenen Bananen auf den Wagen des K.

Otto verneint zunächst ohne fundierte Begründung den Mitgewahrsam des A an den Bananen und führt dann weiter aus: „Nachdem die Bananen auf dem Kraftfahrzeug des K sind, ist zwar die Enteignung des Berechtigten durch A abgeschlossen, doch hat A die Bananen nicht sich, sondern dem K zugeeignet. Wäre K bösgläubig, so läge ein Diebstahl in Mittäterschaft vor, denn die Beladung des Wagens des K wäre als Begründung des Gewahrsams des K durch A anzusehen, während der Tatanteil des K in der Anwerbung des A und der Aufstellung des Fahrzeugs zur Ausführung des Planes zu sehen wäre. Ist K gutgläubig, so liegt weder bei A noch bei K ein Vermögensentziehungsdelikt vor"[722].

Dem kann in keiner Weise zugestimmt werden; nicht nur, weil Otto die Gewahrsams- und Zueignungsfragen nicht befriedigend löst, sondern weil er darüber hinaus an den neueren Ergebnissen der Teilnahmelehre völlig vorbeigeht.

Zuerst ist festzustellen, dass der Angestellte Mitgewahrsam hat[723]. Bringt er die Bananen bösgläubig auf den Wagen des K anstatt auf den des S, so maßt er sich die eigentümerähnliche Verfügungsmacht über eine in seinem Gewahrsam stehende fremde bewegliche Sache an. Er hat zudem die Tatherrschaft, begeht also eine Unterschlagung, für die er als Täter zur Rechenschaft zu ziehen ist[724]. Hat der K in irgendeiner Weise Einfluss auf die Tat genommen, so kommt mangels Tatherrschaft des K nicht Mittäterschaft, sondern lediglich Teilnahme in Betracht[725]. Je nach Lage des Falles kann aber auch Hehlerei vorliegen. War K dagegen gutgläubig, so kann er sich nur einer Unterschlagung schuldig machen, wenn er die Bananen behält, nachdem er bemerkt hat, dass sie ihm nicht gehören. Hätte der bösgläubige K den gutgläubigen A durch Täuschung dazu gebracht, die Bananen auf seinen Wagen zu laden, so läge eine Vermögensverfügung des A zum Nachteil des S vor. Ein Betrug wäre gegeben.

---

[720] Dazu Roxin, Täterschaft und Tatherrschaft, S. 341 ff; zur Drittzueignung vgl. auch Kap. 3, § 8 III 4.
[721] Struktur des Vermögensstrafrechts, S. 271 f.
[722] Otto a.a.O.
[723] Siehe dazu Kap. 5, § 14 VI 4.
[724] Vgl. Roxin a.a.O.
[725] Vgl. Roxin a.a.O. S. 300 ff, 341 ff.

Ganz anders liegt der von Bockelmann[726] in der Diskussion der Großen Strafrechtskommission zur Sprache gebrachte Goldschmidt'sche Fischhallen-Fall[727]. In diesem Fall, der seit Jahrzehnten mit unterschiedlichsten Lösungsvorstellungen durch die Literatur „geistert"[728], hatte sich X in eine Fischhalle hineingeschlichen, in der zur Versteigerung bestimmte Kästen mit abgewogenen Fischen standen und aus der Kiste des Fischers A Fische in die Kiste des Fischers B gelegt. Anschließend ersteigerte X diese Kiste, die zu ihrem ursprünglichen Gewicht ausgeboten wurde. Die Kiste des A ersteigert Y.

Bockelmann ist der Meinung, man könne hier weder Unterschlagung noch Diebstahl noch Betrug annahmen. Und in der Tat kommen Unterschlagung und Diebstahl nach der Ersteigerung schon deshalb nicht mehr in Betracht, weil die Fische dann dem X gehörende Sachen sind. Auch Betrug scheidet aus, weil durch die Verfügung des Auktionators über die Kiste des Fischers A diesem kein Schaden entsteht. Denn der A erhält seinen festgesetzten Preis für die Fische, die er in die Fischhalle hineingebracht hat. Dem Vermögensvorteil, den X durch die Verfügung des Auktionators über die schwerere Kiste erlangt, steht also kein Schaden gegenüber. Andererseits steht aber dem durch die gesonderte Verfügung über die leichtere Kiste entstandenen Schaden des Y kein Vermögensvorteil des X gegenüber, so dass in jedem Fall Betrug entfällt.

Allerdings kann man sich mit einem solchen Ergebnis nicht zufrieden geben. Denn es steht außer Frage, dass X eine strafwürdige Handlung begangen hat. Das Problem liegt nur in der strafrechtlichen Würdigung der Täterhandlung, von der wir demgemäß auch ausgehen wollen. Die strafwürdige Handlung des X darf nun nicht auf die Auktion und die Zeit danach beschränkt werden. Vielmehr ist zu fragen, ob schon in dem Umpacken der Fische eine strafrechtlich relevante Handlung des X gesehen werden kann. Auf den ersten Blick lässt sich hier bereits sagen, dass eine Enteignung und damit ein Zueignungsdelikt überhaupt nur dann in Frage kommen kann, wenn die Fischkisten verschiedenen Personen gehören. Ist das nicht der Fall, so behält der Berechtigte (z.B. die Auktionsgesellschaft) sämtliche Fische. Ein Zueignungsdelikt scheidet von vornherein aus. Ob bei dieser Fallkonstellation ein Betrug vorliegt, wird noch zu prüfen sein.

Im gegebenen Fall ist davon auszugehen, dass die in der Fischhalle stehenden Kisten verschiedenen Personen, nämlich dem Fischer A und dem Fischer B gehören. Da sich für X keinerlei Berechtigung ergibt, die Fische aus der Kiste des A herauszunehmen, begründet er durch das In-die-Hände-Nehmen schon eigenen Gewahrsam an den Fischen. Schon zu diesem Zeitpunkt ist die Wegnahme abgeschlossen, genauso wie sie bei dem Dieb abgeschlossen wäre, der aus einer fremden Kasse einen Geldschein herausnimmt oder aus einer fremden Tasche das Portemonnaie herauszieht. Dass der Dieb den Geldschein oder das Portemonnaie in die eigene Tasche steckt, ist zur Begründung eigenen Gewahrsams nicht erforderlich.

Weiter verfügt X dadurch, dass er die Fische anders verteilt, wie ein Eigentümer darüber. Er eignet sich die Fische somit zu. Die Enteignung des A besteht darin, dass er zu wenig Fische in seiner Kiste hat. Die Aneignung des X besteht in dem eigentümergleichen Verfügen über die Fische. Dass sie sogleich in die Kiste des B gelegt werden, muss als unbeachtlich angesehen werden, weil dadurch die Enteignung des A nicht aufgehoben wird, ebenso wenig wie die Aneignung des X durch positive Verfügung über die Fische[729]. Somit ist eine Zueignung mittels Wegnahme schon in dem Handeln vor der Auktion zu sehen. Durch das Herausnehmen der Fische aus der Kiste des Fischers A hat sich

---

[726] Niederschriften, 6. Bd., S. 54.
[727] Goldschmidt, Rechtsfälle, S. 30 (Nr. 87).
[728] Vgl. z.B. Otto ZStW 79,71 ff m.w.N.
[729] Vgl. dazu die Ausführungen über die Zueignung unter Kap. 3, § 8 II.

X bereits eines vollendeten Diebstahls schuldig gemacht. Das leuchtet auch insofern ein, als man zu diesem Zeitpunkt von einem Verlust des A ausgehen kann. Würde er seine Kiste zurücknehmen, weil ihm die Fischpreise zu niedrig sind, so wäre sein Verlust offensichtlich.

Eine andere Lösung des Falles ergäbe sich, wenn die in der Fischhalle stehenden Kisten einer einzigen natürlichen oder juristischen Person gehörten. In diesem Fall wäre allein durch die Veränderung des Inhalts zweier Kisten, deren Gesamtwert und -substanz erhalten bleibt, noch keine Enteignung eingetreten. Diebstahl wäre also mangels Zueignung nicht gegeben, da dem Eigentümer kein Vermögensschaden entstanden ist.

Es käme aber ein Betrug durch Verfügung des über das wahre Gewicht getäuschten Auktionators zum Nachteil des Verkäufers in Frage. Denn es ist davon auszugehen, dass der Auktionator die Fischkisten zu ihrem ursprünglichen Gewicht versteigern wollte und dass die Preise entsprechend der angebotenen Fischmenge berechnet werden. Bietet nun der Auktionator die in ihrem ursprünglichen Gewicht veränderte Kiste aus, so unterliegt er einem von X verursachten Irrtum. Zwar hat die Versteigerung der leichteren Kiste keinen Vermögensvorteil des X zur Folge. Ein rechtswidriger Vermögensvorteil des X ergibt sich aber mit der Ersteigerung der schwereren Kiste. Kehrseite dieses Vermögensvorteils ist ein Schaden des Verkäufers (insofern ist Stoffgleichheit[730] zwischen Vermögensschaden und -vorteil gegeben), der für die an X verkauften Fische einen zu geringen Preis erzielt[731].

Als Lösung des Fischhallen-Falls ergibt sich also Diebstahl oder Betrug, je nachdem ob die Fischkisten einer einzigen Person oder mehreren Personen gehören. Es ist dies ein glattes Ergebnis – vielleicht sogar zu glatt, um nicht zum Widerspruch aufzufordern. Wenn X, so könnte man argumentieren, in beiden Fällen die Fische aus der einen Kiste in die andere packt, warum soll dann im einen Fall Diebstahl, im anderen Fall Betrug gegeben sein. Die Handlung ist doch die gleiche; und die Absicht des X ebenfalls. Er will sich einen rechtswidrigen Vermögensvorteil verschaffen (den er letztlich auch erlangt).

Aber ist wirklich die gleiche Sachlage gegeben? Diese Frage können wir uns mit Hilfe eines gleichliegenden Beispiels am besten beantworten: Stellt der Einbrecher die Geldkassette im fremden Haus von der einen Seite des Schreibtisches auf die andere Seite, so kann nicht von einem Diebstahl ausgegangen werden. Es fehlt an der Enteignung des Berechtigten. Der in der Zueignung durch Gewahrsamsbruch liegende Charakter des Diebstahls ist nicht erfüllt. Nimmt dagegen der Einbrecher die Kassette aus dem Hotelzimmer des A, um sie in dem Hotelzimmer des B vorübergehend zu verstecken, dann kommt ein vollendeter Diebstahl in Frage, selbst wenn der Täter später nicht mehr in der Lage sein sollte, die Kassette aus dem Zimmer des B abzuholen.

Genauso ist die Handlung des X im Fischhallen-Fall zu beurteilen. Gehören die Kisten verschiedenen Personen, dann erfolgt bereits durch das Umpacken der Fische von einer Kiste in die andere die Zueignung durch Wegnahme, so dass der Tatbestand des Diebstahls objektiv erfüllt ist. Gehören die Kisten dagegen derselben Person, dann liegt in dem Umpacken der Fische objektiv keine Zueignung mittels Wegnahme und somit kein Diebstahl, weil es an einer Enteignung des Berechtigten fehlt. Allerdings begeht X objektiv wie auch subjektiv einen Betrug, wenn er sich die schwerere Kiste auf der Versteigerung aushändigen lässt. – Das oben erzielte Ergebnis lässt sich also aufrechterhalten: Im Fischhallen-Fall können, je nachdem wie die Verhältnisse liegen, Diebstahl oder Betrug in Frage kommen.

---

[730] Vgl. dazu Schönke-Schröder § 263 Rdnr. 123 m.w.N.
[731] Dass er außerdem noch Schadensersatzansprüchen des Y ausgesetzt ist, kann bei der Feststellung des durch den Verkauf der schwereren Kiste entstandenen Schadens nicht berücksichtigt werden.

Ein weiterer problematischer Fall wird von Maiwald[732] angesprochen: A hat eine Sache des E in Besitz, die er dem B leiht. Auf Bitten des B, der A für den Eigentümer hält, verkauft A die Sache dem B und übereignet sie ihm gem. § 929 Satz 2 BGB. Maiwald überlegt: „Würde A, anstatt die Sache brevi manu an B zu übereignen, sie zunächst von B herausverlangen, um sie ihm sodann wieder zu übergeben, so läge der Prototyp der Unterschlagung vor. Dass A rationeller handelt, kann die Strafwürdigkeit unmöglich beeinflussen."

An der Annahme einer Unterschlagung sieht sich Maiwald dann jedoch durch die Formulierung des § 246 StGB gehindert, wonach sich der Täter nur eine fremde bewegliche Sache zueignen kann, die er in Gewahrsam hat. Nichtsdestoweniger hält Maiwald eine Zueignung durch den A für gegeben, weil nach seiner Meinung „die Veräußerung einer fremden Sache auch dann Zueignung sein kann, wenn der Täter die Sache nie in seine physische Gewalt bekommt"[733]. Rechtswidrige Zueignung durch A soll also gegeben sein, eine Unterschlagung aber infolge der „unsachgemäßen Regelung" in § 246 StGB bis zu einer Gesetzesänderung nicht in Frage kommen[734].

Es soll an dieser Stelle nicht nochmals wiederholt werden, dass die Regelung des § 246 StGB als durchaus sachgemäß und sich in das System der Vermögensdelikte einpassend angesehen werden kann. Daher sei nur kurz skizziert, wie sich der Fall nach hier vertretener Auffassung im Einvernehmen mit den Bestimmungen des geltenden Strafgesetzbuches lösen lässt: Wenn A dem B ein von E geliehenes Buch verkauft und gem. § 929 Satz 2 BGB übereignet, so wird mit den Verkaufsverhandlungen offenkundig, dass das Buch dem A im dinglichen Bereich zuzuordnen ist. Andernfalls könnte es gar nicht zu einer Eigentumsübertragung kommen, die im Prinzip eine Übergabe erfordert und eine Ausnahme nur zulässt, wenn der Erwerber bereits im Besitz der Sache ist. Gerade diese Ausnahme bedeutet aber nicht, dass auf die Übergabe der Sache verzichtet wird. Vielmehr wird aus Vereinfachungsgründen davon abgesehen, dass A sich das zu übereignende Buch aushändigen lässt, um es aufgrund seiner vertraglichen Verpflichtung sogleich wieder an B übergeben zu müssen, zumal dem Prinzip der Publizität Genüge getan ist.

Das bedeutet für den Gewahrsam von A und B: Solange das fremde Buch im Bücherschrank des B steht, ist es diesem im dinglichen Bereich zuzuordnen. Das bleibt auch so, wenn A sich zur Übereignung des Buches entschließt und B sich damit einverstanden erklärt. In diesem Moment ergibt sich aber zugleich eine Zuordnung des Buches zu A; und zwar nicht nur im rein rechtlichen Bereich (bis zur Übereignung liegt eine Leihe vor), sondern ebenso im dinglichen Bereich (wer übereignet, muss über die Sache verfügen können). A ist ja nicht von seiner Verpflichtung zur Übergabe des Buches an den Käufer befreit. Er braucht die Übergabe an B nur nicht zu vollziehen.

Es ergibt sich, dass dem A, in dem Augenblick, in dem er das fremde Buch an B übereignet, Gewahrsam daran zukommt. Da A und B durch Abschluss des Übereignungsvertrages den Übergang des Buches vereinbaren und A sich ebensogut das Buch aushändigen lassen könnte, um es B dann sogleich wieder zu übergeben, besteht offensichtlich eine dingliche Verfügungsmöglichkeit des A über das Buch. Jeder unbeteiligte Betrachter würde jedenfalls zu diesem Ergebnis kommen. Dass sich das Buch in der Wohnung des B befindet, ist unbeachtlich.

Gewahrsam muss als eine sozial-normative Erscheinung in Interaktionen begriffen werden, wobei die tatsächliche physische Beherrschung der Sache keine Rolle spielt. Es kommt auf die Zuordnung der Sache im dinglichen Bereich an. Aufgrund der Kulturnormen (BGB, Handelsbrauch usw.) ergibt sich eine für den A als Zueignungstäter offenkundige Zuordnung des Buches im dinglichen Bereich.

---

[732] Maiwald S. 212 ff.
[733] Maiwald S. 212.
[734] Vgl. Maiwald S. 217.

Der Verkauf des Buches stellt außerdem eine Zueignung durch A dar. Er eignet sich somit eine fremde bewegliche Sache, die er in Gewahrsam hat, in rechtswidriger Weise zu. Eine Unterschlagung ist gegeben.

Zusammenfassend ergibt sich, dass eine Änderung der Tatbestände des Diebstahls und der Unterschlagung, wie sie etwa von Lampe und Maiwald befürwortet wird, nicht zu einer Verbesserung, sondern eher zu einer Störung des Systems der Vermögensdelikte führen würde. Bisher bedeutet Diebstahl im Grunde immer noch diebliches Nehmen und Unterschlagung diebliches Behalten. Würde dieser historisch gewachsene besondere Typus der Zueignungsdelikte verändert werden, dann müsste an sich zugleich eine Neugestaltung des gesamten Vermögensstrafrechts, das als eine homogene Einheit zu betrachten ist, in Angriff genommen werden. Eine solche Neugestaltung mag sich unter Berücksichtigung neuerer soziologischer und psychologischer Einsichten empfehlen. Bis dahin aber – so scheint es – ist noch ein weiter Weg. Der Entwurf 1962 kann jedenfalls nicht einmal als ein Schritt auf dem Wege zu einem verbesserten (geschweige denn zu einem reformierten) Vermögensstrafrecht angesehen werden, wie sich bereits mehrfach erwiesen hat und noch weiter wird nachweisen lassen.

6. Kapitel

Einzelne Gewahrsamsprobleme

§ 18 Verlorene Sachen und Fund

Verloren sind solche Sachen, zu denen kein Kontakt einer Person im dinglichen Bereich besteht. Sie sind gewahrsamslos und zugleich besitzlos[735], aber nicht herrenlos. Während herrenlose Sachen nach § 958 BGB der Aneignung unterliegen, können verlorene Sachen gem. §§ 965 ff BGB gefunden werden.

Dass der Verlierer das Eigentum an der verlorenen Sache behält und dass er sich in den meisten Fällen ermitteln lässt, muss ohne Bedeutung für den Gewahrsam als sozial-normative Erscheinung bleiben. Denn nicht die rechtliche Zuordnung ist entscheidend, sondern die für den Zueignungstäter offenkundige, sich aufgrund der Kulturnormen im dinglichen Bereich ergebende Zuordnung einer Sache zu einer Person.

Beispielsweise ist es jedermann klar, dass eine auf der Straße liegende Brieftasche irgendeiner anderen Person rechtlich zuzuordnen ist. Wenn zudem noch Ausweispapiere in der Brieftasche enthalten sind, lässt sich ihr Eigentümer sogar ohne weiteres feststellen. Dennoch müssen die auf der Straße liegende Brieftasche oder Geldbörse, anders als das auf der Straße geparkte Auto oder die in der Öffentlichkeit gelagerten Baumaterialien, als verloren angesehen werden, während es Sitte und Gewohnheit entspricht, Autos auf der Straße zu parken und Baumaterialien in der Öffentlichkeit zu lagern.

Das geparkte Auto oder die Baumaterialien stehen dementsprechend unter der Aufsicht der Öffentlichkeit. Sie unterliegen einer sozialen Kontrolle. Jedermann weiß, dass diese Sachen an dem Ort zu bleiben haben, an dem sie der Berechtigte gelassen hat. Es ist also ein Zuordnungsverhältnis im dinglichen Bereich gegeben, zu dessen Bruch eine erhöhte verbrecherische Energie erforderlich ist, weil bei einer Wegnahme das Einschreiten Dritter zu erwarten ist. Wenn eine Sache dagegen offensichtlich niemandem im dinglichen Bereich zuzuordnen ist, kann jeder Beliebige sie an sich nehmen. Ja es ist sogar opportun, so zu handeln. Eine verlorene Sache in Obhut zu nehmen und den Fund anzuzeigen, ist die Pflicht eines jeden ordentlichen Rechtsgenossen.

Es leuchtet ein, dass in einem privaten Zuordnungsbereich befindliche Sachen auch dann nicht als verloren gelten können, wenn sie von fremden Personen eingebracht worden sind, die später den Kontakt zur Sache verloren haben. Lässt ein Besucher versehentlich seinen Regenschirm in der fremden Garderobe stehen, so ist dieser – selbst wenn der Besucher nicht mehr weiß, wo er seinen Schirm stehengelassen hat – nicht verloren. Denn der Wohnungsinhaber hat mit dem Ablegen in der Garderobe Gewahrsam an dem Schirm erlangt und behalten. Ebenso erlangt er Gewahrsam an einem vom Besucher im Sesselpolster zurückgelassenen Brillantring oder an dem auf dem Tisch vergessenen Feuerzeug. Aufgrund der Kulturnormen sind die in einer Wohnung befindlichen Gegenstände dem Wohnungsinhaber zuzuordnen. Der Satz „das Haus verliert nichts", auf den sich zum Beispiel Micelli beruft[736], ist also nach wie vor zu halten.

Anders liegen die Dinge bei Sachen, die in einem der Öffentlichkeit ohne weiteres zugänglichen Zuordnungsbereich liegengelassen werden. Hier ist davon auszugehen, dass jegliche Kontaktmöglichkeit fortfällt. Zudem sind die äußeren Hindernisse, die einer Wiedererlangung in der Öffentlichkeit abhanden gekommener Sachen entgegenstehen, doch immerhin so groß, dass von einem Verlust

---

[735] Palandt-Degenhart § 965 Vorbem. 1 a: Verlorene Sachen sind solche, deren Besitz zufällig und nicht nur vorübergehend abhanden gekommen ist.

[736] Micelli s. 62.

ausgegangen werden muss. Fremde bewegliche Sachen, noch dazu Wertsachen, pflegen im Allgemeinen nicht in der Öffentlichkeit herumzuliegen und auch nicht liegengelassen zu werden. Vielmehr entsprich es der Lebenserfahrung, dass vergessene oder verlorene Sachen nicht ohne weiteres zurückzuerlangen sind.

Verliert jemand sein Portemonnaie auf der Post, in der Bahn, im Kino oder in einer Gaststätte, so ist es weder ihm noch der Post, der Bahn, dem Kinobesitzer oder dem Gastwirt zuzuordnen. Lässt eine Kundin ihr Portemonnaie im Selbstbedienungsladen liegen oder fällt es ihr beim Einkauf aus der Tasche, so ist es weder ihr noch dem Geschäftsinhaber zuzuordnen. Die Situation ist ebenso, als läge das Portemonnaie auf der Straße. Es ist vorübergehend außer Kontrolle geraten. Denn der Eigentümer hat den Kontakt zu seiner Sache verloren.

Und auch für den Inhaber der „öffentlichen" Räumlichkeiten ist keine Übersicht und Kontrollmöglichkeit gegeben. So dürfte es für den Geschäftsinhaber eines Kaufhauses und dessen Angestellte unmöglich sein, in den Verkaufsräumen, auf Kassenablagen, Packtischen oder in Vorhallen, Passagen und Fluren liegengebliebene oder verlorene Gegenstände unter Kontrolle zu halten. Bei der Vielzahl der in diesen Räumlichkeiten verkehrenden Menschen muss sich das Hauptaugenmerk der Angestellten darauf richten, dass keine Waren weggenommen werden, nicht aber darauf, dass keine fremden Sachen unbefugtermaßen mitgenommen werden.

Es ist ferner zu berücksichtigen, dass sich von der Fluktuation her Geschäfte, Postämter, Bahnhöfe, Banken, Sportplätze pp. heutzutage kaum mehr von einer Straße unterscheiden, zumal Straße und Geschäfts- oder Schalterräume oft auch ineinander übergehen. Ja vielfach dürfte eine Straße heute überschaubarer sein, als zum Beispiel ein Warenhaus während der Hauptgeschäftszeit. Insofern kann es sich gleich bleiben, ob ein Gegenstand auf der Straße oder in einem der Öffentlichkeit ohne weiteres zugänglichen Zuordnungsbereich – etwa einem Warenhaus – verloren oder liegengelassen wurde. Die Anonymität ist in Räumlichkeiten mit fortwährendem Publikumsverkehr die gleiche wie auf öffentlichen Straßen und Plätzen. Für jedermann ohne weiteres zugängliche Bereiche, mag es ein Warenhaus, eine Badeanstalt oder die Straße sein, werden gleichermaßen stark oder weniger stark frequentiert. Es erübrigt sich demnach, hier zu unterscheiden und womöglich einen Fund auf der Straße zulassen, im Warenhaus aber ablehnen zu wollen.

Nichtsdestoweniger ist nach h.M. ein Verlust von Sachen in öffentlichen Räumen nicht möglich. Im Anschluss an die Rechtsprechung des Reichsgerichts nimmt die h.M. Gewahrsam der Bahnverwaltung oder einer Behörde an Sachen an, die in Dienstgebäuden, Wartesälen, auf Bahnsteigen oder in der Eisenbahn liegengeblieben sind[737]. Ebenso sollen in Gastwirtschaften oder Geschäften zurückgebliebene Sachen im Gewahrsam des Inhabers der Räumlichkeit stehen[738].

Allerdings hat der Bundesgerichtshof mehre Male auch anders entschieden. So heißt es in einem Zivilurteil, die Platzanweiserin in einem Lichtspieltheater finde als Besitzdienerin für ihren Dienstherrn. Falls sich der Verlierer nicht melde, falle das Eigentum an der Fundsache dem Theaterbesitzer zu[739].

Dass sich der BGH aber im Unklaren darüber war, ob überhaupt ein Fund in einem Lichtspieltheater möglich ist, geht daraus hervor, dass er diese Frage gänzlich unbeantwortet ließ und die Meinung vertrat, es komme hierauf nicht an, da die Platzanweiserin als Besitzdienerin – falls sie gefunden

---

[737] Vgl. RGSt 48,385; 50,183; 53,196; 54,232; RG JW 1930,3222; BGH MDR 1952,658; 1954,398; BGH GA 1969,25; Schönke-Schröder § 242 Rdnr. 19; Heimann-Trosien LK 1970 § 242 Rdnr. 5, 8; Schwarz-Dreher § 242 Anm. 1 D; Welzel Lb. S. 348.

[738] RG GA 65,371; BGH GA 1969,25; OLG Hamm NJW 1969,620; Schönke-Schröder u.a. a.a.O.

[739] BGHZ 8,130 ff.

habe – sowieso für den Theaterbesitzer „gefunden" habe. Die grundlegende Frage wird also umgangen.

Noch in einem weiteren Urteil[740], das jüngeren Datums ist, wird die Unsicherheit des Bundesgerichtshofs hinsichtlich der Fragen von Fund und Fundunterschlagung deutlich. Der BGH hatte folgenden Sachverhalt zu entscheiden:

Der Angeklagte hatte sich eine fremde Plastikmappe mit Papieren zugeeignet, die auf einem Firmenhof neben dem Auto des Verlierers lag. Nachdem der BGH zunächst ausführte, dass auf Bahnsteigen, in Wartesälen oder in Dienstgebäuden von Behörden verlorene oder vergessene Gegenstände in den Gewahrsam der Bahnverwaltung oder der Behörde gelangten und dass an Sachen, die in Läden, Geschäftsräumen oder Gaststätten verloren oder zurückgelassen werden, dem Inhaber der Räumlichkeit Gewahrsam zustehe, lehnte er beachtenswerterweise Gewahrsam an Sachen ab, die in einem der Öffentlichkeit zugänglichen Hof verloren werden.

Der BGH gab dafür folgende Erklärung: „War der Hof … nicht nur Betriebsgelände, sondern stand er auch Personen offen, die zu dem Betrieb keine Beziehung hatten, so lässt sich ein Gewahrsamsinhaber an dort verlorenen oder zurückgelassenen Gegenständen nicht mehr zuverlässig feststellen. Dann sind die Sachen außerhalb eines räumlich begrenzten Herrschaftsbereiches verloren oder zurückgelassen und damit gewahrsamslos geworden. Es liegt dann nicht anders als beim Fund eines Gegenstandes im Treppenhaus eines Mietshauses oder eines von mehreren Firmen benutzten Bürogebäudes: Die Sache kann einem Hausbewohner, einem in den Büros Beschäftigten, einem Besucher, einem Hausierer usw. abhanden gekommen sein. Eine Person, die an dem Gegenstand – gleichgültig, wie er an den Fundort gekommen ist – die tatsächliche Sachherrschaft ausüben kann, die also Gewahrsamsinhaber ist, ist hier nicht feststellbar, so dass die Aneignung eine Unterschlagung und keinen Diebstahl darstellt"[741]. Diese Meinung entspricht vom Ergebnis her der von uns vertretenen Auffassung.

Danach kann es für den Gewahrsam allein darauf ankommen, ob die in der Öffentlichkeit befindliche Sache aufgrund der Kulturnormen einer Person im dinglichen Bereich zuzuordnen ist. Das kann bei bestimmten – nicht verlorenen – Gegenständen der Fall sein. So sind die im Selbstbedienungsladen angebotenen Waren dem Geschäftsinhaber zuzuordnen, die in der öffentlichen Bibliothek befindlichen Bücher oder die dort aufgestellten Skulpturen der Bibliotheksverwaltung, die auf dem Behördenflur stehenden Sitzgelegenheiten, Papierkörbe oder Blumentöpfe der Behörde, die im Schalterraum einer Sparkasse hängenden Gemälde der Sparkasse usw.[742] Der Pflug auf dem Feld ist dem Bauern, das auf der Straße geparkte Auto dem Fahrzeughalter zuzuordnen[743].

Es bestehen aber keine rechtlichen oder sozialen Normen, aus denen sich auf eine Zuordnung der in „öffentlichen" Räumlichkeiten verlorenen Gegenstände zu einer bestimmten Person im dinglichen Bereich schließen lässt. Vielmehr gibt es nur allgemeine Bestimmungen, wonach der Fund fremder Sachen bei der Polizeibehörde anzuzeigen ist (§ 965 BGB).

Aber ebenso wenig wie sich hieraus auf einen Gewahrsam der Polizeibehörde an sämtlichen auf der Straße verlorenen Sachen schließen lässt, kann auf einen Gewahrsam des Inhabers eines Warenhauses an den in den Geschäftsräumen verlorenen Sachen geschlossen werden. Hier kommt allein Fund in Betracht. Auch die Sonderbestimmung des § 978 BGB, die eine Ablieferungspflicht für in den Geschäftsräumen oder den Beförderungsmitteln einer öffentlichen Behörde oder einer dem öffentli-

---

[740] BGH GA 1969,25 f.
[741] Sinngemäß äußerte sich der BGH auch in einem unveröffentlichten Urteil vom 10.5.1968 – 4 StR 116/68.
[742] Siehe dazu Kap. 5, § 14 V 1 b.
[743] Siehe dazu Kap. 5, § 14 V 2.

chen Verkehr dienenden Verkehrsanstalt gefundene Sachen statuiert[744], spricht ausdrücklich von Fund.

Eine sozial-normative Zuordnung der innerhalb eines Zuordnungsbereichs verlorenen Sachen besteht also ebenso wenig wie bei außerhalb eines Zuordnungsbereichs verlorenen Sachen. Dass es aber Gerichtsurteile gibt, wonach an den in öffentlichen „Herrschaftsbereichen" verlorenen Sachen Gewahrsam des Inhabers der Räumlichkeit bestehen soll, kann nicht als präjudizierend angesehen werden, da sich die Gerichte vielmehr an die Kulturnormen zu halten haben, und die bisher vertretene Auffassung, die als falsch erachtet werden muss, keine Veränderung der Kulturnormen bewirkt hat. Somit kann als bewiesen angesehen werden, dass die in öffentlichen Zuordnungsbereichen verlorenen oder vergessenen Gegenstände gewahrsamslos werden und dass sie gefunden werden können (auf die strafrechtliche Beurteilung der Zueignung verlorener Gegenstände wird noch eingegangen werden[745].

Zur praktischen Konsequenz dieses Ergebnisses ist zu sagen, dass die zum Beispiel in einem Kaufhaus gefundenen Sachen gem. §§ 965, 967 BGB unverzüglich der Polizeibehörde abzuliefern oder wenigstens anzuzeigen sind[746]. Wenn es gerade in den Kaufhäusern eigene „Fundbüros" gibt, in denen liegengebliebene Sachen gesammelt werden, so handelt es sich hier lediglich um eine organisatorische Maßnahme und um eine Geste des Kundendienstes. Sollte sich der Verlierer nicht alsbald melden, müssen die gefundenen Gegenstände der Polizeibehörde, also dem amtlichen Fundbüro, abgeliefert werden[747].

§ 19 Vergessene, verlegte und versteckte Sachen

Vergessen ist eine Sache dann, wenn sie vom Berechtigten versehentlich an einem Ort zurückgelassen worden ist, an dem sie nicht gewahrsamslos wird. Grundsätzlich ist davon auszugehen, dass außerhalb eines privaten Zuordnungsbereichs zurückgelassene Sachen gewahrsamslos werden und damit als verloren zu gelten haben, weil hier die Zuordnung entfällt. Der auf einer Parkbank liegengelassene Regenschirm hat also als verloren zu gelten. Seine Wiedererlangung bleibt nach der Lebenserfahrung dem Zufall überlassen. Die Kontaktmöglichkeit des Berechtigten ist aufgehoben, auch wenn er sich erinnert, wo er seinen Schirm liegengelassen hat. Da es nicht üblich ist, Schirme auf Parkbänken aufzubewahren, ergibt sich aufgrund der Kulturnormen keine Zuordnung des Schirmes zu einer Person im dinglichen Bereich. Er ist gewahrsamslos und damit verloren. Dagegen ist der in der Garderobe einer Privatwohnung versehentlich stehengelassene Schirm nur vergessen. Denn solange sich eine Sache in einem privaten Zuordnungsbereich befindet, ist sie aufgrund der Kulturnormen dem Inhaber der Privatsphäre zuzuordnen.

Allerdings kann es auch in öffentlichen Zuordnungsbereichen bestimmte Plätze geben, an denen ein Gewahrsam des Rauminhabers erhalten bleibt. Dazu gehört zum Beispiel die Garderobe in einer Gaststätte. Diese stellt einen zur Ablage von Mänteln, Hüten, Schirmen usw. besonders hergerichteten Ort dar. Offenkundig für jedermann ergibt sich aufgrund der Kulturnormen eine Zuordnung des an der Garderobe einer Gaststätte hängenden Mantels zu einer anderen Person. Und zwar behält der

---

[744] Diese Sonderbestimmung muss im Übrigen in der heutigen Zeit als überholt angesehen werden, da sie eine grundlose Differenzierung schafft.

[745] Siehe Kap. 7, § 23.

[746] Das entspricht auch der Zweckmäßigkeit, weil derjenige, der z.B. eine Sache während des Einkaufens verloren hat, es andernfalls mit einer Vielzahl von „Fundbüros" zu tun hätte.

[747] In der Praxis wird das für gewöhnlich auch so gehandhabt; wenngleich sich die Fundbüros ebenso wenig wie die Geschäftsleute darüber im Klaren sind, wie zurzeit die tatsächliche Rechtslage ist.

Gast den Gewahrsam an seinem Mantel, solange er in der Gaststätte anwesend ist. Da aber auch der Gastwirt eine Kontrolle ausüben kann und gerade durch die Inverwahrungnahme vergessener Sachen unter Beweis stellt, ergibt sich bei vergessenen Sachen eine Zuordnung zum Gastwirt. Der Täter, der einen fremden Mantel vom Garderobenhaken wegnimmt, muss damit rechnen auf frischer Tat ertappt zu werden. Er wird sich nicht damit ausreden können, er habe den Mantel nur finden wollen. Denn solange das Kleidungsstück am Garderobenhaken hängt, ist es nach Sitte und Gewohnheit dem noch anwesenden Gast oder aber dem für in der Garderobe hängengebliebene Sachen zuständigen Gastwirt zuzuordnen.

Anders ist es – wie schon erläutert wurde – bei Gegenständen, die an einem nicht besonders zur Aufbewahrung von Sachen eingerichteten Ort in der Öffentlichkeit vergessen werden. Das in der Gaststätte auf dem Tisch liegengebliebene Portemonnaie ist ebenso gewahrsamslos wie der im Warenhaus auf dem Fußboden liegende Geldschein. Zu diesen Sachen besteht offenkundig kein Kontaktverhältnis einer anderen Peson. Es bleibt dem Finder überlassen, ob er die gefundene Sache dem Gastwirt oder Geschäftsinhaber abliefert oder selber zum Fundbüro bringt.

Aus der dem Inhaber einer „öffentlichen" Räumlichkeit seinen Gästen, Kunden oder Benutzern gegenüber obliegenden Sorgfaltpflicht kann noch nicht geschlossen werden, dass ihm in seinen Räumlichkeiten liegengebliebene Gegenstände generell zuzuordnen sind. Denn auch der Polizeibehörde sind die verlorenen Gegenstände (wenigstens solange, wie sie nicht abgeliefert sind) nicht zuzuordnen, wenngleich ein Fund dort anzuzeigen ist.

Überwiegend werden also die in der Öffentlichkeit liegenden Sachen gewahrsamslos und damit verloren sein. Es kann aber auch – wie zum Beispiel an den in Garderoben hängengebliebenen Kleidungsstücken – Gewahrsam fortbestehen, selbst wenn der Berechtigte den Kontakt zu diesen Sachen verloren hat. Hier handelt es sich dann um vergessene Sachen, die demgemäß gestohlen werden können.

Auch an *verlegten Sachen* bleibt Gewahrsam erhalten. Es sind darunter solche Sachen zu verstehen, die sich in einem privaten Zuordnungsbereich befinden, von denen man aber nicht oder nicht genau weiß, wo sie sind. Dass diese Sachen nicht verloren werden können, ergibt sich daraus, dass in einem privaten Zuordnungsbereich befindliche Sachen dem Inhaber dieser Sphäre zuzuordnen sind. Insofern können sie nicht gewahrsamslos werden. Die in der Wohnung verlegte Brille bleibt also im Gewahrsam des Wohnungsinhabers, selbst wenn sie auf dem Dachboden zurückgelassen wurde; während die auf dem Postamt vergessene Brille gewahrsamslos wird und damit gefunden (und unterschlagen) werden kann.

Versteckte Sachen unterliegen im Gegensatz zu verlorenen Sachen für gewöhnlich einer sozialnormativen Zuordnung; im Gegensatz zu verlegten Sachen ist der Ort bekannt, an dem sie sich befinden. Es handelt sich also um Sachen, die anderen dadurch unzugänglich gemacht werden sollen, dass man sie ihrem Bewusstsein entzieht[748]. Soltmann meint dazu, dass sich eine allgemeingültige Regel für versteckte Sachen nicht aufstellen lasse. Der Gewahrsam des Versteckenden sei von zahlreichen Faktoren abhängig, wie zum Beispiel von der Sorgfalt beim Verstecken und von der Zeit des Entferntseins[749].

Dass eine innerhalb eines privaten Zuordnungsbereichs versteckte Sache nicht gewahrsamslos werden kann, ist von vornherein klar. Problematisch erscheint allein die Zuordnung von Sachen, die außerhalb eines privaten Herrschaftsbereichs versteckt werden. So fragt es sich, ob beispielsweise der Bauer, der seine Geldkassette auf dem Feld versteckt, um sie dem Zugriff des Gerichtsvollzie-

---

[748] Vgl. Soltmann S. 55.
[749] Soltmann S. 56, unter Berufung auf RGSt 53,175 f.

hers zu entziehen, daran Gewahrsam behält. Diese Frage kann jedoch nicht generell beantwortet werden. Es wird hier vielmehr auf den Einzelfall abgestellt werden müssen.

Ist die Geldkassette sorgfältig vergraben, so wird es für denjenigen, der sie durch Zufall entdeckt, offensichtlich sein, dass es sich hier nicht um eine verlorene Sache handelt. Es wird sich also eine offenkundige Zuordnung der Kassette zu einer anderen Person ergeben. Da das Verstecken von Sachen prinzipiell weder Sitte noch Moral widerspricht und auch nicht als völlig ungewöhnlich angesehen werden kann, besteht eine sich aufgrund der Kulturnormen ergebende Zuordnung der versteckten Sache zur Person desjenigen, der die Sache versteckt hat[750]. Das braucht aber nicht immer so zu sein.

Wer auf dem Feld einen mit Dukaten gefüllten Topf ausgräbt, wird davon ausgehen können, dass dieses Gefäß keiner anderen Person zuzuordnen ist, dass es sich hier also um einen Schatzfund handelt (der gem. § 984 BGB zwischen dem Entdecker und dem Eigentümer der Sache, in welcher der Schatz verborgen war, zu teilen ist[751]). Desgleichen wird von einem Fund ausgehen können, wer zum Beispiel im Straßengraben einen fremden Koffer entdeckt. Ergäbe sich jedoch aus den äußeren Umständen, dass es sich nicht um eine verlorene, sondern um eine versteckte Sache handelt, dann kann diese versteckte Sache einer anderen Person zugeordnet werden. Sie ist nicht gewahrsamslos und kann somit Gegenstand eines Diebstahls sein.

Ein entsprechender Fall wird von Maiwald vorgetragen[752]. Danach holt der A nachts heimlich die von B in seinem Garten vergrabene Sache, um sie anschließend an X zu verkaufen. Maiwald geht hier unter Berücksichtigung verwickelter Besitz- und Eigentumsverhältnisse, die im Grunde für die strafrechtliche Beurteilung irrelevant sind, von einer Unterschlagung aus. Es ist jedoch bereits auf den ersten Blick zu erkennen, dass in diesem Fall – wenn überhaupt ein Zueignungsdelikt gegeben ist – vom Tattypus her ein Diebstahl in Frage kommen müsste.

Ferner ist klar, dass es – soweit die Sache für A fremd ist – auf die Besitz- und Eigentumsverhältnisse gar nicht ankommen kann. Vielmehr spielen die Gewahrsamsverhältnisse eine Rolle. Da A nach hier vertretener Auffassung eine im Gewahrsam des B stehende Sache wegnimmt, ist Diebstahl die richtige Lösung.

§ 20   Gewahrsam an einem Behältnis und dessen Inhalt

I.   Behältnis und Inhalt

Ein Behältnis ist ein zur Aufnahme von Sachen dienendes und sie umschließendes Raumgebilde, das nicht dazu bestimmt ist, von Menschen betreten zu werden[753]. Unter diesen Begriff fallen u.a. Kassetten, Kästen, Schränke, Truhen, Koffer, Schachteln, Postsäcke, Container, Aktentaschen (= bewegliche Behältnisse), wie auch Tresore, Schließfächer, Automaten, Taubenschläge, Schaukästen, Vitrinen, Parkuhren (= unbewegliche bzw. schwer bewegliche Behältnisse). Nicht als Behältnis haben Teile eines Gebäudes oder umschlossenen Raumes zu gelten. Zum Beispiel sind Zimmer, Glasveranden, Bodenkammern oder Autos (der Personenteil) keine Behältnisse sondern umschlossene Räume[754].

Ein wesentliches Merkmal des Behältnisses ist seine Verschließbarkeit. Es muss also ein Schloss (oder ihm vergleichbare Vorrichtung) haben. Daraus ergibt sich, dass Briefe, Pakete, zugeknöpfte

---

[750] So im Ergebnis auch RGSt 53,175.
[751] Es kann somit Fundunterschlagung begangen werden.
[752] Maiwald S. 214 Fnt. 36.
[753] BGHSt 1,163; Schönke-Schröder § 243 Rdnr. 20.
[754] BGHSt 1,163; 2,214; 4,16; Schönke-Schröder § 243 Rdnr. 10, 25.

Taschen und überhaupt Umhüllungen, die ohne Nachschlüssel oder regelwidriges Erbrechen geöffnet werden könne, keine Behältnisse sind[755].

Wer an dem Inhalt eines verschlossenen Behältnisses bei den unterschiedlichen Beziehungen und Einordnungsverhältnissen, die sich hier ergeben können (man denke nur an eine deponierte Kiste, ein Schließfach oder eine verlorene Kassette), Gewahrsam hat, ist in der Literatur und Rechtsprechung seit jeher außerordentlich umstritten. Problematisch ist insbesondere die Frage, ob der Inhaber des Gewahrsams an einem verschlossenen Behältnis auch Gewahrsam am Inhalt hat, wenn er keinen Schlüssel besitzt, sondern ein anderer, der das Behältnis zwar aus den Händen gegeben hat, sich jedoch durch Verschließen eine Sicherung gegen fremde Einwirkung geschaffen hat. Diese Frage wird im Folgenden zu klären sein.

II. Der Meinungsstand

1. Das Reichsgericht und die ältere Literatur

Schon Soltmann konnte zu der Frage des Gewahrsams an einem Behältnis und dessen Inhalt vier verschiedene Stellungnahmen unterscheiden[756]:

    a) Es ist Quaestio Facti, ob der Schlüsselinhaber oder der Inhaber des Behältnisses Gewahrsam hat.

    b) Der Inhaber des Behältnisses hat den Gewahrsam auch am Inhalt.

    c) Der Inhaber des Behältnisses und der Schlüsselinhaber haben Mitgewahrsam.

    d) Der Gewahrsam am Inhalt steht dem Schlüsselinhaber zu.

Das Reichsgericht, das ursprünglich die zu b) genannte Meinung vertrat[757], ging später in ständiger Rechtsprechung davon aus, dass es von der Gestaltung des einzelnen Falles abhänge, wer an dem Inhalt eines Behältnisses Gewahrsam hat[758]. Da die heutige Literatur und Rechtsprechung auf die vom Reichsgericht vertretene Meinung zurückgeht, und sich auch die älteren Autoren an der reichsgerichtlichen Rechtsprechung orientiert haben, erscheint es zweckmäßig, sich den Standpunkt des Reichsgerichts näher vor Augen zu führen.

Dem genannten Urteil (Bd. 5, S. 222), in dem das Reichsgericht seine später revidierte Meinung vertrat, lag folgender Sachverhalt zugrunde: Das Vermögen einer pommerschen Filialkirche wurde in einem mit eisernen Bändern und drei verschiedenen Vorlegeschlössern versehenen stabilen Kasten aufbewahrt. Den einen Schlüssel besaß der Pfarrer, die beiden anderen je ein Kirchenältester. Somit konnte der Kasten, der im Schlafzimmer des Pfarrers stand, normalerweise nur durch Zusammenwirken der drei Schlüsselinhaber geöffnet werden. Dem Pfarrer gelang es jedoch durch das Auspassen von Schlüsseln den Kirchenkasten allein zu öffnen und sich darin verwahrte Wertpapiere zuzueignen.

Ausgehend von dem Gewahrsam als einem „lediglich faktischen Zustand, vermögen dessen jemand die physische Möglichkeit besitzt, über eine Sache mit Ausschluss anderer zu verfügen", kam das Reichsgericht zu dem Schluss, dass bei deponierten Behältnissen der Inhaber Gewahrsam auch am Behältnisinhalt habe. Da der Pfarrer die physische Möglichkeit gehabt habe, über den Kirchenkasten als Ganzes zu verfügen, und andere nur mit seiner Zustimmung zum Kasten gelangen konnten, sei er

---

[755] So auch Schönke-Schröder § 243 Rdnr. 22; Schwarz-Dreher § 243 Anm. 3 C m.w.N.; a.A. RGSt 54,295; RG JW 1937,2391.

[756] Soltmann S. 16.

[757] RGSt 5,222.

[758] RGSt 45,249; 47,210; RG Recht 22 Nr. 161.

Gewahrsamsinhaber hinsichtlich des Kastens und seines Inhalts gewesen[759]. Daher komme nur eine Unterschlagung in Betracht[760].

Diese Entscheidung erregte starken Widerspruch in der älteren Literatur. Binding vertrat die Auffassung, dass man den Depositar einer verschlossenen Kiste nicht als den Gewahrsamsinhaber auch ihres Inhalts ansehen könne, „da zwischen diesem und seinem Willen noch der Wille des Deponenten die Scheidewand des Verschlusses aufgerichtet hat"[761]. Insofern sei die Entscheidung des Reichsgerichts „sehr verfehlt".

Dem schlossen sich u.a. Harburger[762], Allfeld[763] und später auch Soltmann[764] an. Zuvor war bereits Merkel[765] der Ansicht, dass der Gewahrsam an einem Behältnis nicht mit dem Gewahrsam an dessen Inhalt zusammenfalle, da es eines besonderen Akts bedürfe, um an den Inhalt eines Behältnisse zu gelangen, nämlich der Beseitigung des Verschlusses. Daher habe die Wegnahme einer durch ein Behältnis gesicherten Sache den beim Diebstahl vorausgesetzten Charakter.

Das RG revidierte seine Meinung dann[766], als es folgenden Sachverhalt zu entscheiden hatte: In der Wohnung des Angeklagten war von der Gasanstalt ein Automat für Kochgas aufgestellt worden. Darin befand sich eine verschlossene Geldkassette, die regelmäßig von einem Angestellten der Gasanstalt geleert wurde. Der Angeklagte öffnete den Geldbehälter mit einem Nachschlüssel und eignete sich das von ihm eingeworfene Geld zu.

In diesem Fall ging das RG von einem Gewahrsamsbruch aus und erkannte auf Diebstahl. Es vertrat die Auffassung, dass der Mieter eines Automaten als unmittelbarer Besitzer nicht zugleich ausschließlichen Gewahrsam an dem in der Kassette eingeworfenen Geld zu haben brauche, da ein allgemeiner Grundsatz, dass der Gewahrsam an einem Behältnis auch den Gewahrsam an dem Inhalt in sich schließe, nicht anerkannt werden könne. Vielmehr habe der Depositar an dem Inhalt eines bei ihm deponierten verschlossenen Behältnisses nur Gewahrsam, wenn

a) der Deponent ohne Zustimmung des Depositars nicht zu dem Behältnis gelangen kann, und

b) der Depositar in der Lage ist, die Verfügung nicht bloß über die Hülle, sondern auch über den Inhalt auszuüben.

Letzteres treffe immer dann zu, wenn der Depositar, wie es bei beweglichen Behältnissen der Fall zu sein pflegt, die tatsächliche Möglichkeit hat, über das Behältnis nebst Inhalt als Ganzes zu verfügen, indem er es als Ganzes fortschafft, um es unter Ausschließung des Berechtigten seiner alleinigen Herrschaft zu unterwerfen, oder indem er es als Ganzes an einen Dritten veräußert. Eine solche Möglichkeit sei bei dem fest installierten Gasautomaten, den der Gasableser auch täglich kontrollieren könne, nicht gegeben, so dass Diebstahl des Geldes vorliege.

Von den gleichen Grundsätzen ging das RG in dem sog genannten Kostgänger-Fall aus[767]. Hier brach der Angeklagte ein im offenen Kleiderschrank im Zimmer seines tödlich verunglückten Kost-

---

[759] Diese zusätzliche Erläuterung betr. Verfügungsmöglichkeit und Zugang wurde in den späteren abweichenden Entscheidungen zur Feststellung einer vermeintlichen Übereinstimmung herangezogen.

[760] Von der Begründung und vom Ergebnis her ähnlich RG Rechtspr. 3,642 ff.

[761] Binding BT I S. 289.

[762] Harburger S. 205.

[763] Meyer-Allfeld S. 435.

[764] Soltmann S. 16 ff.

[765] Holtzendorff-Merkel S. 695.

[766] RGSt 45,249 ff. In dem Urteil wird jedoch Bezug auf die Darlegungen in RGSt 5,222 genommen und eine vermeintliche Übereinstimmung festgestellt.

[767] RGSt 47,210 ff.

gängers stehendes verschlossenes Holzkästchen auf und entnahm ihm einen Schuldschein. Den Schlüssel zu dem Kästchen hatte die Mutter des Verstorbenen.

Das RG hob die Verurteilung wegen schweren Diebstahls auf. In Anlehnung an das zuvor zitierte Urteil erklärte es den Besitz des Schlüssels als unerheblich für den Gewahrsam; es komme lediglich darauf an, dass das Kästchen frei beweglich gewesen sei. Insofern habe der Angeklagte die tatsächliche Möglichkeit gehabt, darüber als Ganzes durch Fortschaffen aus seinem Wohngebäude oder durch Veräußerung zu verfügen, mithin den Inhalt nicht lediglich durch Erbrechen zu erlangen[768]. Es komme daher Unterschlagung in Betracht.

Noch in einem weiteren Urteil hat das Reichsgericht den hier eingenommenen Standpunkt wie folgt erläutert: „Einen allgemeinen Rechtsgrundsatz, dass der Inhaber eines Behältnisses auch den Gewahrsam an dessen Inhalt habe, gibt es nicht …, vielmehr entscheidet die Gestaltung des Einzelfalles. So hat der Wohnungsinhaber zwar regelmäßig die tatsächliche Herrschaft über die in der Wohnung befindlichen Sachen, trotzdem aber nicht an solchen, die Besucher bei sich tragen, oder die in eingebauten verschlossenen Behältnissen verwahrt sind, deren Schlüssel ihm vorenthalten sind. Hat er dagegen den Gewahrsam an einem beweglichen leicht zu befördernden Behältnis, z.B. an einem in der Wohnung stehenden Koffer, so hat er auch den Gewahrsam an den darin befindlichen Sachen, an denen er durch Wegbringen des Koffers eine Herrschaft ausübt. Wenn aber ein anderer, der den Schlüssel hat, den Koffer nur vorübergehend abgestellt und der Wohnungsinhaber sich verpflichtet hat, ihm jederzeit Zutritt dazu zu gewähren, so bleibt auch dessen Gewahrsam bestehen"[769]

In einer eingehenden Untersuchung hat sich Rosenfeld[770] mit den vom Reichsgericht vertretenen Auffassungen beschäftigt. Er billigt weder die anfängliche noch die spätere Rechtsprechung. Nach Ansicht Rosenfelds muss davon ausgegangen werden, dass die Beherrschung des Behältnisses noch keinen Gewahrsam an dem Inhalt vermitteln kann. Der pommersche Pfarrer habe keinen Gewahrsam an dem Inhalt der in seinem Schlafzimmer stehenden Kirchenkiste gehabt, weil zur Beherrschung des Kisteninhalts eine „andere Form der tatsächlichen Einwirkung" erst habe hergestellt werden müssen. Hier sei eine „reale, nur mit individuellen Mitteln zu brechende und vom Verkehr respektierte Scheidewand" aufgerichtet gewesen, nämlich der Verschluss der Kiste. Durch das Niederreißen dieses Verschlusses habe der Pfarrer den Gewahrsam der Kirchenältesten[771] gebrochen.

Weiter führt Rosenfeld aus: „Es fragt sich immer, ob ich nach dem gewöhnlichen Lauf der Dinge auf eine Fortdauer meiner Verfügungsgewalt rechnen darf. Wenn nur Gewalt im technischen Sinn oder ähnliche Mittel die Beherrschungsmöglichkeit eröffnen, so liegt Gewahrsam dessen, der solche Möglichkeiten ausnutzen könnte, noch nicht vor … Der Deponent fühlt sich vor allem sicher um des besonderen Verschlusses willen, den die Gewohnheit des Lebens und die Rechtsordnung unter ihren Schutz stellen und der eben auch faktisch nur durch Gewalt oder ähnliche Mittel beseitigt werden kann. Die Verletzung dieser Schranke stellt aber Diebstahl dar"[772].

In dem Gasautomaten-Fall ebenso wie im Kostgänger-Fall kritisiert Rosenfeld, dass das RG den Gewahrsam an dem Inhalt des Behältnisses von dessen Beweglichkeit abhängig macht. Er sieht hier lediglich einen graduellen Unterschied gegeben; denn der Automat könne mittels Zangen abgeschraubt und fortgeschafft werden, sei also nicht viel unbeweglicher als eine Kiste oder Kassette. Im

---

[768] RGSt 47,214.

[769] RG Recht 22 Nr. 161; übereinstimmend: Frank § 243 Anm. III 2 c; v. Liszt-Schmidt S. 623.

[770] ZStW 37,159 ff.

[771] Wenn überhaupt, so kommt nach hier vertretener Ansicht Gewahrsam der betreffenden pommerschen Filialkirche in Betracht, welcher der Inhalt des Kastens zuzuordnen war (siehe Kap. 5, § 14 VI 4).

[772] Rosenfeld a.a.O. S. 165, 167.

Übrigen gebe es auch völlig frei bewegliche Automaten. Dementsprechend müsse das RG, wolle es konsequent bleiben, Diebstahl oder Unterschlagung annehmen, je nachdem ob sich die erbrochene Kassette in einem befestigten oder in einem frei beweglichen Behältnis befinde. Das aber führe dazu, dass zum Beispiel der Gastwirt, der einen in seiner Gaststätte aufgestellten beweglichen Automaten aufbricht, im Gegensatz zum Gasabnehmer nur wegen Unterschlagung zu verurteilen sei. Möglicherweise entfalle auch Unterschlagung mangels Eigentumsüberganges an dem Geld[773].

Der Kritik Rosenfelds hat sich Soltmann angeschlossen. Nach seiner Ansicht kann die Möglichkeit, bei beweglichen Behältnissen über den Inhalt durch Verfügung über das Ganze zu bestimmen, noch nicht als Sachherrschaft angesehen werden. Denn ein Kasten bleibe auch mit der Verfügung ein verschlossener, und eine praktische wirtschaftliche Verfügungsgewalt über den Inhalt könne immer nur durch gewaltsames Erbrechen oder Anwendung von falschen Schlüsseln hergestellt werden. Die physische Möglichkeit, sich mit Gewalt die Verfügungsmacht über den Inhalt zu verschaffen, bestehe aber ebenso für jeden Dritten; diese Möglichkeit könne daher nach der Lebensanschauung nicht als Sachherrschaft angesehen werden.

Ferner dürfe es keinen Unterschied ausmachen, ob ein Behältnis fest oder beweglich ist oder mit einiger Schwierigkeit aus seiner festen Verbindung gelöst werden kann. Hier lasse sich schlecht eine Grenze ziehen. Außerdem entspreche allein die Bestrafung wegen Diebstahls der Billigkeit. Die Intensität des verbrecherischen Willens sei eine ganz verschiedene, wenn man loses Geld an sich nimmt oder wenn man erst gewaltsam ein Behältnis erbrechen muss. Hier liege auch der Sinn eines Verschlusses, der als physisches Hindernis meistens nicht ernst zu nehmen sei. Alles in allem berücksichtige das Reichsgericht bei seinen Entscheidungen nicht genügend die soziale Seite des Gewahrsams[774].

Nach Meinung Soltmanns ist bei deponierten Behältnissen dem Schlüsselinhaber ausnahmslos Mitgewahrsam, „in vielen Fällen vielleicht Alleingewahrsam" zuzusprechen. Der Inhaber des verschlossenen Behältnisses würde also immer einen Diebstahl begehen, wenn er sich dessen fremden Inhalt zueignet. Soltmann meint, der Schlüssel werde nach der Lebensauffassung als Symbol der Herrschaftsmacht über den Inhalt des Behältnisses angesehen (soweit rechtmäßige Schlüsselinnehabung vorliege); dies selbst dann, wenn ein bewegliches verschlossenes Behältnis durch einen Dritten dem rechtmäßigen Inhaber entzogen werde. Der Diebstahl des Schlüssels gebe aber wiederum nach der Lebensauffassung keine Sachherrschaft[775].

2. Der Bundesgerichtshof und die neuere Literatur

Einen guten Überblick über den augenblicklichen Standpunkt des Bundesgerichtshofs in der Frage des Gewahrsams an einem Behältnis und dessen Inhalt bietet eine Entscheidung jüngeren Datums[776]. Dem BGH lag folgender Fall zur Entscheidung vor: Der Angeklagte hatte ein Fernsehgerät auf Abzahlung gekauft. Um dieses Gerät in Betrieb setzen zu können, musste jeweils eine Münze in eine an der Rückseite des Geräts fest angebrachte verschlossene Bakelitkassette eingeworfen werden. Der Verkäufer, der allein den Schlüssel besaß, kam regelmäßig, um die angesammelten Geldstücke abzuholen. In der Absicht, sich dieses Geld zuzueignen, zertrümmerte der Angeklagte die Kassette, fand jedoch kein Geld darin vor.

---

[773] Rosenfeld a.a.O. S. 170.
[774] Soltmann S. 18.
[775] Soltmann S. 16 ff.
[776] BGHSt 22,180 ff.

Der Bundesgerichtshof ging davon aus, dass der Angeklagte Alleingewahrsam an dem Fernsehgerät und zugleich an der damit verbundenen Kassette hatte und stellte weiter fest, dass es dem Angeklagten nur durch Zerstörung der Kassette möglich gewesen sei, an deren Inhalt heranzukommen. Sodann erklärte der BGH: „Darüber, ob in solchen Fällen der Behältnisverwahrer oder der Schlüsselbesitzer den Gewahrsam am Inhalt des verschlossenen Behältnisses hat, gibt es keine allgemeingültige Regel; die Frage kann nicht einheitlich beantwortet werden. Wie allgemein, wenn es um die Frage der tatsächlichen Sachherrschaft geht, kommt es auch hier entscheidend auf die Umstände des einzelnen Falles und ihre Beurteilung nach den Anschauungen des Verkehrs an … Die Annahme, dass stets der Schlüsselinhaber den Gewahrsam am Inhalt des Behältnisses habe, wäre also ebenso verfehlt, wie die entgegengesetzte Ansicht, dass der Gewahrsam am Behältnis stets den Gewahrsam am Inhalt in sich schließe. Die Verkehrsanschauung misst allerdings gewissen Merkmalen der Sachgestaltung wesentliche Bedeutung bei, aus der sich Richtlinien für die Beantwortung der Gewahrsamsfrage ergeben. Ein solches Merkmal ist die Beweglichkeit oder Unbeweglichkeit des Behältnisses"[777].

Im Folgenden erläuterte dann der BGH unter Berufung auf die Rechtsprechung des Reichsgerichts, in welchen Fällen er Gewahrsam an dem Behältnisinhalt für gegeben hält. Dabei entwickelt der BGH eine regelrechte „Systematik" hinsichtlich der Beweglichkeit von Behältnissen. So unterscheidet er leicht bewegliche, schwer bewegliche, mit einem Gebäude fest verbundene, durch ein fest verlegtes Rohrsystem in ein Gebäude eingefügte Behältnisse. Gewahrsam des Schlüsselinhabers an dem Behältnisinhalt hält der BGH für gegeben, soweit ein Behältnis nicht leicht beweglich ist und falls der Schlüsselinhaber unabhängig vom Behältnisverwahrer jederzeit ungehindert Zutritt zu dem Behältnis hat, dessen Verbleib also laufend überwachen kann.

Unter Zugrundelegung dieser Gesichtspunkte konnte nicht davon ausgegangen werden, dass der Verkäufer des Fernsehgerätes Gewahrsam an dem Behältnisinhalt hatte; weil ein Fernsehgerät samt Kassette leicht beweglich ist und weil der Verkäufer keinen ungehinderten Zutritt zur Wohnung des Abzahlungskäufers hatte[778].

Nach dem hier vorliegenden Urteil scheint der Bundesgerichtshof zur Frage des Gewahrsams an einem Behältnis und dessen Inhalt einen eindeutigen Standpunkt zu vertreten. Dass dem aber nicht so ist, wird deutlich, wenn wir uns einige weitere Urteile anschauen. In dem einen Fall[779] hatte der Täter einem Reisenden beim Verstauen des Gepäcks in den Schließfächern der Reisegepäckaufbewahrung geholfen. Nachdem das Gepäck eingeschlossen war, händigte der Täter dem Reisenden statt des richtigen Schlüssels einen falschen aus. Der BGH nahm eine vollendete Wegnahme und damit einen vollendeten Diebstahl schon mit der Einbehaltung des passenden Schlüssels, also schon vor der Ausräumung des Schließfaches an. Mit Recht hält Welzel dies für eine „geradezu absonderliche Erweiterung"[780].

In dem anderen ähnlich gelagerten Fall[781] war der Täter von einem Reisenden, mit dem er in der Bahnhofsgaststätte zechte, mit der Unterbringung des Koffers in einem Schließfach beauftragt worden. Statt den Koffer im Schließfach zu verwahren, brachte der Täter ihn zur Gepäckaufbewahrung und händigte seinem Auftraggeber den Schlüssel eines leeren Schließfachs aus. Später holte sich der Täter dann den Koffer bei der Gepäckaufbewahrung ab.

---

[777] BGHSt 22,182 f.
[778] BGHSt 22,183 f.
[779] BGH GA 1966,212.
[780] Welzel Lb. S. 349.
[781] BGH JZ 1968,637.

Der BGH nahm an, dass der Eigentümer des Koffers Gewahrsam daran bis zur Aufgabe bei der Gepäckaufbewahrung behalten habe. Erst zu diesem Zeitpunkt sei ein Gewahrsamsbruch erfolgt, da der Eigentümer bis dahin noch die Sachherrschaft habe ausüben können. Es komme somit ein Diebstahl in Betracht. Von der Eigenschaft des Koffers als eines Behältnisses ist in dem Urteil nicht die Rede. Daraus ist zu entnehmen, dass der BGH Übereinstimmung des Gewahrsams an Koffer und Inhalt für gegeben hielt.

In einem weiteren Urteil geht der BGH davon aus, dass ein Reisender, der seinen Koffer der Bahn übergibt, an dessen Inhalt keinen Gewahrsam behält[782]. Gewahrsam behalte allerdings die Post an dem Inhalt amtlich plombierter Postbeutel während der Beförderung im Bahnpostwagen, da sie durch ihre Aufsichtsbeamten einen jederzeitigen Einfluss aufrechterhalte. Die Ausübung der allgemeinen Dienstaufsicht der Bahn über die im Gepäck- und Expressgutverkehr tätigen Bediensteten begründe dagegen noch keinen Mitgewahrsam der Bahn. Eine eigenständige Begründung der Auffassung des BGH ist an keiner Stelle zu finden. Er beruft sich vielmehr auf die Rechtsprechung des Reichsgerichts.

Auch die neuere Literatur richtet sich in der Hauptsache nach den vom RG entwickelten und vom BGH übernommenen Grundsätzen[783]. Schröder[784] hält allerdings unter Berufung auf Jagusch[785] unabhängig von der Beweglichkeit des Behältnisses einen Gewahrsam des Schlüsselinhabers solange für gegeben, wie er Zugang zu dem Behältnis und damit die Möglichkeit ungehinderter Einflussnahme auf den Inhalt habe.

Schröder meint, die Rechtsprechung berücksichtige nicht hinreichend die Schranke, die der Schlüsselinhaber durch den Verschluss errichtet habe. Der Umstand, dass das Behältnis samt Inhalt fortgeschafft und veräußert werden kann, ändere hieran nichts. Denn das durch den Verschluss geschaffene tatsächliche Hindernis könne der Verwahrer nur widerrechtlich mittels Gewalt oder eines Nachschlüssels beseitigen; während er umgekehrt rechtlich verpflichtet sei, dem Eigentümer Zutritt zu seinem Behältnis zu gewähren. Eine Ausnahme ergebe sich nur, wenn das Behältnis für den Schlüsselinhaber unerreichbar ist, sich zum Beispiel bei der Bahn oder Post befindet. In diesen Fällen gehe der Gewahrsam am Inhalt auf den Verwahrer des Behältnisses über.

III. Problematik

Es ist deutlich geworden, dass die Gewahrsamsverhältnisse bezüglich des Behältnisses und dessen Inhalt weitgehend unklar sind. Von verschiedenen Seiten werden vernünftige Ansichten geäußert; und man kann nicht sagen, dass die Meinung des Reichsgerichts oder des ihm im Prinzip folgenden Bundesgerichtshofs mehr zu überzeugen vermag, als die von Rosenfeld, Soltmann oder Schröder. Um einer Verwirrung zu begegnen, erscheint es zweckmäßig, sich zunächst einmal klar zu machen, wo die Probleme liegen und sodann eine Lösung der anstehenden Fragen anhand der von uns vertretenen Gewahrsamstheorie vorzunehmen.

Das, was die ganze Materie so unübersichtlich macht, ist

a) die Vielfalt und Abgestuftheit der Beziehungsmöglichkeiten von Personen und Behältnissen,

b) die Verschiedenheit der Behältnisse, in denen Sachen verschlossen werden können.

---

[782] BGH GA 1956,318 f.
[783] Maurach BT S. 204; Wlezel Lb. S. 354; Schwarz-Dreher § 242 Anm. 1 D und § 243 Anm. 3; Heimann-Trosien LK 1970 § 242 Rdnr. 17; Petters-Preisendanz § 242 Anm. 3 e.
[784] Schönke-Schröder § 242 Rdnr. 26.
[785] LK 1958 § 242 Vorbem. C II 2.

Nun ergeben sich für die zurzeit h.M. in der Rechtsprechung und Literatur schon allein dadurch erheblich Schwierigkeiten, dass von einem zwar sozial interpretierten, im Grunde aber auf physischer Gewalt beruhenden Gewahrsam ausgegangen wird, und überdies keine klaren Vorstellungen hinsichtlich des Mitgewahrsams bestehen. Bei dieser Ausgangssituation nimmt es nicht wunder, wenn die Meinungen in Fällen, in denen Beziehungen verschiedener Personen zu einem Behältnis und dessen Inhalt bestehen, weit auseinandergehen.

Auch nach der von uns vertretenen Gewahrsamstheorie ist eine ideale Lösung der Probleme nicht mit einem Blick erkennbar. Das kann aber durchaus nicht als negativ empfunden werden, lässt sich doch der „Widerstand der Sache" gewissermaßen als „Probierstein für die Richtigkeit einer Erkenntnis" verwenden[786]. Mit der Rechtsprechung können wir davon ausgehen, dass es bei Fragen des Gewahrsams an einem Behältnis und dessen Inhalt auf die „Gestaltung des Einzelfalles" ankommt. Es ist dann aber die weitere Frage zu stellen, nach welchen Kriterien der einzelne Fall beurteilt werden soll. Und hier gibt die Rechtsprechung keine befriedigende Antwort. Indem sie auf die Beweglichkeit von Behältnissen und auf eine Möglichkeit des mehr oder weniger ungehinderten Zugangs abstellt, erzielt sie in gleichgelagerten Fällen völlig unterschiedliche, man kann fast sagen willkürliche, Ergebnisse.

So soll einmal der Inhaber des in einer Privatwohnung befindlichen, von fremder Hand verschlossenen Behältnisses den Gewahrsam an Behältnis und Inhalt haben[787]. Ein andermal soll der Schlüsselinhaber den Gewahrsam am Behältnisinhalt haben[788]. In sämtlichen der hier unterschiedlich entschiedenen Fällen kann aber der Wohnungsinhaber seine Tür abschließen und sich dann in aller Ruhe an die Öffnung des Behältnisses begeben. Der einzige Unterschied besteht darin, dass es sich im einen Fall beispielsweise um einen Fernsehapparat, im anderen Fall um einen Gasautomaten handelt und dass der Fernsehapparat (nur) an die Stromleitung und die Antenne angeschlossen ist, der Gasautomat dagegen an die Gasleitung.

Nicht zu Unrecht bemerkten schon Rosenfeld und Soltmann, dass die Beweglichkeit von Behältnissen relativ sei. Was für einen Erwachsenen leicht beweglich ist, kann für ein Kind schwer beweglich sein; was für mehrere Täter beweglich ist, kann für einen Einzeltäter unbeweglich sein; was für einen Mechaniker ohne Schwierigkeiten lösbar ist, kann für einen handwerklich Unbegabten fest verankert sein. Und selbst wenn man einmal davon ausgehen wollte, dass der Einbau oder die Verankerung eines Behältnisses Kriterien für dessen Beweglichkeit bieten, so wäre dadurch noch nichts gewonnen. Denn es ist unhaltbar, einem Automatenaufsteller Gewahrsam zubilligen zu wollen, je nachdem ob der Automat eingedübelt an der Wand hängt oder nur hingestellt ist (man denke hier nur an Zigaretten- oder Spielautomaten in Gaststätten). Ähnliche Unmöglichkeiten ergäben sich bei eingebauten Fächern oder Schränken. An deren Inhalt müsste der Schlüsselinhaber Gewahrsam haben, während an dem Inhalt beweglicher Schränke und Truhen dem Rauminhaber Gewahrsam zukommen müsste.

Ebenso große Widersprüche ergeben sich, wenn man ausnahmslos dem rechtmäßigen Schlüsselinhaber Gewahrsam zubilligen wollte. So würde zum Beispiel die auf der Straße liegende Schmuckkassette verloren sein; der darin enthaltene Schmuck befände sich aber noch im Gewahrsam des rechtmäßigen Schlüsselinhabers. Der Bahn oder Post übergebene Behältnisse befänden sich im Ge-

---

[786] Vgl. Roxin, Täterschaft und Tatherrschaft, S. 584.
[787] Vgl. RGSt 5,222; RG Rechtspr. 3,642; BGHSt 22,180.
[788] Vgl. RGSt 45,249. Auch der BGH geht in einer unveröffentlichten Entscheidung vom 2.5.1961 – 5 StR 40/61 – vom Alleingewahrsam des Gaswerks an Geldstücken aus, die in einen verschlossenen, fest montierten Gasautomaten eingeworfen wurden.

wahrsam der Bahn- oder Postverwaltung und deren Bediensteter, der Inhalt dagegen im Gewahrsam des Schlüsselinhabers. Der Dieb eines Behältnisses hätte nur Gewahrsam am Behältnis und nicht an dessen Inhalt, solange wie das Behältnis verschlossen bliebe. Diese Ergebnisse können nicht richtig sein und sie sind auch nach der h.M. abzulehnen.

Andererseits gewährt aber jeder Verschluss, und mag er noch so einfach sein, einen gewissen Schutz vor Neugier und Wegnahme. Das ergibt sich schon allein daraus, dass durch den Verschluss neben der physischen eine psychische Sperre aufgebaut wird. Es widerspricht Sitte, Moral und der Rechtsordnung, wenn jemand ein verschlossenes fremdes Behältnis aufbricht. Eine andere Person als der Berechtigte kann nur mit dessen Zustimmung oder durch eine strafbare Handlung an den Inhalt des Behältnisses gelangen. Derjenige, der eine Sache einschließt, darf somit darauf vertrauen, dass der Verschluss nicht ohne weiteres gebrochen wird. Wäre das nicht so, dann erübrigte es sich, überhaupt noch Sachen unter Verschluss zu halten. Auch bei dieser Perspektive kommt man aber nicht an der Erkenntnis vorbei, dass ein Schlüssel ohne Schloss nichts nützt. Wenn das Behältnis verloren, gestohlen oder im Meer versenkt ist, dann kann man sagen, dass der Inhalt das Schicksal des Behältnisses teilt.

Nun gibt es nicht nur Behältnisse in Form von Kassetten, Koffern, Taschen, Kisten, Schachteln usw., sondern es gibt auch völlig oder weitgehend unbewegliche Behältnisse wie zum Beispiel Schaukästen, Schließfächer, Parkuhren, Einbauschränke, Automaten usw. Weiter können sich diese Behältnisse sowohl in privaten als auch in „öffentlichen" Räumlichkeiten oder sogar ganz außerhalb von Räumlichkeiten befinden. Sie können einem direkten oder einem generellen Gewahrsam, Allein- oder Mitgewahrsam unterliegen.

Dass alle diese besonderen Eigenschaften und Verhältnisse irgendwie von Bedeutung sind, ist nicht abzustreiten. So werden die Gewahrsamsverhältnisse bei einem Bahnhofsschließfach anders beurteilt werden müssen, als bei einer verlorenen Kassette oder wiederum einer in Verwahrung gegebenen verschlossenen Kiste. Im Folgenden wollen wir uns daher bemühen, System in diese verwirrende Vielfalt verschiedener Gesichtspunkte hineinzubringen und objektiv fassbare Kriterien einer differenzierten Beurteilung anhand unserer Gewahrsamstheorie zu entwickeln. Dabei werden wir uns die Vorteile, die das erarbeitete System der Gewahrsamsformen bietet, zu Nutze machen können. Es wird sich zeigen, dass auf diese Weise konsequente und angemessene Ergebnisse zu erzielen sind.

IV.   Behältnisse, die sich im direkten Gewahrsam einer Person befinden

Wir können davon ausgehen, dass ein Behältnis (als Umhüllung gesehen), das jemand unter ständiger Aufsicht hat, bei sich führt oder auf andere Weise physisch beherrscht, grundsätzlich in seinem direkten Gewahrsam steht, einerlei ob das Behältnis offen oder verschlossen ist und wer den Schlüssel hat. Zumeist wird auch Alleingewahrsam gegeben sein. Der Koffer in der Hand des Reisenden unterliegt seinem direkten Alleingewahrsam, wobei es unerheblich ist, ob der Koffer dem Reisenden gehört, ob sich ein Schloss daran befindet und ob dieses Schloss vielleicht von dem Reisenden oder einem anderen unter Zurückbehaltung des Schlüssels verschlossen worden ist. Wie bei jeder anderen Sache liegt hier Gewahrsam als die für einen Zueignungstäter offenkundige, sich aufgrund der Kulturnormen im dinglichen Bereich ergebende Zuordnung einer Sache zu einer Person vor. Da physische Sachherrschaft besteht, ist dieser Gewahrsam ein direkter[789].

Nun können sich die rechtlichen Verhältnisse an dem Inhalt des Koffers ganz unterschiedlich gestalten. Der Reisende kann seine eigenen Sachen mit sich führen; er kann den Koffer für einen anderen,

---

[789] Siehe dazu Kap. 5, § 14 III.

zum Beispiel für eine Firma transportieren; der Koffer kann dem Reisenden in Verwahrung gegeben worden sein. Nichtsdestoweniger kann der Reisende mit dem Koffer machen, was er für richtig hält. Er kann ihn mit in seine Wohnung nehmen, bei der Gepäckaufbewahrung aufgeben, in einem Schließfach unterbringen, wegwerfen, verkaufen. Der Koffer kann auch im Zug vergessen oder versehentlich auf dem Bahnsteig stehengelassen werden. Falls er verschlossen ist, kann der Reisende ihn mit einem Schlüssel, oder wenn er diesen nicht hat, gewaltsam öffnen. Unabhängig von den rechtlichen Verhältnissen, die sich hinsichtlich des Inhalts des Koffers ergeben, ist dem Inhaber der Koffer selbst im dinglichen Bereich zuzuordnen, woraus sich zugleich eine Verfügungsmöglichkeit über den Inhalt ergibt.

Es fragt sich aber, ob der Inhalt ebenfalls dem Reisenden im dinglichen Bereich zuzuordnen ist, wenn ein anderer – der Berechtigte – den Schlüssel zu dem verschlossenen Koffer hat. Hier könnte man eine in dem Verschluss des Behältnisses begründete „soziale Sperrwirkung" annehmen und daraus auf eine dingliche Zuordnung zum Berechtigten schließen. Zwar mag der Kofferinhaber in der Lage sein, den Verschluss ohne weiteres zu durchbrechen. Durch ein solches Verhalten würde er sich jedoch in Widerspruch zur sozialen Ordnung setzen. Es ist nur festzustellen, dass dieses sozialwidrige Verhalten einer sozialen Kontrolle nicht unterliegen würde. Der Reisende könnte ja mit dem in seinem direkten Gewahrsam befindlichen fremden Koffer ohnehin tun und lassen, was er wollte, ohne dass jemand auf den Gedanken kommen würde, ihn daran zu hindern. Er hätte lediglich Regressansprüche und spätere strafrechtliche Konsequenzen zu befürchten.

An dieser Stelle erhellt sich, dass der Kofferinhaber zwar eine rechtswidrige Zueignung begehen könnte (ggfs. käme eine Sachbeschädigung hinzu), dass hingegen eine Wegnahme des Kofferinhalts nicht in Frage kommt. Den Inhalt, mag ihn auch eine Umhüllung umschließen, hat ja der Inhaber bereits in Händen. Er führt ihn bei sich. Nimmt der Reisende einen fremden ihm anvertrauten Koffer mit nach Hause, so kann er ihn dort unbehindert aufbrechen. Er braucht weder beim Abtransport des Koffers noch beim Öffnen zu befürchten, auf frischer Tat ertappt zu werden.

Daraus folgt: Ist das Behältnis selbst einer Einzelperson aufgrund der Kulturnormen im dinglichen Bereich zuzuordnen, dann kann eine andere Person nur noch eine rein rechtliche Beziehung zur Sache und damit zum Behältnis einschließlich Inhalt unterhalten. Wird der Verschluss eines in Verwahrung gegebenen Behältnisses beseitigt, so kann der Deponent einen Vertrauensbruch geltend machen. Er kann Schadensersatzansprüche stellen. Es kann auch eine rechtswidrige Zueignung und Sachbeschädigung in Frage kommen, jedoch kein Diebstahl. Denn der Inhalt befindet sich ebenso wie das Behältnis selbst im Gewahrsam – und zwar im Alleingewahrsam – des Inhabers.

Das wird besonders deutlich, wenn man sich folgenden Fall vorstellt: Der Beauftragte eines Schweizer Juweliers hat einen verschlossenen Schmuckkoffer mit Juwelen in Hamburg abzuliefern. Setzt sich der Bote mit den Juwelen nach Südamerika ab, so muss man davon ausgehen, dass hierdurch das Eigentumsrecht des Juweliers vorerst nicht beeinträchtigt wird. Eine *rechtliche Zuordnung* des Kofferinhalts zum Juwelier bleibt also erhalten. Die *Zuordnung im dinglichen Bereich* – der Gewahrsam – entfällt jedoch in dem Augenblick, in dem der Bote den Alleingewahrsam an dem Koffer erlangt. Das ist der Fall, sobald er mit dem Koffer in der Hand das Geschäft seines Auftraggebers verlassen hat.

Wer direkten Gewahrsam in Form des Alleingewahrsams an einem Behältnis hat, der hat zugleich direkten Gewahrsam an dem Inhalt des Behältnisses. Eine rechtswidrige Zueignung stellt sich als Unterschlagung hinsichtlich des Behältnisses – soweit hier Zueignungsabsicht gegeben ist – und des Inhalts dar. Ein Fehler, der allzu leicht gemacht wird, besteht darin, die privatrechtliche Seite des Sachverhalts (Eigentum sowie daraus folgende Ansprüche gem. BGB) mit der strafrechtlichen Seite

(Strafbarkeit wegen Diebstahls oder Unterschlagung gem. StGB) zu vermengen. Daraus ergeben sich dann viele der Widersprüche, die bei der Feststellung des Gewahrsams an Behältnissen und deren Inhalt zum Tragen kommen.

V. Behältnisse innerhalb eines privaten Zuordnungsbereichs

In den meisten Fällen werden sich Behältnisse in privaten Räumlichkeiten befinden und hier nicht immer im direkten Gewahrsam einer Person, sondern oftmals im generellen Gewahrsam. Da hinsichtlich der in Räumlichkeiten befindlichen Gegenstände vielfach Mitgewahrsam besteht, ergeben sich schon hier die ersten Probleme. Es fragt sich, ob zum Beispiel die Hausangestellte auch Mitgewahrsam an der Geldkassette des Hausherrn und insbesondere an deren Inhalt hat. Da wir Mitgewahrsam einer Hausangestellten an allen ihr zugänglichen im Haushalt befindlichen Sachen angenommen haben[790], liegt der Schluss nahe, dass sie auch Gewahrsam an der Geldkassette und damit an deren Inhalt hat.

Ein solches Ergebnis vermag jedoch nicht zu befriedigen. Es kann nicht richtig sein, dass Hausangestellte, Handlungsgehilfen, Verkäufer usw. Gewahrsam an den in einer Kassette, einem Schrank oder Tresor eingeschlossenen Sachen des Arbeitgebers haben. Gerade in Räumlichkeiten bieten Behältnisse die Möglichkeit, anderen Personen den Zugang zu bestimmten Sachen zu versperren. Solange sich solche Behältnisse in der privaten Sphäre des Schlüsselinhabers befinden, hat dieser auch einen andauernden Kontakt zu dem Behältnis samt Inhalt im dinglichen Bereich. Behältnisse in privaten Räumlichkeiten, insbesondere eingebaute Behältnisse, stellen sozusagen eine besondere private Sphäre dar, von der jeder außer dem rechtmäßigen Schlüsselinhaber ausgeschlossen ist. Andere Personen können also nur unter Verstoß gegen soziale und rechtliche Normen an den Inhalt des Behältnisses gelangen. In privaten Räumlichkeiten unter Verschluss befindliche Sachen stehen daher im Gewahrsam des rechtmäßigen Schlüsselinhabers; denn sie sind ihm für andere offenkundig aufgrund der Kulturnormen im dinglichen Bereich zuzuordnen.

Nun ergibt sich aber die Schwierigkeit, dass in Privaträumen nicht nur unbewegliche, also nicht wegnehmbare Behältnisse vorhanden sind (Tresore, Einbauschränke, Wandschränke) sondern überwiegend mehr oder weniger leicht bewegliche wegnehmbare Behältnisse (Kassetten, Schachteln, Truhen, Kästen). Bezüglich dieser Behältnisse kann, ebenso wie bei anderen beweglichen Sachen, Mitgewahrsam Dritter bestehen. Eine Wegnahme dieser Behältnisse als solcher kann somit nur durch Außenstehende, aber nicht durch Mitgewahrsamsinhaber erfolgen. Dennoch kommt eine Wegnahme des Behältnisinhalts, an dem der Mitgewahrsamsinhaber keinen Gewahrsam hat, in Frage. Das ist wie folgt zu erklären:

Nimmt die Hausangestellte die in ihrem Mitgewahrsam stehende Geldkassette des Wohnungsinhabers mit Zueignungsabsicht weg, so begründet sie Alleingewahrsam daran. In diesem Fall kann sie über die Kassette und deren Inhalt ohne weiteres verfügen. Die Kontaktmöglichkeit des Berechtigten ist dagegen völlig abgeschnitten. Er hat seinen Mitgewahrsam an der Kassette und zugleich seinen Alleingewahrsam an deren Inhalt verloren. Die Hausangestellte hat hinsichtlich der Kassette eine Unterschlagung begangen (falls sie sich diese überhaupt zueignen wollte), hinsichtlich des Kassetteninhalts ist Diebstahl gegeben.

Dieses Ergebnis erscheint nicht nur konsequent, sondern auch angemessen. Denn die Hausgehilfin kann an die im Haushalt befindlichen Sachen, zum Beispiel auch an die auf dem Nachttisch liegende goldene Uhr des Hausherrn, ohne weiteres heran. Sie kann diese in ihrem Mitgewahrsam stehenden

---

[790] Siehe Kap. 5, § 14 IV und VI 4.

Sachen in die Hand nehmen, sie betrachten, sie hat auch auf sie Obacht zu geben. Aber gerade dadurch, dass sie einen direkten Kontakt zu den im Hause befindlichen Sachen hat, kann sie zur Zueignung verführt werden und eine Sache, die sie vielleicht vorübergehend berechtigt an sich genommen hat, einfach behalten wollen.

Anders ist es bei eingeschlossenen Sachen. Hier muss sich der Täter vornehmen, eine Wertsache, die er in dem Behältnis weiß oder vermutet, wegzunehmen. Er ist sich auch darüber im Klaren, dass er widerrechtlich eine zum Schutze des Gegenstands errichtete Sperre, nämlich den Verschluss, verletzt oder – bei Wegnahme des gesamten Behältnisses – später verletzen muss. Die Hausangestellte, die eine auf dem Nachttisch liegende goldene Uhr wegnimmt, gleicht mehr der diebischen Elster; sie kann zufällig zum Täter werden. Dagegen kann man von einem schwerwiegenden kriminellen Akt sprechen, wenn jemand eine durch Verschluss gesicherte Sache wegnimmt, an die er sonst nicht gelangen kann. Es ist also durchaus berechtigt, in dem einen Fall wegen Unterschlagung, im anderen Fall wegen Diebstahls zu bestrafen.

Ähnlich wie bei dem Rauminhaber selbst gehörenden Behältnissen ist die Situation bei solchen, die der Inhaber einer privaten Sphäre für einen anderen verwahrt. Da für den Deponenten keine Zuordnung im dinglichen Bereich besteht, hat dieser keinen Gewahrsam an dem Behältnis und dessen Inhalt. Der Rauminhaber kann dagegen über das Behältnis wie über jede andere seinem Gewahrsam unterliegende Sache ohne weiteres verfügen. Er hat Gewahrsam an dem Behältnis samt Inhalt. Eignet er sich den Inhalt rechtswidrig zu, so begeht er eine Unterschlagung und evtl. noch eine Sachbeschädigung[791].

Eignen sich andere Personen den Behältnisinhalt zu, so kommt Diebstahl in Frage. Hatte der Täter zunächst nur die Vermutung, es werde sich in dem verschlossenen Behältnis etwas befinden, so liegt unter Berücksichtigung einer unbedingten Zueignungsabsicht und eines unbedingten Vorsatzes ein vollendeter Diebstahl vor, falls sich die Erwartungen erfüllen[792].

Sind mehrere Personen hinsichtlich eines Raumes als Berechtigte anzusehen (z.B. bei Untermietverhältnissen, in Arbeiter- oder Soldatenunterkünften), so hat jeder Alleingewahrsam an dem Inhalt der ihm gehörenden verschlossenen Behältnisse. Daher ist dem BGH im Ergebnis zuzustimmen, wenn er einen Arbeiter, der die Spinde seiner Arbeitskollegen in der gemeinsamen Unterkunft aufgebrochen hatte, wegen Diebstahls, und zwar wegen schweren Diebstahls gem. § 243 Abs. 1 Ziff. 2 a.F. StGB[793] verurteilte[794]. Denn es liegt in diesem Fall nicht nur eine Zueignung mittels Gewahrsamsbruchs vor, sondern darüber hinaus noch die eine erhöhte verbrecherische Energie im Verhältnis zum einfachen Diebstahl begründende Wegnahme aus einem Gebäude mittels Erbrechens von Behältnissen.

Nach der Neuregelung des schweren Diebstahls durch das 1. Gesetz zur Reform des Strafrechts vom 25.6.1969 (BGBl I S. 645) soll nun aber wegen schweren Diebstahls bestraft werden, wer „eine Sache stiehlt, die durch ein verschlossenes Behältnis oder eine andere Schutzvorrichtung gegen Weg-

---

[791] In den Gasautomaten-Fällen war daher nicht von Diebstahl, sondern von Unterschlagung auszugehen; vom Ergebnis her richtig ist der vom RG entschiedene Fall des Kirchenkastens; gleichfalls vom Ergebnis her richtig: RGSt 35,115; BGH GA 1956,318, wo von Unterschlagung durch Bahnbeamte hinsichtlich des von der Bahn beförderten Behältnisinhalts ausgegangen wird.

[792] Vgl. Schmid ZStW 74,53 f; Schönke-Schröder § 242 Rdnr. 66 a; RGSt 54,227; 65,148; BayObLG NJW 1958,601.

[793] Danach musste „aus einem Gebäude oder umschlossenen Raume mittels Einbruchs, Einsteigens oder Erbrechens von Behältnissen" gestohlen werden.

[794] BGHSt 15,146; ebenso RGSt 7,419 f; 30,390; OLG Frankfurt NJW 1962,1879; a.A. Schönke-Schröder, 14. Aufl., § 243 Rdnr. 24.

nahme besonders gesichert ist" (§ 243 Abs. 1 Ziff. 2 n.F. StGB). Diese Bestimmung erscheint insofern problematisch, als der Täter, der das gesamte Behältnis wegnimmt, nicht unbedingt eine im Verhältnis zum einfachen Diebstahl erhöhte verbrecherische Energie zu beweisen braucht. Denn der Griff nach einer verschlossenen Kassette macht für gewöhnlich keine größeren Umstände als der Griff nach einem entsprechenden unverschlossenen Gegenstand[795].

Dennoch liegt der Regelung des § 243 Abs. 1 Ziff. 2 n.F. ein vernünftiger Gedanke zugrunde: Derjenige, der statt einer gewöhnlichen Sache eine gegen Diebstahl durch ein verschlossenes Behältnis oder eine andere Schutzvorrichtung besonders gesicherte Sache wegnimmt, der soll wegen schweren Diebstahls empfindlicher bestraft werden, und zwar unabhängig davon, ob er die Sicherung noch am Tatort entfernt oder, aufs Ganze gehend, die Sache einschließlich des Behältnisses oder der Sicherung wegnimmt.

Bekanntlich war in der Literatur und Rechtsprechung unter der Geltung des § 243 Abs. 1 Ziff. 2 a.F. sehr umstritten, ob „aus einem Gebäude oder umschlossenen Raume mittels … Erbrechens von Behältnissen" auch dann gestohlen wurde, wenn das Behältnis samt Inhalt weggenommen und erst außerhalb des Gebäudes oder umschlossen Raumes erbrochen wurde[796]. Durch die Neuregelung des schweren Diebstahls hat sich diese Streitfrage zwar erledigt; ob allerdings der Inhalt eines verschlossenen einfachen Holzkästchens, eines Koffers oder anderen leicht beweglichen und trotz Verschlusses leicht zu öffnenden Behältnisses „besonders gegen Wegnahme gesichert" ist, erscheint fragwürdig; wie sich überhaupt die Bestimmung des § 243 Abs. 1 Ziff. 2 n.F. nicht so leicht in die Systematik der Vermögensdelikte einpassen will. Darauf weiter einzugehen, ist jedoch hier nicht der richtige Ort.

VI. Behältnisse innerhalb eines der Öffentlichkeit ohne weiteres zugänglichen Zuordnungsbereichs

Behältnisse, die sich in einem offenen Zuordnungsbereich befinden, sind insbesondere Schließfächer auf Bahnhöfen, Flugplätzen, in Badeanstalten, Bibliotheken, Sportstätten pp., Zigaretten-, Spiel-, Warenautomaten in Lokalen pp., Opferstöcke in Kirchen, Postfächer usw. Es können aber auch Kassetten, Koffer, Taschen, Kisten usw. sein.

Im Gegensatz zu den zur zweiten Gruppe gezählten Behältnissen, für welche die gleichen Grundsätze wie für alle in offenen Zuordnungsbereichen befindlichen Sachen gelten, können die der ersten Gruppe nicht verloren werden, da sie ihren ständigen Platz haben und befestigt oder sogar in die Räumlichkeiten eingebaut sind. Der Rauminhaber übt die Aufsicht über diese Behältnisse aus; etwa die Bahnverwaltung über die Bahnhofsschließfächer, der Gastwirt über die in seinem Lokal aufgestellten Automaten, die Postverwaltung über die Postfächer. Er ist bei einem Defekt oder Schlüsselverlust derjenige, der dem Behältnis am nächsten steht und in der Regel einen zweiten Schlüssel in Verwahrung hat. Es ergibt sich daher nach Gewohnheit und Geschäftsgebrauch eine Zuordnung der zur ersten Gruppe gezählten Behältnisse zum Rauminhaber. Da er zugleich über den Inhalt des Behältnisses zu verfügen vermag, indem er in Schließfächern vergessene Sachen entfernt, das eingeworfene Geld an sich nimmt, Waren usw. nachfüllt oder auch nur (falls der Aufsteller ein anderer ist) steckengebliebenes Geld entfernt oder sonstige Defekte behebt, ist dem Rauminhaber außer dem Behältnis auch dessen Inhalt zuzuordnen.

Nimmt der Rauminhaber den Behältnisinhalt weg, so kommt also ausnahmslos Unterschlagung und nicht Diebstahl in Betracht. Denn ganz unabhängig davon, ob der Rauminhaber im Einzelfall wirk-

---

[795] Vgl. Bittner MDR 1971,104.
[796] Vgl. Bittner a.a.O. S. 104 f m.w.N.

lich einen Zweitschlüssel besitzt oder Kontrollfunktionen ausübt, wird ihm das Behältnis samt Inhalt aufgrund der Kulturnormen im dinglichen Bereich generell zugeordnet. Der Rauminhaber braucht daher zum Zwecke einer rechtswidrigen Zueignung keine erhöhte verbrecherische Energie aufzuwenden.

Daneben ergibt sich eine Zuordnung des Behältnisinhalts zum rechtmäßigen Schlüsselinhaber, also zum Schließfachbenutzer, Automatenkontrolleur oder Aufsteller. Er ist in der Lage, über den Inhalt des Behältnisses ohne weiteres zu verfügen. Da sich das Behältnis in einem offenen Zuordnungsbereich befindet und damit dem rechtmäßigen Schlüsselinhaber ohne weiteres zugänglich ist, ergibt sich eine Zuordnung im dinglichen Bereich. Sie wird durch die Kulturnormen gewährleistet.

Es folgt: Rauminhaber und rechtmäßiger Schlüsselinhaber haben Mitgewahrsam am Behältnisinhalt. Nimmt ein Dritter den Behältnisinhalt weg, so kommt schwerer Diebstahl gem. § 243 Abs. 1 Ziff. 2 StGB in Frage. Nimmt dagegen beispielsweise der Schließfachkontrolleur die im Schließfach befindliche Sache weg, so ist eine Unterschlagung (in der Regel Amtsunterschlagung) gegeben. Dass in Schließfächern aufbewahrte Sachen trotz Fristablaufs nicht verloren gehen können, eine Fundunterschlagung (etwa durch Außenstehende) hier also nicht in Frage kommen kann, dürfte wohl selbstverständlich sein, wenn man sich vor Augen hält, dass der Rauminhaber in jedem Fall Mitgewahrsam auch am Inhalt hat.

Wird der Schlüssel eines Behältnisses, zum Beispiel eines Schließfaches, weggenommen, so kann das zwar für sich ein Diebstahl sein; hinsichtlich der Wegnahme der in dem Behältnis aufbewahrten Gegenstände kann aber lediglich eine Vorbereitungshandlung oder ein Beginn der Ausführung gesehen werden. Denn der Gewahrsam an dem Behältnis hängt nicht von der tatsächlichen Inhaberschaft des Schlüssels ab, wie auch der Schlüssel den Wert des Schließfachs nicht repräsentiert[797]. Unter diesem Gesichtspunkt kam in dem vom BGH entschiedenen Schließfach-Fall[798] ein Diebstahl des Gepäcks also erst mit dem Ausräumen des Schließfachs in Frage.

VII.   Behältnisse außerhalb eines Zuordnungsbereichs

Außerhalb eines Zuordnungsbereichs befinden sich insbesondere Behältnisse wie Schaukästen, Vitrinen, Parkuhren, Kabelkästen, Automaten, der Kofferraum eines auf der Straße abgestellten Autos[799], Briefkästen usw. Für die Zuordnung dieser Behältnisse gilt das Gleiche, was für die Zuordnung von Sachen gesagt wurde, die sich außerhalb eines Zuordnungsbereichs befinden[800]. Sie stehen also im Gewahrsam desjenigen, dem sie aufgrund der Kulturnormen zuzuordnen sind: Der Schaukasten im Gewahrsam des Geschäftsinhabers, die Parkuhr im Gewahrsam der Stadtverwaltung, der Kofferraum im Gewahrsam des Autofahrers usw. Zugleich mit dem Gewahrsam an dem Behältnis hat der Berechtigte den Gewahrsam an dem Inhalt, da dieser ihm aufgrund der Kulturnormen offenkundig für jeden Zueignungstäter im dinglichen Bereich zuzuordnen ist.

Wird aus einem der beispielhaft aufgezählten Behältnisse gestohlen, so kommt ein schwerer Diebstahl gem. § 243 Abs. 1 Ziff. 2 StGB in Betracht; ebenso wenn das gesamte Behältnis um seines Inhalts willen weggenommen wird. Voraussetzung für die Anwendung des § 243 Abs. 1 Ziff. 2 ist aber, dass das Behältnis zur Zeit der Wegnahme verschlossen war. Wo ein Behältnis erbrochen wird, ob noch am Ort der Wegnahme oder erst später, ist nach der Neufassung des § 243 Abs. 1 Ziff. 2

---

[797] Siehe auch Kap. 3, § 8 III 2; ebenso Otto, Struktur des Vermögensschutzes, S. 184 f.
[798] BGH GA 1966,212.
[799] Der Personenraum des Autos ist dagegen ein umschlossener Raum; vgl. Schönke-Schröder § 243 Rdnr. 8, 27 m.w.N.
[800] Siehe Kap. 5, § 14 V 2.

bedeutungslos geworden[801]. Dass diese Bestimmung nicht ganz problemlos ist, wurde oben bereits erwähnt[802].

Außer den genannten, in irgendeiner Form fest an ihrem Standort verankerten Behältnissen, können sich auch andere Behältnisse außerhalb eines Zuordnungsbereichs befinden. Es ist hier als erstes an verlorene Kassetten, Büchsen, Schachteln, Kisten, Koffer usw. zu denken. Da der Inhalt in diesem Fall das Schicksal des Behältnisses teilt, liegt für beide Teile Gewahrsamslosigkeit vor, so dass eine Fundunterschlagung möglich ist.

Weiter ist an versteckte Behältnisse zu denken. Hier ist das Gleiche zu sagen wie bei allen übrigen versteckten Sachen[803]. Bleibt der Gewahrsam einer Person zu dem versteckten Behältnis aufrechterhalten, dann bleibt gleichermaßen der Gewahrsam am Inhalt bestehen, so dass eine Wegnahme in Frage kommen kann.

§ 21   Vollendung der Tat bei Unterschlagung, Diebstahl und Raub

I.   Unterschlagung

Unterschlagung setzt die Zueignung einer Sache voraus, die der Täter bereits in seinem Gewahrsam hat. Verkauft oder verschenkt zum Beispiel jemand ein Buch, das er sich von einem anderen geliehen hat, so kommt Unterschlagung in Betracht. Da die strafbare Handlung in der rechtswidrigen Zueignung liegt, ist die Tat mit vollzogner Zueignung vollendet[804]. Es fragt sich jedoch, zu welchem Zeitpunkt die Zueignung vollzogen und damit das Stadium des Versuchs überschritten und das der Vollendung erreicht wird.

Nach der vorstehend vertretenen Ansicht[805] gehören zur Zueignung eine objektive und eine subjektive Seite. Die objektive Seite ist erfüllt, sobald der Täter den Berechtigten durch Anmaßung einer eigentümerähnlichen Herrschaftsmacht über die Sache aus seiner Verfügungsposition verdrängt hat. Hierzu ist eine entsprechende Handlung erforderlich, die von der Zueignungsabsicht getragen sein muss.

Insofern genügt nicht etwa ein „Bei-sich-Liegenlassen" der Sache aus Nachlässigkeit[806] oder ein sich äußerlich im Einvernehmen mit dem Willen des Berechtigten befindendes Handeln. Vielmehr muss die Enteignung durch Aneignung objektiv erkennbar zu Tage treten, da Nachlässigkeit oder böser Wille für sich noch keinen Grund zur Bestrafung geben[807]. Wenn aber die Zueignung eine Betätigung der Zueignungsabsicht in objektiv erkennbarer Weise erfordert[808], dann lässt sich ihr Vollzug und damit die Vollendung der Unterschlagung ohne weiteres feststellen.

Schwierigkeiten könnte evtl. die Feststellung der als „subjektiver Überhang" bezeichneten[809] in die Zukunft wirkenden subjektiven Voraussetzungen der Zueignung bereiten. Es wird sich jedoch oftmals durch Indizien feststellen lassen, ob eine endgültige Enteignung des Berechtigten und eine po-

---

[801] Vgl. Welzel Lb. S. 354; Schwarz-Dreher § 243 Anm. 3; Petters-Preisendanz § 243 Anm. II 2 f; Lackner-Maassen § 243 Anm. 4 b cc; Bittner MDR 1971,106; a.A. Schönke-Schröder § 243 Rdnr. 25.

[802] Siehe Abschnitt V.

[803] Siehe Kap. 6, § 19.

[804] Vgl. Schönke-Schröder § 246 Rdnr. 20; Schwarz-Dreher § 246 Anm. 1 A; Welzel Lb. 344; Maurach BT S. 241; Mezger-Blei BT S. 140.

[805] Siehe Kap. 3, § 8 II.

[806] Vgl. Schönke-Schröder § 246 Rdnr. 11; OLG Hamm JMBl NRW 1960,231.

[807] Siehe Kap. 3, § 8 IV.

[808] So auch Schönke-Schröder § 246 Rdnr. 11; Schwarz-Dreher § 246 Anm. 1 A; Maurach BT S. 241; Welzel Lb. S. 344; Mezger-Blei BT S. 140.

[809] Siehe Kap. 3, § 8 II.

sitive Ausübung der eigentümerähnlichen Befugnisse beabsichtigt war. Hat der Täter zum Beispiel das geliehene Buch signiert, den versehentlich mitgenommenen Mantel eingefärbt oder das weggenommene Auto umgespritzt, so wird in der Regel von einer Zueignung ausgegangen werden können. Auf diese Fragen wird bei der Fundunterschlagung noch einmal zurückzukommen sein.

In den Fällen des Mitgewahrsams kann es ebenfalls fraglich sein, wann die Unterschlagung vollendet ist. Versteckt zum Beispiel das Dienstmädchen die goldene Uhr des Hausherrn im Keller, um sie dort bei guter Gelegenheit abzuholen, so könnte darin erst eine Ausführungshandlung gesehen werden. Es könnte aber auch eine schon vollendete Unterschlagung angenommen werden. Literatur und Rechtsprechung, die bekanntlich auch im Bruch von Mitgewahrsam einen Diebstahl erblicken, gehen in diesen Fällen teils von einem versuchten Diebstahl[810], teils von einem vollendeten Diebstahl[811] aus. Nach der von uns vertretenen Auffassung hätte das Dienstmädchen ihren Zueignungswillen durch das Verstecken der Uhr in objektiv erkennbarer Weise betätigt. Sie hätte sich somit eine Sache zugeeignet, die sie bereits in Gewahrsam hatte. Daher wäre der Tatbestand der Unterschlagung erfüllt.

II. Diebstahl und Raub

Diebstahl ist Zueignung durch Wegnahme[812]; Raub ist Diebstahl mittels Nötigung. In beiden Fällen geht es dem Täter um die Erlangung der Sache, woraus sich ergibt, dass die Tat mit dem Abschluss der in Zueignungsabsicht durchgeführten Wegnahme vollendet ist.

Bei der Wegnahme muss vom Täter fremder Gewahrsam gebrochen und eigener – nicht lediglich neuer[813] – Gewahrsam begründet werden. Dass *eigener* Gewahrsam begründet werden muss folgt daraus, dass die Zueignung nach der von uns vertretenen Ansicht Gewahrsam voraussetzt[814]. Der Täter muss also das Objekt der Zueignung in seinem eigenen Gewahrsam haben – es muss ihm zugeordnet werden können –, damit er eine Zueignung überhaupt vollziehen kann. Es ergibt sich, dass die Grenze zwischen Versuch und Vollendung bei der Begründung eigenen Gewahrsams durch den Täter liegt.

Eigenen Gewahrsam hat der Täter nach unserer Theorie in dem Augenblick begründet, in dem ihm die fremde Sache aufgrund der Kulturnormen im dinglichen Bereich zugeordnet werden kann. Danach kann es nicht sehr problematisch sein, den Zeitpunkt der Vollendung von Diebstahl und Raub genau festzulegen. In der Literatur und Rechtsprechung ist aber gerade diese Frage äußerst umstritten, so dass es zweckmäßig erscheint, hierauf näher einzugehen.

Nach h.M., wonach Gewahrsam als ein tatsächliches willensgetragenes Herrschaftsverhältnis aufgefasst wird, ist es zweifelhaft, ob auch der Einbrecher oder Dieb, der eine fremde Sache in den fremden Räumlichkeiten bereits in seine Tasche gesteckt hat oder in der Hand bei sich trägt, den Diebstahl vollendet hat. Zu diesem Zeitpunkt besteht zwar eine Herrschaft des Diebes, der die Sache auch beherrschen will. Es besteht aber zugleich eine (Raum-)Herrschaft des Wohnungsinhabers, der ebenfalls einen Herrschaftswillen hat. Und die „Auffassung des täglichen Lebens" bietet in einem solchen Fall keinerlei Anhaltspunkte dafür, ob schon dem Dieb oder noch dem Wohnungsinhaber Gewahrsam zuzubilligen ist.

---

[810] Welzel Lb. S. 348; BGH NJW 1955,71; OLG Celle MDR 1965,315.

[811] Schwarz-Dreher § 242 Anm. 2 A a; Maurach BT S. 207; RGSt 53,181; RG GA 68,275; KG JR 1966,308.

[812] Siehe dazu Kap. 3, § 8 IV.

[813] So aber die h.M., vgl. nur Schönke-Schröder § 242 Rdnr. 30 ff m.w.N.

[814] Siehe Kap. 3, § 8 VI und Kap. 5, § 17 II.

Teilweise wird in der Literatur und Rechtsprechung die Auffassung vertreten, ein vollendet Diebstahl sei in solchen Fällen erst mit dem Verlassen des Gebäudes gegeben[815]. Dem muss aus folgendem Grund widersprochen werden: § 242 StGB verlangt lediglich eine Wegnahme, nicht aber, dass der vom Dieb erlangte Gewahrsam ein gesicherter sein muss; wobei noch zu klären sein wird, aus welchem Grund neuer Gewahrsam in fremden Räumlichkeiten gegeben sein kann. Binding, der ohne weiteres vom Gewahrsam des Täters ausgeht, wofür die tatsächliche Sachherrschaft zunächst auch als Indiz gelten kann, sagt sehr treffend: „Das Gesetz spricht von ‚wegnehmen', nicht von wegbringen, noch von wegschaffen. So ist der Diebstahl schon vollendet, wenn der Dieb, der sich noch im Hause des Bestohlenen befindet, die genommenen Sachen eingesteckt oder zur Mitnahme für sich ausgesondert hat …"[816]

Die gleiche Meinung vertrat in ständiger Rechtsprechung das Reichsgericht[817], das bei einem Diebstahl im Warenhaus wie folgt entschieden hat: „Die Annahme eines vollendeten Diebstahls ist nicht dadurch bedingt, dass die Sache aus den Räumen des bisherigen Inhabers entfernt wird. Vollendeter Diebstahl ist auch dann anzunehmen, wenn noch innerhalb dieser Räume der Gegenstand in eine solche Lage gebracht wird, dass der Dieb die tatsächliche Verfügung über sie hat und der Gewahrsam des Bestohlenen daran – sei es auch nur vorübergehend bis zur Aufdeckung oder zur Festnahme des flüchtigen Diebes – ausgeschlossen wird. Das kann zumal bei den Verhältnissen eines großstädtischen Warenhauses … sehr wohl schon dadurch geschehen, dass der Dieb die Sache an sich nimmt und unter den Kleidern verbirgt oder dass er damit auch nur in der Menge verschwindet"[818].

Diese Meinung wurde – im Anschluss an Welzel[819] – auch vom Bundesgerichtshof in einigen Entscheidungen vertreten[820]/[821]. Unter anderem heißt es: „Steckt also der Täter in einem Selbstbedienungsladen einen Gegenstand in Zueignungsabsicht in seine Kleidung, so schließt er allein durch diesen tatsächlichen Vorgang die Sachherrschaft des Bestohlenen aus und begründet eigenen ausschließlichen Gewahrsam. Eine etwaige Beobachtung ändert an der Vollziehung des Gewahrsamswechsels nichts. Diebstahl ist keine heimliche Tat. Die Beobachtung, mag sie nun zufällig oder planmäßig, anhaltend oder nur vorübergehend sein, und eine körperliche Unterlegenheit des Täters oder seine Bereitschaft zur Übergabe geben dem Bestohlenen lediglich die Möglichkeit, den ihm bereits entzognen Gegenstand wiederzuerlangen"[822].

In einem anderen Fall, der dem Bundesgerichtshof vorlag, hatte der Täter Geld in seine Rocktasche gesteckt und war vor Verlassen des Hauses mit den Eigentümern zusammengetroffen. Obwohl der BGH hier auf die körperliche Überlegenheit des Diebes zu sprechen kam und sie als für die Wegnahme förderlich hinstellte, kam er doch immerhin dem Schluss, dass der Täter mit dem Einstecken des Geldes in die Rocktasche eigenen Gewahrsam daran begründet hatte[823].

Weiter hat der BGH eine Gewahrsamserlangung durch den Täter vor Verlassen des Gebäudes bejaht: An einem Bündel Geldscheine, das der davoneilende Täter in der Hand bei sich trug, nachdem

---

[815] Schönke-Schröder § 242 Rdnr. 33; Pfeiffer-Maul-Schulte § 242 Anm. 7; Grünwald JuS 1965,312; BGH JR 1963,466; BGH MDR 1960,327; vgl. auch Hellmuth Mayer JZ 1962,621.
[816] Binding BT I S. 293.
[817] RG Recht 6 Nr. 2763; 10 Nr. 2184; 22 Nr. 813.
[818] RGSt 52,75; ebenso RGSt 53,144.
[819] Welzel GA 1960,257; 1961,350; NJW 1961,328.
[820] BGHSt 16,271; 17,205; BGH GA 1963,147; BGH MDR 1967,896.
[821] Kritisch dazu Schmitt JZ 1968,307 f, der meint, man habe sich hier in erster Linie von kriminalpolitischen Erwägungen leiten lassen; so auch Hellmuth Mayer JZ 1962,622.
[822] BGHSt 16,274.
[823] BGHSt 20,194.

er blitzschnell in die offenstehende Kasse gegriffen hatte[824]; an Ferngläsern, deren Trageriemen sich der Täter um die Hand geschlungen hatte[825]; an zwei Ringen, die sich der noch am Tatort festgenommene Täter auf seine Finger gesteckt hatte[826]; an Lohntüten, die der Täter einem Panzerschrank entnommen und in seine Tasche gesteckt hatte[827].

Ganz klar formuliert der BGH in einer neueren Entscheidung bei einem Opferstockdiebstahl: „Bei leicht beweglichen Sachen, wie Geldscheinen oder Geldstücken, verlangt die Verkehrsauffassung, auf die es dabei wesentlich ankommt, für die vollendete Wegnahme regelmäßig nur ein Ergreifen und Festhalten der Sache. Dass der Täter dabei beobachtet wird, schließt die Vollendung der Wegnahme nicht aus; denn Heimlichkeit ist kein Merkmal des Diebstahls. Die alsbaldige Entdeckung gibt nur die Möglichkeit, die Sache dem Dieb, der sie an sich genommen hat, wieder abzunehmen. An der Vollendung des Diebstahls ändert sie nicht"[828].

Dagegen hat sich der BGH in einem ganz ähnlichen liegenden Fall ausdrücklich gegen die Vollendung der Wegnahme ausgesprochen[829]. Hier hatte der Täter während des Einbruchs in eine Gaststätte Diebesbeute in seine Aktentasche gepackt. Er hatte sich dann allerdings in der Gaststube zum Schlafen niedergelegt und war gefasst worden. Der BGH lehnte eine Gewahrsamsbegründung durch das Einpacken der Sachen ab.

Und in einem weiteren Falls heißt es: „Es entspricht nicht den Anschauungen des täglichen Lebens anzunehmen, dass jemand, der in eine Wohnung, deren Inhaber zugegen ist, einsteigt, um zu stehlen, allein dadurch eigenen Gewahrsam an einer Sache begründet, dass er sie innerhalb der Wohnung in die Tasche steckt. Für ihn besteht, solange er sich noch in der Wohnung befindet, allgemein die naheliegende Gefahr, dass der Wohnungsinhaber ihn überrascht und ihn auch in der Ausübung der Herrschaft über die in die Tasche gesteckte Sache behindert. Sie wird dadurch, dass der Wohnungsinhaber schläft, nicht ausgeschlossen"[830].

Auf dieses Urteil stützt u.a. Schröder[831] seine Auffassung, ein nächtlicher Einbruchdiebstahl sei regelmäßig erst mit Verlassen des Gebäudes vollendet; ebenso ein Diebstahl aus einer fremden Wohnung, die vom Täter berechtigterweise nicht betreten werden kann. Hingegen nimmt Schröder beim unbeobachteten Warenhausdiebstahl dann Vollendung an, wenn der Täter die Sache in seiner Tasche versteckt hat, da in diesem Fall dem Wegschaffen unter normalen Umständen kein Hindernis entgegenstehe.

Kriminalpolitische Erwägungen – Zurückverlegung der Vollendungsgrenze, um dem Täter nicht die Rücktrittsmöglichkeit abzuschneiden – vermögen die zuletzt genannten Auffassungen keineswegs überzeugend zu stützen[832]. Weiter wird das Argument gebracht, der Einbrecher habe nach den „An-

---

[824] BGH b. Dallinger MDR 1969,359 f.

[825] BGH b. Dallinger MDR 1967,896.

[826] BGH 5 StR 328/60 – Urt. v. 20.9.1960 (unveröffentlicht). An lediglich anprobierten Ringen begründet der sich als Käufer ausgebende Dieb allerdings noch keinen Gewahrsam; siehe dazu Kap. 5, § 14 III; vgl. auch BGH GA 1966,244 f.

[827] BGH 2 StR 297/57 –Urt. v. 18.9.1957.

[828] BGH GA 1969,91 f. Allerdings setzt dann der BGH noch hinzu – und darin wird eine gewisse Unsicherheit deutlich –: „Hier hatte der Täter Geldstücke … an sich genommen und mit ihnen den Tatort – die Kirche – verlassen. Jedenfalls damit hatte er den fremden Gewahrsam gebrochen und eigenen Gewahrsam an dem Geld begründet, die Wegnahme war also vollendet. Dass der Angekl. … noch auf Kirchengrund gestellt wurde … ändert hieran nichts."

[829] BGH MDR 1960,327.

[830] BGH JR 1963,466.

[831] Schönke-Schröder § 242 Rdnr. 33; ähnlich Hellmuth Mayer JZ 1962,621; Grünwald JuS 1965,312.

[832] Geilen JR 1963,450.

schauungen des täglichen Lebens" keinen Gewahrsam begründet, solange er sich in dem fremden Herrschaftsbereich befindet.

Geilen überlegt: „Gerade wenn man, wie Welzel, auf den Gedanken abstellt, dass der Gewahrsam ein faktischer Friedenszustand ist, kann es deshalb ein Unterschied sein, ob es sich um einen Täter handelt, der befugt oder auch nur unauffällig sich einem fremden Gewahrsamsbereich äußerlich reibungslos eingeordnet hat, oder um einen als solchen auch äußerlich erkennbaren Eindringling. In dem einen Fall des befugt oder doch jedenfalls unauffällig Verweilenden könnte die Körpersphäre nach einem sehr plastischen Ausdruck, den Wimmer verwendet, eine Gewahrsamsexklave bilden und deshalb auch die Wegnahme trotz des umschließenden Raumgewahrsams mit der Einverleibung in die Körpersphäre vollendet sein; im anderen Fall beim Einbrecher könnte dagegen der Widerstand des umschließenden Raumgewahrsams stärker und deshalb auch zur Durchdringung der Körpersphäre eher geeignet sein"[833].

Eigener Gewahrsam soll also einerseits durch das Einstecken oder Ergreifen der Sache entstehen. Andererseits soll der überlegene Einfluss der Herrschaftssphäre (des „Raumgewahrsams", wie Geilen es nennt) überwiegen. Dabei übersieht Geilen jedoch, dass nicht der Raum den Gewahrsam vermittelt, sondern der eine Zuordnung begründende Kontakt einer Person zu einer Sache. Die Zuordnung muss sich nach der von uns vertretenen Auffassung im dinglichen Bereich aufgrund der Kulturnormen ergeben. Danach ist eine Sache, die jemand in seine Tasche steckt, ihm ausnahmslos zuzuordnen. Aus dieser Sphäre kann eine Sache nur freiwillig oder durch Wegnahme wieder hervorgebracht werden.

Grundsätzlich hat auch derjenige Gewahrsam, der eine Sache in die Hand nimmt. Ausnahmen können sich hier nur ergeben, wenn das In-die-Hand-Nehmen sich im Rahmen von Gewohnheit und Sitte hält, wie es etwa bei Kunden hinsichtlich der Begutachtung von Waren oder bei Besuchern hinsichtlich des Betrachtens von Kunstgegenständen der Fall ist. Da eine solche Ausnahme bei dem Dieb nicht vorliegt, begründet er durch das Ergreifen einer fremden Sache Gewahrsam – soweit er nicht als Kunde oder Besucher auftritt. Der Einbrecher braucht die fremde Sache also zur Gewahrsamsbegründung nicht einmal eingesteckt zu haben. Schon mit dem Ergreifen der Sache in Zueignungsabsicht ist der Diebstahl vollendet (wenn auch noch nicht beendet[834]).

Da die h.M. im Grunde von einem in seinem Wesen physisch geprägten Gewahrsamsbegriff ausgeht, ergeben sich hier vor allem bei der Vollendung des Raubes Schwierigkeiten. Das zeigt sich zum Beispiel an einer kuriosen Entscheidung des Reichsgerichts, wo bei der Frage nach dem Gewahrsam auf die Körperkräfte des Täters abgestellt wurde[835]. Eben weil der Täter ein gewalttätiger und dem Überfallenen körperlich überlegener Mensch war, sollte er Gewahrsam an den neben das niedergeschlagene Opfer gelegten Sachen begründet haben; nicht aber, weil er die Sachen bereits an sich genommen hatte.

Nun hängt die Beantwortung von Gewahrsamsfragen zugegebenermaßen ganz entscheidend von den Besonderheiten des Einzelfalles ab, wie das RG im vorliegenden Fall und auch sonst immer wieder betont hat[836]. Welzel hat aber zu Recht auf die Gefahren einer solchen „kasuistischen" Methode hin-

---

[833] Geilen a.a.O.
[834] Beendet wäre der Diebstahl erst mit dem Wegschaffen der Beute. Die Frage der Beendigung braucht hier aber nicht erörtert zu werden, da der Täter zu diesem Zeitpunkt die Tat bereits vollendet und somit Gewahrsam erlangt hat.
Zur Vollendung/Beendigung vgl. Isenbeck NJW 1965,2326 ff.
[835] RGSt 66,394 ff.
[836] RGSt 66,395; weiter RGSt 5,222; 35,115; 45,249; 47,210; 52,75; 58,49; ebenso BGHSt 22,182; BGH MDR 1957,141; 1967,896; BGH GA 1962,77 f; vgl. auch Hellmuth Mayer JZ 1962,621.

gewiesen[837]: „Sie bleibt nur solange ein rechtliches Verfahren, als sie die Beurteilung des Einzelfalles von einem zuvor klar umschriebenen, generellen Rechtsgedanken aus vornimmt, andernfalls würde sie im ‚chaotischen' Rechtsdenken einer reinen Kadijustiz enden. Auch wenn die Beurteilung der Gewahrsamsverhältnisse nur unter Berücksichtigung der Besonderheiten des Einzelfalles möglich ist, so muss sie sich doch stets als Konkretion eines generellen Rechtsgedankens ausweisen. Auf diesen kommt es nicht weniger entscheidend an, als auf die Besonderheiten des Einzelfalles."

Indem wir den Gewahrsam aus dem System der Vermögensdelikte heraus begrifflich erfasst und durch Behandlung der wesentlichen Sachprobleme fest umrissen haben, ist es gelungen, über die „kasuistische Methode" hinauszukommen. Dass auf diese Weise klare und befriedigende Ergebnisse erzielt werden können, zeigt sich insbesondere bei der Deliktsabgrenzung, so auch bei der Abgrenzung von Raub und räuberischem Diebstahl.

Wir hatten festgestellt, dass der Einbrecher mit dem Ergreifen[838], der diebische Gast erst mit dem Einstecken eines Gegenstandes den Diebstahl vollendet hat. Somit beginge der Einbrecher, der mit der gestohlenen Sache in der Hand auf frischer Tat betroffen wird, einen räuberischen Diebstahl gem. § 252 StGB, falls er gegen eine Person Gewalt verübte oder Drohungen mit gegenwärtiger Gefahr für Leib oder Leben anwendete, um sich im Besitz des gestohlenen Gutes zu erhalten[839]. Hätte der Täter noch keinen neuen Gewahrsam begründet, sondern würde er mit Gewalt gegen eine Person oder unter Anwendung von Drohungen mit gegenwärtiger Gefahr für Leib oder Leben eine fremde bewegliche Sache an sich bringen, so beginge er einen Raub gem. § 249 StGB[840].

Tötet der Raubmörder sein Opfer, um es anschließend auszurauben, so liegt ein Gewahrsamsübergang an den vom Opfer mitgeführten Sachen erst dann vor, wenn der Raubmörder eine Sache des Opfers an sich genommen hat. Denn vorher besteht keine Zuordnung im dinglichen Bereich. Der Raub ist also mit der Tötung des Opfers noch nicht vollendet[841]. Auch tritt nach der Tötung kein gewahrsamsloser Zustand ein, in dem dann etwa eine Unterschlagung erfolgen könnte, wie dies teilweise von der Rechtsprechung und Literatur angenommen wurde[842]. Denn eine Zuordnung bleibt nach wie vor bestehen.

Soltmann vertritt eine noch weitergehende Meinung, wonach der Gewahrsam an den Sachen des überfallenen Opfers auch bei Anwendung anderer Gewaltmittel (zum Beispiel Körperverletzung oder Fesselung) verloren gehe, sobald das Opfer keinen ernsthaften Widerstand mehr leisten kann[843]. Er – wie auch die Rechtsprechung und die übrige Literatur – verfallen hier wieder in den Fehler, den Gewahrsam allein von der physischen Gewalt her zu beurteilen.

---

[837] GA 1960,264.

[838] Also auch mit dem Aussondern, Einstecken oder Einfüllen in mitgebrachte Behältnisse; so auch RG Rechtspr. 2,660 bei Getreidediebstahl (mit dem Einfüllen in die Säcke war Gewahrsam der Täter an dem Getreide begründet); einschränkend RG Rechtspr. 7,539; RGSt 12,353; 27,395.
Allerdings muss bei sehr schweren oder sperrigen Gegenständen (beispielsweise bei Möbelstücken) je nach Lage des einzelnen Falles entschieden werden, ab wann die Sache dem Täter zuzuordnen ist. In der Regel wird hier erst nach Verlassen der Wohnung eigener Gewahrsam des Täters begründet sein.

[839] So auch BGH b. Dallinger MDR 1969,359 f.

[840] So auch BGHSt 4,210; 20,33; RGSt 67,186. Danach erfordert der Tatbestand des Raubes, dass die Gewalt das Mittel sein muss, um die Wegnahme der Sache zu ermöglichen: „Die Gewalt muss also zum Zwecke der Wegnahme angewendet werden".

[841] So aber RGSt 60,51; Soltmann S. 47 f.

[842] RGSt 56,23; 59,273; Frank § 239 Anm. VII 2: Zwischen dem Gewahrsamsverlust und dem Erlangen des Gewahrsams durch den Angreifer liege eine gewahrsamslose Pause.

[843] Soltmann a.a.O.

III. Der Diebstahl im Seblstbedienungsladen

Die Vollendung der Tat beim Diebstahl im Selbstbedienungsladen ist zum Thema vieler Abhandlungen geworden. Bedeutung kommt dem Problem insofern zu, als ein großer Teil aller zur Aburteilung kommenden Zueignungsdelikte Warenhausdiebstähle sind. Ein Teil der Literatur und der Rechtsprechung kommt dann zu keinem Gewahrsam des Täters, wenn dieser vom Personal beim Einstecken der Waren beobachtet wird[844]. Vielfach unterscheidet man hier noch, ob der Beobachtende ohne weiteres in der Lage war, sofort mit Erfolg einzugreifen, oder ob der Täter an der Herrschaft über die Sache trotz der Beobachtung infolge besonderer Umstände nicht gehindert werden konnte[845]. Gegen diese früher h.M. wandte sich mit großer Entschiedenheit Welzel[846], dem sich der Bundesgerichtshof[847] und ein großer Teil der Literatur[848] anschlossen. Welzel vertritt die Auffassung, dass die in einem Warenhaus ausliegende Ware sofort mit dem Einstecken in die mitgebrachte Einkaufstasche usw. der Herrschaftssphäre des Täters „einverleibt" werde[849]. Die Tatsache der Beobachtung ändere an den hergestellten Besitz- und Gewahrsamsverhältnissen überhaupt nichts. Die Grenze zwischen den einzelnen Besitz- und Gewahrsamskreisen werde nicht durch Proportionen der physischen Kraft oder der räumlichen Nähe, sondern durch die sozialen Herrschaftssphären gezogen, die die Sitte, das Herkommen, der Brauch oder die Konvention dem Einzelnen zuwiesen. Was eine Person in ihr Haus bringe oder in ihren Kleidern und Taschen verberge, das falle in ihre Herrschaftssphäre, auch wenn diese Herrschaft nur ganz vorübergehend sei[850].

Cordier bemerkt dazu, dass in dem Augenblick, in dem der Täter die Ware in seinem Blusenausschnitt, seinen Kleidern oder seiner Tasche „verschwinden" lässt, die Verfügungsgewalt des bisherigen Gewahrsamsinhabers beendet sei, selbst wenn er unmittelbar neben dem Täter gestanden hat. „Im Blusenausschnitt, in den Kleidern, in der Tasche des Kunden haben der Geschäftsinhaber und sein Personal nichts zu suchen", meint Cordier. „Hier beginnen die Rechte einer anderen Person. An den Sachen, die sich dort befinden, hat der Geschäftsinhaber keinen Gewahrsam mehr"[851]. Wimmer zählt darüber hinaus verschiedene Arten eines sehr unmittelbaren Kontaktes je nach der Nähe zum Körper auf:

a) Die Sache befindet sich am Körper selbst (in den Haaren, im Mund, im Magen),

b) zwischen Körper und Kleidung oder in der Kleidung (Hosentasche),

c) in einem persönlichen Gebrauchsgegenstand mit Körperkontakt (Hand-, Einkaufs-, Aktentasche, Regenschirm, Prothese, Krücke, Hörapparat).[852]

Wimmer geht davon aus, dass beim Diebstahl im Selbstbedienungsladen das Einbringen von Gegenständen in ein solches „Körperversteck" den Gewahrsam des Täters herbeiführe. Denn es sei nicht nur eine natürlich Scheu anderer vor gezielten Eingriffen in diese Bereiche vorhanden, sondern

---

[844] Schönke-Schröder § 242 Rdnr. 35; Huschka NJW 1960,1189; Hellmuth Mayer JZ 1962,617 ff; RG GA 69,103; BGHSt 4,199; OLG Hamm NJW 1954,523; 1961,328; OLG Düsseldorf NJW 1961,1368.

[845] RGSt 66,396; 76,133; BGH b. Dallinger MDR 1957,141; OLG Hamburg NJW 1960,1920; OLG Tübingen SJZ 1947,556 mit Anm. Sachs.

[846] Welzel GA 1960,257; 1961,350; NJW 1961,328.

[847] BGHSt 16,271; 17,206; BGH GA 1963,147; vgl. auch OLG Celle NJW 1967,1923.

[848] Cordier NJW 1961,1340; Maurach S. 197; Wimmer NJW 1962,614; Otto ZStW 79,61; Geilen JR 1963,446; Schwarz-Dreher § 242 Anm. 2 A a; Heimann-Trosien LK 1970 § 242 Anm. 32.

[849] Welzel GA 1960,262.

[850] Welzel NJW 1961,329.

[851] Cordier NJW 1961,1340.

[852] Wimmer NJW 1962,611.

darüber hinaus bewirkten die Normen, die sich mit dem Schutz der Menschenwürde, des Schamge-fühls, der Ehre oder der körperlichen Unversehrtheit befassen, eine Abschirmung vor fremden Ein-griffen[853].

Zwar ist Hellmuth Mayer[854] darin zuzustimmen, dass man sich hüten muss, allein von den äußeren Gegebenheiten auf den Gewahrsam einer Person zu schließen; hat aber ein Täter im Warenhaus die entwendete Sache in einem „Körperversteck", oder wie Wimmer[855] es noch genauer bezeichnet, in einer „Gewahrsamsexklave" untergebracht, so ist gerade bei Berücksichtigung „sozialer Aspekte" an einem Gewahrsam dieses Täters nicht mehr vorbeizugehen. Hier noch darauf abstellen zu wollen, ob eine intensive Beobachtung durch Angestellte oder einen Warenhausdetektiv vorgelegen hat oder ob der Ladeninhaber seine Ansprüche auf Rückgabe der entwendeten Sachen „ohne erhebliche Schwie-rigkeiten" geltend machen kann, muss – wie Welzel richtig erkannt hat – auch nach der zurzeit herr-schenden Gewahrsamstheorie als eine Fehlinterpretation der „sozialen" Momente des Gewahrsams angesehen werden.

Es geht also nicht um die von Hellmuth Mayer[856] aufgeworfene und zugleich als untauglich erkannte Frage, wann die Verkehrsanschauung ein Haben des Diebes als Gewahrsam betrachtet; sondern es geht darum, sich die Frage zu beantworten, wann jemandem nach den Kulturnormen eine Sache im dinglichen Bereich offenkundig zugeordnet werden kann. Somit tut es nichts zur Sache, ob es ein Dieb ist oder ein ehrenwerter Bürger, der eine Sache in die Tasche gesteckt hat, ob ein Täter phy-sisch stark oder schwach ist. Vielmehr ist davon auszugehen, dass derjenige, der eine Sache zum Beispiel in seiner Hosentasche bei sich trägt, aufgrund der Kulturnormen ausnahmslos Gewahrsam daran hat[857].

Wenn Schröder dagegen die Meinung vertritt, es sei nicht richtig, dass nach den Anschauungen des täglichen Lebens die enge körperliche Sphäre eine ausschließliche Gewahrsamssphäre der Person darstelle[858], so ist ein besonderes Augenmerk auf seine Begründung zu legen. Diese Ansicht wird nämlich damit zu belegen versucht, dass zum Beispiel der Arbeitgeber nach der „natürlichen Le-bensauffassung" den Gewahrsam an den ihm gehörenden Werkzeugen behielte, die ein Arbeitneh-mer bei sich trägt[859].

Hierbei wird aber übersehen, dass es zunächst der Untersuchung bedürfte, ob der Arbeitgeber wirk-lich Alleingewahrsam an den Werkzeugen behält[860], die seine Arbeitnehmer benutzen; ob die Ar-beitnehmer nicht doch zumindest Mitgewahrsam an den Arbeitsgeräten begründen, die sie in ihre Tasche stecken. Denn auch Schröder könnte von seiner Gewahrsamsdefinition her zu einem Ge-wahrsam des Arbeiters an den in seiner Tasche befindlichen Werkzeugen kommen, da ein tatsächli-ches Herrschaftsverhältnis und ein Herrschaftswille (jedenfalls vorübergehend) bestehen, und die Anschauungen des täglichen Lebens sich ebenso gut als Argument für einen Gewahrsam des Arbei-ters anführen lassen.

Im Übrigen ergibt sich nach der von Schröder u.a. und früher auch vom BGH[861] vertretenen Auffas-sung, dass ein beobachteter Täter, der nur Nahrungs- und Genussmittel oder andere Gegenstände des

---

[853] Wimmer NJW 1962,613 f.
[854] Hellmuth Mayer JZ 1962,619.
[855] Wimmer NJW 1962,612.
[856] Hellmuth Mayer JZ 1962,619.
[857] Siehe dazu Kap. 4, § 13 III 2 und Kap. 5, § 14 III.
[858] Schönke-Schröder § 242 Rdnr. 35.
[859] Schönke-Schröder a.a.O.
[860] Siehe dazu Kap. 5 § 14 VI 4: Arbeitgeber und Arbeitnehmer haben danach Mitgewahrsam.
[861] BGHSt 4,199.

hauswirtschaftlichen Verbrauchs in geringer Menge oder von unbedeutendem Wert zum alsbaldigen Verbrauch in seine Einkaufstasche oder auch Jackentasche gesteckt hat und an der Ladenkasse gestellt wird, nicht bestraft werden kann. Denn ein vollendeter Mundraub kommt nach Meinung derer, die eine vollendete Wegnahme der Beobachtung wegen ablehnen, nicht in Frage; und ein versuchter Mundraub ist nicht strafbar.

Wenn man dieses Ergebnis und die entsprechenden Fälle dazu überdenkt, dann kann man sich des Eindrucks nicht erwehren, dass die Literatur und Rechtsprechung in den letzten Jahrzehnten in Gewahrsamsfragen eine tragfähige Grundlage verloren hat[862]. Welzel, der in Gewahrsamsfragen einen wohltuenden Einfluss auf die neuere Literatur und Rechtsprechung ausgeübt hat, vertrat gerade zum Diebstahl im Selbstbedienungsladen die Auffassung, hier sei ein „wesensmäßig physischer und nicht sozial geprägter Gewahrsamsbegriff" zugrunde gelegt worden[863]. Welzel ist beizupflichten, insbesondere wenn er einen solchen Gewahrsamsbegriff für den „Sündenfall" in der Gewahrsamslehre hält[864].

In der Tat wurde immer wieder darauf abgestellt, ob der Täter beobachtet wurde, ob er physisch unterlegen oder überlegen war, ob von dem Beobachtenden die Verhinderung der Wegnahme zu erwarten war, ob die Beobachtung eine sichere war usw. So verneint zum Beispiel das OLG Hamm, unter Berufung auf RGSt 66,394, den Gewahrsam einer beobachteten Täterin an den bereits in ihrer Einkaufstasche befindlichen Romanheften, weil es sich bei der Täterin nicht um eine gewalttätige oder der Geschäftsinhaberin körperlich überlegene Person handelt[865]. Das OLG Hamburg stellt in einem Urteil sogar darauf ab, ob der Täter dem ihn verfolgenden Polizeibeamten mit dem gestohlenen Fahrzeug noch davonfahren konnte[866].

Darüber hinaus heißt es in einem Urteil des OLG Bamberg: Im Falle des Diebstahls sei der Gewahrsam „Kampfobjekt". Unter dem Schutz der Heimlichkeit löse sich die „Kampfsituation" ohne besondere Schwierigkeiten[867]/[868].

Auch der BGH führt in einem noch neueren Urteil, das allerdings keinen Diebstahl im Selbstbedienungsladen betrifft, Folgendes aus: „Hier handelt es sich um Geld, das man leicht und unauffällig wegtragen kann. Der Beschwerdeführer hatte die Scheine eingesteckt. Die Eigentümer wussten das noch nicht, als sie mit ihm im Hausflur zusammentrafen. Sie waren ihm körperlich unterlegen und nicht so behände wie er. Das alles deutet darauf hin, dass ihr Gewahrsam an dem Geld bereits gebrochen war und dass der Angeklagte schon eigenen Gewahrsam daran begründet hatte"[869]. Hier wird also in jüngerer Zeit noch einmal recht deutlich, dass auch der Bundesgerichtshof einen in der Hauptsache physischen und nicht sozial geprägten Gewahrsamsbegriff noch verwendet, wenngleich er sich bereits in seiner grundlegenden Entscheidung zum Warenhausdiebstahl vom 6.10.1961 voll der – zumindest weiterführenden – Meinung von Welzel angeschlossen hatte[870].

---

[862] Symptomatisch sind u.a. die häufigen Meinungswechsel in der Rechtsprechung des BGH zu Gewahrsamsfragen; vgl. BGHSt 4,199 im Gegensatz zu BGHSt 16,271; 17,206 oder BGH JR 1963,466 im Gegensatz zu BGH b. Dallinger MDR 1967,896; BGHSt 20,194.

[863] Welzel GA 1960,266; er wird kritisiert von Schmitt JZ 1968,307 f.

[864] Hier hat man sich im Grunde immer noch nicht von dem verbal als überholt abgelehnten Gewahrsamsbegriff des PrALR gelöst.

[865] OLG Hamm NJW 1954,523.

[866] OLG Hamburg MDR 1960,780.

[867] OLG Bamberg HESt 2,18.

[868] Schon der martialische Sprachstil lässt für einen als soziale Erscheinung aufgefassten Gewahrsam keinen Raum. Kritisch dazu auch Welzel GA 1960,266.

[869] BGHSt 20,196; siehe auch Abschnitt II.

[870] BGHSt 16,271.

Wenn man Gewahrsam als die offenkundige, sich aufgrund der Kulturnormen im dinglichen Bereich ergebende Zuordnung einer Sache zu einer Person ansieht, ergibt sich Folgendes: Solange der Kunde im Selbstbedienungsladen die Ware zum Prüfen in die Hand nimmt oder in dem bereitgestellten Drahtkorb zur Kasse trägt, befindet er sich im Einvernehmen mit dem Geschäftsinhaber und der sozialen Ordnung.

Dasselbe gilt für das Anprobieren von Kleidung. Es entspricht Gewohnheit und Sitte, auf diese Weise einzukaufen. Zwar ist ein direkter Kontakt des Kunden zu den Waren unleugbar vorhanden; dieser Kontakt ist aber gleichermaßen für den Geschäftsinhaber und seine Angestellten gegeben. Man kann nicht davon ausgehen, dass durch das vorübergehende Ergreifen oder Anprobieren von Waren bereits der Gewahrsam des Geschäftsinhabers aufgehoben und der des Kunden begründet wird[871]. In diesem Stadium sind die Waren aufgrund sozialer und rechtlicher Normen noch dem Geschäftsinhaber, nicht aber dem Kunden zuzuordnen[872].

Allerdings befindet sich der Kunde nicht mehr im Einvernehmen mit dem Geschäftsinhaber und der sozialen Ordnung, wenn er eine Ware, ohne sie bezahlt zu haben, in seine Einkaufstasche, Jackentasche, unter den Mantel usw. steckt oder über das anprobierte Kleidungsstück seine eigene Kleidung zieht. In diesem Fall ist dem Kunden die Sache aufgrund der Kulturnormen zuzuordnen, weil die Einkaufstasche, Jackentasche oder der Raum zwischen Bekleidung und Körper Sphären darstellen, in die andere Personen grundsätzlich nicht eindringen dürfen. Die Ware ist weggenommen; woraus sich zugleich ergibt, dass ein Betrug (einmal abgesehen von der Frage des Sicherungsbetrugs[873]) durch Täuschung an der Kasse[874] nicht in Frage kommen kann. Es liegt also vollendeter Diebstahl (oder Mundraub) vor, falls Waren im Selbstbedienungsladen vor der Bezahlung weggesteckt werden oder anprobierte Bekleidung unter die eigenen Kleider gezogen wird.

§ 22 Der Gewahrsam in den §§ 168 (Störung der Totenruhe) und 289 StGB (Pfandkehr)

In zwei Tatbeständen des Strafgesetzbuchs wird der Begriff der Wegnahme in einem Zusammenhang verwendet, der es fraglich erscheinen lässt, ob hier die gleichen Grundsätze zu gelten haben, wie bei der Wegnahme i.S.d. § 242 StGB. Diese Frage soll im Folgenden geklärt werden.

I. Wegnahme einer Leiche usw.

Nach § 168 StGB wird bestraft,

1. wer unbefugt aus dem Gewahrsam des Berechtigten eine Leiche, Leichenteile oder die Asche eines Verstorbenen wegnimmt,

2. wer an einer Leiche, an Leichenteilen, an der Asche eines Verstorbenen oder an einer Beisetzungsstätte beschimpfenden Unfug verübt,

3. wer eine Beisetzungsstätte zerstört oder beschädigt.

Ginge es dabei um den Schutz der Eigentumsordnung, so erübrigte sich dieser Tatbestand, da das Eigentum bereits durch die Bereicherungs- und Schädigungsdelikte ausreichend geschützt wird. Zweck der in § 168 getroffenen Regelung ist jedoch die Aufrechterhaltung der Totenruhe, wodurch

---

[871] In diesem Fall könnte es in Selbstbedienungsläden überhaupt nicht mehr zu einem Diebstahl, sondern nur noch zu einer Unterschlagung kommen.

[872] Siehe dazu Kap. 5, § 14 III.

[873] Die Voraussetzungen des Sicherungsbetrugs sollen hier nicht erörtert werden.

[874] So Huschka NJW 1960,1189; OLG Düsseldorf NJW 1961,1368.

einem Gefühl der Pietät gegenüber Verstorbenen und Hinterbliebenen Rechnung getragen wird. Daraus folgt, dass § 168 nur für die Fälle in Frage kommt, in denen die Totenruhe gestört wird. Liegt hingegen eine Eigentumsverletzung vor, wird beispielsweise eine Leiche aus der Anatomie oder aus einem Museum entwendet, so kommt nicht § 168, sondern ein Vermögensdelikt in Betracht[875]. Die Bezeichnung des § 168 1. Alt. als Leichendiebstahl[876] ist somit irreführend.

Dem Gesetzeszweck des § 168 entspricht u.a. das Verbot, eine Leiche, Leichenteile oder die Asche eines Verstorbenen unbefugt dem „Gewahrsam" des Berechtigten zu entziehen. Aus einem Vergleich mit der 2. und 3. Alternative des § 168, wonach der beschimpfende Unfug an den sterblichen Überresten oder der Beisetzungsstätte und die Zerstörung oder Beschädigung der Beisetzungsstätte mit Strafe bedroht ist, wird klar, dass die 1. Alternative die Entziehung der Kontaktmöglichkeit, also eine Unterbrechung der „sozialen Zuordnung" der sterblichen Überreste betrifft und damit Gewahrsamsbruch erfordert.

Zwar geht es hier nicht um eine diebliche Wegnahme; dennoch kommt es auf die sich aufgrund der Kulturnormen im dinglichen Bereich ergebende Zuordnung an. Also ist der Gewahrsamsbruch verboten. Ob allerdings der Zuwiderhandelnde eigenen Gewahrsam begründet oder nicht, ist belanglos. Zu einer Begründung eigenen Gewahrsams auf Seiten des Täters wird es aber ausnahmslos kommen müssen, weil die Gewahrsamsbegründung das Korrelat zur Gewahrsamsentziehung darstellt. Insofern ist an der Fassung des § 168, die von einem Wegnehmen aus dem Gewahrsam des Berechtigten spricht, nichts auszusetzen. Wenn im Schrifttum teilweise die Ansicht vertreten wird, der Gewahrsam i.S.d. § 168 sei weiter als in § 242 zu verstehen[877], so beruht dies auf einer abweichenden Auffassung vom Gewahrsamsbegriff.

II. Die Wegnahme i.S.d. § 289 StGB (Pfandkehr)

Unser Strafrecht kennt drei sich gegen Vollstreckungshandlungen richtende Tatbestände: Den Verstrickungsbruch nach § 137, die Vollstreckungsvereitelung nach § 288 und die Pfandkehr gem. § 289. Während beim Verstrickungsbruch das durch die Pfändung oder Beschlagnahme entstandene öffentlich-rechtliche Gewaltverhältnis beeinträchtigt wird, wenden sich Vollstreckungsvereitelung und Pfandkehr gegen bestimmte Vermögensrechte des Gläubigers. Nur diese Delikte sind daher als Vermögensdelikte anzusehen.

Die gem. § 288 unter Strafe gestellte Handlung besteht darin, dass der Täter bei einer ihm drohenden Zwangsvollstreckung Bestandteile seines Vermögens veräußert oder beiseite schafft, und zwar in der Absicht, die Befriedigung des Gläubigers zu verhindern. Demgegenüber liegt die nach § 289 strafbare Handlung in der Wegnahme von Vollstreckungsobjekten zum Nachteil des Inhabers eines Nießbrauchs-, Pfand-, Gebrauchs- oder Zurückbehaltungsrechts. Hierbei geht es um eigene Sachen des Täters oder um fremde Sachen, die der Täter zugunsten des Eigentümers wegnimmt.

Während also bei § 288 die Zwangsvollstreckung drohen muss, braucht dies bei § 289 nicht der Fall zu sein. Vielmehr genügt für § 289 das bloße Bestehen eines der im Tatbestand aufgezählten Sicherungs- oder Nutzungsrechte. Dennoch sieht § 289 eine Freiheitsstrafe bis zu drei Jahren, § 288 aber nur bis zu zwei Jahren und § 137 sogar nur bis zu einem Jahr Höchstdauer vor. Das lässt sich nur dadurch erklären, dass für die Pfandkehr die Wegnahme erschwerend ins Gewicht fällt. Von § 289 sollen demnach die Fälle erfasst werden, in denen der Täter keinen „Gewahrsams-Kontakt" zu der

---

[875] Vgl Schönke-Schröder § 168 Rdnr. 2; Welzel Lb. S. 451; Schwarz-Dreher § 168.
[876] Vgl. Jagusch LK 1958 § 168 Anm. 1.
[877] Vgl. Welzel Lb. S. 451; Schwarz-Dreher § 168 Anm. 2 B; Maurach BT S. 395; Frank § 168 Anm. I.

von ihm weggenommenen Sache hatte. Der straferschwerende Umstand ist also in der Gewahrsams-verletzung zu sehen[878], so dass unter Wegnahme i.S.d. § 289 der Bruch fremden und die Begründung neuen Gewahrsams zu verstehen ist.

Hierauf deutet auch hin, dass sich die Wegnahme nach § 289 nicht nur auf eigene Sachen des Täters, sondern auch auf fremde Sachen erstrecken kann, die zugunsten des Eigentümers derselben dem Sicherungs- oder Nutzungsberechtigten entzogen werden. An diesen zuletzt genannten Sachen wird aber in der Regel ohnehin kein Gewahrsam des Täters bestehen. § 289 stellt daher einen Spezialfall des Diebstahls zugunsten eines Dritten dar, wenn der Täter eine fremde bewegliche Sache dem Nutznießer, Pfandgläubiger oder demjenigen, welchem an der Sache ein Gebrauchs- oder Zurückbe-haltungsrecht zusteht, in rechtswidriger Absicht aber bei Kenntnis des Sachverhalts wegnimmt. Nimmt der Täter seine eigene Sache weg, so kommt ein Diebstahl schon deswegen nicht in Betracht, weil es an der Fremdheit der Sache fehlt.

Es ergibt sich, dass – entgegen der h.M.[879] – in dem sog. „Rücken" des Mieters keine Pfandkehr ge-sehen werden kann, weil der Mieter keine Wegnahme begeht[880]. Dieses Ergebnis erscheint selbst dann sinnvoll, wenn der Vermieter – zum Beispiel bei einem untervermieteten Zimmer – Mitge-wahrsam an den Sachen des Mieters hat; weil die Umstände der Tat in diesem Fall nicht eine Bestra-fung aus dem gegenüber § 288 erhöhten Strafrahmen rechtfertigen würden. Eine Bestrafung wegen „Rückens" kommt somit nur nach § 288 bei einer dem Mieter drohenden Zwangsvollstreckung in Betracht.

---

[878] So auch Schönke-Schröder § 289 Rdnr. 8; Frank § 289 Anm. III; Kohlrausch-Lange § 289 Anm. III; a.A. die h.M., siehe Kap. 1, § 4 IV.
[879] Vgl. Welzel Lb. S. 367; Schwarz-Dreher § 289 Anm. 1 A; Maurach BT S. 276; Jagusch LK 1958 § 289 Anm. 3; Liszt-Schmidt S. 630; RGSt 38,174.
[880] So auch Schönke-Schröder § 289 Rdnr. 8.

7. Kapitel

Spezielle Probleme der Unterschlagung

§ 23 Fundunterschlagung

Nimmt jemand ein auf der Straße, in einem Warenhaus, Postamt, Theater, Wartesaal usw. verlorenes Portemonnaie an sich, so hat er Gewahrsam an einer Sache begründet, die zuvor gewahrsamslos war. Letzteres hatten wir bereits festgestellt[881]. Offen geblieben ist bis jetzt aber die Frage, wie die rechtswidrige Zueignung einer Fundsache strafrechtlich zu beurteilen ist. Da sich verlorene Sachen in niemandes Gewahrsam befinden, können sie auch nicht gestohlen werden. Vielmehr könnte Unterschlagung in Frage kommen; was an dieser Stelle dogmatisch zu begründen ist. Dabei wird noch einmal die Frage akut, ob man sich eine Sache auch dann zueignen kann, wenn man sie vorher nicht in Gewahrsam hat.

Wir hatten festgestellt, dass Zueignung Enteignung des Berechtigten durch Anmaßung einer eigentümerähnlichen Herrschaftsmacht über eine Sache bedeutet[882]. Daher kann es für die Zueignung nicht genügen, wenn man die auf der Straße liegende Sache von weitem betrachtet und sich Gedanken über deren Verwendung macht. Vielmehr ist erforderlich, dass ein Kontakt zu der Sache dergestalt aufgenommen wird, das die Ausübung der fremden Herrschaftsbefugnisse möglich wird. Daraus folgt, dass man sich nur eine Sache zueignen kann, die einem auch sozial zugeordnet wird, die man also in Gewahrsam (Allein- oder Mitgewahrsam) hat, wie es in § 246 StGB für die Unterschlagung auch gefordert wird („wer eine fremde bewegliche Sache, die er in … Gewahrsam hat, sich rechtswidrig zueignet …"). Der Gewahrsam ist somit eine sachliche (aber keine zeitliche) Voraussetzung für die Zueignung der Sache.

Das bedeutet nicht mehr und nicht weniger, als dass der Täter mindestens zur Zeit des Zueignungsaktes Gewahrsam an der Sache haben muss, weil man über eine Sache nur dann „wie der Eigentümer" verfügen kann, wenn man sie in Gewahrsam hat. Ob vor der Zueignung Gewahrsam an der Sache bestanden hat, oder ob erst im Zeitpunkt der Zueignung Gewahrsam erlangt wird, das bleibt ohne Belang. Von Bedeutung ist allein, dass im Zeitpunkt der Zueignung, die als einmaliger dynamischer Akt zu begreifen ist, eine „sozial-normative Zuordnung" der Sache zum Zueignungstäter vorhanden ist.

Die von den Anhängern der sog. strengen Auslegung des § 246 StGB hinsichtlich der Fundunterschlagung vertretene Meinung, dass die Zueignung der Erlangung des Gewahrsam nachfolgen müsse[883], entbehrt also jeglicher Grundlage. Andererseits ist auch die Meinung nicht haltbar, wonach der Gewahrsamserwerb der Zueignung nachfolgen kann oder der Täter überhaupt keinen Gewahrsam gehabt zu haben braucht[884].

Allerdings ist noch keine Zueignung einer Fundsache und damit auch keine Fundunterschlagung gegeben, wenn der Finder die Sache lediglich an sich nimmt. Denn wie bereits erörtert wurde[885], bedarf die Zueignung der in einer äußeren Handlung sich manifestierenden Herstellung einer eigentümerähnlichen Herrschaft über die Sache. Fundunterschlagung liegt also erst dann vor, wenn der Täter die objektive Seite der Zueignung verwirklicht, d.h. wenn der Täter erkennbare Schritte unter-

---

[881] Siehe Kap. 6, § 18.
[882] Siehe Kap. 3, § 8 II.
[883] Siehe Kap. 1, § 4 II 2 a.
[884] So einige Vertreter der weiten berichtigenden Auslegung; vgl. z.B. Welzel Lb. S. 345; Schönke-Schröder § 246 Rdnr. 1.
[885] Siehe Kap. 3, § 8 IV; Kap. 6, § 21 I.

nimmt, die auf ein Behaltenwollen schließen lassen. Erst dann kann man von einer Enteignung durch Aneignung sprechen.

Die bloße Nichtanzeige eines Fundes kann insofern noch nicht ohne weiteres als Zueignung aufgefasst werden[886], weil es sich dabei um eine einfache Unterlassung handelt, die ebenso bösen Willen wie auch Vergesslichkeit bedeuten kann. Allein der böse Wille oder Vergesslichkeit sind aber nicht strafbar, sondern erst die rechtswidrige Zueignung. So führte bereits Schenck aus, die Ergreifung der Sache sei „noch kein crimen inchoatum, weil eine res vacuae possessionis zu ergreifen, aufzuheben sie nicht liegen zu lassen, nicht Unerlaubtes ist … cogitationis poena nulla est …"[887] Dementsprechend gingen die Partikularstrafgesetze um die Mitte des 19. Jahrhunderts, die sämtlich einen besonderen Tatbestand der Fundunterschlagung bzw. eines „Funddiebstahls" enthielten, einheitlich davon aus, dass dieser Tatbestand erst durch eine zum bloßen Fund hinzutretende Handlung zu verwirklichen sei[888]. Die gleiche Meinung, die man als die heute herrschende bezeichnen kann[889], wurde auch bei den Beratungen der Großen Strafrechtskommission überwiegend vertreten[890].

Wenngleich zuzugeben ist, dass die bloße Absicht rechtswidriger Zueignung noch nicht strafbar sein kann, so liegt doch hier nicht das Problem der Zueignung beim Fund. Denn der Finder erlangt Gewahrsam an einer fremden Sache, so dass man durchaus zu der Auffassung gelangen könnte, Fund und Zueignungsabsicht ergäben zusammen die Zueignung und damit die Fundunterschlagung. Dabei würde man aber übersehen, dass in einem solchen Fall keine Enteignung durch Aneignung, also keine objektive Zueignung im Sinne der hier zugrunde gelegten Begriffsdefinition vorliegt.

Für die Zueignung ist nach der hier vertretenen Ansicht neben dem negativen Element einer Enteignung durch Vermögensentziehung das positive Element einer Aneignung fremder Herrschaftsbefugnisse erforderlich, und zwar mit der sich auf das „se ut dominum gerere" beziehenden Zueignungsabsicht. Es kommt also für die Fundunterschlagung nicht in erster Linie auf die ohnehin schwer feststellbare Zueignungsabsicht an, sondern vielmehr darauf, ob eine Enteignung des Berechtigten durch Vermögensentziehung erfolgt ist und Hand in Hand damit eine Aneignung fremder Herrschaftsbefugnisse durch den Täter. Diese objektiven Kriterien der Zueignung werden durch bloßes Ansichnehmen einer Fundsache – wenn auch in Zueignungsabsicht – noch nicht erfüllt.

Ginge man nämlich davon aus, dass bereits durch die Gewahrsamserlangung die objektiven Kriterien der Zueignung erfüllt seien, so beginge beispielsweise schon derjenige eine Unterschlagung, der ab und zu mit dem Gedanken spielt, eine ihm in Verwahrung gegebene Sache zu behalten aber nichts Entsprechendes unternimmt. Gäbe der Depositar die Sache schließlich doch zurück, so würde das an der vollendeten Unterschlagung nichts ändern; ja nicht einmal ein Rücktritt käme in Betracht. Ebenso läge Unterschlagung bereits vor, wenn sich jemand eine Sache in der Absicht leiht, diese nicht zurückzugeben, hinterher aber seine Absicht vergisst.

Derartige Ergebnisse entsprechen nicht der hier vertretenen Meinung zum Zueignungsbegriff. Fundunterschlagung ist demnach erst gegeben, wenn über das Ansichnehmen einer Fundsache hinaus eine Zueignungshandlung erfolgt, beispielsweise dadurch, dass der Finder die Fundsache erkennbar in sein Vermögen einordnet, ihren Besitz ableugnet, sie zum Verkauf anbietet, als Geschenk verspricht u.s.w.[891]

---

[886] Vgl. auch OLG Hamm JR 1952,204; JMBl. NRW 1960,231.
[887] Schenck, Archiv des Criminalrechts, N.F., 1934,241, 244 f; ebenso Temme S. 126.
[888] Vgl. Zusammenstellung bei Hepp, Archiv des Criminalrechts, N.F., 1850,561 ff.
[889] Siehe Kap. 3, § 8 IV.
[890] Vgl. Niederschriften Bd. 6, BT, S. 52 ff.
[891] Siehe dazu Kap. 3, § 8 IV.

§ 24 Amtsunterschlagung

Dass in § 350 StGB ein qualifizierter Fall des § 246 StGB zu sehen ist (und in § 351 wiederum eine Qualifikation des § 350), darin ist man sich in der Literatur und Rechtsprechung einig[892]. Umstritten ist aber, ob § 350 einen Alleingewahrsam des Täters erfordert, wie ihn die h.M. für § 246 verlangt. Überwiegend wird diese Frage bejaht[893], woraus folgt, dass beim Bruch von Mitgewahrsam keine Amtsunterschlagung gegeben sein kann. Dies ergibt sich aus der Auffassung der h.M., dass der Bruch von Mitgewahrsam Diebstahl sei[894].

Die h.M. kommt demnach zu dem Ergebnis, dass nur in dem Fall, in dem ein Beamter Alleingewahrsam an einer Sache hat, Amtsunterschlagung in Frage kommt. Bestand Mitgewahrsam an der zugeeigneten Sache, dann kommt nicht Amtsunterschlagung, sondern Diebstahl gem. § 242 in Frage, weil § 350 StGB nur eine qualifizierte Unterschlagung erfasst und es einen „Amtsdiebstahl" nicht gibt.

Da es sich bei amtlichem Gewahrsam vielfach um Mitgewahrsam handelt, führt die Auffassung der h.M. sehr oft zu unbefriedigenden Ergebnissen; weil ein Großteil aller Fälle, in denen ein Beamter sich Sachen zueignet, die er in amtlicher Eigenschaft empfangen oder in Gewahrsam hat, nicht der Amtsunterschlagung, wie man annehmen möchte, sondern dem einfachen Diebstahl unterfällt. Nun könnte man darin noch einen Sinn sehen, wenn die Unterscheidung zwischen Alleingewahrsam und Mitgewahrsam, wie sie nach der h.M. vorzunehmen ist, im Behördenbereich überhaupt sinnvoll wäre. Davon kann jedoch nicht ausgegangen werden[895], weil durch die Behördenhierarchie ohnehin allgemeine Möglichkeiten der Aufsicht gegeben sind, durch die allerdings nicht in jedem Fall bereits Mitgewahrsam begründet wird[896].

Aus diesen Überlegungen heraus hat sich ein Teil des Schrifttums und der Rechtsprechung dazu bekannt, auch beim Bruch von Mitgewahrsam unter den Voraussetzungen des § 350 StGB Amtsunterschlagung anzunehmen[897]. Gerade darin muss aber eine Inkonsequenz gesehen werden, die sich mit Argumenten nicht mehr rechtfertigen lässt. Denn es dürfte kaum gelingen, glaubhaft darzulegen, warum der Bruch von Mitgewahrsam in dem einen Fall Diebstahl[898], in dem anderen Fall (nur weil der Täter Beamter ist und die Sache sich in amtlichem Gewahrsam befindet) Unterschlagung sein soll[899]. Andererseits gelingt es aber auch der h.M. nicht, die sich aus ihrer Auffassung ergebenden Widersprüche zu lösen.

Geht man demgegenüber von der hier vertretenen und im Vorstehenden eingehend begründeten Ansicht aus, dass in der Zueignung einer in Mitgewahrsam befindlichen Sache eine Unterschlagung zu

---

[892] Vgl. Welzel Lb. S. 555; Schönke-Schröder § 350 Rdnr. 1, § 351 Rdnr. 1; Schwarz-Dreher § 350 Anm. 1, § 351 Anm. 1; Maurach BT S. 766; Mezger-Blei BT S. 352 f; Lackner-Maassen § 350 Anm. 2, 3; BGHSt 14,40; RGSt 2,280; 44,41; 55,182; 58,336; 64,415; 65,102.

[893] Vgl. Welzel Lb. S. 553 f; Schönke-Schröder § 350 Rdnr. 12; Schwarz-Dreher § 350 Anm. 1 A; Werner LK 1958 § 350 Anm. IV: Mezger-Blei BT S. 353; Lackner-Maassen § 350 Anm. 3; Sauer BT S. 526; Brand NJW 1948,548; RGSt 58,49; RG HRR 1925 Nr. 1297; BGH MDR 1954,118; BGH GA 1956,318; BGHSt 14,38; OLG Oldenburg Nds.Rpfl. 1947,133; 1950,95; OLG Kiel Schl.HA 1949,170; OLG Bremen NJW 1962,1455.

[894] Siehe Kap. 5, § 15.

[895] Das wird auch von den Vertretern der h.M. eingeräumt; vgl. Schönke-Schröder § 350 Rdnr. 12.

[896] Siehe Kap. 5, § 14 VI 4; vgl. auch Schönke-Schröder § 350 Rdnr. 13; OGHSt 2,371; OLG Bremen NJW 1965,1455.

[897] Maurach BT S. 767; Kohlrausch-Lange § 350 Anm. IV 1; Theis SJZ 1949,254; Groetschel NJW 1954,1108; KG DRZ 1947,380; JR 1950,631; OLG Karlsruhe NJW 1950,197; 1952,837.

[898] Vgl. einerseits Maurach BT S. 203; Kohlrausch-Lange § 242 Anm. II 1.

[899] Vgl. andererseits Maurach BT S. 767; Kohlrausch-Lange § 350 Anm. IV 1.

sehen ist[900], so lassen sich die Hauptprobleme der Amtsunterschlagung ohne große Schwierigkeiten lösen. U.a. erweist sich auch der angebliche Fehler des Gesetzes[901], das einen Amtsdiebstahl oder einen Betrug unter Ausnutzung der Amtsstellung nicht kennt, als logische Konsequenz des Gesetzgebers: Es soll nur der Beamte besonders bestraft werden, der Sachen unterschlägt, die er als Beamter in seinem Gewahrsam hat. Verschafft er sich dagegen Sachen mittels Gewahrsamsbruchs oder Täuschung, so hat eine Bestrafung wegen Diebstahls oder Betrugs wie bei jedem anderen Staatsbürger zu erfolgen.

Die nach § 350 erforderliche Handlung besteht, ebenso wie bei § 246, in der rechtswidrigen Zueignung einer Sache. Probleme können sich ergeben, wenn ein Beamter sich von ihm eingezogene Gelder zueignet. Zu einem solchen Fall liegt eine allgemein bekannte Entscheidung des Bundesgerichtshof (Gr.S.)[902] vor, anhand derer sich die Probleme der Amtsunterschlagung sehr gut entwickeln lassen.

Der Entscheidung lag folgender Sachverhalt zugrunde: Ein zur Einziehung von Geldforderungen nicht berechtigter städtischer Beamter hatte verschiedenen Kaufleuten Rechnungen einer staatlichen Behörde zu überbringen. Dabei kassierte er einige Rechnungsbeträge in der Absicht, das Geld für sich zu verbrauchen.

Der BGH setzte voraus, dass ein Beamter eine Sache nicht nur dann in amtlicher Eigenschaft empfange, wenn er sie im Bereich seiner amtlichen Zuständigkeit entgegennimmt, sondern auch dann, wenn ihn derjenige, von dem er sie empfängt, für zuständig hält und der Beamte dies erkennt[903]. Weiter nahm der BGH an, dass die Behörde aufgrund der Nichtigkeit des geheimen Vorbehalts des Beamten, sich selber das Geld zuzueignen, Eigentum an den eingezogenen Rechnungsbeträgen erlangt habe[904].

Trotz dieses Eigentumserwerbs lag nach Meinung des Großen Senats eine Amtsunterschlagung nicht vor. Er vertrat die Ansicht, dass eine Zueignung durch (Amts-)Unterschlagung dann nicht mehr in Frage komme, wenn schon vorher eine Zueignung durch Diebstahl, Betrug, Raub oder Erpressung erfolgt sei. Da sich der Beamte die Rechnungsbeträge durch einen Betrug gegenüber den Kaufleuten zugeeignet habe, komme darüber hinaus eine Unterschlagung nicht mehr in Betracht[905]

Demgegenüber hält ein Teil der Literatur einen Betrug und eine darauf folgende Unterschlagung für gegeben[906]. Die sich daraus ergebenden Konkurrenzprobleme sollen an dieser Stelle nicht behandelt werden, da dem im Schrifttum eingeschlagenen Lösungsweg sowieso nicht zugestimmt werden kann.

In dem entschiedenen Fall war der städtische Beamte zur Einziehung der Rechnungsbeträge nicht befugt. Wenn er bei den Kaufleuten Rechnungen des Staatlichen Chemischen Untersuchungsamts einzog, also nicht einmal Rechnungen seiner eigenen Behörde, so hatte dies mit seiner Beamteneigenschaft und seiner dienstlichen Tätigkeit im Grunde recht wenig zu tun. Eine Verbindung besteht

[900] Siehe dazu Kap. 5, § 15.
[901] Bockelmann JZ 1960,623; BGHSt 14,47 f.
[902] BGHSt 14,38 ff.
[903] BGHSt 14,41 ff; ausdrücklich BGH NJW 1952,191; RGSt 51,116; 71,107; Frank § 350 Anm. I; Schröder JR 1960,309.
[904] BGHSt 14,44; entsprechend RG DR 1940,792. Bedenken dagegen erheben: Schröder JR 1960,308; Bockelmann JZ 1960,623 Fnt. 11; Baumann NJW 1961,1141; die wohl zu Recht davon ausgehen, dass der BGH das Fehlen der Vertretungsmacht des Beamten übersehen habe.
[905] BGHSt 14,43 ff.
[906] Vgl. Schröder JR 1960,308 f; Bockelmann JZ 1960,624 f; Baumann NJW 1961,1141 f; a.A. Schünemann JuS 1968,114 ff.

hier nur insoweit, als der Beamte infolge seiner dienstlichen Tätigkeit an die Rechnungen herankam und aufgrund seiner Beamtenstellung ein größeres Vertrauen genoss.

Anders aber als bei einem Beamten, der irgendeinen Betrug begeht – vielleicht sogar aufgrund seiner Beamteneigenschaft oder seines Titels – konnten im vorliegenden Fall die Gelder nur deshalb eingezogen werden, weil die Kaufleute den Beamten der städtischen Lebensmittelüberwachungsbehörde für berechtigt hielten, die für Lebensmitteluntersuchungen entstandenen Kosten zu liquidieren. Daraus ergibt sich, dass der Beamte die Gelder von den ihn für zuständig haltenden Kaufleuten in amtlicher Eigenschaft empfing. Insoweit ist dem BGH also zu folgen.

Dem BGH ist weiter darin zuzustimmen, dass eine Amtsunterschlagung mangels Zueignung tatbestandlich nicht in Frage kommen kann. Zu diesem Ergebnis gelangt man aber nicht nur dann, wenn man wie der BGH eine Zueignung nach Diebstahl, Betrug, Raub oder Erpressung an derselben Sache nicht für möglich hält. Kassiert nämlich ein beliebiger Beamter Gelder ohne dazu befugt zu sein, dann begeht er einen Betrug gegenüber dem Einzahler. Das ergibt sich daraus, dass bei dem Einzahler durch Täuschung ein Vermögensschaden bewirkt wird, weil eine Tilgung der Verbindlichkeit in Wahrheit nicht eintritt. Wenn dem aber so ist, dann kann nicht zugleich eine Unterschlagung gegenüber der Behörde gegeben sein, denn diese (das Chemische Untersuchungsamt) hat nach wie vor einen Anspruch auf Begleichung der bestehenden Forderung. Eine Zueignung ist hier schon mangels einer Vermögensentziehung gar nicht möglich. Die Behörde hat mit dem Betrug gegenüber den Kaufleuten nicht mehr zu tun, als dass der Betrüger als städtischer Beamter in einem Beamtenverhältnis steht.

Hingegen lägen die Verhältnisse gänzlich anders, wenn der Beamte zur Einziehung von Geldern ermächtigt gewesen wäre. Dann hätte er nämlich durch das Kassieren der Rechnungsbeträge eine nach außen hin nicht zu bemängelnde Amtshandlung vorgenommen und dadurch das Geld zunächst einmal der Verfügungsgewalt der Behörde unterstellt. Zutreffend sagt Otto daher: „Das Kassieren des Geldes ist eine objektiv ordnungsgemäße Handlung. Erst wenn z.B. der Straßenbahnschaffner oder der Postbeamte das empfangenen Geld in die Hosentasche anstatt in die amtliche Kasse steckt, liegt eine rechtswidrige Zueignungshandlung vor"[907]. Daraus folgt zugleich, dass ein Betrug gegenüber dem Einzahler nicht gegeben wäre. Zieht nämlich ein dazu berechtigter Beamter Gelder ein, so muss die Behörde diese Handlung gegen sich gelten lassen, selbst wenn der Beamte die Gelder unterschlägt. Dem Einzahler kann demnach überhaupt kein Schaden entstehen. Es kommt also allein eine Amtsunterschlagung in Betracht.

Nun lässt sich noch der Fall denken, dass ein Beamter, der zur Einziehung von Geldern für eine öffentliche Kasse berechtigt ist, durch Täuschung der Zahlungspflichtigen überhöhte Gebühren erhebt und sich die auf diese Weise erzielten Überschüsse zueignet. Hier ist dann der Tatbestand der übermäßigen Abgabenerhebung des § 353 Abs. 1 StGB (*Abgabenüberhebung*) gegeben. Dieses Delikt richtet sich sowohl gegen den Staat als auch gegen die Einzahlenden. Dementsprechend sieht § 353 Freiheitsstrafe von drei Monaten bis zu fünf Jahren vor.

§ 25 Die Unterschlagung als Nachtat

In der oben zitierten Entscheidung (BGHSt 14,38 ff) beschäftigt sich der Bundesgerichtshof (Gr.S.) außer mit Problemen der Amtsunterschlagung hauptsächlich mit der Frage, ob Unterschlagung an einer Sache möglich ist, die jemand „durch Betrug in der Absicht erlangt hat, sich dadurch die Ver-

---

[907] Otto, Struktur des Vermögensschutzes, S. 137.

fügungsgewalt über sie zu verschaffen"[908]. Der BGH kommt zu dem Ergebnis, dass jeder Dieb, Räuber, Erpresser und Betrüger regelmäßig mit seiner Beute Handlungen vornimmt, die sich nach bereits vollzogener Zueignung als weitere Äußerungen seines Herrschaftswillens darstellen. Es sei jedoch verfehlt, alle diese Handlungen als immer neue Verwirklichungen des Tatbestandes der Unterschlagung zu beurteilen, deren strafrechtliche Selbständigkeit nur unter Konkurrenzgesichtspunkten ausgeschaltet werden könne. Schon dem Wortsinn nach sei Zueignung die Herstellung der Herrschaft über die Sache oder erstmalige Verfügung über sie, nicht aber bloße Ausnutzung dieser Herrschaftsstellung. Auch gebe es weder einen dogmatischen noch einen rechtspolitischen Grund dafür, dem Tatbestand der Unterschlagung neben seiner eigenständigen Aufgabe noch die weitere zuzuweisen, alle Akte der Herrschaftsausübung im Gefolge von Diebstahl, Raub, Erpressung und Betrug strafrechtlich noch besonders zu erfassen. Nachträglich Äußerungen des Herrschaftswillens nach der Zueignung seien also in der Regel tatbestandlich bedeutungslos; sie seien nicht, wie vielfach gesagt werde, (strafloses) Verwertungsdelikt, sondern nur noch Ausnutzung der zuvor deliktisch herbeigeführten eigentümerähnlichen Herrschaft.

Alles dies – so der BGH – gelte auch für die Unterschlagung selbst. Wer sich eine fremde bewegliche Sache, die er in Gewahrsam hat, rechtswidrig zugeeignet habe, begehe durch weitere Herrschaftsbetätigung nicht nochmals Unterschlagung. Nach allem setzte die Unterschlagung schon tatbestandlich voraus, dass sich der Täter die fremde Sache nicht bereits durch eine strafbare Handlung (Diebstahl, Raub, Erpressung, Besitzbetrug) zugeeignet habe[909].

Der BGH verweist auch auf einige Entscheidungen des Reichsgerichts, in denen beispielsweise gesagt wird: Unterschlagung an einer Sache, die sich der Täter schon vorher zugeeignet habe, lasse sich „nicht konstruieren"[910]; oder: wenn der Täter die Sache erst einmal in sein Vrmögen gebracht habe, dann sei für eine nochmalige Zueignung „kein Raum mehr"[911]; oder: wer eine Sache bereits (strafbar) erlangt habe, könne sie sich nicht nochmals zueignen[912]; oder: strafrechtlich erscheine die Veräußerung einer unterschlagenen Sache nur als neue Betätigung der bereits durch die Unterschlagung erlangten tatsächlichen Herrschaft über die unterschlagene Sache und könne deshalb zur Herstellung des Tatbestands einer neuen selbständigen strafbaren Handlung nicht beitragen[913].

Die Ausführungen des Bundesgerichtshofs sind nicht unwidersprochen geblieben. Wohl kaum eine Entscheidung hat die Gemüter in gleichem Maße bewegt wie BGHSt 14,38 ff[914]. U.a. ist dem BGH vorgehalten worden, er habe eine in Wahrheit vorliegende Konkurrenzfrage als Tatbestandsproblem behandelt[915]. In der Tat hat der BGH unter Zurückweisung der im Schrifttum allgemein anerkannten Konstruktion der straflosen (mitbestraften) Nachtat[916] bereits die Tatbestandsmäßigkeit einer Unterschlagung verneint, welche Diebstahl, Raub, Betrug, Erpressung oder Untreue scheinbar nach-

---

[908] BGHSt 14,39.

[909] BGHSt 14,43 ff.

[910] RGSt 15,426.

[911] RG LZ 1925,486.

[912] RGSt 60,371.

[913] RGSt 49,16.

[914] Vgl. Schröder JR 1960,308 f; NJW 1963,1958 ff; Baumann AT S. 647 f; NJW 1961,1141 ff; Bockelmann JZ 1960,621 ff; Schünemann JuS 1968,114 ff; Maurach AT S. 662; BT S. 240; Welzel Lb. S. 346,351; Schönke-Schröder § 246, Rdnr. 34; § 350 Rdnr. 28.

[915] Schröder JR 1960,308; NJW 1963,1961; Bockelmann JZ 1960,623 f.

[916] Baumann AT S. 649; Mezger-Blei AT S. 328; Schönke-Schröder Rdnr. 66 ff vor § 73; § 246 Rdnr. 10; Schröder JR 1960,308; Welzel Lb. S. 235 f, 351; Maurach AT S. 659; Geerds S. 205 ff; Jagusch LK 1958 § 73 Vorbem. C 4, 5; Kohlrausch-Lange § 73 Vorbem. III 3; Sauer AT S. 241; RG HRR 1928 Nr. 1538; RGSt 60,371; 67,77; 68,204; 70,12; 73,6.

folgt[917]. Wenn Schröder jedoch meint, es handle sich um eine reine Konstruktionsfrage, ob man die Tatbestandsmäßigkeit der späteren Zueignung verneint oder den Gesichtspunkt der straflosen Nachtat durchgreifen lasse[918], so irrt er.

Eindeutig hat sich der Große Senat nämlich darum bemüht, die sachliche Unrichtigkeit der gegenteiligen Ansicht nachzuweisen[919]. Freilich ist die dogmatische Begründung nicht sehr ergiebig. Das trifft aber ebenso für die Gegenmeinung zu. Und es kann ja auch gar nicht anders sein, *lassen sich doch die angeschnittenen dogmatisch-systematischen Probleme nicht im Rahmen von Aufsätzen oder Gerichtsentscheidungen lösen.*

Immerhin bemüht sich der BGH um eine teleologisch untermauerte Argumentation, indem er auf den Sinnzusammenhang der Tatbestände abstellt und von daher auch eine Auslegung des Zueignungsbegriffs vornimmt. Die vom Großen Senat erzielten Ergebnisse erweisen sich als weitgehend richtig, wenn man von der von uns vertretenen Konzeption ausgeht. Sowohl die Erlangung fremden Vermögens durch Wegnahme als auch im Wege der selbstschädigenden Verfügung des Betrogenen ermöglicht die eigentümerähnliche Herrschaft des Täters über die Beute. Von strafrechtlicher Relevanz ist die Art und Weise, wie der Täter den Berechtigten in seinem Vermögen geschädigt hat. Sind Diebstahl, Betrug, Raub oder Erpressung bereits vollendet, so kann folgerichtig keine weitere Vermögensschädigung beim Opfer – womöglich durch Unterschlagung, Gebrauchsanmaßung oder Sachbeschädigung – mehr eintreten. Denn durch jede einzelne der vorangegangenen Straftaten erhält der Täter schon die Möglichkeit, „wie ein Eigentümer" über das Tatobjekt zu verfügen. Er kann dieses gebrauchen, verbrauchen, liegenlassen, verkaufen, beschädigen, zerstören usw., wie es ihm gerade gefällt. Jede weitere Verwertungshandlung wird aber erst dadurch ermöglicht, dass sich der Täter durch eine Straftat an die Stelle des Berechtigten gesetzt hat, dessen Eigentümer- oder eigentümerähnliche Stellung also für sich zu beanspruchen de facto in der Lage ist.

Also kann durch eine Verwertungshandlung nicht eine erneute Zueignung erfolgen; denn das hieße, dass sich der Täter eine Sache zueignen könnte, die er bereits „wie ein Eigentümer" beherrscht. Zwar verlangt auch das fortwirkende rechtliche Eigentum weiterhin Respekt. Aber hierzu genügen vollauf die Bestimmungen des bürgerlichen Rechts (§§ 812, 823 BGB)[920]. Strafrechtliche Bedeutung kann einer im Anschluss an einen Diebstahl, Betrug, Raub oder eine Erpressung erfolgende Verwertungshandlung nicht mehr zukommen[921].

Gegen die Auffassung der Verwertungshandlung als straflose (mitbestrafte) Nachtat sprechen allerdings nicht nur dogmatische Überlegungen. Wie der BGH bereits dargelegt hat[922], führt die Gegenmeinung überdies zu unbilligen Ergebnissen. Sieht man nämlich die Verwertungshandlung als lediglich straflose Nachtat an, so kann eine Unterschlagung u.U. strafrechtliche Selbständigkeit erlangen; beispielsweise dann, wenn die zu bestrafende Tat bereits verjährt ist[923]. Das würde aber bedeuten, dass in einzelnen Fällen aufgrund fortwährender Verwertungshandlungen eine Verjährung der Strafbarkeit überhaupt nicht einträte, woraus sich eine unzulässige Umgehung der Verjährungsbestimmungen ergäbe.

---

[917] BGHSt 14,43 u. 47.

[918] Schröder JR 1960,309.

[919] BGHSt 14,43 ff.

[920] So auch Schünemann JuS 1968,117.

[921] Auch unter diesem Gesichtspunkt ergibt sich, dass eine dem Betrug folgende Amtsunterschlagung nicht denkbar ist, da die §§ 350, 351 StGB einen qualifizierten Fall des § 246 darstellen, also ebenfalls eine Zueignung verlangen. Es ist dies das Ergebnis in BGHSt 14,38 ff; vgl. auch Schünemann JuS 1968,117.

[922] BGHSt 14,45 ff.

[923] Vgl. Maurach BT S. 240; BGH MDR 1955,269.

Zusammenfassung ist also festzustellen, dass eine Unterschlagung nicht mehr in Frage kommt, wenn bereits Diebstahl, Betrug, Raub oder Erpressung gegeben sind. Hierdurch erfolgt nicht, wie zum Teil angenommen wird, eine Verwischung der Strukturunterschiede von Eigentums- und Vermögensdelikten[924]. Vielmehr muss man zu dem erzielten Ergebnis gerade unter Berücksichtigung der Systematik der Vermögensdelikte und aus der Überlegung heraus kommen, das sich der Täter dieselbe Sache nicht mehr zueignen kann, wenn er sie sich bereits zugeeignet hat und „wie ein Eigentümer" über sie zu verfügen vermag[925].

Die negative Abgrenzung, die der Entwurf 1962 im Unterschlagungstatbestand[926] vornimmt, erübrigt sich demnach; weil sich bereits nach geltendem Recht aus dem Sinnzusammenhang der Vermögensdelikte ergibt, dass nicht Unterschlagung ist, was als Diebstahl, Betrug, Raub oder Erpressung mit Strafe bedroht ist. Überdies erweist sich rückblickend, dass die Einbeziehung des Untreue- und des Hehlereitatbestandes in die Abgrenzungsformel[927] vom Standpunkt der vorliegenden Untersuchung her ohnehin nicht gebilligt werden kann. Denn wie bereits festgestellt wurde, erfasst der § 266 StGB sowohl die Bereicherung als auch die Schädigung; und wie ebenfalls erörtert wurde, handelt es sich bei § 259 StGB nicht um ein Vermögensdelikt[928].

---

[924] So Schröder JR 1960,308; Baumann NJW 1961,1141 f.
[925] Mehrmals zueignen kann sich der Täter dieselbe Sache allerdings dann, wenn er zwischenzeitlich die eigentümerähnliche Verfügungsmöglichkeit über die Sache wieder verloren hat.
[926] § 240 Abs. 1 E 1962 lautet: Wer eine fremde bewegliche Sache sich oder einem anderen widerrechtlich zueignet, wird mit Gefängnis bis zu drei Jahren oder mit Strafhaft bestraft, wenn die Tat nicht als Diebstahl, Raub, Betrug, Erpressung, Untreue oder Hehlerei mit Strafe bedroht ist.
[927] Auch der BGH bezieht übrigens den Untreuetatbestand a.a.O. S. 47 in seine Abgrenzungsformel ein.
[928] Siehe dazu Kap. 3, § 10.

Zusammenfassung der wichtigsten Ergebnisse

Im **1. Kapitel**

werden anhand von Schrifttum und Rechtsprechung die heute vertretenen Meinungen zum Gewahrsamsbegriff und zum Gewahrsam kraft generellen Herrschaftswillens dargestellt. Des Weiteren werden die Hauptprobleme des Gewahrsams angesprochen, wobei zugleich an die Bedeutung des Gewahrsams in seiner rechtstechnischen Schlüsselfunktion für die Systematik der Vermögensdelikte herangeführt wird.

Es wird festgestellt, in welchen Tatbeständen des Strafgesetzbuchs der Gewahrsamsbegriff mit welchem Bedeutungsinhalt verwendet wird. In diesem Zusammenhang wird auf die Meinungen zur Auslegung des Unterschlagungstatbestands und auf die Abgrenzungsfunktion des Gewahrsams für Diebstahl und Unterschlagung, Diebstahl und Betrug sowie Raub und Erpressung eingegangen. Die Fragen der Diebstahlsvollendung (S. 21, 26 ff), des Mitgewahrsams (S. 29 ff, 31) und des Verhältnisses von Gewahrsam und Zueignung (insbes. S. 21, 23ff, 26 ff) werden angesprochen.

Es wird deutlich, dass verschiedene in der Strafrechtswissenschaft außerordentlich kontroverse Themen auf das Engste mit Fragen des Gewahrsams zusammenhängen und dass die Lösung einzelner Probleme des Vermögensstrafrechts nur von einer Gesamtbetrachtung der Vermögensdelikte unter Einbeziehung der Gewahrsamsproblematik erfolgen kann. Die Vermutung drängt sich auf, dass sich nach einer Klärung der Grundfragen des Vermögensstrafrechts aus dem Zusammenhang heraus die dogmatischen Anliegen verschiedener Autoren als Scheinprobleme erweisen.

Schließlich werden die Beziehungspunkte des Gewahrsamsbegriffs zum bürgerlichen Recht erörtert. Es wird die Meinung vertreten, dass eine Auslegung des Gewahrsamsbegriffs unabhängig vom bürgerlichen Recht nach der dem Strafrecht angemessenen Methode zu erfolgen hat.

Im Rahmen dieses ersten Kapitels, das zum einen der Grundlagenerarbeitung für die Erfassung des Gewahrsamsbegriffs nach normativ-teleologischen Kriterien dient, zum anderen aber auch die Basis für notwendig erscheinende kriminalpolitische Erwägungen bieten soll, werden der Übersichtlichkeit halber Begriffe und einzelne Thesen ohne kritische Stellungnahme zur üblichen Begriffsbildungsmethode erörtert.

Daraus folgt, dass für die Untersuchung und Auslegung des Gewahrsamsbegriffs der Unterscheidung von Diebstahl und Unterschlagung sowie Betrug, Raub und Erpressung wesentliche Bedeutung zukommt. Für erforderlich wird gehalten, die Zweckmäßigkeit einer solchen Unterscheidung im heutigen Strafrecht zunächst unter kriminalpolitischem Aspekt zu untersuchen. Bevor es zu einer Klärung dieser Frage kommt, werden

im **2. Kapitel**

geschichtliche und rechtsvergleichende Betrachtungen zum Gewahrsamsbegriff vorgenommen. Unter § 6 dieses Kapitels wird ausgeführt, dass der Gewahrsam von dem Begriff der altdeutschen „Gewere" her zu verstehen ist und dass die im deutschen Rechtskreis vorzufindende Unterscheidung von Diebstahl und Unterschlagung darauf zurückzuführen ist, dass diebliches Nehmen unter Verletzung der „Gewere" schon im altdeutschen Recht erheblich schwerer bestraft wurde (zum Teil mit Kapitalstrafe), als diebliches Behalten im Sinne einer Eigentumsverletzung ohne den Bruch fremder „Gewere".

Bei der Rechtsvergleichung im § 7 zeigt sich jedoch, dass andere Staaten (seit 1968 z.B. die DDR) auch ohne eine solche Unterscheidung auskommen und dass für eine auf dem Gewahrsam fußende

Wegnahme-Theorie, wie wir sie im westdeutschen Strafrecht in Form der Apprehensionstheorie kennen, keine unbedingte Notwendigkeit besteht. Die Frage nach der Zweckmäßigkeit der Unterscheidung von Diebstahl und Unterschlagung rückt damit noch mehr in den Vordergrund. Sie zu klären, muss insofern ein Primäranliegen sein, als es müßig wäre, den Gewahrsamsbegriff unter Beibehaltung u.U. abzulehnender Strukturen des Vermögensstrafrechts weiterzuentwickeln.

Festzustellen ist allerdings, dass eine Klärung dieser Frage davon abhängt, inwieweit die gegenüber der Unterschlagung höhere Bestrafung des Diebstahls kriminalpolitisch zu rechtfertigen bzw. zu fordern ist. Um in diesem Punkt weiterzukommen, werden Ausführungen über Angriffsziel, Tatobjekt und Tathandlung der Zueignungsdelikte (Diebstahl und Unterschlagung) sowie über deren Tatbestandstypik und überhaupt die verbindenden und trennenden Elemente der Zueignungsdelikte für erforderlich gehalten. Diese Fragen sind

im 3. Kapitel

unter § 8 I-V behandelt, wobei die Zueignungsproblematik einen Schwerpunkt bildet. Die Zueignung wird im Anschluss an Rudolphi als Anmaßung einer eigentümerähnlichen Stellung aufgefasst (§ 8 I). Ferner wird deutlich, dass die Zueignung als Vermögensschädigung aufzufassen ist, wobei sich zugleich das Erfordernis eines einheitlichen Vermögensbegriffs für die Delikte des Diebstahls, der Unterschlagung und des Betrugs ergibt. Denn Sachen ohne wirtschaftlichen Wert (das vergilbte Erinnerungsfoto, die Handvoll Heimaterde) können sowohl Tatobjekt eines Zueignungsdelikts sein, als auch Tatobjekt eines Betrugs (des sog. Sachbetrugs). Daraus wird gefolgert, dass der von der h.M. für den Betrug vertretene wirtschaftliche Vermögensbegriff nicht ausreicht. Auszugehen ist vielmehr von dem

Vermögen als der Gesamtheit aller wirtschaftlichen und nicht wirtschaftlichen aber gegenständlichen Güter, welche die Entfaltung der Person im wirtschaftlichen und im gegenständlichen Bereich gewährleisten.

Im Abschnitt II des § 8 wird die *Zueignung* als Anmaßung einer eigentümerähnlichen Stellung wie folgt definiert:

1. Objektive Seite (Enteignung durch Aneignung)
   a) Negatives Element der *Enteignung* = Verdrängung des Berechtigten aus seiner Verfügungsposition.
   b) Positives Element der *Aneignung* = Anmaßung eigentümerähnlicher Verfügungsmacht.
2. Subjektive Seite (Zueignungsabsicht, die sich auf das „se ut dominum gerere" bezieht)
   a) Auf *Endgültigkeit* gerichtet (subjektiver Überhang bei der Enteignung),
   b) auf *positive* Ausübung der eigentümerähnlichen Befugnisse gerichtet (subjektiver Überhang bei der Aneignung).

Im Abschnitt III des § 8 wird unter dem Gesichtspunkt, dass sich Theorien nur anhand von praktischen Fällen verifizieren lassen, eine Reihe von Zueignungsfällen erörtert (u.a. die Zueignung von Papieren und die Kraftfahrzeugentwendung), in denen sich wiederum die Abhängigkeiten zwischen dem Zueignungsbegriff und dem Gewahrsamsbegriff abzeichnen.

Der Abschnitt IV des § 8 enthält den Aspekt, dass der Diebstahl kein kupiertes Erfolgsdelikt sein kann, weil die Zueignung beim Diebstahl nicht ein der Wegnahme zeitlich nachfolgender Akt ist, sondern die durch eine Wegnahmehandlung betätigte Tatbestandshandlung (entsprechend Welzel).

Im Abschnitt V des § 8 wird schließlich die Frage beantwortet, ob die Unterscheidung von Diebstahl und Unterschlagung gerechtfertigt ist. Die h.M., die eine Abhebung des Diebstahls von der Unterschlagung schon deswegen befürwortet, weil sie den Gewahrsam als Rechtsgut auffasst und somit als Schutzobjekt des Diebstahls im Gegensatz zur Unterschlagung neben dem Eigentum noch den Gewahrsam ansieht, wird in diesem Punkt widerlegt.

Die Rechtsgutqualität des Gewahrsams wird verneint, weil der Gewahrsam zum einen nicht der herrschenden Vorstellung von den Rechtsgütern als bestimmten Lebensgütern sowie rechtlich anerkannten Interessen des Einzelnen oder der Allgemeinheit, die wegen ihrer besonderen sozialen Bedeutung Rechtsschutz genießen, entspricht (er enthält keine Wertgesichtspunkte). Zum anderen erfüllt der Gewahrsam nicht die Vorstellungen von einem methodologisch orientierten Rechtsgutsbegriff (nach Schwinge, Grünhut), weil der vom Gesetzgeber verfolgte Zweck nicht in einem Gewahrsamsschutz, sondern im Eigentumsschutz liegt (§ 8 V 1).

Nichtsdestoweniger wird eine Unterscheidung von Diebstahl und Unterschlagung im Abs. 2 des V. Abschnitts befürwortet; und zwar deshalb, weil eine Differenzierung strafrechtlich relevanter Verhaltensweisen in Form von Tatbeständen nicht nur der Rechtsgutsverletzung entspricht, sondern auch dem Maß des Gesamtunrechts, dessen sich der Täter von der Tattypik her schuldig macht.

Das Charakteristikum des Diebstahls wird in der Zueignung mittels Gewahrsamsbruchs gesehen, so dass sich der Diebstahl schon vom Handlungsunwert her gegen die Unterschlagung abhebt. Relevanz erlangt in diesem Zusammenhang bereits der Gesichtspunkt der gesellschaftlichen Kontrolle, der später – bei der Erfassung des Gewahrsamsbegriffs – noch stärker zum Tragen kommt. Auf das Erfordernis einer Differenzierung im Strafrecht wird kurz eingegangen.

Die Abgrenzung von Diebstahl und Unterschlagung wird im Abschnitt VI des § 8 erörtert. Hierbei wird erstmals darauf hingewiesen, dass Zueignung in jedem Fall Gewahrsamserlangung voraussetzt, wozu allerdings erst nach Erörterung des Gewahrsamsbegriffs eingehender Stellung genommen werden kann (in § 17 II, § 21 I und II sowie § 23: Der Gewahrsam ist eine sachliche – aber keine zeitliche – Voraussetzung für die Zueignung der Sache).

Es ergibt sich, dass nach § 246 StGB eine Unterschlagung nur dann vorliegt, wenn sich der Täter eine Sache zueignet, die er in Gewahrsam hat. Damit werden die zum Unterschlagungstatbestand vertretenen Auslegungstheorien („strenge", „enge berichtigende" und „weite berichtigende Auslegung") nach der hier vertretenen Meinung hinfällig.

Im § 9 des 3. Kapitels wird nun auf die Abgrenzung von Diebstahl, Betrug, Raub und Erpressung eingegangen. Anhand von praktischen Fällen wird unter Nutzbarmachung der bisher erarbeiteten Grundsätze zu den einzelnen Abgrenzungsfragen Stellung genommen, wobei allerdings die hier zum Tragen kommende Mitgewahrsamsproblematik durch die Inaussichtstellung späterer Erörterung überbrückt werden muss.

Gedanken zu einem System der Vermögensdelikte werden im § 10 vorgetragen. Ausgehend von dem im § 8 I entwickelten „einheitlichen Vermögensbegriff", werden

> zu den *Vermögensdelikten* alle diejenigen Straftaten gezählt, die das Haben von Gütern und damit die Entfaltung des Menschen im wirtschaftlichen und im gegenständlichen nicht notwendig wirtschaftlichen Bereich negieren.

Unter Berücksichtigung der grundlegenden Bedeutung des Gewahrsams als Tatbestandsmerkmal und Abgrenzungskriterium für die Vermögensdelikte werden diese – stark vereinfacht – in einem System dargestellt (wobei die Hehlerei als Vermögensdelikt ausscheidet).

Wie deutlich wird, ist die genauere Darstellung des ersten Teils der vorliegenden Abhandlung für das Verständnis ihrer auf den ersten Blick nicht ohne weiteres erkennbaren Konzeption erforderlich.

Denn im ersten Drittel der Untersuchung werden die Grundlagen zur Erfassung des Gewahrsams-begriffs geschaffen und die Bedeutung des Gewahrsams innerhalb eines Systems der Vermögensde-likte aufgezeigt. Eine nur thesenartige Zusammenfassung wäre bruchstückhaft und könnte die Zu-sammenhänge und die Grundlinien der Arbeit nicht erhellen.

4.–7. Kapitel

Im folgenden Hauptteil (4. und 5. Kapitel) wird die eigentliche Gewahrsamsproblematik abgehan-delt. Während es bis hierher hauptsächlich darum ging, die verschiedenen äußerst strittigen Themen des Vermögensstrafrechts in ein möglichst widerspruchsfreies System zu integrieren – insofern konnte in diesem Teil der Untersuchung bei Weitem nicht zu allen Streitpunkten des Vermögens-strafrechts Stellung genommen werden – geht es im Weiteren darum, die Widersprüchlichkeiten der h.M. in Gewahrsamsfragen aufzuzeigen und die bis hierher erarbeiteten Grundlagen für die Entwick-lung eines *sozial-normativen Gewahrsamsbegriffs* nutzbar zu machen. Zugleich ist allerdings die erarbeitete Systematik des Vermögensstrafrechts bereits auf die später entwickelten Vorstellungen zum Gewahrsamsbegriff abgestimmt und ausgerichtet.

Nach einer im 4. Kapitel vorgenommenen Untersuchung und Widerlegung des bestehenden Gewahr-samsbegriffs, der auf ältere Literaturmeinungen und die Rechtsprechung des Reichsgerichts zurück-geführt wird, erfolgt im 5. Kapitel eine Neuformulierung und systematische Erfassung dieses Beg-riffs. Der gedankliche Übergang zwischen dem 4. und 5. Kapitel wird durch eine im § 13 III 2 vor-genommene rechtssoziologische Untersuchung der sozialen Zuordnung geschaffen.

Dementsprechend wird ein „fixierter" Begriff innerhalb eines offenen Systems von Gewahrsams-formen entwickelt. Auf die erzielten Ergebnisse kann nur in aller Kürze anhand einzelner Thesen eingegangen werden. Naturgemäß ist dabei eine Simplifizierung nicht völlig zu vermeiden. Ebenso wenig sind die im 7. Kapitel erörterten Fragen der Fundunterschlagung, Amtsunterschlagung und der Unterschlagung als Nachtat, wie auch die Problematik des Gewahrsams an Behältnissen und deren Inhalt, zusammenfassend abzuhandeln, weil jede bruchstückhafte Darstellung zu kurz greifen würde.

Abschließend daher die wichtigsten Ergebnisse der Kapitel 4 bis 7 im Überblick in einigen Leitsät-zen:

I. Die „tatsächliche Sachherrschaft" (die „physische Beherrschung" der Sache) ist kein taugliches Kriterium für die Definition des Gewahrsams.

II. Eine subjektive Komponente des Gewahrsams (ein konkreter oder auch genereller Herr-schaftswille) ist abzulehnen.

III. Der Gewahrsam lässt sich auch nicht als ein Respekts-(Achtungs-)Verhältnis auffassen.

IV. Der Gewahrsam ist eine objektiv und normativ zu begreifende, somit eine „sozial-normative Zuordnung" einer Sache zu einer Person. Normative Kriterien für die Zuord-nung bieten allein die rechtlichen und die sozialen Normen (Kulturnormen).

V. Die Zuordnung muss für den Täter offenkundig sein. Da eine lediglich rechtliche Zuord-nung (z.B. Eigentum) nach außen hin nicht offenbar wird, muss die Zuordnung im dingli-chen (gegenständlichen) Bereich erfolgen.

VI. <u>Definition des Gewahrsams</u>:
Gewahrsam ist die offenkundige, sich aufgrund der Kulturnormen im dinglichen Bereich ergebende Zuordnung einer Sache zu einer Person.

VII. Folgende Gewahrsamsformen lassen sich unterscheiden:
1. *Direkter Gewahrsam* (z.B. an Sachen, die man in der Hand hält oder am Körper trägt).
2. *Genereller Gewahrsam* an
   a) Sachen innerhalb eines Zuordnungsbereichs,
      aa) der Zuordnungsbereich ist privater Natur (z.B. die Wohnung, der eingezäunte Garten),
      bb) der Zuordnungsbereich ist der Öffentlichkeit ohne weiteres zugänglich (z.B. das Warenhaus, eine Gaststätte),
   b) Sachen außerhalb eines Zuordnungsbereichs (z.B. geparktes Auto, Baumaterialien auf der Straße).

VIII. Mitgewahrsam liegt vor, wenn eine „soziale Zuordnung" einer Sache zu mehreren Personen gegeben ist. Ein abgestufter (über- und untergeordneter) Mitgewahrsam ist abzulehnen.

IX. Beim Bruch von Mitgewahrsam durch einen Mitgewahrsamsinhaber kommt nicht – wie die h.M. annimmt – Diebstahl in Frage, sondern Unterschlagung (bei amtlichem Mitgewahrsam Amtsunterschlagung).

X. Der Gewahrsam unterscheidet sich als strafrechtlicher Begriff grundlegend von dem Besitz als einem der Methode des bürgerlichen Rechts unterfallendem Recht. Jedoch ergibt sich faktisch eine Übereinstimmung von Gewahrsam und unmittelbarem Besitz.

XI. Die Erlangung eigenen Gewahrsams durch den Täter ist eine Bedingung der deliktischen Zueignung; weil die Anmaßung der eigentümerähnlichen Stellung über die Sache nicht ohne ihre „soziale Zuordnung" zum Täter eines Diebstahls oder einer Unterschlagung gedacht werden kann. Unterschlagung ist danach – entsprechend § 246 StGB – die rechtswidrige Zueignung einer Sache, die der Täter in Gewahrsam hat und notwendigerweise zum Zwecke der Zueignung in seinem Gewahrsam haben muss.

XII. Die Konstruktion der straflosen (mitbestraften) Nachtat hinsichtlich der Unterschlagung ist abzulehnen.

Abkürzungsverzeichnis

a.A.	=	anderer Ansicht
a.a.O.	=	am angegebenen Ort
Abs.	=	Absatz
AcP	=	Archiv für die civilistische Praxis
a.F.	=	alte Fassung
AG	=	Amtsgericht
Alt.	=	Alternative
Anm.	=	Anmerkung
ARWPh	=	Archiv für Rechts- und Wirtschaftphilosophie
AT	=	Allgemeiner Teil
Aufl.	=	Auflage
BayObLG	=	Bayerisches Oberstes Landesgericht
Bay ObLGSt	=	Entscheidungen des Bayerischen Obersten Landesgerichts in Strafsachen, Neue Folge (seit 1950)
Bd.	=	Band
Bem.	=	Bemerkung
BGB	=	Bürgerliches Gesetzbuch
BGBl	=	Bundesgesetzblatt
BGH	=	Bundesgerichtshof
BGHSt	=	Entscheidungen des Bundesgerichtshofs in Strafsachen
BGHZ	=	Entscheidungen des Bundesgerichtshofs in Zivilsachen
BT	=	Besonderer Teil
c. pen.	=	code pénal
D.	=	Digesten
Diss.	=	Dissertation
DR	=	Deutsches Recht
DRZ	=	Deutsche Rechts-Zeitschrift
E.	=	Entscheidung
E 1962	=	Entwurf eines Strafgesetzbuchs mit Begründung, Bonn 1962
EGStGB	=	Einführungsgesetz zum Strafgesetzbuch
ff	=	folgende
Fnt.	=	Fußnote
GA	=	Goltdammers Archiv für Strafrecht
GG	=	Grundgesetz
Gr.S.	=	Großer Senat
GS	=	Der Gerichtssaal (Zeitschrift)
Hann.Rpfl.	=	Hannoversche Rechtspflege
HdWb.	=	Handwörterbuch der Rechtswissenschaft, hrsg. von Stier-Somlo u. Elster
HESt	=	Höchstrichterliche Entscheidungen, Sammlung von Entscheidungen der Oberlandesgerichte in Strafsachen
h.L.	=	herrschende Lehre
h.M.	=	herrschende Meinung
HRR	=	Höchstrichterliche Rechtsprechung

hrsg.	=	herausgegeben
i.d.F.	=	in der Fassung
Inst.	=	Institutionen
i.S.d.	=	im Sinne des
i.V.m.	=	in Verbindung mit
JBl.	=	Justizblatt
JMBl NRW	=	Justizministerialblatt für das Land Nordrhein-Westfalen
JR	=	Juristische Rundschau
JuS	=	Juristische Schulung. Zeitschrift für Studium und Ausbildung
JW	=	Juristische Wochenschrift
JZ	=	Juristenzeitung
KG	=	Kammergericht
Lb.	=	Lehrbuch
LG	=	Landgericht
LK 1958	=	Strafgesetzbuch (Leipziger Kommentar). Begründet von Ebermayer, Lobe, Rosenberg, hrsg. von Jagusch und Mezger, 8. Aufl. 1958
LK 1970	=	Strafgesetzbuch (Leipziger Kommentar). Begründet von Ebermayer, Lobe Rosenberg, hrsg. von Baldus und Willms, 9. Aufl. 1970
LM	=	Nachschlagewerk des Bundesgerichtshofs, hrsg. von Lindenmaier-Möhring
LZ	=	Leipziger Zeitschrift für deutsches Recht
MDR	=	Monatsschrift für deutsches Recht
m.w.N.	=	mit weiteren Nachweisen
Nds.Rpfl.	=	Niedersächsische Rechtspflege
n.F.	=	neue Fassung
N.F.	=	Neue Folge
Niederschriften	=	Niederschriften über die Sitzungen der Großen Strafrechtskommission
NJW	=	Neue Juristische Wochenschrift
NZ Wehrr.	=	Neue Zeitschrift für Wehrrecht
ÖJZ	=	Österreichische Juristenzeitung
östOGH	=	Österreichischer Oberster Gerichtshof
OGH	=	Deutscher Oberster Gerichtshof für die britische Zone
OGHSt	=	Entscheidungen des Obersten Gerichtshofs für die britische Zone in Strafsachen
OLG	=	Oberlandesgericht
PrALR	=	Preußisches Allgemeines Landrecht
PrOTr	=	Preußisches Obertribunal
PrStGB	=	Preußisches Strafgesetzbuch
Rdnr.	=	Randnummer
Recht	=	Das Recht. Rundschau für den deutschen Juristenstand
RG	=	Reichsgericht
RG Rechtspr.	=	Rechtsprechung des deutschen Reichsgerichts in Strafsachen. Herausgegeben von den Mitgliedern der Reichsanwaltschaft
RGSt	=	Entscheidungen des Reichsgerichts in Strafsachen
RGZ	=	Entscheidungen des Reichsgerichts in Zivilsachen
RMG	=	Entscheidungen des Reichsmilitärgerichts

S.	=	Seite, Satz
Schl.HA	=	Schleswig-Holsteinische Anzeigen
schwBGE	=	Entscheidungen des schweizerischen Bundesgerichts (Amtliche Sammlung), angeführt nach Band, Teil und Seite
SchwZStr.R	=	Schweizerische Zeitschrift für Strafrecht
SJZ	=	Süddeutsche Juristen-Zeitung
sog.	=	sogenannt(e, er, es)
StGB	=	Strafgesetzbuch
StPO	=	Strafprozessordnung
Strafr. Abh.	=	Strafrechtliche Abhandlung
u.a.	=	unter anderem, und andere
Überbl.	=	Überblick
Urt.	=	Urteil
vgl.	=	vergleiche
Vorbem.	=	Vorbemerkung
VRS	=	Verkehrsrechtssammlung. Entscheidungen aus allen Gebieten des Verkehrsrechts
Ziff.	=	Ziffer
ZSchwR	=	Zeitschrift für Schweizerisches Recht
ZSchwStR	=	Zeitschrift für Schweizer Strafrecht
ZStW	=	Zeitschrift für die gesamte Strafrechtswissenschaft

Literaturverzeichnis

Androulakis, Nikolaos: Objekt und Grenzen der Zueignung im Strafrecht – OLG Celle, NJW 1967,1921; in: JuS 1968,409 ff.

Baumann, Jürgen: Strafrecht, Allgemeiner Teil, 5. Aufl., Bielefeld 1968.

- Amtsunterschlagung und Betrug; in: NJW 1961,1141 ff.

- Mißbrauch polizeilicher Aufforderungsschreiben; in: NJW 1964,705 ff.

Baumgarten, A.: Zur Kritik der §§ 269, 271 StGB-VorEntw.; in: Recht 14(1910),405 ff.

Baur, Fritz: Lehrbuch des Sachenrechts, 6. Aufl., München 1970.

- Rezension von Dulckeit, Die Verdinglichung obligatorischer Rechte; in: JZ 1952,381 f.

Beling, Ernst: Die Lehre vom Verbrechen, Tübingen 1906.

- Grundzüge des Strafrechts, 11. Aufl., Tübingen 1930.

Bender, Carl: Können Juristische Personen strafrechtlichen Besitz (Gewahrsam) haben? Diss. Karlsruhe 1907.

Berner, Albert Friedr.: Lehrbuch des Deutschen Strafrechts, 18. Aufl., Leipzig 1898.

Binding, Karl: Die Normen und ihre Übertretung, I. Bd., 2. Aufl., Leipzig 1890;

   II. Bd., 2. Aufl., erste Hälfte Leipzig 1914, zweite Hälfte Leipzig 1916.

- Lehrbuch des gemeinen deutschen Strafrechts, BT I. Bd., 2. Aufl., Leipzig 1902.

Birnbaum, J.M.F.: Über das Erforderniß einer Rechtsverletzung zum Begriffe des Verbrechens; in: Archiv des Criminalrechts, N.F., 1834,149 ff.

Bittner, Wolfgang: Die Abgrenzung von Diebstahl, Betrug und Unterschlagung; in: MDR 1970,291 ff.

- Schwerer Diebstahl nach § 243 Ziff. 2 StGB; in: MDR 1971,104 ff.

Bockelmann, Paul: Strafrechtliche Untersuchungen, Göttingen 1957.

- Der Unrechtsgehalt des Betruges; in: Probleme der Strafrechtserneuerung – Festschrift für Kohlrausch –, 1944, S. 226 ff.

- Zum Begriff des Vermögensschadens beim Betrug; in: JZ 1952,461 ff.

- Ist eine berichtigende Auslegung des § 246 StGB statthaft? In: MDR 1953,3 ff.

- Literaturbericht: Strafrecht, Besonderer Teil I; in: ZStW 65(1953),569 ff.

- Zur Konkurrenz der Vermögensdelikte, Bemerkungen zum Beschluß des Großen Strafsenats BGHSt 14,38; in: JZ 1960,621 ff.

Brand, Heinz: Amtsunterschlagung bei Mitgewahrsam? In: NJW 1948,548 f.

Brucke: Bemerkungen zum RG Urtheil v. 3. Okt. 1890; in: GA 40(1892),110 ff.

Brunner, Heinrich: Deutsche Rechtsgeschichte, Leipzig 1892.

Bruns, Hans-Jürgen: Die Befreiung des Strafrechts vom zivilistischen Denken, Berlin 1938.

- Gilt die Strafrechtsordnung auch für und gegen Verbrecher untereinander? In: Festschrift für Edmund Mezger, 1954, S. 335 ff.

Busch, Richard: Anmerkung zu einem Urteil des OLG Bremen v. 17.11.1949; in: SJZ 1950,359 ff.

Coing, Helmut: Grundzüge der Rechtsphilosophie, 2. Auf., Berlin 1969.

Cordier, Franz: Diebstahl oder Betrug in Selbstbedienungsläden; in: NJW 1961,1340 f.

Cramer, Peter: Vermögensbegriff und Vermögensschaden im Strafrecht, Berlin u. Zürich 1968.

Cross-Jones: An Introduction to Criminal Law, 2. Aufl., London 1949.

Dalloz: Code pénal, 59. Aufl., Paris 1962.

Darmstaedter, Friedrich: Der Eigentumsbegriff des Bürgerlichen Gesetzbuchs; in: AcP 151 (1950/51),311 ff.

Deubner, Karl G.: Anmerkung zu einem Urteil des OLG Celle vom 16.3.1967; in: NJW 1967, 1921 f.

Diederichsen, Uwe: Das Recht zum Besitz aus Schuldverhältnissen, Hamburg 1965.

Doerr, Friedrich: Über das Objekt bei den strafbaren Angriffen auf vermögensrechtliche Interessen, Breslau 1897, Strafr. Abh. Heft 3/4.

- Die rechtswidrige Hebung fremder Sparguthaben; in: GS 52(1896),1 ff.

Draheim, Otto: Untreue und Unterschlagung, Breslau 1901, Strafr. Abh. Heft 39.

Dreher, Eduard: Anmerkung zu einem Urteil des OLG Stuttgart v. 14.7.1965; in: JR 1966,29 f.

- Das Strafrecht hat seine eigene Methode; in: GA 1969,56 ff.

Dulckeit, Gerhard: Rechtsbegriff und Rechtsgestalt, Berlin 1936.

- Die Verdinglichung obligatorischer Rechte, 1951 (Recht und Staat Heft 158/159).

Ebener, Werner: Die Untreue und ihr Verhältnis zur Unterschlagung, Leipzig 1932.

Eckstein, Ernst: Über den Begriff der strafrechtlichen Zueignung; in: GS 80(1913),283 ff.

Ehrlich, Eugen: Grundlegung der Soziologie des Rechts, München u. Leipzig 1913.

Eichler, Hermann: Institutionen des Sachenrechts, 2. Bd., 1. Halbbd., Berlin 1957.

Endemann, Friedrich: Lehrbuch des Bürgerlichen Rechts, Bd. II Sachenrecht, 8. u. 9. Aufl., Berlin 1905.

Engisch, Karl: Vom Weltbild des Juristen, Heidelberg 1950.

- Bemerkungen zu Theodor Rittlers Kritik der Lehre von den subjektiven Tatbestands- und Unrechtselementen; in: Festschrift für Rittler, 1957, S. 165 ff.

Enneccerus-Kipp-Wolff: Lehrbuch des Bürgerlichen Rechts, 3. Bd., Das Sachenrecht, 8. Bearb., Marburg 1929.

Enneccerus-Wolff-Raiser: Sachenrecht, 10. Bearb., Tübingen 1957.

Entwurf eines Strafgesetzbuches (StGB), E 1962, mit Begründung – Bundesratsvorlage –, 1962.

Ermann, Walter: Bürgerliches Gesetzbuch, II. Bd., 4. Aufl., Münster 1967.

Eser, Albin: Zur Zueignungsabsicht beim Diebstahl – OLG Hamm, NJW 1964,1427; in: JuS 1964,477.

Feuerbach, Anselm Ritter von: Lehrbuch des gemeinen in Deutschland gültigen peinlichen Rechts, 4. Aufl., Giessen 1808.

Figlestahler, Karl Adrian: Untersuchungen zum Gewahrsamsbegriff im Strafrecht, Diss. Saarbrücken 1963.

Finger, August: Kritische Besprechung von Entscheidungen des Reichsgerichts (RGSt 43); in: GS 78(1911),387 ff.

Forsthoff, Ernst: Lehrbuch des Verwaltungsrechts, 1. Bd., AT, 9. Aufl., München u. Berlin 1966.

Frank, Reinhard: Das Strafgesetzbuch für das Deutsche Reich, 18. Aufl., Tübingen 1931.

- Rechtsprechung des Reichsgerichts; in: ZStW 14(1894),354 ff.

Friedländer, Adolph: Der Mundraub, Versuch der Darstellung der geschichtlichen Entwicklung und des heutigen Reichsrechts; in: ZStW 11(1891),369 ff.

Fritzsche, Hans: Gerichtsverfassung, Strafgesetzbuch und Strafprozeßordnung der RSFSR, Berlin 1962.

Gallas, Wilhelm: Zum gegenwärtigen Stand der Lehre vom Verbrechen; in: ZStW 67(1955),1 ff.

Geerds, Friedrich: Zur Lehre von der Konkurrenz im Strafrecht, Hamburg 1961.

Geiger, Theodor: Vorstudien zu einer Soziologie des Rechts, mit einer Einleitung von P. Trappe (Soziologische Texte Bd. 20), Neuwied u. Berlin 1964.

- Die Gestalten der Gesellung, Karlsruhe 1928.

Geilen, Gerd: Wegnahmebegriff und Diebstahlsvollendung; in: JR 1963,446 ff.

Gerland, Heinrich: Die Geldfälschungsdelikte des Deutschen Strafgesetzbuches; in: GS 59(1901), 81 ff

Germann, O.A.: Schweizerisches Strafgesetzbuch, 8. Aufl., Zürich 1966.

Gleispach, Wenzeslaus Graf: Die Veruntreuung an vertretbaren Sachen, 1. Teil, Berlin 1905.

Götz-Göhler: Der code pénal, Berlin 1963.

Goldschmidt, James: Aus der Lehre vom Diebstahl; in: GA 47(1900),348 ff.

- Rechtsfälle aus dem Strafrecht, 2. Aufl., Berlin 1927.

Goltdammer: Materialien zum Strafgesetzbuch für die preußischen Staaten, Teil II, Berlin 1852.

Gribbohm, Günter: Zur Problematik des Zueignungsbegriffs – BGHSt 9 S. 348 –; in: JuS 1963, 106 ff.

- Zur Abgrenzung des Diebstahls vom Betrug – BGHSt 18,221; in: JuS 1964,233 ff.

- Zur Problematik des Zueignungsbegriffs; in: MDR 1965,874 f.

- Gewahrsamsbruch und guter Glaube; in: NJW 1967,1897 f.

- Schaden, Bereicherung und das Erfordernis ihrer Stoffgleichheit bei Diebstahl und Unterschlagung; in: NJW 1968,1270 f.

Groetschel, Otto: Die Problematik des § 350 StGB; in NJW 1954,1108 f.

Grünhut, Max: Der strafrechtliche Schutz wirtschaftlicher Interessen; in: RG-Festgabe, V. Bd., 1929,116 ff.

- Methodische Grundlagen der heutigen Strafrechtswissenschaft; in: Festgabe für Frank I, 1930, S. 1 ff.

- Anmerkung zu einer Entscheidung des RG in JW 1932,2434; in: JW 1932,2434 f.

Grünwald, Gerald: Strafrecht: Der folgenschwere Rat; in: JuS 1965,311 ff.

Gurvitch, Georges: Grundzüge der Soziologie des Rechts, vom Verfasser autorisierte deutsche Ausgabe mit einer internationalen Bibliographie der Rechtssoziologie von P. Trappe (Soziologische Texte Bd. 6), Neuwied 1960.

Haberkorn, Kurt: Zum Zueignungsbegriff des § 246 StGB; in: MDR 1962,704 ff.

Hälschner, Hugo: System des Preußischen Strafrechts, II. Teil, Bonn 1868.

Härdy, Oscar: Handkommentar zum Schweizerischen Strafgesetzbuch, 3. Aufl., Bern 1958.

Hagel, Karl: Der einfache Diebstahl im Englischen und Deutschen Recht, Berlin 1964.

Harburger, Heinrich: Diebstahl und Unterschlagung; in: Vergleichende Darstellung des Deutschen und Ausländischen Strafrechts, Bes. Teil, VI. Bd., Berlin 1907.

Hartmann, Nicolai: Die Philosophie des deutschen Idealismus, 2. Aufl., Berlin 1960.

Heck, Philipp: Grundriß des Sachenrechts, Tübingen 1930.

Hegel, Georg Wilhelm Friedrich: Grundlinien der Philosophie des Rechts, hrsg. von Hoffmeister, 4. Aufl., Hamburg 1955.

Hegler, August: Die Merkmale des Verbrechens; in: ZStW 36(1915),19 ff, 184 ff.
- Die Systematik der Vermögensdelikte, Sonderabdruck aus ARWPh Bd. 9(1915/16) u. 10(1916/17).

Henkel, Heinrich: Recht und Individualität, Berlin 1958.

Hepp: Über Begriff, Umfang und Einteilung der Unterschlagung; in: Archiv des Criminalrechts, N.F., 1850,561 ff.

Hertz, Eduard: Das Unrecht und die allgemeinen Lehren des Strafrechts I., Hamburg 1880.

Hippel, Robert von: Deutsches Strafrecht I, Allgemeine Grundlagen, Berlin 1925.
- Lehrbuch des Strafrechts, Berlin 1932.

Hirsch, Hans Christoph: Der Sachsenspiegel (Landrecht), Berlin u. Leipzig 1936.

Hirsch, Hans Joachim: Eigenmächtige Zueignung geschuldeter Sachen, Rechtswidrigkeit und Irrtum bei den Zueignungsstrafbestimmungen; in: JZ 1963,149 ff.

Hirschberg, Max: Die Schutzobjekte der Verbrechen, speziell untersucht an den Verbrechen gegen den Einzelnen, Breslau 1910, Strafr. Abh. Heft 113.

Hirschberg, Rudolf: Der Vermögensbegriff im Strafrecht, Berlin 1934.

Höpfner, Wilhelm: Diebstahl und Unterschlagung im Vorentwurf zu einem Deutschen Strafgesetzbuch, Berlin 1910.

Holtzendorff, Franz von: Handbuch des deutschen Strafrechts, III. Bd., Berlin 1874; IV. Bd., Berlin 1877.

Honig, Richard: Straflose Vor- und Nachtat, Leipzig 1927.

Huschka, Hubert: Diebstahl oder Betrug im Selbstbedienungsladen; in: NJW 1960,1189 f.

Isenbeck, Helmut: Beendigung der Tat bei Raub und Diebstahl; in: NJW 1965,2326 ff.

Jellinek, Walter: Verwaltungsrecht, 3. Aufl., Berlin 1931.

Jescheck, Hans-Heinrich: Lehrbuch des Strafrechts, AT, Berlin 1969.

Jhering, Rudolf von: Geist des römischen Rechts auf den verschiedenen Stufen seiner Entwicklung, 1. Teil, Leipzig 1873.
- Der Zweck im Recht, Leipzig 1883/84.
- Der Besitzwille, Jena 1889.

John, Richard: Bemerkungen zu Urteilen der Strafsenate des Reichsgerichts; in: ZStW 1(1881), 222 ff.

Kaniak, Gustav: Das österreichische Strafgesetzbuch, 6. Aufl., Wien 1969.

Kantorowicz, Hermann: Tat und Schuld, Zürich u. Leipzig 1933.
- The Definition of Law, posthum, hrsg. von A.H. Campbell, mit einer Einleitung von A.L. Goodhart, Cambridge/Gr.Br. 1958.

Kerrl, Hanns: Nationalsozialistisches Strafrecht, Denkschrift des Preußischen Justizministers, Berlin 1933.

Kessler, R.: Rechtsgut, oder rechtlich geschütztes Interesse, oder subjectives Recht? In: GS 39(1887),94 ff.

Klebs: Zur Lehre von den sog. Antragsverbrechen und –vergehen; in: GA 19(1871),569 ff.

Kleinschrod, Gallus Aloys: Abhandlung aus dem peinlichen Rechte und peinlichen Processe II, Erlangen 1798.

Kohler, Josef: Studien aus dem Strafrecht I, Mannheim 1890.

Kohlhaas, Max: Anmerkung zu einem Urteil des OLG Frankfurt v. 13.6.1962; in: NJW 1962, 1879 f.

Kohlrausch, Eduard: Diebstahl; in: Handwörterbuch der Rechtswissenschaft, hrsg. von Stier-Somlo u. Elster, 2. Bd., Berlin u. Leipzig 1927, S. 43 ff.

Kohlrausch-Lange: Strafgesetzbuch, 43. Aufl., Berlin 1961.

Küppers, Rudolf: Wegnahme bundeswehreigener Sachen unter Soldaten; in: NZ Wehrr. 1964, 103 ff.

- Anmerkung zu einem Urteil des OLG Hamm v. 26.3.1964; in: NZ Wehrr. 1965,87 f.

von Kujawa: Zur Auslegung des § 246 des Reichsstrafgesetzbuches; in: GA 51(1904),1 ff.

Lackner-Maassen: Strafgesetzbuch, 6. Aufl., München 1970.

Lampe, Ernst-Joachim: Objektiver und subjektiver Tatbestand beim Diebstahl; in: GA 1966,225 ff.

Lange, Heinrich: Rezension von Dulckeit: Die Verdinglichung obligatorischer Rechte; in: NJW 1952,1366.

Larenz, Karl: Methodenlehre der Rechtswissenschaft, 2. Aufl., Berlin, Heidelberg, New York 1969.

- Lehrbuch des Schuldrechts, I. Bd., AT, 10. Aufl., München 1970.

Lask, Emil: Rechtsphilosophie; in: Gesammelte Schriften, I. Bd., Tübingen 1923, S. 275 ff.

Lauterburg, W.: Zur Abgrenzung der strafbaren Vermögenszueignung und ihrer Hauptformen; in: ZSchwStR 1893,169 ff.

Lehrkommentar zum StGB: Strafrecht der Deutschen Demokratischen Republik, Bd. II, Herausgeber: Ministerium der Justiz, Deutsche Akademie für Staats- und Rechtswissenschaft „Walter Ulbricht", Berlin 1969.

Leipziger Kommentar zum Strafgesetzbuch; begründet von Ebermayer, Lobe, Rosenberg; hrsg. von Jagusch, Mezger, Schaefer, Werner; II. Bd., 8. Aufl., Berlin 1958; hrsg. von Baldus und Willms, 9. Aufl., 6. Lieferung (§§ 242–256), Berlin 1970.

Lenckner, Theodor: Anmerkung zu einem Urteil des OLG Stuttgart v. 14.7.1965; in: JZ 1966,320 f.

Lilienthal, K. von: Der Diebstahl als Bereicherungsdelikt; in: ZStW 32(1911),1 ff.

Liszt, Franz von: Der Zweckgedanke im Strafrecht; in: ZStW 3(1883),1 ff.

- Der Begriff des Rechtsguts im Strafrecht und in der Encyklopädie der Rechtswissenschaft; in: ZStW 8(1880),133 ff.

v. Liszt-Schmidt: Lehrbuch des Deutschen Strafrechts, 25. Aufl., Berlin u. Leipzig 1927.

Lobe, Adolf: Über den Einfluß des BGB. auf das Strafrecht unter besonderer Berücksichtigung des Besitzes, Leipzig 1899.

Lüderssen, Klaus: Kann gewaltsame Wegnahme von Sachen Erpressung sein? In: GA 1968,257 ff.

Maiwald, Manfred: Der Zueignungsbegriff im System der Eigentumsdelikte, Heidelberg 1970.

Maschke, Richard: Das Eigenthum im Civil- und Strafrechte, Berlin u. Leipzig 1895.

Mattes, Heinz: Das Argentinische Strafgesetzbuch, Berlin 1957.

Maurach, Reinhart: Deutsches Strafrecht, AT, 3. Aufl., Karlsruhe 1965.

- Deutsches Strafrecht, BT, 5. Aufl., Karlsruhe 1969.

Mayer, Hellmuth: Die Untreue im Zusammenhang der Vermögensverbrechen, München, Berlin u. Leipzig 1926.

- Das Strafrecht des Deutschen Volkes, Stuttgart 1936.

- Anmerkung zu einem Urteil des RG v. 8.1.1934; in: JW 1934,486 f.

- Eigentum an Geld und strafrechtliche Konsequenzen; in: GS 104(1934),100 ff.

- Anmerkung zu einem Urteil des BGH v. 26.7.1957; in: JZ 1958,283 f.

- Zum Begriff der Wegnahme; in: JZ 1962,617 ff.

Meyer, Hugo: Lehrbuch des Deutschen Strafrechts, 5. Aufl., Leipzig 1895.

Meyer, Walter: Die Bestrafung des Diebstahls, Breslau-Neukirch 1934, Strafr. Abh. Heft 341.

Meyer-Allfeld: Lehrbuch des Deutschen Strafrechts, begründet von H. Meyer, bearbeitet von Ph. Allfeld, 8. Aufl., Leipzig u. Erlangen 1922.

Mezger, Edmund: Die subjektiven Unrechtselemente; in: GS 89(1924),207 ff.

- Anmerkung zum Urteil des RG vom 14.12.1939; in: DR 1940,285 f.

Mezger-Blei: Strafrecht, I. Allg. Teil, 14. Aufl., München 1970.

- Strafrecht, II. Bes. Teil, 9. Aufl., München u. Berlin 1966.

Micelli, Dominikus: Der Begriff des Gewahrsams im Strafrechte, Breslau 1906, Strafr. Abh. Heft 72.

Motive zum Strafgesetzbuch für den Norddeutschen Bund, 1870; in: Stenographische Berichte über die Verhandlungen des Reichstages des Norddeutschen Bundes, 1. Legislaturperiode, Session 1870, 3. Bd., Anlagen zu den Verhandlungen des Reichstages Nrn. 1 bis 72, Berlin 1870.

Niederschriften über die Sitzungen der Großen Strafrechtskommission, 6. Bd., BT, 59. bis 66. Sitzung, Bonn 1958.

Nöldeke, Werner: Die Begriffe des Gewahrsams und der Wegnahme beim Diebstahl, Diss. Bonn 1964.

Nowakowski, Friedrich: Das österreichische Strafrecht; in: Das ausländische Strafrecht der Gegenwart, hrsg. von Mezger, Schönke, Jescheck, 3. Bd., Berlin 1959, S. 415 ff.

Oberländer, Alexander: Die Bereicherungsabsicht beim Diebstahl nach dem deutschen, österr. u. künftigem Recht, Leipzig 1931.

Ollendorff, Friedrich: Die Wegnahme von Sparkassenbüchern zum Zwecke der Erhebung von Teilbeträgen, Breslau 1914, Strafr. Abh. Heft 185.

Olshausen, Justus von: Kommentar zum Strafgesetzbuch für das Deutsche Reich, 10. Aufl., Berlin 1916.

- 12. Aufl., völlig neu bearbeitet von Freiesleben u.a., Berlin 1942 (im Zitat jeweils als 12. Aufl. gekennzeichnet).

Oppenhoff, Friedrich: Das Strafgesetzbuch für das Deutsche Reich, 14. Aufl., fortgeführt von Theodor Oppenhoff, Berlin 1901.

Otto, Harro: Die Struktur des strafrechtlichen Vermögensschutzes, Berlin 1970, Strafr. Abh., N.F., Bd. 7.

Otto, Harro: Zur Abgrenzung von Diebstahl, Betrug und Erpressung bei der deliktischen Verschaffung fremder Sachen; in: ZStW 79(1967),59 ff.

Palandt: Bürgerliches Gesetzbuch, bearbeitet von Danckelmann, Degenhart, Heinrichs, Keidel, Lauterbach, Putzo, Thomas, 29. Aufl., München 1970.

Paulus, Rainer: Der strafrechtliche Begriff der Sachzueignung, Neuwied u. Berlin 1968.

Petters-Preisendanz: Strafgesetzbuch, 26. Aufl., Berlin 1970.

Pfeiffer-Maul-Schulte: Strafgesetzbuch, Essen 1969.

Pfenninger, Hans Felix: Das schweizerische Strafrecht; in: Das ausländische Strafrecht der Gegenwart, hrsg. von Mezger, Schönke, Jescheck, 2. Bd., Berlin 1957, S. 149 ff.

Planck-Brodmann: II. Bd. Sachenrecht, 5. Aufl., Berlin u. Leipzig 1933.

Popitz, Heinrich: Der Begriff der sozialen Rolle als Element der soziologischen Theorie, Tübingen 1967.

Post, Heinz: Der Anwendungsbereich des Unterschlagungstatbestandes (§ 246 StGB), Berlin 1956.

Radbruch, Gustav: Rechtsphilosophie, 6. Aufl., nach dem Tode des Verfassers besorgt und biographisch eingeleitet von D. Dr. Erik Wolf, Stuttgart 1963.

Redslob, Robert: Der zivilistische Besitz und der strafrechtliche Gewahrsam; in: ZStW 30(1910), 205 ff.

RGR-Kommentar: Kommentar zum Bürgerlichen Gesetzbuch, hrsg. von Reichsgerichtsräten und Bundesrichtern, III. Bd. Sachenrecht, 10. Aufl., Berlin 1954.

Riz, Roland: Das italienische Strafgesetzbuch, Berlin 1969.

Römpler, Carl: Der Begriff des Gewahrsams in Civil- und Strafrecht, Diss. Göttingen 1894.

Rosenberg, Leo: Sachenrecht, 1. Halbbd., München 1919.

Rosenfeld: Diebstahl und Unterschlagung? In: ZStW 37(1916),159 ff.

Rotering: Über den Gewahrsam im Sinne des § 242 des Strafgesetzbuchs; in: GS 35(1883),351 ff.

- Über die Zueignung im Sinne der §§ 242, 246 des StGB's; in: GS 36(1884),520 ff, 561 ff.

Roxin, Claus: Täterschaft und Tatherrschaft, 2. Aufl., Hamburg 1967.

- Offene Tatbestände und Rechtspflichtmerkmale, 2. Aufl., Berlin 1970.

- Kriminalpolitik und Strafrechtssystem, Berlin 1970.

- Geld als Objekt von Eigentums- und Vermögensdelikten; in: Festschrift für Hellmuth Mayer zum 70. Geburtstag, 1966, S. 467 ff.

Rudolphi, Hans-Joachim: Der Begriff der Zueignung; in: GA 1965,33 ff.

Ruhstrat: Bemerkungen zum Strafgesetzbuch; in: GS 24(1872),128 ff.

Sachs, W.: Anmerkung zu einem Urteil des OLG Tübingen v. 27.3.1947; in: SJZ 1947,557 f.

Sachsenspiegel (Landrecht): Herausgegeben von Karl August Eckhardt, 2. Bearb., Berlin, Frankfurt 1955.

Saito-Nishihara: Das abgeänderte Japanische Strafgesetzbuch, Berlin 1954.

Sauer, Wilhelm: Schließen sich Diebstahl und Sachbeschädigung begrifflich aus? Diss. Halle-Wittenberg 1908.

- System des Strafrechts, Bes. Teil, Köln u. Berlin 1954.

- Allgemeine Strafrechtslehre, 3. Aufl., Berlin 1955.

- Der Zueignungsbegriff; in: GA 63(1917),284 ff.

Savigny, Friedrich Carl von: Das Recht des Besitzes, 4. Aufl., Gießen 1822.

Schäfer, K.: Anmerkung zu einem Urteil des RG v. 28.9.1937; in: JW 1937,3299 f.

Schaffstein, Friedrich: Anmerkung zu einem Urteil des RG vom 16.3.1931; in: JW 1931,2131 ff.

- Der Begriff der Zueignung bei Diebstahl und Unterschlagung; in: GS 103(1933),292 ff.

- Zur Problematik der teleologischen Begriffsbildung im Strafrecht; in: Festschrift der Leipziger Juristenfakultät für Dr. Richard Schmidt zum 1. November 1934, Leipzig 1936.

- Putative Rechtfertigungsgründe und finale Handlungslehre; in: MDR 1951,196 ff.

- Zur Abgrenzung von Diebstahl und Gebrauchsanmaßung, insbesondere beim Kraftfahrzeugdiebstahl; in: GA 1964,97 ff.

Schaudwet, Manfred: Die Kraftfahrzeugentwendung in der Rechtsprechung; in: JR 1965,413 ff.

Schenck, C.W.: Über den Begriff und das Wesen des Funddiebstahls; in: Archiv des Criminalrechts, N.F., 1834,228 ff.

Schienle, Theodor: Die Leistungserschleichung, Breslau-Neukirch 1938, Strafr. Abh. Heft 384.

Schlegelberger-Vogels: Bürgerliches Gesetzbuch, Sachenrecht, Berlin 1939.

Schmid,Werner: „Bedingter Handlungswille" beim Versuch und im Bereich der strafbaren Vorbereitungshandlungen; in: ZStW 74(1926),48 ff.

Schmidhäuser, Eberhard: Gesinnungsmerkmale im Strafrecht, Tübingen 1958.

Schmidt, Eberhardt: Die mittelbare Täterschaft; in: Festgabe für Reinhard v. Frank II, 1930, S. 106 ff.

Schmitt, Rudolf: Anmerkung zu einem Urteil des BGH v. 1.12.1967; in: JZ 1968,307 f.

Schneider, W.: Zur Strafbarkeit der Fundunterschlagung; in: MDR 1956,337.

Schönke-Schröder: Kommentar zum Strafgesetzbuch, 15. Aufl., München 1970.

Schröder, Horst: Über die Abgrenzung des Diebstahls von Betrug und Erpressung; in: ZStW 60(1941),33 ff.

- Begünstigung und Hehlerei; in: Festschrift für Rosenfeld zu seinem 80. Geburtstag, 1949, S. 161 ff.

- Zur Abgrenzung der Vermögensdelikte; in: SJZ 1950,94 ff.

- Anmerkung zu einem Beschluß des BGH (Gr.S.) v. 7.12.1959 (BGHSt 14,38 ff); in: JR 1960,308 f.

- Konkurrenzprobleme bei Untreue und Unterschlagung; in: NJW 1963,1958 ff.

- Anmerkung zu einem Urteil des OLG Hamburg v. 29.10.1963; in: JR 1964,229 f.

- Anmerkung zu einem Urteil des OLG Celle v. 17.10.1963; in: JR 1964,266 f.

- Anmerkung zu einem Urteil des OLG Celle v. 16.3.1967; in: JR 1967, 390 ff.

Schünemann, Bernd: Die Stellung der Unterschlagungstatbestände im System der Vermögensdelikte – BGHSt 14,38; in: JuS 1968,114 ff.

- Methodenprobleme bei der Abgrenzung von Betrug und Diebstahl in mittelbarer Täterschaft; in: GA 1969,46 ff.

Schütze, Theodor Reinhold: Lehrbuch des Deutschen Strafrechts, 2. Aufl., Leipzig 1874.

Schwarz-Dreher: Strafgesetzbuch, 32. Aufl., München 1970.

Schwinge, Erich: Teleologische Begriffsbildung im Strafrecht, Bonn 1930.

Seeliger, Georg: Der Bruch des amtlichen Gewahrsams im Sinne des § 133 des StGB, Diss. Breslau 1901.

Siebert, Wolfgang: Der strafrechtliche Besitzbegriff, besonders in der Rechtsprechung des Reichsgerichts, Breslau 1928, Strafr. Abh. Heft 235.

Soergel-Siebert: Bürgerliches Gesetzbuch, Bd. 4, Sachenrecht, 10. Aufl., Stuttgart, Berlin, Köln, Mainz 1968.

Soltmann, Adolf: Der Gewahrsamsbegriff in § 242 StGB, Breslau-Neukirch 1934, Strafr. Abh. Heft 349.

Statistisches Bundesamt Wiesbaden: Bevölkerung und Kultur, Reihe 9, Rechtspflege, Jahrgänge 1968 und 1969.

Staudinger: Kommentar zum Bürgerlichen Gesetzbuch, III. Bd., Sachenrecht 1. Teil, 11. Aufl., Berlin 1956.

Stratenwerth, Günter: Handlungs- und Erfolgsunwert im Strafrecht; in: ZSchwStR 79(1963),233 ff.

Temme, J.D.M.: Die Lehre vom Diebstahl nach Preußischem Rechte, Berlin 1840.

Theis, Alfred: Der Begriff des Gewahrsams bei der Amtsunterschlagung; in: SJZ 1949,254 ff.

Trappe, Paul: Die legitimen Forschungsbereiche der Rechtssoziologie; Einleitung in: Theodor Geiger, Vorstudien zu einer Soziologie des Rechts (Soziologische Texte Bd. 20), Neuwied u. Berlin 1964.

Tuhr, Andreas von: Der Allgemeine Teil des Deutschen Bürgerlichen Gesetzbuches, Bd. I, Leipzig 1910.

Ullmann, Emanuel: Über den Dolus beim Diebstahl, Mannheim 1870.

Villnow, Carl: Raub und Erpressung, Begünstigung und Hehlerei nach dem heutigen gemeinen Recht, Breslau 1875.

Wachenfeld, F.: Mittelbare Täterschaft und doloses Werkzeug; in: ZStW 40(1919),321 ff.

Wackerbauer, Heinrich: Ist „Organisieren" Diebstahl? In: NZ Wehrr. 1963,21 ff.

Weber, Max: Wirtschaft und Gesellschaft, 2 Halbbde., 4. Aufl., Tübingen 1956.

- Rechtssoziologie; hrsg. von J. Winckelmann (Soziologische Texte Bd. 2), Neuwied 1960.

Wedekind, Dieter: Die Abgrenzung und das Verhältnis von Betrug und Unterschlagung, Diss. Hamburg 1967.

Welzel, Hans: Naturalismus und Wertphilosophie im Strafrecht, Mannheim, Berlin, Leipzig 1935.

- Das Deutsche Strafrecht, 11. Aufl., Berlin 1969.

- Auf welche Bestandteile einer Strafvorschrift bezieht sich der Satz: nulla poena sine lege? In: JZ 1952,617 f.

- Der Gewahrsamsbegriff und die Diebstähle in Selbstbedienungsläden; in: GA 1960,257 ff.

- Anmerkung zu einem Urteil des OLG Hamm v. 10.6.1960; in: NJW 1961,328 f.

- Anmerkung zu einem Urteil des OLG Düsseldorf v. 10.5.1961; in: GA 1961,350 ff.

Wessels, Johannes: Strafrecht, Allgemeiner Teil; in: Schwerpunkte Bd. VII, Karlsruhe 1970.

- Die Entwendung von Dienstgegenständen zu vorübergehendem Gebrauch; in: JZ 1965, 631 ff.

- Zueignung, Gebrauchsanmaßung und Sachentziehung; in: NJW 1965,1153 ff.

Westermann, Harry: Sachenrecht, 4. Aufl., Karlsruhe 1960.

Westermann, Harry: Rezension von Dulckeit: Die Verdinglichung obligatorischer Rechte; in: AcP 152(1952/53),93 ff.

Widmann, Joachim: Die Grenzen der Sachwerttheorie; in: MDR 1969,529 ff.

Wimmer, August: Die listige Sachverschaffung auf dem schwarzen Markt; in: NJW 1948,241 ff.

- Diebstahl mittels Verbergens; in: NJW 1962,609 ff.

Wolf, Erik: Die Typen der Tatbestandsmäßigkeit; in: Festschrift für Max Pappenheim, 1931, S. 379 ff.

Wolff, Hans J.: Verwaltungsrecht I, 7. Aufl. München 1968.

Würtenberger, Thomas: Die geistige Situation der deutschen Strafrechtswissenschaft, 2. Aufl., Karlsruhe 1959.

Zuckermann, Jakob: Die Entwicklung des Gewahrsamsbegriffs im Strafrecht und seine Abgrenzung vom zivilistischen Besitzbegriff, Diss. Köln 1931.